危機のなかの若者たち

教育とキャリアに関する5年間の追跡調査

乾 彰夫／本田由紀／中村高康─［編］

東京大学出版会

JAPANESE YOUTH IN CRISIS
A Cohort Study of Young People,
Their Education and Careers, 2007-2011
Akio INUI, Yuki HONDA,
and Takayasu NAKAMURA, Editors
University of Tokyo Press, 2017
ISBN 978-4-13-051337-1

はしがき

　本書は 2007 年から 2012 年にかけて私たちが実施した「若者の教育とキャリア形成に関する調査」（質問紙法による追跡調査および面接調査）の分析である．私たちがこの調査に取り組んだ背景と動機は，以下のようなことだった．
　若者の学校から仕事へ，子どもから大人への移行過程は，この 20 年あまりの間に大きく変容した．それは若年層でのフリーターなど非正規雇用の割合の顕著な増大，高学歴化，結婚年齢の上昇や非婚化など，様ざまな指標の変化として現れている．しかし同時に，変容のもう 1 つの大きな側面は，かつてあった「標準的な移行」が大きく崩れたなかで，若者たちの移行の実態そのものが把握しづらくなったことである．「標準的な移行」は，1950 年代後半から始まる高度経済成長期を通じて形成・確立したものであった．そこでは一方では高校進学率の上昇による高卒学歴の標準化，他方で農業人口の減少による雇用労働の拡大と日雇いなど不安定就労の縮小や企業規模による労働条件格差（いわゆる「労働市場の二重構造」）の縮小，そして「日本的雇用」のもとでの新規学卒採用慣行の広がりなどを通じて，若者たちの大半は学校から安定雇用へとスムーズな移行をとげることが可能になっていた（乾 1990，本田 2005）．
　こうした若者たちの移行の標準化は，日本に限らず，欧米などの先進諸国で第 2 次大戦後から 1960 年代頃にかけて共通に出現した（Jones and Wallace 1992=1996, Wallace and Kovatheva 1998）．そこでは中等学校卒業とほぼ同時に安定雇用を得るとともに，生家を離れ 1 人暮らしをはじめ，ほどなく結婚し家族形成をはじめるという形で，若者たちの移行は標準化していった．その中でも日本の場合，新規学卒就職慣行と連動した「学校経由の就職」（苅谷 1991）が，とりわけ学校から仕事への移行を他の先進諸国に比べてもスムーズなものにしていた．
　しかし 1980 年代後半以降，欧米先進諸国では脱工業化といわれる状況の下で，若年失業の増大など若者の移行をめぐる不安定化・長期化と脱標準化が急

速に進んだ．そうしたなかで，欧米では 1990 年代以降，脱標準化した若者たちの移行状況をめぐる研究が大きく広がった．そこでは標準的なモデルの失われたもとで，しかし出身階層などの社会的要因の影響力が失われたわけではない若者たちの移行をどのようなイメージでとらえるか（Evans and Furlong 1997）をめぐる議論などとともに，移行実態を正確に把握するための質的量的な追跡調査研究が数多く取り組まれた（質的追跡調査については Ball *et al.* (2000)，Walther *et al.* (2005) など，量的追跡調査については第 1 章を参照）．

バブル崩壊後の 1990 年代前半から，日本でも高卒無業者やフリーターの増大，「就職氷河期」など，若者の移行と就労をめぐる困難が顕在化する中で，90 年代後半以降，移行や就労をめぐる若者調査研究が急速に広がった．しかしその多くは一時点調査によるもので，「標準的な移行からの逸脱」は示されるものの，その正確な現状を若者たちの時系列的な移行側面まで含めて明らかにできていないもどかしさがあった．

そういう中で乾は，2003 年より東京の 2 つの高校卒業者を対象とした質的追跡調査を大学院生らと始め，その中で同一対象者を継続的に追跡することの有効性を確認してきた（乾編 2005, 2013）．また，こうした追跡調査が大規模に継続的に進められているイギリスの Youth Cohort Study, Longitudinal Study of Young People in England や Scottish School Leavers' Survey のそれぞれの調査担当者などを訪問し，調査方法などについての聞き取りなども行ってきた．

調査を開始するにあたっては，まず日本教育学会特別課題研究「変容する青年期に関する総合的研究」プロジェクトとして研究グループを立ち上げて調査設計などを準備し，2007 年度より科学研究費補助金などを受けて実施の運びとなった．当初は我々研究者グループも，実査を担当した中央調査社のスタッフも，最も把握しづらい若年でしかも 20 歳というワンポイントにターゲットを絞ったところで，果たして対象者の十分な確保が可能なのか，手探り状態だった．そのためサンプリングにあたっても，対象者サンプル以外にそれに匹敵するぐらいの数の予備サンプルをあらかじめ抽出し，対象者の確保が十分でなかった場合に備えるというやや異例なやり方をとった．このあたりについては

第1章に詳しく触れられているが，第1回目調査で目標数を上回ることができ，第2回目調査で脱落率が予測を下回ることができた時には，本当にほっとした思いだった．

　これまでの調査結果については，毎翌年度の日本教育学会大会で報告を行ったほか，5回にわたる研究報告書を公表してきた．また調査が終了した2013年10月にはイギリス・スイス・韓国の研究者を招待して若者の移行変容をめぐる国際シンポジウムを開催した．このシンポジウムをはじめ，国際社会学会などいくつかの国際学会でこの結果を発表してきたが，幸い私たちのデータに関心を持ってくれる海外研究者がおり，イギリス・スイス・ドイツの研究者との間でそれぞれの国の追跡調査データを利用した比較研究が現在進んでいる．

　いずれにしてもこの調査が可能となったのは，5-6年もの長期にわたり，本当に多くの対象者がこの調査に協力してくださったことにある．20代前半は，人生の中でももっとも変化の大きい時期であろうと思われる．その時期に，毎年，私たちの調査に協力頂けたことは感謝にたえない．また，途中，様ざまな事情で途切れざるをえなかった方たちもたくさんいた．その中には期間中に亡くなられた方や，東日本大震災と津波の被害が大きかった地域にお住まいで，震災後，こちらからのお願いを遠慮した方たちも含まれている．途中で途切れた方たちにも，あらためてここで感謝の意を表したい．

　長い調査期間中には，私たち研究者グループ等のなかにもいくつかの異動があった．途中から加わったメンバーがいたとともに，諸事情によりこの調査から退いたメンバーもあった．実査を担った中央調査社の担当も，開始時は浜田江里子さんであったが，途中からは山田裕介さんに交代された．

　また調査結果の分析作業を進めていた2013年6月，当初からのメンバーであった新谷周平さんが不慮の事故で亡くなったほか，今年1月には準備段階からの海外アドバイザーであったアンディ・ファーロングさん（グラスゴー大学）が急逝された．ファーロングさんは調査期間中にも何度か来日され，私たちの調査とイギリスの Youth Cohort Study のデータを利用した共同研究を一緒に行った（Furlong *et al.* 2011）ほか，その後の比較共同研究ワークショップのため来日される直前のことだった．お二人の冥福を祈りたい．

　なお本調査にあたっては以下の研究資金補助を受けた．記して感謝したい．

［研究資金助成］
日本教育学会特別課題研究
　「変容する青年期に関する総合的研究」2005–2007 年度
　「若者の教育とキャリア形成に関する研究」2008–2010 年度
科学研究費補助金
　「大都市部における若年者の教育・職業の移行過程とキャリア形成に関するコー
　　ホート研究」（基盤 A　研究代表・乾彰夫）2007–2009 年度
　「沖縄における若年者の移行過程に関するコーホート調査」（基盤 B　研究代表・
　　上間陽子）2007–2009 年度
　「若年者の教育・職業の移行とキャリア形成に関するコーホート研究」（基盤 A
　　研究代表・乾彰夫）2010–2014 年度
　「若者の教育とキャリア形成に関するパネル調査の詳細分析と国際比較」（基盤 B
　　研究代表・乾彰夫）2015–2017 年度
旭硝子財団研究奨励
　「移行過程の不安定化する若年者の実態と社会保障・セフティネット機能」（研究
　　代表・平塚眞樹）2009 年度

［研究分担者（所属は 2017 年 6 月現在，但し故人は没時）］
乾彰夫（首都大学東京名誉教授・研究代表者），中村高康（東京大学），本田由紀
（東京大学），安宅仁人（酪農学園大学），新谷周平（故・千葉大学），有海拓己（浜
銀総合研究所），上間陽子（琉球大学），大串隆吉（東京都立大学名誉教授），片山
悠樹（愛知教育大学），木戸口正宏（北海道教育大学釧路分校），児島功和（山梨学
院大学），小林大祐（慶應義塾大学），相良武紀（法政大学大学院・和光高等学校），
佐藤一子（東京大学名誉教授），佐野正彦（大阪電気通信大学），杉田真衣（首都大
学東京），関口昌秀（神奈川大学），竹石聖子（常葉学園短期大学），南出吉祥（岐
阜大学），西村貴之（北翔大学），長谷川裕（琉球大学），樋口明彦（法政大学），平
塚眞樹（法政大学），藤田武志（日本女子大学），藤田英典（共栄大学），三浦芳恵
（首都大学東京大学院），横井敏郎（北海道大学），芳澤拓也（沖縄県立芸術大学）
［海外共同研究者（同上）］
Andy Biggart (Queen's University Belfast, UK), Andy Furlong（故・Glas-
gow University, UK), Christian Imdorf (Universitat Bern, Switzerland), Bir-
git Reissig (Deutsches Jungendinstitut, Germany), Jan Skrobanek (Univer-
siteteti Bergen, Norway)

［国際学会・シンポジウム等での発表］
・International Comparative Discussion of Youth Cohort Survey, Tokyo, 2013
　Honda, Y., Precarity, Inequality and Desperate Survival: an Epitome of
　YCSJ Survey.

Fujita, T., Inequality of School Experience.

Sano, M., Increased precarity and widening disparity of youth transitions, and inclusion in the labour market

・XVII ISA World Congress of Sociology, Gothenburg, Sweden, 2010

Nakamura, T., Nishimura, T. & Inui, A., Young People's Transition from School to Work: Its Structure and Change in Late Modern Japan, RC04 Sociology of Education.

Honda, Y., Hiratsuka, M., Higuchi, A., Kidoguchi, M. & Arikai, T., The Differentiation of Trajectories from School to Work in Present-Day Japan, RC34 Sociology of Youth.

・XVIII ISA World Congress of Sociology, Yokohama, Japan, 2014

Sano, M., Increased Precarity and Widening Disparity of Youth Transitions and Inclusion in the Labour Markets, RC34 Sociology of Youth.

Honda, Y., Who Feels Powerless? : An Examination on Self-Attitudes of Japanese Youth, RC34 Sociology of Youth.

Yokoi, T., Kojima, Y., Ataku, K. & Inui, A., How do social class and education affect youth transition in Japan?, RC34 Sociology of Youth.

Inui, A., Imdorf, C. & Sugita, M., Vocational Education and Gendered School-to-Work Transitions in Switzerland and Japan, RC28 Social Stratification.

・"Transitions" Conference, RC04 and RC34, ISA, Tampa, 2012

Honda, Y., The 'Reality Shock' among University Graduates in Japan: Changing Attitudes towards Job and Self through Transition from University to Work, Session 5 Precariousness and Uncertainty in Entry to Working Life, RC34.

Arikai, T., Transition from School to Work in Japan: Difficulty and Distress in the Youth Labor Market, Session 5 Precariousness and Uncertainty in Entry to Working Life, RC34.

・Youth Studies Conference 2013, Glasgow, UK

Inui, A., Higuchi, A. & Hiratsuka, H., Precarious Transition in Japan: Who are in precarity and How they feel it?

・Youth Studies Conference 2015, Copenhagen, Denmark

Imdorf, C., Helbling, L., Inui, A. & Sugita, M., Job insecurities of young women and men in Japan and Switzerland.

［参考文献］

Ball, S. J., Maguire, M. and Macrae, M., 2000, *Choice, Pathways and Transitions Post-16: New Youth, New Economies and the Global City*, Routledge/Falmer.

Evans, K. and Furlong, A., 1997, "Metaphors of youth transitions: niches, pathways, trajectories or navigations," Bynner, J., Chisholm, L. and Furlong, A., eds., *Youth, Citizenship and Social Change in a European Context*, Ashgate: Aldershot, Hants, England.

Furlong, A., Inui, A., Nishimura, T. and Kojima, Y., 2012, "Accounting for the early labour market destinations of 19/20-year-olds in England and Wales and Japan," *Journal of Youth Studies*, 15(1).

本田由紀，2005,『若者と仕事──「学校経由の就職」を超えて』東京大学出版会.

乾彰夫，1990,『日本の教育と企業社会──一元的能力主義と現代の教育＝社会構造』大月書店

乾彰夫編，2005,『18歳の今を生きぬく──高卒1年目の選択』青木書店.

乾彰夫編，2013,『高卒5年　どう生き，これからどう生きるのか──若者たちが今〈大人になる〉とは』大月書店.

Jones, G. and Wallace, C., 1992, *Youth, Family, and Citizenship*, Buckingham: OUP（宮本みち子監訳，鈴木宏訳，1996,『若者はなぜ大人になれないのか』新評論）.

苅谷剛彦，1991,『学校・職業・選抜の社会学』東京大学出版会.

Wallace, C. and Kovatheva, S., 1998, *Youth in Society: Youth construction and deconstruction in East and West*, Palgrave: Basingstoke, UK.

若者の教育とキャリア形成に関する研究会，2008-2014,『第1-5回調査報告書』(http://www.comp.tmu.ac.jp/ycsj2007/report.html).

Walther, Andreas, Barbara Stauber and Axel Pohl, 2005, "Informal Networks in Youth Transitions in West Germany: Biographical Resource or Reproduction of Social Inequality?" *Journal of Youth Studies*, 8(2).

編者を代表して　乾　彰夫

目　次

はしがき　i

I──調査の目的と概要

1　若者の「移行」をいかにしてとらえるか────────中村　高康　3
YCSJ の目的・方法・概要

　　1　はじめに──なぜ若者の移行をとらえる調査が必要か　3

　　2　若者の移行をめぐる調査研究の動向と YCSJ の意義　5

　　3　YCSJ とはどのような調査か──調査の設計　8

　　4　調査の概況　13

　　5　パネル調査と他の全国調査との比較　17

　　6　おわりに──若者の「移行」を深く理解するために　20

2　若者たちの 5 年間────────────────────乾　彰夫　25

　　1　若者たちの生まれ育った時代──「危機」のなかで迎えた移行期　25

　　2　若者たちは 5 年間をどう過ごしてきたか　30

　　3　本書の構成と課題　37

コラム 1　学校を離れてから正規職に就くまでの「移行期間」（中村高康）　50

II──労　働

3　若年労働市場の格差と若者の包摂・統合────────佐野　正彦　55

　1　はじめに　55
　2　労働条件，キャリア形成機会の移行類型別分布と格差　57
　3　仕事へのコミットメントの昂進　62
　4　仕事へのコミットメントを昂進させるメカニズム　66
　5　おわりに　73

コラム2　日本の若年者雇用政策は利用されているのか（樋口明彦）　79

4　若者は「働くこと」をどのように経験しているのか────木戸口　正宏　83

　1　本章の問題意識　83
　2　「働くこと」をめぐる危機や困難──インタビューデータに基づくケース分析　85
　3　若者たちは何に依拠して困難を「乗り越える」のか　95
　4　おわりに──「働くこと」を支える実践や制度の構想に向けて　97

コラム3　高校中退者の移行（片山悠樹）　105

5　若者の社会的リスクに対する社会保障制度の射程────────樋口　明彦　107

　1　はじめに　107
　2　若者に対する社会保障の役割　108
　3　分析の枠組み　110
　4　若者の社会的リスクと社会保障　110
　5　若者の将来展望と社会保障　124
　6　おわりに　126

III——家　族

6　若者の移行への出身階層の影響————————————横井　敏郎　131

　　1　本章の課題　131

　　2　出身階層の構成　132

　　3　出身階層と若者の学歴　138

　　4　出身階層と若者の職種・雇用形態　145

　　5　おわりに　149

7　若者たちの離家と家族形成————————————上間陽子・乾彰夫　153

　　1　はじめに　153

　　2　誰が離家し，結婚しているのか　155

　　3　離家・結婚に影響している諸要因の度合い　161

　　4　おわりに　165

8　ひとり親世帯に育つ若者とその困難————————安宅　仁人　169

　　1　ひとり親世帯の現状と研究動向　169

　　2　量的調査データから見るひとり親世帯出身の若者の困難　171

　　3　インタビュー調査に見るひとり親世帯に育つ若者の困難　180

　　4　おわりに　187

コラム4　不安定就労を続ける男性たち（乾彰夫）　191

IV——地　域

9　地域移動と初期キャリア————————————片山　悠樹　197

　　1　はじめに　197

2 分析の視点　198

3 変　　数　202

4 分析結果　204

5 おわりに　209

10 沖縄の若者の移行の特徴と課題————————————芳澤　拓也　215
ネットワークの特徴とその意味

1 はじめに　215

2 沖縄の若者のおかれた状況——厳しい若年労働市場と不安定な就労　217

3 移行の支えとなる／桎梏となる地域ネットワーク　225

4 おわりに　235

V——学　校

11 学校経験と社会的不平等————————————————藤田　武志　243
「意欲の貧困」を手がかりに

1 はじめに　243

2 意欲の貧困の状況　244

3 学校経験の状況　249

4 意欲の貧困と学校経験　251

5 学校経験の規定因　254

6 考　察　256

コラム 5　学校長期欠席者のその後（横井敏郎）　263

12 大学大衆化時代の学びと生活————————————児島　功和　267

1 はじめに——問題設定　267

2 対象者の基本情報　269

3 学業状況　269

4 学業以外の大学生活　276

5 おわりに——大学生活の模索を可能にするもの　282

コラム6　大学生の就職活動とその後のキャリア（藤田武志）　286

13 学校経験とその後の移行過程　————————竹石　聖子　289

1 はじめに　289

2 学校から社会への移行がスムーズな若者たち　291

3 学校で身につけた専門性が移行を支える　294

4 「やりたいこと」と専門性は移行を支えているのか　295

5 課外活動が作り出すネットワークと移行　297

6 公共職業訓練が果たしている役割　300

7 自己回復の場としての学校　303

8 若者たちにとっての学校経験とは　304

VI——意識と人間関係

14 若者の社会観・意識と変容　————————有海　拓巳　313

1 はじめに　313

2 若者の社会観・意識の経年変化　314

3 ライフコースと社会観・意識の関係性　319

4 ライフコースと社会観・意識の関係性に関する考察　324

5 おわりに　331

15 若者の移行の背景・過程とソーシャル・キャピタル　———平塚　眞樹　335

1 はじめに　335

2 総じて豊かな関係の持続　338

3 関係世界の変容と親子関係の持続　338

4 関係性をめぐる差異　344

5 関係性の背景――ソーシャル・キャピタルは何に決定づけられているか　350

6 関係性が及ぼす作用――自己意識，生活意識との関連　355

7 おわりに　356

コラム7 「無業」の若者たち（本田由紀）　360

16 困難な暮らしに直面する若者たち―――――――南出　吉祥　365

1 はじめに　365

2 「困難を有する若者」とは誰か　366

3 個別要因の実態　371

4 「困難な暮らし」の実像　380

5 おわりに――困難の複合化によりもたらされる社会的排除　385

コラム8 若者の生活満足度（有海拓巳）　388

17 危機のなかの移行――――――――――――――本田　由紀　391

1 二重の「危機」　391

2 誰がどのように「出来事としての危機」を経験したか　397

3 「出来事としての危機」がその後に及ぼす影響　404

4 絡み合う2つの危機　408

I──調査の目的と概要

1 若者の「移行」をいかにしてとらえるか

YCSJ の目的・方法・概要

中村　高康

1　はじめに——なぜ若者の移行をとらえる調査が必要か

　若年層の教育および職業キャリアをめぐる状況は近年大きく変容してきたといわれる．広く社会的にも話題となっているフリーター・ニート問題のみならず，高校と企業を繋いでいた学校経由の就職システムの揺らぎ，少子化と大学数の増大による進学チャンスの拡大，就職協定廃止や長期不況の影響による大卒就職活動の長期化やインターネット利用による就職メカニズムの変容，学卒後 3 年以内の離職率とジョブマッチングの問題等々，この領域に関連して実態解明が求められているテーマは多岐にわたる．多くの若者たちの教育・職業・生活の軌跡を追い続ける「若者の教育とキャリア形成に関する調査」を私たちが企画・実施したのは，まさにこうした多面的問題を解明する基礎資料を得ることを目的としたものといえる．

　とりわけ重要な問題は，日本的特徴といわれてきた「間断のない移行」が近年揺らいできたと指摘されるようになったことである．本田由紀によれば，「間断のない移行」と結びついた学校経由の就職は「1980 年代までは大きなほころびが顕在化することなく，自明のもの，むしろ合理的で効率的なものとして日本社会に受け入れられていた」という（本田 2005: 39–40）．しかし，90 年代に大きな変化を遂げざるを得なくなったというのである．そこには，人口構造の変動や女性の就業行動の変化，サービス経済化，進学率拡大といった様々な要因が絡まっていたが，いずれにしても 90 年代以降に学卒失業，無業，フリーターが増加した事実は，学校経由の就職の範囲が縮小していることを意

味しているのであり，この90年代の経験により，これまで規範化していた
「学校経由の就職」の自明性が損なわれてしまった，と本田は指摘している[1].

　こうした事態が進行してしまっている可能性を踏まえて，私たちは実態把握
に取り組む必要がある．確かに，間断のない「学校経由の就職」の自明性が崩
れてしまっているとすれば，既存の統計などから移行の実態を把握することは
難しくならざるをえない．たとえば，文部科学省が毎年実施している「学校基
本調査」には「卒業後の状況調査」があり，学卒後にどのようなところに移行
したのかを全国レベルで把握することを可能にしてくれているのだが，学校に
対する調査であるために，そもそも学校が移行先を把握していないケースが増
えることによって全体像の把握が不鮮明なものになる．本研究の代表者である
乾彰夫は以下のように指摘している．

　　学校から仕事への移行が比較的スムーズな段階では，こうしたパネル調査が新
　たに付け加えることのできる情報は比較的少ない．たとえば80年代までの日本
　の場合，旧文部省の『学校基本調査』に盛り込まれた「卒業後進路」だけでも，
　7–8割の若者の移行過程を正確に把握することが可能だった（もちろんたとえば
　高卒就職者の卒業後3年間の離職率は70–80年代でも40–45パーセント前後であ
　ったから，正規就職＝安定ということではなかったとしても）．だが90年代半ば
　以降の若者たちの置かれた状況の下では，ある瞬間だけを切り取った政府の諸統
　計だけでは，移行過程の実情を浮かび上がらせるにはあまりに情報量が少なくな
　っていた（乾 2008）．

　もちろん，これまでの内外の研究調査においても，学校から職業への移行を
とらえることができるデータは存在していたし，研究もなされてきた．しかし，
私たちが実施した「若者の教育とキャリア形成に関する調査」（Youth Co-
hort Study of Japan 2007–2010. 以下，YCSJ と略す）には固有の価値があ
る．そこで本章では，従来の研究や調査と比べた場合の YCSJ の意義を論じ
たうえで，この調査の設計上・方法上の基本的特徴を概観し，さらに調査デー
タから得られた基礎的集計結果をもとにデータの性格について検討することで，
次章以下の分析の前提となる情報を整理しておきたい．

　　4——I　調査の目的と概要

2 若者の移行をめぐる調査研究の動向と YCSJ の意義

(1) 海外でも注目される「学校から職業への移行」とパネル調査

　「学校から職業への移行」というテーマは，日本に限定されないグローバルな教育研究の課題である．国際的なトランジション（移行）研究の隆盛やその研究上の背景については溝上慎一の論稿に簡潔に示されているが，そこでは1990年代以降に英語圏で研究が激増したことが示されており，諸研究のレビューからは欧米先進国における社会的状況の変化，たとえば高等教育の拡大や情報化・サービス化等の産業構造の変化が生じている中で，若年者のトランジションが厳しい状況におかれてきたことが背景にある（溝上 2014）．たとえば，イングリッド・ショーンとレイナー・ジルバーライゼンは，学校から職業への移行をテーマとする著作の中で，ほとんどの先進国，とりわけヨーロッパで70年代との比較では失業率が高まってきたことや，80年代以降安定的な雇用機会が減少していること，下降気味の経済が若年者の雇用環境を悪化させ，若年失業率をさらに高めていることを指摘している（Schoon and Silbereisen, eds. 2009）．つまり，欧米先進国ではかなり前からトランジションは問題化していたのである．

　したがって，これに対応するように，各国では若年層のトランジションの時期をカバーする形でのパネル調査研究が蓄積されてきた[2]．

　アメリカの場合，上述のような時代的関心と時期的にも重なるパネル調査としては，日本でもしばしば言及・紹介される国立教育統計センターの HS & B（High School and Beyond, 1980）や NELS: 88（the National Education Longitudinal Study of 1988），ELS: 2002（Educational Longitudinal Study of 2002）のように，在学中の生徒から始めてキャリア選択や移行の実態をとらえることができるデータセットを構築してきており，さらに大学生のトランジションをとらえる B & B（Baccalaureate and Beyond Longitudinal Study）なども展開されている．労働省関連のパネル調査としても NLSY97（National Longitudinal Survey of Youth 1997）があり，非常に豊富なトランジション関連パネルデータの蓄積がある．

イギリスの場合も若年層のトランジションをとらえることが可能なパネル調査が整備されており，その代表が YCS（Youth Cohort Study）と LSYPE（Longitudinal Study of Young People in England）である．前者は 1985 年に 16–18 歳に対して実施され，今日まで 13 のコーホートに調査が実施されている．後者はイングランドの調査だが，13 歳の生徒を対象として 2004 年に開始され，10 年間の追跡を行っている調査である．このほかにスコットランドの SSLS（Scottish School Leavers Survey）も YCS と類似した設計の調査である．

　他の諸国でも同様である．カナダの NLSCY（National Longitudinal Survey of Children and Youth: カナダ統計局・人的資源開発局により 1994 年から実施．0–7 歳および 14–25 歳 3 万 5795 名を対象（Cycle8）），オーストラリアの LSAY（Longitudinal Surveys of Australian Youth: オーストラリア教育省により 1995 年から実施．15 歳から 10 年間追跡．各コーホート 1 万人以上を対象），スイスの TREE（Transition von der Erstausbildung ins Erwerbsleben: スイス・バーゼル大学社会学研究所が 2001 年から実施．2000 年 PISA 調査参加者 6000 名を対象），ドイツの NEPS（German National Educational Panel Study: ライプニッツ教育経歴研究所（バンベルグ大学）により 2009 年から 5 つのコーホートを同時並行で追跡．第 9 学年生のコーホートでは生徒約 1 万 6000 名を対象），韓国の KEEP（Korean Education & Employment Panel Survey: 韓国職業能力開発院により 2004 年から実施．中学 3 年生および高校 3 年生 6000 名を対象）などがすでに存在している．教育と密接にかかわるパネル調査もヨーロッパではかなり古くから取り組まれており，スウェーデンやフランスでは 1960–1970 年代あたりから行われている．

　これらの調査は，各国政府機関による全国規模の無作為抽出調査であることがほとんどである．サンプル数も大きくかつ回収状況も良好であることが多く，非常に貴重なデータとなっている．さらに関連調査のサンプルと連結して実施するなどの工夫もこらされている（たとえば，PISA 学力調査のサンプルを追跡する形をとる LSAY や TREE など）．そして多くは公開され，研究者や行政・政策担当者が分析をかなり自由に行うなど，公共財として広く活用されている．

こうした中で日本の状況はいかなるものであろうか．結論を先取りしていえば，諸外国に比して，全国規模の有用なパネルデータがまったく不足しているといってよい状況なのである．

(2)　日本における「移行」のパネル調査研究状況とYCSJの意義

　日本にトランジションに関わるパネルデータの蓄積がないことにはそれなりに理由もある．「学校から職業への移行」においては，これまではむしろ日本は優等生的位置づけを与えられてきたということがその大きな理由の1つである．高い労働需要と新規学卒一括採用システムによって支えられた低い若年失業率のため，かつては，公的資金を大量に使ってわざわざ移行の状況を把握する必要性がそもそも感じられなかった，というのが実情だろう．

　しかし，経済の現状からはそうした高度成長期のような認識枠組をそのまま受け入れることは難しい．そうなったときに，上述のように，諸外国に比して日本でパネルデータの構築が行われてこなかったことは，パネルデータの構築が非常に時間のかかるものであるだけに，きわめて残念な状況であった．こうした中で，細々とではあるが，個別の研究機関や研究グループが，移行に関わるパネル調査を立ち上げてデータを作ってきたことは貴重な試みだったと評価することができる．

　たとえば，高卒就職研究の一大転機となった天野郁夫のプロジェクト（天野編 1988）は，高校生の就職過程を日本で初めて本格的に明らかにした研究だが，そこで実施された生徒調査は高校3年生の2時点のパネル調査であった．また，フリーター関連の研究では耳塚寛明編（2000, 2003）がやはり高校3年生の2時点データの研究である．また，トランジション関連テーマで，時点数も多く非常に回収状況もよいパネル調査の研究として，吉本圭一・小杉礼子らが実施したパネル調査研究がある（雇用職業総合研究所編 1989）．この調査プロジェクトでは，高校1年生の6-7月，高校2年生の6-7月，高校3年生の6-7月，さらに卒業後1年目，3年目，6年目にも追跡調査を行っており，同一対象者に対して都合6回のパネル調査を実現しており，貴重な調査となっている．また近年では，筆者らの「学校パネル調査」（入学から卒業までを網羅する学校でのパネル調査）が，関西圏の進路多様校5校に対して質的調査を絡め

1　若者の「移行」をいかにしてとらえるか──7

ながら3年間で5回のサーベイを行うリサーチデザインを採用し，現代における進路多様校のトランジションの一端を明らかにしている（中村編 2010）．しかしながら，これらの調査は前述の諸外国のパネル調査に比していずれも規模が相当小さく，またランダムサンプリングによる全国調査でもない．その点で非常に限定的なデータとなっていることは否めない．

　もっとも，近年では日本においてもパネル調査の重要性への認識が高まり，様々なパネル調査が行われるようになってきた．その結果，いくつかの調査では教育関係の諸項目をふんだんに含んだパネルデータが蓄積されつつある．そうした近年のパネル調査としては，東京大学社会科学研究所の「働き方とライフスタイルの変化に関する全国調査」（2007- ）や東京大学大学経営・政策研究センターの「高校生の進路についての調査」（2005-2011）を挙げることができる．しかし，前者はサンプルとなる年齢層の幅が20-34歳と広く，特定年齢層に焦点を絞った調査設計ではない．また，後者は18歳という単一年齢層に絞っておりトランジションもとらえられる構造にはなっているが，その研究の主眼は基本的に高等教育進学者の動向にある．

　以上のことから，日本において，学校から職業へのトランジションに明確にねらいを定めた全国規模のパネルデータが必要だということが了解できよう．そして，これこそまさに私たちが企図した調査のデザインだったのである．

3　YCSJ とはどのような調査か──調査の設計[3]

　YCSJ は，2007年4月1日現在で20歳である全国の男女を対象とし，毎年1回×5年間を追跡した調査である．さらに，5回のパネル調査終了後に，49名の追跡調査対象者を選定し，面接調査を実施した．以下では，これらの調査の設計について概要を述べておきたい．

(1)　パネル調査
1）　調査対象　年齢を20歳としたことについては，学校から仕事への移行ということを考えれば，最も早い若者たちが就職する中卒（15歳）か，少なくとも3割前後が就職する高卒（18歳）を開始年齢とすることが考えられたが，

約4割を占める四年制大学卒業者が就職をしてある程度落ち着くであろう23–24歳を最終調査時点と想定した場合，調査期間があまりに長期にわたり脱落率が大きくなりすぎると判断し，20歳をスタートとすることにした．

　本調査の「20歳」という対象は，高卒や短大・専門学校卒業者の場合は教育から職業への移行に近接した時期をとらえることになり，また大学生の場合も数年後には卒業するものが多いことからやはり教育から職業への移行の局面がとらえやすいという点で，他の調査と差別化しつつ関心対象の状況をとらえるのに適切な年齢層と判断された．また，こうした移行の問題を考える際に特徴的なパターンを示しているとされる沖縄に重点的にサンプル数を配分していることも，本調査の大きな特徴の1つである．

2)　**抽出方法**　先行のパネル調査の事例を検討してみると，パネル調査の場合は初回調査の回収率が通常の調査よりも低くなる傾向がある．さらに，しばしば指摘されるように，調査を繰り返すたびに生じる脱落サンプルの問題もある．多くのパネル調査では初回時点で継続調査への協力意思を持つ人たちが調査に回答することが多いため，途中の脱落サンプルが大量に発生するわけではないが，回数を重ねるごとに徐々に増えていくことは確かである．したがって，第1回調査の段階から，最終的な調査時点で分析に耐えうるサンプル数をある程度計算して確保しておく必要がある．本調査では，第1回調査において，沖縄250ケース，それ以外の地域1250ケースを確保することを目標として設定したが，これは最終調査においてサンプル数が半減してもなおなんとか分析に耐えうる数字を検討し，最終的に予算の制約を考慮して確定したものである．

　以上のように目標サンプル数を確定したのちに，これを全国の地点に割り振る作業を行った．具体的には，全国を9ブロック（北海道・東北・関東・甲信越・中部・近畿・中国・四国・九州）に分け，さらに都市規模を3段階（18大都市・10万人以上の都市・その他の市町村）に分けて27層を作り，そこに2006年3月31日時点での住民基本台帳の人口データを流し込み，人口分布に比例するように1250の目標サンプル数を各層ごとに割り振った．沖縄については，県内を5ブロック（北部・中部・那覇市・南部・宮古八重山）に分け，さらに都市規模を2段階（10万人以上の都市・その他の市町村）に分けて10

層作り，同様にして 250 の目標サンプル数を各層ごとに割り振った．

　サンプル抽出は住民基本台帳に基づく層化二段無作為抽出法で行った．上で作成した層をベースに，第 1 次抽出単位である国勢調査区を沖縄 27 区，それ以外の地域 127 区抽出した．第 2 次抽出単位は個人であるが，各調査区における抽出は，一地点で 20 歳に限定して 50–70 人抽出することになる．系統抽出を通常どおりにやれば，① 抽出間隔が大きいと一調査区でそれだけの数の 20 歳を抽出しきれない地域が出てくる可能性があること，② 20 歳だけを抽出するので抽出間隔が大きいと調査エリアが大きくなりすぎて，実査遂行の障害が生まれてしまう可能性があること，などを考慮し，抽出はスタートポイントを無作為に決定したあとは台帳に沿って連続的に行った．つまり抽出間隔 1 の系統抽出を行ったのと同じことになる．

　ただし，回収状況が悪い地点においては 2 次調査で追加的にサンプルが多く投入されたところがあり，厳密な意味ではランダムサンプリングとはなっていないが，本調査ではサンプルの無作為性が多少損なわれることのデメリットよりも，回収標本が少なくなって継続的な調査が十分にできなくなるリスクのデメリットのほうが格段に大きいと判断した．2 次調査は，層ごとに目標数に到達した時点で打ち切られた．1 次調査と 2 次調査を合わせた総対象者数は，沖縄 760・それ以外 4258 となった．これが，通常調査の抽出数にほぼ該当する数値といえる．

3）調査実施方法　調査は，2007 年から 2011 年まで，毎年 10–12 月に実施した．調査方法は，基本の形としては郵送配布・訪問回収で毎回実施した．これはコストの面から面接調査は実施できない状況だったこともあるが，パネル調査の性質上，2 回目以降は増加する転居者を追跡せざるをえず，調査対象者の地域的な範囲が拡散して郵送法も併用せざるをえなくなることがほぼ確実に予想される中で，面接法にこだわることにあまり合理性がないという判断もあった．

　第 1 回においては上記の方法で抽出した対象者に依頼状および質問紙を送付したのち，調査員が訪問して調査協力をお願いするとともに記入済み質問紙を回収した．第 2 回以降は前回回答者でパネル調査への協力意思を示した対象者

に対して質問紙を郵送し，調査員による訪問回収を行った．ただし前回抽出地点からの住所異動があった対象者については基本的には郵送回収で行った．なお第1回調査を除く各回とも，期限内に回答のなかった対象者のうち住所不明や拒否などを除いて，実施可能な範囲で同じ対象者に2次調査（再調査）を行った．その他，ニューズレターを発行して前回調査の結果の概要を調査対象者に送付するなど，調査と調査の間にコンタクトを試み，様々な回収率向上策を実施した．

4）　**調査内容**[4]　パネル調査であるので，現在の若年者の教育・職業・生活の状況を問う質問については項目を変えずに毎回繰り返し聞く形になるが，過去の情報については第1回調査においてある程度まとめてたずねる方針が採られた．つまり，これまでの教育・職業経歴，および属性的（社会階層的）情報などの関連項目が多いのが第1回調査の特徴である．第2回以降は，過去に関する項目は縮小されて現況を様々な角度からたずねる質問項目が加わっている．また，この1年間で起こった出来事や立場の変化などをカレンダー方式で書き込んでもらう形式の質問を採用したことにより，個々の対象者について，10代後半から25歳ぐらいまでの期間について学生から正規雇用へ，あるいは非正規雇用から正規雇用へ，正規雇用から無職へ，などといった従業上の地位の変化のデータが相当の確度をもって収集されているところも，この調査の大きな特徴の1つである．

　なお，調査対象者のキャリアの多様さをすくいとる調査にするために，調査票内部を就業者と在学者とそれ以外に分岐させ，色で識別誘導するように構成した点も工夫をこらしたポイントであり，本調査票の構成上の特徴といえる．

5）　**データ理解のための注意点**[5]　通常の社会調査において重要な変数とされている「最終学歴」であるが，これの定義が比較的容易なのは中高年向けの調査の場合だけである．本調査のように，対象者に在学中の者が多く含まれ，また若年者が対象であるがゆえに年を追うごとに学歴が変化しうる状況では，現在在学中の学校が「最終」であるかどうかは判断しにくい．そこで，第5回調査のデータが確定した時点で，いわゆる最終学歴に近い変数を作成することに

した.

　また，沖縄を多くサンプリングしているため，そのまま計算したのでは沖縄に大きく比重を置いた集計値となってしまう．そのため，沖縄とその他の地域をわけて集計している分析を除き，特に断りのない限りは，調査時点での沖縄の 20 歳人口比を勘案して沖縄データにウェートをかけたうえで全国データに組み込んでいる.

(2)　面接調査

　面接調査については，木戸口・南出・芳澤（2014）の詳細な説明がすでにある．ここではその情報を踏まえ，概略を簡単に紹介しておきたい.

　面接調査の対象者は，第 5 回調査（2011 年）時に面接調査の依頼を行い，そこで協力を申し出てくれた 322 名の中から，以下の手順で計 49 名を抽出した.

① 　可能な限り地域的にサンプルが散らばるように，地域ブロックごとに目標抽出数を設定する.
② 　移行パターンの状況等から，何らかの不安定・困難を抱えていることが推察される対象者を優先する.
③ 　そのうえで，比較的安定的な移行過程だと推察される対象者を増やす.
④ 　全体としてなるべく男女が同数になるように配慮する.

　面接調査の方法は，半構造化インタビューの方式で 1 人ひとりに対しておおむね 1 時間〜1 時間半程度を目途に実施した．パネル調査とセットで実施することのメリットを生かし，事前に基礎情報（性別・地域・学歴・職歴など）や移行パターンなどのパネル調査の回答情報を整理したうえで，聞き取りを行った．主な調査内容は以下の 5 点に集約される.

・5 年間の移行過程に見られた転機や重要な出来事，困難などの詳細．およびそれらへの「対処」の仕方について．また，それを対象者がどのように意味づけているか.

・転機や困難を乗り越えるにあたり，どのような助けがあったのか（なかったのか）．
・移行過程に影響を及ぼしていると考えられる教育経験・進路決定の経験はどのようなものか．
・現在の生活状況や今後の展望についてどのように考えているのか．
・自分の移行過程を振り返ってみて，あらためてこれまでの自分の人生についてどのように評価しているか．

　調査の実施時期は，2012 年 9–12 月であり，研究会メンバーが分担して行った．

4　調査の概況

(1)　パネル調査における有効回収率の状況

　5 回実施されたこの調査の回収状況について整理したのが，**表 1–1** である．通常のパネル調査と同様に 2 回目以降の回収率は高くなっているが，これは 2 回目以降は調査対象者数自体が大きく減少し分母が小さくなるため，また第 1 回調査時点で後の 2 回目以降の調査にも継続協力を了承してくれた対象者になるために通常の調査よりも協力傾向が強いためである．

　第 1 回調査の有効回収率の数字自体は，類似の調査と比較した場合には決して悪い数字とはいえない．むしろ，調査対象の条件が厳しい（通常の調査では回収率が特に低い若年層，しかも 20 歳限定）わりにはかなり良好な回収結果が得られていると見ることもできる．というのも，社会調査では転居者・住所不明者および死亡者は分母から除いて計算することもあり（三隅・三輪 2008），その計算方式でいくならば，今回の有効回収率は概算で全国 38.9%，沖縄 57.2% となっているからである．

　たとえば，日本における社会科学的全国調査の代表ともいえる「2005 年社会階層と社会移動全国調査」（2005 年 SSM 調査）では回収状況が良いとされる高年層（69 歳まで）を対象に多く含んでいるにもかかわらず住所不明や転居を除いた有効回収率が 44.1% であったこと [6]，より幅広い若年層を対象と

1　若者の「移行」をいかにしてとらえるか——13

表 1-1 「教育とキャリア形成に関する調査」回収状況の推移

		全 国				沖 縄				合計【参考】		
		アタック数	有効回収数	(うち郵送回収)	有効回収率	アタック数	有効回収数	(うち郵送回収)	有効回収率	アタック数	有効回収数	有効回収率
第1回 (2007)	1次調査	3,750	1,238	131	33.0%	750	329	12	43.9%	4,500	1,567	34.8%
	2次調査	508	119	22	23.4%	10	1	1	10.0%	518	120	23.2%
	合 計	4,258	1,357	153	31.9%	760	330	13	43.4%	5,018	1,687	33.6%
第2回 (2008)	1次調査	1,314	1,069	117	81.4%	300	223	15	74.3%	1,614	1,292	80.0%
	2次調査	157	28	28	17.8%	42	4	4	9.5%	199	32	16.1%
	合 計	1,314	1,097	145	83.5%	300	227	19	75.7%	1,614	1,324	82.0%
第3回 (2009)	1次調査	1,097	922	53	84.0%	227	176	11	77.5%	1,324	1,098	82.9%
	2次調査	130	35	14	26.9%	41	8	1	19.5%	171	43	25.1%
	合 計	1,097	957	67	87.2%	227	184	12	81.1%	1,324	1,141	86.2%
第4回 (2010)	1次調査	937	837	87	89.3%	175	151	10	86.3%	1,112	988	88.8%
	2次調査	79	16	6	20.3%	25	5	3	20.0%	104	21	20.2%
	合 計	937	853	93	91.0%	175	156	13	89.1%	1,112	1,009	90.7%
第5回 (2011)	1次調査	817	721	102	88.2%	154	136	11	88.3%	971	857	88.3%
	2次調査	73	29	14	39.7%	9	5	4	55.6%	82	34	41.5%
	合 計	817	750	116	91.8%	154	141	15	91.6%	971	891	91.8%

する東京大学社会科学研究所のパネル調査の住所不明や転居を除いた有効回収率が 34.5% であったこと（石田ほか 2007），高校 3 年生に限定した東京大学大学経営・政策研究センターの調査では調査協力率が 20.2% であったこと（東京大学大学院教育学研究科大学経営・政策研究センター 2007）など，昨今の調査事情を考慮した場合，20 歳限定という難しい調査設計であったわりにはむしろ上々の回収結果が得られたと判断してよいと思われる．第 1 回調査で，当初予定していた目標サンプル数（1500）をかなり上回っていることも良好な回収状況を示しているといえる．

第 2 回調査以降の回収状況もおおむね良好である．強いていえば，第 1 回に沖縄で調査を受けた対象者（表 1-1 における「沖縄」の欄）は回収状況が全国に比べて少し低いが，パネル調査として極端に低い値ではない．

(2) 脱落サンプル

以上のように，調査全体としてはおおむね善戦しているといえるが，このデ

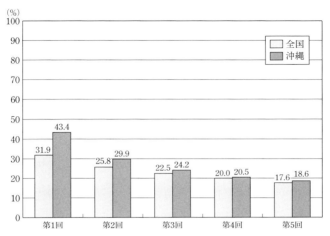

図 1-1　当初アタック数を 100 とした場合の各回調査の有効回収率

ータが持っている限界についてもここではあえて触れておきたい．そのためにはまず図 1-1 を見ていただきたい．

　図 1-1 は，当初のアタック対象総数 5018（沖縄 760，その他全国（以下，「全国」と略す）4258）をベースにした回収率をグラフ化したものである．沖縄はオーバーサンプリングしているので，合計せずに分けて表示している．

　当初のアタックサンプルを計画サンプルと見立てると，全国のほうも沖縄のほうも，最終回まで継続されたサンプルは 2 割を切っている．このことは「こうした調査に協力的な人たち」がデータとして残っているという意味で，一定のセレクション・バイアスがかかっていると見ることができる．

　しかしながら，だからといって私たちはこのデータの意味が小さいものとは考えていない．それは，日本において 20 歳を起点とする全国規模のパネル調査がこれまでなかったからであり，そして可能な限り通常の無作為抽出調査に近づける努力を行って得られたパネルデータであるからである．そして，次節で確認することになるが，基本的属性などのデータの偏りは，他のマクロデータと照合してみるとそれほど大きくないからである．したがって，私たちはこのデータがそれなりに日本の 2007 年における 20 歳のその後の生活とキャリアを表現していると考えている．

1　若者の「移行」をいかにしてとらえるか——15

表 1-2　面接調査対象者の性別・地域ブロック別分布

	面接調査対象者			パネル調査対象者（参考）		
	男性	女性	合計	男性	女性	合計
北海道	3	0	3	14	19	33
東　北	1	0	1	23	37	60
関　東	2	13	15	124	135	259
甲信越	0	0	0	12	13	25
中　部	4	3	7	47	62	109
近　畿	3	5	8	60	69	129
中　国	2	0	2	18	19	37
四　国	0	0	0	12	11	23
九　州	1	2	3	31	53	84
沖　縄	5	5	10	60	72	132
合　計	21	28	49	401	490	891

　なお，本書で分析に用いられる部分の中心は，第 5 回の調査まで継続して回答してくれた 891 名の若者たちのデータである．

(3)　面接調査対象者の概況 [7]

　面接調査の対象者については，**表 1-2** に示した．

　調査対象者の全体数 49 はパネル調査の分析対象サンプル数 891 の 5.5% にあたる．

　男女別に見ると，男性 21 ケース（同じくパネル調査のサンプル数 401 の 5.2%），女性 28 ケース（同 490 の 5.7%）であった．男性の割合が若干低いが，総体としてはおおむね男女のバランスはとれているといえる．

　一方，地域別に見ると，必ずしもすべての地域から均等に，対象者を選び出すことができなかった．調査費用との関係で，50 ケース程度が上限となったこと，調査担当者がカバー可能な地域に制約があったことなどから，今回，甲信越・四国の方への聞き取りは断念せざるをえなかった．また地域別で見ると，男性・女性の割合が，若干アンバランスになってしまった地域もある（北海道・東北，関東，中国など）．なお沖縄の調査対象者の割合が，他地域に比べて大きくなっているが，これは，すでに説明したように，YCSJ パネル調査自体が，沖縄をオーバーサンプリングしていることを反映している．もっとも，

16——I　調査の目的と概要

様々な実施上の制約があったことを踏まえれば，多様な対象者に面接を実施できているといえる.

5　パネル調査と他の全国調査との比較

　では，本研究の中心となるパネルデータの基礎的分布は他の全国データと比較した場合にどのようになっているだろうか．以下では，マクロ統計と大筋で比較対照可能ないくつかの項目を使って，簡略ながらデータ全体の信頼性を確認してみたい.

(1)　性別・地域

　まず性別と地域別の人口分布と本調査のサンプル構成の比較の結果を確認しておく．総務省統計局の「人口推計」より算出した2007年10月1日現在の20歳の男女別人口比率の推計は男性51.2%・女性48.8%である．第1回調査で得られたのは男性50.2%・女性49.8%であった．したがって，第1回調査時点での男女比についてはほぼ母集団の構成どおりに得られている．一方，「人口推計」による2011年10月1日現在の24歳の男女別人口比率の推計は男性51.0%・女性49.0%である．第5回調査で回答が得られたのは男性44.9%・女性55.1%であった．この結果が示すのは，脱落サンプルにはやや男性が多かったということである．一般に男性のほうが調査協力傾向が弱いことを考え合わせると，ある程度は予想された結果である．むしろ，一定の男性脱落があっても，サンプル全体の男女構成比を著しくゆがめるほどではなかった点で良しとすべきであろう.

　図1-2は，地点抽出段階での地域別の人口分布と，第1回および第5回調査のデータを比較したものである．ちなみに，第5回調査は現住所ではなく，サンプリング段階での地域で分類している．その意図は第1回と第5回の変化を見ることにある．これを見ると，調査開始時点でも最終調査時点でも，ほぼ元の母集団を忠実に反映した構成となっている．もちろん，地域の場合は，層化する段階で用いている情報なので，特に第1回調査の結果については，層化したことの効果がここで現れただけともいえるが，サンプル構成の妥当性の第1

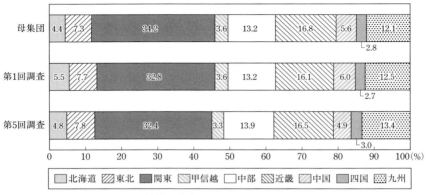

図 1-2 地域別分布（本調査および母集団人口比）

注：母集団：2006年3月31日現在の住民基本台帳人口をベースにした層化表（中央調査社作成）より集計．

段階の基準はさしあたりクリアしていることがここで確認できる．また，第5回調査でもあまり構成に変化がないという結果は，元の居住地域に関しては脱落サンプルによる大きなバイアスは単純集計レベルでは読み取れないということを示している．

(2) 現在の状況

20歳に限定したデータが公表されている政府関係の統計は少ないが，現在の状況に関しては，2005年および2010年の国勢調査のデータにある程度対応させることが可能である．図1-3はその結果を示している[8]．第1回調査については，求職者（国勢調査では「完全失業者」）の値が少し低く見えるが，おおむね母集団の分布を反映していると見ることができる．第5回調査についても，大筋ではさほど国勢調査の分布と変わらないものの，「働いている」とするものの比率が少し高くなっている．逆に，求職者の割合はやはり国勢調査よりも低くなっている．

失業や就業の定義を本調査と国勢調査で厳密に一致させることができないことなどが原因で若干のずれは生じているけれども，全体としては現在の状況に関しても，おおむね母集団を代表したデータになっていると思われる．

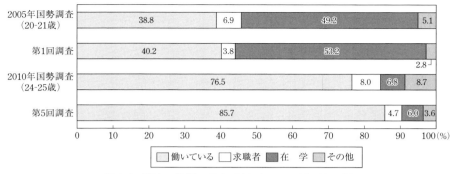

図 1-3 現在の状況の分布（本調査および母集団人口比）

注：国勢調査の値については，2005年については20歳と21歳，2010年については24歳と25歳の値を合算して集計．国勢調査が10月1日現在の値であることから，この値が本調査の対象集団にほぼ該当する．

(3) 在学者の内訳

第5回調査に関しては在学者の割合がかなり低くなるが，第1回調査では在学者が約半数を占める．そこで，在学者の内訳についても確認できる範囲でしておこう．

20歳の者がどのような教育機関に在学しているのかをそのまま取り出している公式統計データは，意外にも容易には確認できない．国勢調査が，筆者が唯一見出したデータである．そこで，2010年国勢調査における年齢別在学者数の「大学・大学院」「短大・高専」[9]カテゴリーの数値を本調査データと対比させて，対象者集団の中に占める割合を計算してみた．なお，2005年国勢調査にはこのような表がないのでここではいずれも2010年のデータで代表させている．図1-4がその結果である．国勢調査のカテゴリーが大まかすぎるのが難点だが，それでも大筋一致しているように見える．在学者の内訳についても，おおむね母集団の構成比を反映していると考えてよいだろう．

(4) 非正規雇用（従業上の地位）

最後に，非正規雇用については社会的関心が高く，本調査の実施の1つの動機にもなっているので，手元のデータから可能な範囲で検討してみよう．しかし，国勢調査等の公的統計には正確に対応するデータは公表されていない．従業上の地位あるいは雇用形態といわれるものについては多くの統計があるが，

1 若者の「移行」をいかにしてとらえるか——19

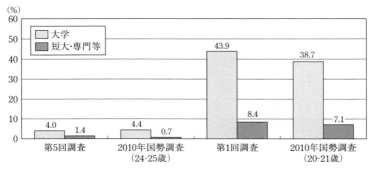

図 1-4　同年齢人口に占める学生の割合（本調査および母集団人口比）

ほとんどが年齢階級別でせいぜい 5 歳刻みの集計結果しか公表していない．そこで，筆者が使用可能ないくつかのデータからカテゴリーを大まかに比較可能な形にして，就業者のなかでの従業上の地位の分布を並べてみた．図 1-5 がその結果を示している[10]．就業構造基本調査は 2007 年度における 20–24 歳のデータである．東京大学大学経営・政策研究センターの「高校生の進路についての調査」（「高校生進路調査」と略記）第 4 回データ（2008 年）はおおむね 21 歳あたりが対象となっており，本調査ともっとも調査設計が近い全国調査であるが，回収状況は本調査に比べると割合が低い．SSM は 20–69 歳を対象としているので 20 歳だけでは非常にサンプル数が少なくなっている．それぞれが比較するには問題を抱えたデータではあるのだが，本調査を含めて 4 つを並べてみると，本調査の結果は，第 1 回調査に関しては他の調査とかなり似通っていることがわかる．また，第 5 回に関していえば，正規就業者の割合が少し高いが，年齢層が 24–25 歳のデータであるので，他のデータと比べて正規就業者が多いのは当然という面もある．実際，24 歳までデータに含んでいる就業構造基本調査の集計値を見ると，第 5 回調査の分布とほぼ一致しており，大枠で見てさほど大きな偏りのないデータになっているということができる[11]．

6　おわりに──若者の「移行」を深く理解するために

以上の検討から確認・考察できることを 2 点挙げておきたい．

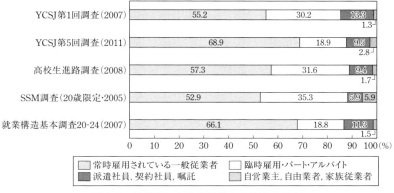

図 1-5 就業者における従業上の地位の分布

1つは,本調査が予想以上にバランスの良いデータを集めることができているということである.確かに,男性や非正規雇用の人たちの脱落がやや多い傾向があり[12],第5回調査では多少の偏りが生じていることには留意する必要があるが,プライバシーや個人情報保護などに対する考え方が広まり,多くの社会調査が回収率を悪化させているという状況の中で,さらに回収が難しいといわれる若年層,なかでも20歳という成人の中の最若年層をピンポイントで取り出す調査である以上,ある程度のデータの偏りも予想のうちにいれておかざるを得ない状況が現実問題としてあったわりには,大きな歪みは生じていないように思われる.多くの調査では年齢による回収状況の違いが大きいので,年齢をコントロールした調査になったことはデータのバランスを確保できた大きな要因と考えられるが,それだけではなく,①訪問面接にこだわらず留置き法や郵送回収を併用したことによって,従来は不在や転居などで未回収だったサンプルを一定数回収できた可能性,②1次調査の時点で回収率向上策を可能な範囲で実施したことの効果(回答者へのパンフレット送付など),なども考えられる.

第2に,20歳を取り出すことの意味が本章の確認作業でより明確になったことはぜひ付け加えておきたい点である.先ほどから述べているように,公式統計などで公表される教育や雇用の情報は,そのほとんどが年齢階級別の集計であり,20-24歳をひとまとまりにして表を作っている.学校組織を経由して

情報を集めている学校基本調査の場合には，個人データがないので年齢別の集計すらままならない．しかしながら，労働力率は10代後半から20代前半までに急上昇していったんピークを迎えるのであり，この変化の大きい局面を大括りに集計していては明確な実態はつかめない．この期間はまさに学校から職業へと大量の若者たちが移行していく時期であり，その1年1年に大きな意味がある．本調査が明らかにするのは，他のデータからはわかりにくい20歳という一時点からスタートして24歳に至る若者たちの変化の状況であり，こうした意味からも本調査データの価値は非常に大きいといえる．

【注】

1) こうした見方に対して慎重な見解もある．たとえば，石田（2005）など．また地域によっては従来の慣習がかなり強固に残っているところもある（片山 2010）．
2) 諸外国におけるパネル調査は，ほとんどがインターネット上で基本情報が公開されている．本節の記述は各調査の公式ホームページから得られた情報を中心に記述している．なおまとまった情報としては，ドイツ連邦教育研究省の報告（Federal Ministry of Education and Research 2005）および日本の内閣府の報告（野村総合研究所編 2011）などを参照．
3) 調査の設計についてのさらに詳細な情報は，中村（2014）を参照．
4) 調査のさらに詳細な内容については，インターネット上の以下のサイトを参照（http://www.comp.tmu.ac.jp/ycsj2007/index.html）．
5) 具体的な集計・計算方法等については，中村（2014）を参照．
6) 20代の有効回収率は，三隅・三輪（2008）の数値から計算すると35.6％となる．なお，回収された20歳のサンプルは20代の中で目立って少ないため，20歳限定で考えた場合には回収率はこれよりも大幅に低くなると推定される．なお，SSMよりも回収率が高いJGSS（日本版 General Social Survey，大阪商業大学・東京大学）でも，20代の回収率は38.9％である．
7) 面接調査の概要については，木戸口・南出・芳澤（2014）にしたがっている．
8) 国勢調査の対応するカテゴリーは以下のとおり．なお労働力状態不詳のものは計算から除いている．
    「働いている」……国勢調査の「通学のかたわら仕事」「休業者」「完全失業者」を除いた値
    「求職者」……国勢調査の「完全失業者」
    「在学」……国勢調査の「通学のかたわら仕事」と「通学」の合計
    「その他」……上述以外の数値の合計
9) 国勢調査では「専修学校専門課程（専門学校）・各種学校については，入学資

格や修業年限によりいずれかの学校区分に含まれる」との注が付されており，
「短大・高専」カテゴリーには実質的に専門学校を含んだ集計になっていると推
定される．
10) SSM調査データの使用については，2015年SSM調査管理委員会の許可を得
た．
11) 中村（2014）でも同様の図を掲載しているが，集計値に誤りがあったため修
正した．
12) なお，第4回調査までの脱落傾向については，片山の分析がある（片山
2012）．様々な変数を加味して総合的に分析しているので，詳細はそちらに譲り
たい．なお，片山によれば，性別のほかに，1人暮らしであることや，高校に進
学していないこと，なども有意に脱落しやすい傾向があったと指摘している．

【文献】

天野郁夫編，1988，『高等学校の進路分化機能に関する研究』（トヨタ財団助成研究
報告書）．

Federal Ministry of Education and Research, 2005, *Longitudinal Studies for Education Reports: European and North American Examples*, Bundesministerium für Bildung und Forschung/Federal Ministry of Education and Research（BMBF）Publications and Website Division.

本田由紀，2005，『若者と仕事——「学校経由の就職」を超えて』東京大学出版会．

乾彰夫，2008，「若者の教育とキャリア形成に関する調査について」『中央調査報』
No. 612.

石田浩，2005，「教育——学校から職場への移動」工藤章，橘川武郎，グレン・フ
ック編『現代日本企業2 企業体制（下）』有斐閣，pp. 208-234.

石田浩・佐藤香・大島真夫・中澤渉・元治恵子・深堀聰子・三輪哲，2007，「若年
者のキャリアと意識に関する実証研究（1）」『日本教育社会学会第59回大会発表
要旨集録』pp. 35-40.

片山悠樹，2010，「専門高校の職業選抜——工業高校を事例に」中村高康編『進路
選択の過程と構造——高校入学から卒業までの量的・質的アプローチ』ミネルヴ
ァ書房．

片山悠樹，2012，「『若者の教育とキャリア形成に関する調査』4年目調査の概要と
脱落サンプル」若者の教育とキャリア形成に関する研究会『「若者の教育とキャ
リア形成に関する調査」2010年第4回調査結果報告書』pp. 8-18.

木戸口正宏・南出吉祥・芳澤拓也，2014，「YCSJ面接調査の概要と，基本的な問
題意識について」乾彰夫研究代表『「若者の教育とキャリア形成に関する調査」
最終調査結果報告書』pp. 264-270（http://www.comp.tmu.ac.jp/ycsj2007/dl2/
ycsj2007rep05.pdf）．

雇用職業総合研究所編，1989，『高校生の職業希望の形成と変容』雇用職業総合研
究所．

耳塚寛明編，2000，『高卒無業者の教育社会学的研究（1）』（科学研究費報告書）．

耳塚寛明編，2003，『高卒無業者の教育社会学的研究（2）』（科学研究費報告書）．

三隅一人・三輪哲，2008，「2005年SSM日本調査の欠票・回収状況の分析」三輪哲・小林大祐編『2005年SSM日本調査の基礎分析』2005年SSM調査研究会．

溝上慎一，2014，「学校から仕事へのトランジションとは」溝上慎一・松下佳代編『高校・大学から仕事へのトランジション』ナカニシヤ出版，pp. 1-39．

中村高康，2014，「『若者の教育とキャリア形成に関する調査』の概要」乾彰夫研究代表『「若者の教育とキャリア形成に関する調査」最終調査結果報告書』pp. 8-25（http://www.comp.tmu.ac.jp/ycsj2007/dl2/ycsj2007rep05.pdf）．

中村高康編，2010，『進路選択の過程と構造——高校入学から卒業までの量的・質的アプローチ』ミネルヴァ書房．

野村総合研究所編，2011，『日本におけるパネルデータの整備に関する調査報告書』（平成23年度内閣府大臣官房統計委員会担当室請負調査）．

Schoon, Ingrid and Rainer K. Silbereisen, eds., 2009, *Transitions from School to Work: Globalization, Individualization, and Patterns of Diversity*, New York: Cambridge University Press.

Super, D. E., 1957, *Vocational Development: a framework for research*, New York: Bureau of Publications, Teachers College, Columbia University.

東京大学大学院教育学研究科大学経営・政策研究センター，2007，『高校生の進路追跡調査第一次報告書』．

2 若者たちの5年間

乾　　彰夫

　本章では，この調査の対象となった若者たちが，変化する日本社会のどのような状況の下で育ち，学校から仕事への移行期を迎えたのかをまず確認し，対象者たちの5年間の移行の概要を紹介する．その上で第II部以下の構成とねらいについて略述したい．

1 若者たちの生まれ育った時代──「危機」のなかで迎えた移行期

　調査対象者は前章でも触れた通り2007年4月1日現在満20歳だった若者たちである．彼ら彼女らが生まれたのは，1986年4月から87年3月まで．**表2-1**にある通り，ものごころがつくかどうかの時期にバブル崩壊を経験し，「失われた20年」といわれる時代に学校生活を過ごし，学校から仕事への移行期を体験している．小学校時代には大手銀行や証券会社等の経営破綻，オウム・サリン事件や阪神・淡路大震災などを，中学校時代には9.11アメリカ同時多発テロを，高校時代にはイラク戦争を，21歳の時にはリーマンショックを経験し，そして調査終了半年前には東日本大震災を経験した．

　はじめに指摘しておくと，対象者たちのコーホートは，その前後数年のコーホートと比べると高校や大学などの卒業時には偶然にもかなり安定した移行をとげた年齢層だった．このコーホートが中学校から大学院修士課程までを標準年齢で卒業した年度の就職者数を文部科学省学校基本調査で求め，それをこのコーホートの中学校卒業者数で除した割合はおよそ70%で，近年最低だった5歳年上のコーホートからは10%近く上昇している（**図2-1**）．対象者コーホートのなかの高卒者のほとんどが就職期を迎えた2005年春は，2000年代初頭

表 2-1　対象者に関わる略年表

対象者		主なできごと
1986.4-87.3	誕　生	
1987		国鉄分割民営化
1991		湾岸戦争，バブル崩壊
1993	小学校入学	
1995		阪神・淡路大震災，地下鉄サリン事件
1997		神戸連続児童殺傷事件，北海道拓殖銀行経営破綻
1998		長野オリンピック，山一証券廃業
1999		キャリア教育（中教審）
1999	小学校卒業	国旗国歌法，東海村 JCO 臨界事故
2000		少年法改正
2001		小泉内閣発足，アメリカ同時多発テロ
2002	中学校卒業	学習指導要領改訂（「ゆとり教育」）
2003		イラク戦争
2004		「ニート」
2005	高校卒業	
2007	短大等卒業	民主党政権
2008		秋葉原通り魔事件，リーマンショック
2009	四年制大学卒業	
2011	大学院修士修了	東日本大震災

注：高校以降の卒業期等については最短標準年数で表示．対象者によってはそれ以降の時期
　　に経験している者もいる．

　の「超氷河期」を抜け出し団塊世代の定年退職などに伴う採用増に向かう時期
だった．また大卒者の多くはリーマンショック直後の 2009 年春に就職期を迎
えたが，前年秋にはその多くがすでに内定を得ていたことから，このショック
の実際の影響が大きく現れたのは，その翌年からだった．
　そうとはいえ対象者たちは，親世代に比べればはるかに困難な状況のなかで
移行期を迎えていた．図 2-2 に見られるように，若年就労者のなかでの非正規
雇用割合は 90 年代前半の 20% 前後から，90 年代半ば以降急上昇し，対象者
たちが移行期を迎えた 2000 年代には 50% 近くに達していた．図 2-1 によれば，
対象者の親世代が移行期を迎えた 70-80 年代の新規学卒正規雇用就職率の割合
が 80% 近くであったことからも，同世代の前後コーホートより高いとはいえ，
親たち世代よりかなり低下していたことが分かる．
　また，このコーホートが過ごした思春期・青年期は，ユース・フォビア，若
者バッシング（中西 2000，本田・内藤・後藤 2006）のまっただなかにあった．

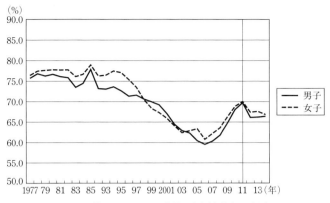

図 2-1　同一年齢層のなかでの新規学卒就職者の割合（推計値）
注：それぞれの年に 24 歳＝標準修士卒を迎えた年齢層のうち、中学校〜大学院修士課程（専修学校を除く）卒で卒業直後に就職した者の割合．ただし「一時的な仕事についた者」は除く．文部科学省「学校基本調査」をもとに作成．

　対象者たちが 10 歳を迎えた 97 年には神戸連続児童殺傷事件が発生した．それに続くいくつかの少年事件が同じようにセンセーショナルに報道されるなかで，子ども・若者の「社会性・規範意識の低下」がマスメディアや政治家などから声高に非難され，それらは 2000 年の少年法改正や教育改革国民会議（小渕・森内閣）での「18 歳全員の奉仕活動参加」提言などへと結びついていった．少年法改正は刑事処分年齢を 16 歳から 14 歳へと引き下げたが，対象者たちは 2001 年 4 月にちょうど満 14 歳であったことから，この改正の影響を最もすぐに受ける可能性のあるコーホートだった．

　対象者たちが中学校に入学する 1999 年頃からは，「学力低下」問題が世間を賑わすこととなった．いわゆる「ゆとり教育」と呼ばれた 2002 年学習指導要領の実施を前にして，大学教員の一部から 90 年代以降の子ども・若者たちの学力低下が強く主張され（岡部・戸瀬・西村編 1999，和田 1999，大野・上野 2001 など），マスメディアなどにしきりに取り上げられた．果たして 90 年代以降小中高校生らの学力がどの程度低下していたのか，あるいは学習嫌いなど学力以上の問題が親世代から一貫して引き継がれていることをどう見るかなど，この時期の「学力低下」議論には慎重に評価されるべきことも多い．しかしこのような世論動向は，当時の子ども・若者たちに，自分たちは親世代よりも劣

2　若者たちの 5 年間——27

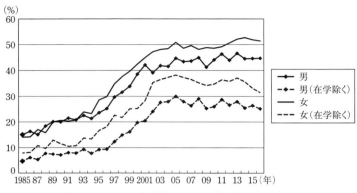

図 2-2　15-24 歳就業者に占める非正規雇用の割合
出典：総務省統計局「労働力調査」より作成．

っているのではないかという不安感を与えたことは間違いない．

　さらに若者の就労については，2000 年前後からフリーターの増加をめぐる報道や論説が，そして 2004 年からはニートに関するそれが，急激に増加した（図 2-3）．フリーター・ニート増加の背景が 90 年代半ば以降の若年労働市場の悪化にあったことはいうまでもない．しかしこの時期の論調の多くは，むしろ若者側を責めることにあった．例えば 2004 年の労働経済白書で若年無業者（ニート）がはじめて取り上げられた際の新聞各社の報道は「ニート 52 万人　若者が働く意欲もてる社会に」（『朝日新聞』2004 年 9 月 16 日）「ニート 52 万人　なぜ働こうとしないのか」（『西日本新聞』2004 年 9 月 22 日）「若年無業者　子供の時から勤勉教育を」（『産経新聞』2004 年 12 月 7 日）など，ほとんどが若者の働く意欲にのみ焦点を当てたものだった（本田・内藤・後藤 2006，乾 2012）．

　こうした言説状況を背景に，小・中・高校や大学に，「職業観・勤労観の育成」をうたったキャリア教育が導入された．「キャリア教育」という言葉がはじめて文部科学省の公式の文書に登場するのは 1999 年中央教育審議会答申だが，その後，中学校における職場体験学習や高校におけるインターンシップ等が急速に全国に広がった．例えば対象者のほとんどが高校 3 年生だった 2004 年度の公立高校におけるインターンシップ実施状況は，全国平均で 59.7% に

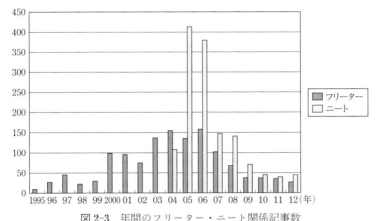

図 2-3　年間のフリーター・ニート関係記事数
注：全国紙＝読売・朝日・毎日・産経における見出しに「フリーター」または「ニート」が含まれる記事数．

のぼる（国立教育政策研究所 2012）．2000 年代前半に中学校・高校生活を過ごした対象者たちは，本格的キャリア教育を体験した第一世代でもあった．そしてとりわけこの時期，高校のキャリア教育などでは「正社員とフリーターでは生涯賃金 2 億円の差」など，生徒たちの不安感や危機感を煽る教材等が広がっていた．

　このように対象者たちは，最終学校卒業時期の就職状況においては同世代のなかでは若干恵まれる条件にあったとはいえ，親世代に比べるとはるかに不安定で困難な状況で移行期を経験した．それに加え，子どもの頃から一貫して，社会性道徳性の劣った世代，学力の劣った世代，働く意欲の劣った世代というレッテルを貼られ，プレッシャーを常に受けてきた．その意味で対象者たちは，現実に様ざまな危機や困難に直面するとともに，それ以上に過大な危機感を煽られ，努力を求められ続けた世代といっていい．そしてとりわけ 20 代半ばにかけては，リーマンショックや東日本大震災などの影響を受け若年労働市場が再び急速に不安定化した時期を過ごしている．

　したがって，対象者たちが 20 代半ばを迎えるまでのこのような時代体験が，その現実の生活と労働，意識の中にどのように現れているかも，5 年間のデータを読み解く上での重要な視点といえる．

2 若者たちは5年間をどう過ごしてきたか

次にここでは，対象となった若者たちがこの5年間をどのように過ごしてきたのか，就学・就労等の主な状況とその変化，家族生活上の変化，居住地域と移動などの点から，簡単に紹介したい．なお以下で対象としているのは，1回目調査から5回目調査までのすべてに回答してくれた891名である[1]．

(1) 学校から仕事へ

まず就学・就労等をめぐるこの期間中の変化，いわば学校から仕事への移行をめぐる状況である．図2-4は各回調査時点での対象者の就学・就労等の割合である．ただし2005年と2006年については1回目調査時の質問項目・3カ月ごとの主な活動状態の回答のうち，各々の年10–12月の状態を用いている．2005年（対象者18／19歳）時点では男女とも7割前後が就学，2割弱が就労している．女性の方が就学割合はやや大きい．2006年に男性で在学者がわずかに増えているのは一浪生の大学入学のためであろう．専門学校・短大進学者の多くが卒業した2007年（対象者20／21歳）には男女とも在学者の割合がかなり減少するが，減少割合は女性の方が大きい．男性で四年制大学在学者の割合が大きいためである．四年制大学進学者の大部分が卒業後の2009年には対象者の多数（男性の67.8% 女性の78.5%）が就労している状態になる．しかしこの時点でも男性の就学割合は2割を超えている．就労割合が8割を超えるのは女性で2010年（23／24歳），男性で2011年（24／25歳）である．

ただこのような毎年の変化をマクロに見ただけでは，対象者1人ひとりの移行プロセスの複雑な実態は十分には見えてこない．そこで次にこうした学校から仕事等への移行過程を1人ひとりの対象者の軌跡に即して見てみよう．移行過程が長期化複雑化するなかで，1人ひとりの移行軌跡を把握することは，若者たちの移行実態をより詳しく知る上で非常に重要になっている（Furlong *et al.* 2003, Martin *et al.* 2008, 香川 2010）．本章末の付図は，対象者の2005年4月（18歳）から2011年10月（24／25歳）までの79カ月間の主な活動状態を1人ずつ並べ，統計処理により類型ごとにグループ化したものである[2]．付

30——I　調査の目的と概要

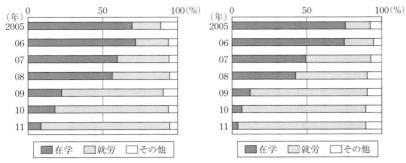

図 2-4-1 調査時点での就学・就労等の割合（男性）　　図 2-4-2 調査時点での就学・就労等の割合（女性）

図 2-1〜付図 2-8 は 1 人ごとの 79 カ月の状態変化を細い水平の帯状にしたものを積み重ねており，左端が 2005 年 4-6 月，右端が 2011 年 10 月の状態を表している．なお 2005 年 4 月〜2007 年 9 月の 30 カ月分については 3 カ月ごと，2007 年 10 月〜2011 年 10 月の 49 カ月分については 1 月ごととなっている．なお質問紙では毎月の状態を在学・正規雇用・非正規雇用・自営等・失業・その他の 6 つから選択してもらっているが，統計処理に当たっては正規雇用と自営等を「正規雇用等」，失業とその他を「無業」にそれぞれ統合した．付図 2-1〜付図 2-8 の表示もそのようになっている．これらの付図は，この調査に最後まで参加してくれた 891 人の対象者全員の 6 年 7 カ月の移行軌跡である．

① **後期離学・正規雇用優勢類型**（付図 2-1）　この類型は，2008 年春〜2009 年春前後に離学し，その後の期間のほとんどを正規雇用・自営で働いている者たちからなる．その大半は四年制大学卒業者と見てよい．この者たちは，調査対象期間 79 カ月のうち，平均 62% の期間在学し，35% の期間を正規雇用・自営等で働いている．

② **早期離学・正規雇用優勢類型**（付図 2-2）　この類型は，調査期間以前ないしは期間中の早い時期に離学し，その後のほとんどを正規雇用・自営等で働いている者たちからなる．高卒や短大・専門学校などの短期高等教育卒業者が中心である．調査期間全体の平均 24% の期間在学し，73% の期間を正規雇用・自営等で働いている．

③ **後期離学・非正規雇用優勢類型**（付図 2-3）　この類型は，2008 年春〜2009年春前後に離学し，その後の期間のほとんどを非正規雇用で働いている者たちからなる．調査期間全体の平均 62% の期間在学し，24% の期間を非正規雇用で働いている．

④ **早期離学・非正規雇用優勢類型**（付図 2-4）　この類型は，調査期間以前ないしは期間中の早い時期に離学し，その後のほとんどを非正規雇用で働いている者たちからなる．調査期間全体の平均 16% の期間在学し，66% の期間非正規雇用で働いている．また失業やその他の期間も 8% 含まれている．

⑤ **早期離学・正規雇用優勢→非正規雇用等優勢類型**（付図 2-5）　この類型は，調査期間以前ないしは期間中の早い時期に離学し，離学当初は正規雇用・自営等優勢だったが，期間末期にかけては非正規雇用優勢になっている者たちからなる．調査期間全体の平均 47% の期間を正規雇用・自営等で，17% の期間を非正規雇用で働いているほか，失業・無業期間も 14% ある．調査期間前半の54 カ月では正規雇用・自営等の期間が平均 54% を占め，非正規雇用期間は8% であるが，後半 25 カ月では非正規雇用期間が 38% にのぼり，失業・その他の期間も 19% を占める．

⑥ **早期離学・非正規雇用優勢→正規雇用等優勢類型**（付図 2-6）　この類型は，調査期間以前ないしは期間中の早い時期に離学し，離学当初は非正規雇用優勢だったが，期間末期にかけては正規雇用優勢になっている者たちからなる．調査期間全体の平均 44% を正規雇用・自営等で，35% を非正規雇用で働いている．前半 54 カ月では正規雇用・自営は 23% で非正規雇用が 48% を占めているが，後半 25 カ月では正規雇用期間が 90% を超えている．

⑦ **長期在学類型**（付図 2-7）　この類型は調査期間全体のほとんどを教育機関で過ごしている者たちからなる．多くは大学院進学者である．ただし 3 分の 2近くは最終調査時期直前の 2010 年 3 月に学校を離れている．調査期間全体の87% を在学が占めている．

⑧ **無業類型**（付図 2-8）　この類型は，調査期間以前ないしは期間中の早い時期に離学し，その後の期間にかなりの失業・その他の期間が含まれている者たちからなる．調査期間全体の平均 60% を失業・その他の期間が占め，正規雇用・自営等の期間は 6% に過ぎない．

表 2-2　類型別ケース数と割合

		全体	（%）	男性	（%）	女性	（%）
	合　計	727	100.0	323	100.0	404	100.0
①	後期離学・正規優勢	221	30.4	111	34.4	110	27.2
②	早期離学・正規優勢	166	22.8	64	19.8	102	25.2
③	後期離学・非正規優勢	64	8.8	21	6.5	43	10.6
④	早期離学・非正規優勢	102	14.0	39	12.1	63	15.6
⑤	早期離学・正規優勢→非正規等優勢	33	4.5	15	4.6	18	4.5
⑥	早期離学・非正規等優勢→正規優勢	28	3.9	6	1.9	22	5.4
⑦	長期在学	80	11.0	58	18.0	22	5.4
⑧	早期離学・失業無業優勢	33	4.5	9	2.8	24	5.9

　全体で見ると離学後，比較的安定した就労を続けている層（類型①・②）はおよそ 53%，これに調査期間末期までに安定した状態にたどり着いた類型⑥を合わせておよそ 57% が最終調査時点で安定した就労状態を一定期間維持している．一方，類型③④を合わせた 23% が離学後ほぼ一貫して非正規中心の不安定な就労を続けているほか，無業を中心とする類型⑧，さらに調査期間末期にかけて非正規優勢となっている類型⑤を合わせておよそ 32% が最終調査時点で一定期間不安定な状態を続けている．

　男女別に見ると，最終調査時点で安定就労状態にあった類型①②⑥を合わせた割合ではそれほどの差がないものの，長期在学類型（⑦）が男性に大きく偏っているため，最終調査時点で非正規や無業等の不安定状態にある割合は類型③④⑤合わせて，男性 23% に対し女性 31% と女性の不安程度が高い（カイ二乗有意確率 5% 水準）．離学後一貫して不安定状態を継続している類型③④に限っても，男性 19% に対し女性 26% と女性が大きく上回る（同）．また無業類型（⑧）においても，女性の割合は男性の約 2 倍を占めている（同）．

　調査期間全体を通しての不安定状況は，とりわけ類型③④⑧に集中している（**表 2-3**）．これらは合わせて全体の平均では 27%（男性 21%，女性 32%）であるが，対象者全体が 79 カ月の間に非正規雇用で過ごした総月数（8926 カ月）の 81%，失業期間総月数（984 カ月）の 67%，その他期間総月数（3141 カ月）の 62% が，この 3 つの類型で占められている．不安定状態は対象者全体に均等に広がっているわけではなく，一部の者たちに集中していることがわ

2　若者たちの 5 年間──33

表 2-3　79 カ月間の類型ごとの活動別月数平均割合

(%)

	在　学	正　規	自　営	非正規	失　業	その他
合　計	42.6	30.2	2.2	16.9	2.0	6.1
① 後期離学・正規優勢	61.7	34.1	0.6	1.5	0.4	1.6
② 早期離学・正規優勢	23.7	69.6	3.4	1.2	0.7	1.5
③ 後期離学・非正規優勢	62.0	4.2	1.0	24.2	1.8	6.8
④ 早期離学・非正規優勢	16.0	7.2	2.8	65.7	3.9	4.4
⑤ 早期離学・正規優勢→非正規等優勢	21.0	40.4	8.2	16.9	4.9	8.6
⑥ 早期離学・非正規等優勢→正規優勢	15.7	41.1	3.2	34.8	1.9	3.2
⑦ 長期在学	86.5	4.0	0.1	2.2	0.1	7.1
⑧ 早期離学・失業無業優勢	12.8	1.2	4.3	22.1	11.0	48.6

かる.

　なお類型⑤と⑥はそれぞれケース数が少ないため断言はできないが，当初非正規就労であってもやがて年齢を重ねるにつれて多くが安定した就労に移っていくというような傾向は少なくとも男性については認められない．非正規から正規等への移行よりは，正規等から非正規への移行の方が上回っている．

(2)　家族構成の変化

　次に一緒に暮らす家族構成等の変化である．家族構成をめぐっては，両親などとともに生まれ育った家族（生育家族）で暮らす状態から，やがて 1 人暮らしなど独立した状態に移り，そしてパートナーとの間に新たな家族（生殖家族）をもうけることが，移行期の若者たちの家族生活をめぐる標準的な経路といままで見なされてきた．対象者においてはどうだろうか．

　親からの独立という点では図 2-5 の通りである．2007 年（20／21 歳）時点では男女とも 8 割あまりが実親と一緒に暮らしていた．その割合は次第に下がっていくが，2011 年（24／25 歳）時点でもまだともに 7 割あまりが実親と同居している．その割合は一貫して女性の方がやや高い．次に結婚についてはどうか．2007 年時点では男女とも大多数（男性の 98% 女性の 97%）が未婚であった（図 2-6）．その割合はやはり次第に下がっていくが，2011 年時点でも男性の 93%，女性の 87% が未婚（離別者を含まず）である．なお 2010 年国勢調査における 20–24 歳未婚率は男性 91% 女性 88% であり，男女ともそれとの間に大きな差は認められない [3]．

34——I　調査の目的と概要

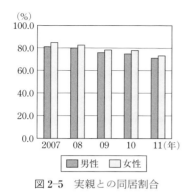
図 2–5 実親との同居割合

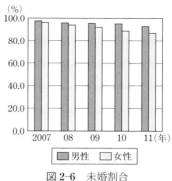
図 2–6 未婚割合

　以上のように最終調査時点の 24／25 歳時においても対象者の多数は未婚で実親と一緒に暮らしている．とはいえ，例えば一度親元を離れ（離家）また戻るなど，そのなかにも一定の家族生活変動を経験している者たちがいる．とりわけ高等教育進学率の上昇は，進学のために離家し，卒業後また生育家族のもとに戻るなどのパターンを先進国全体で増加させている（Furlong and Cartmel 2006）．そこで実親との同居・離家や結婚などを指標に，家族生活変動のパターンを類型化したものが付図 2–9〜付図 2–12 である[4]．付図 2–1〜付図 2–8 と同様，1 人ひとりの各年の居住状況を分けて繋げた水平の帯状の積み重ねである．

① **一貫離家なし類型**　未婚で調査期間 5 年間を通して一貫して実親と同居していると思われる[5]グループ．表 2–4 のように男女ともおよそ 3 分の 2 がこの類型に入る（図は略）．
② **離家類型**（付図 2–9）　調査最終時点で実親とは離れて暮らしており，かつ未婚のグループ．図に見られるようにこのなかには調査期間中を通して親から離れて暮らしている者もいれば，途中から離家した者，何度かの出入りをしている者などが含まれる．男女とも 2 番目に大きな類型である．
③ **一時的離家類型**（付図 2–10）　未婚で 5 年間に少なくとも一度離家を経験しているが，最終調査時点では実親と同居しているグループ．およそ 6–7％ を占めている．2009 年から同居に戻っている者が比較的多いが，四大卒 U ターン

表 2-4　家族変動類型別割合

	全体	（%）	男性	（%）	女性	（%）
一貫離家なし	433	65.7	188	66.2	245	65.3
離　家	111	16.8	53	18.7	58	15.5
一時的離家	43	6.5	20	7.0	23	6.1
結　婚	63	9.6	21	7.4	42	11.2
その他	9	1.4	2	0.7	7	1.9

などであろう．

④　**結婚類型**（付図 2-11）　調査最終時点で結婚しているグループ（ただし離別者を除く）．図に見られるように，結婚前にすでに離家していた者は意外と少ない．

⑤　**その他類型**（付図 2-12）　最終調査時点で離別経験のある独身者，および子どものいる[6] 未婚者または離別経験者からなるグループ．図からは調査当初からこのような状態の者もいるが，多数は 2010 年以降にこの状態に移っていることがわかる．離別や 1 人親家族が多く発生するのは 20 代半ば以降なのかもしれない[7]．

(3)　居住地域と移動

　次に対象者の居住地域特性と移動についてである．第 1 章でも述べたように，本調査は対象者の抽出にあたって，居住地域（北海道～沖縄）・都市規模などについてのコントロールをおこなった．抽出時の都市規模等の地域特性については，「18 大都市」「10 万以上都市」「その他」という区分を用いた．しかしここでは，通勤通学圏を考慮した上で，「大都市圏（人口 100 万以上都市および通勤通学圏）」「中規模都市圏（人口 30 万以上 100 万未満都市および通勤通学圏）」「非都市部（左記以外）」という区分を用いる[8]．

　まず対象者のほとんどがまだ在学していた 18 歳時点の居住地特性分布が図 2-7 である．大都市圏 27%（男 26%　女 28%），中都市圏 42%（男 42%　女 41%），非都市部 31%（男 31%　女 32%）となっている．これに対して最終調査時の 24／25 歳時点の分布が図 2-8 である．大都市圏 31%（男 30%　女 31%），中都市圏 40%（男 42%　女 40%），非都市部 29%（男 28%　女 29%）と，非都

36——I　調査の目的と概要

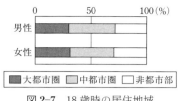
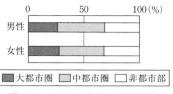

図 2-7　18 歳時の居住地域　　　　図 2-8　24／25 歳時の居住地域

市部の割合が若干減り大都市部の割合が増加している．

また 18 歳時点から 24／25 歳時点までの間に地域移動を経験した者の割合は 30％（男 32％ 女 28％）となっており，男性の方がやや多くなっている（図 2-9）．なお

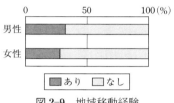

図 2-9　地域移動経験

2010 年国勢調査による 20-24 歳の 5 年前常住地からの移動割合（同一市町村内移動を除く）は 35％（男 37％ 女 33％）であったことから，この結果は，男性の方が移動割合が多い傾向は同じであるが全体として国勢調査よりもやや低い数字となっている．地域移動をしたサンプルの脱落率が高かった可能性も否定できない．

3　本書の構成と課題

　以上のように，私たちが対象とした若者たちは，前後コーホートに比べれば多少就職しやすいなどの条件に恵まれたとはいえ，小さい頃からユース・フォビア，若者バッシングの眼差しを受けながら育ち，親たち世代に比べ大きく不安定化した状況の中で，学校から仕事・社会への移行を経験してきた．ただ大きく拡大した不安定化は，全体にまんべんなく広がっているわけではない．前節でも示したように，依然として学校卒業と同時に正規雇用就職し，比較的安定した就労を維持している層と，非正規雇用や失業・無業などの不安定状態を続けている層へと，大きく二極化する傾向にある．このことは今日の若者たちにとって，移行の不安定化が新たな格差要因として加わってきていることを意味する．そうだとすれば，こうした移行形態をめぐる格差は，従来からの社会

的格差指標であった出身階層や学歴などとは，どのような関係になっているのだろうか．生まれた地域や地域移動の有無は，こうした不安定状態の広がりなどとどのように結びついているのだろうか．またこういう移行をめぐる格差は，彼らの働き方とどう結びついているのだろうか．さらにこうした不安定化をめぐる格差は，若者たちの社会に対する意識や日常的人間関係とどのように関わっているのだろうか．本書第 II 部以下では，こうした若者たちの 5 年間の経験のいくつかの側面に焦点を当てて，詳しく紹介したい．

　第 II 部では若者たちの就労をめぐる経験，および，社会保障・公共サービス等は就労をめぐる困難に直面した際にどの程度役立っているかなどに焦点を当てる．若者の就労をめぐっては，非正規雇用の増大の一方で，正社員の長時間過重労働などが問題にされている．その実態はどうなっているのだろうか．またそういう悪条件のもとで，若者は何を感じながら働いているのだろうか．第 3 章では正規・非正規を含む就労全般を取り上げ，その実態や賃金・スキル形成機会の格差などを明らかにするとともに，にもかかわらず多くの若者たちが仕事にやりがいを感じ強いコミットメント感覚を持って働いている（過剰な抱摂）のはなぜかを検討する．第 4 章ではインタビュー調査をもとに，若者たちが実際にどのように働いているか，アンケートデータだけでは見えづらい様ざまな状況を描くとともに，第 3 章で問題にした"過剰な抱摂"から抜け出る手がかりがその経験の中にないかを探る．第 5 章では若者たちが就労を続けるなかでどんな社会的リスクにどのように直面しているのか，またそれらのリスクに対して雇用保険などのセーフティネットは，誰にとってどの程度機能しているのかを検討する．不安定化の広がりの中で，セーフティネットの役割はいっそう大きくなっているはずであるが，果たしてそれは有効に機能しているのか．

　第 III 部では若者と家族との関係に焦点を当てる．若者と家族というときに，そこには 2 つの家族との関係がある．1 つは生まれ育った家族すなわち生育家族である．もう 1 つは生育家族から離れて自立し，パートナーとの間に創りだす生殖家族である．第 6 章では生まれ育った生育家族の階層，すなわち両親の学歴や職業などが，若者本人の学歴や雇用形態など移行の仕方にどのような影響を与えているかを検討する．従来の検討では若者の地位に関しては主に職種

などが使われてきたが，非正規雇用の広がるなかで，雇用形態を含む移行過程における地位に対し，生育家族階層はどのような影響を及ぼしているのだろうか．次いで第7章では若者が新たに創りだす形成家族（生殖家族）の問題に関わって，とくに離家と結婚について検討する．高学歴化と非正規雇用の広がりは，若者たちの離家や家族形成に，晩婚化や非婚化，実親との同居の長期化など，様ざまな影響を与えていることが指摘されているが，本調査の結果からはどのようなことが確認できるだろうか．第8章ではとくに様ざまな困難が集中しがちな1人親家庭で育った対象者に焦点を当て，そのような条件が移行にどのような影響を与えているかを，アンケート・インタビュー両方のデータから検討する．1人親家庭をめぐっては，わが国の1人親家庭の貧困率の際だった高さなど，その困難の集中が指摘されている．そうした条件は若者たちの移行にどんな影響を与えているだろうか．

　第IV部では若者と彼らが育ち暮らす地域との関係に焦点を当てる．地域をめぐっては，産業や労働力需要，雇用機会などをめぐる地域間格差は，一貫して大きなテーマであり続けている．また若者の地域移動をめぐっては，その割合は長期的には減少傾向にあるとはいえ，都市部への若者の流出は，多くの非都市部で深刻な問題と認識されている．第9章ではこうした問題意識のもとに，若者たちの学校から仕事・社会への移行が，生まれ育った地域やその後の地域間移動（あるいは定着）などとどのような関係にあるか，どういう若者たちが移動したり，大都市圏やあるいは非都市部に定住しているのかを検討する．一方，第10章では地域特性がとくに顕著な地域として沖縄を取り上げる．沖縄は若者の雇用状況が一貫してきびしいことで知られているとともに，地域社会の共同性の強さなども指摘されているなど，地域特性が顕著なことで知られている．そのため本調査では，沖縄についてとくに厚いサンプリングをおこなった．アンケートとインタビューからその詳細を検討したい．

　第V部では若者たちの経験した学校生活や学びに焦点を当てる．学歴やあるいはそこで得た専門的スキル・知識や資格などが，その後の仕事への移行などに大きな影響を持つことはいうまでもない．しかし，学校体験にはそればかりではなく，そこでどんな友人関係を得たか，授業や課外活動など広い学校生活生活のなかで得た自信など，多くのことが若者たちの仕事や大人への移行を

支えている．第11章では対象者のほぼ全員が経験した高校での学びや友人関係などの体験を取り上げ，それが出身家庭階層などによってどう異なっているか，またその体験がその後の生活全般への「意欲」（あるいは困難に直面した時の精神的な"溜め"）にどう影響しているかを検討する．第12章では対象者のおよそ4割が経験した四年制大学での体験を取り上げ，とくに大学在学時の本人の経済状態や生活スタイル（1人暮らしかなど）によって大学生活やそこで得るものにどんな違いが生じているのかについて検討する．第13章ではインタビュー調査をもとに，高校や専門学校，大学・短大などでの学校体験の様ざまな側面がその後の移行にどのような意味を持ったかについて検討する．学校等で獲得した専門性は，実際に仕事への移行においてどの程度どのように役立っているのだろうか．また第11章で検討したような「意欲」の獲得に関わる体験とはどのようなものなのだろうか．

　第Ⅵ部では若者たちの意識や人間関係に焦点を当てる．またあわせて移行上のとりわけ困難に直面している者たちについて検討する．本章第1節に見たように，対象者はバブル崩壊後の格差拡大と新自由主義の強まりのなかで育ってきた．そういうなかでこの世代の意識傾向として，一方では「自己責任」意識の強まりなど，他方では将来への希望の持ちづらさなどが指摘されている．第14章では社会に対する意識や価値観，とくに自己責任意識や能力主義などの意識に注目し，その5年間の推移や若者たちが個々におかれている状況との関係について検討する．第15章では若者たちが持つソーシャル・キャピタルとしてのネットワークに注目する．移行の長期化複雑化が，これまで移行を支えてきた学校や職業紹介などの諸制度との齟齬を広げているなかで，1人ひとりが持つ様ざまなネットワークが注目されている．例えば親や学校時代の友人，職場での同僚や上司などとどのような関係をどの程度持っているか，そうしたネットワークは移行にどのように関わっているのだろうか．第16章では移行上，とくに困難に直面していると思われるケースに着目し，その困難とはどのような性格のものなのか，また若者たち自身はその困難をどのように認識・意識しているのかについて検討する．移行の過程で停滞する者たちは1つの困難というよりは連鎖的な複数の困難を抱えていることが多い．またそうした複雑な困難は，当事者自身さえ困難の性格を十分には認識できないことも少なくな

い（湯浅 2008）．ここではインタビューをもとにそのような問題へのアプローチを試みる．

　5年間の間に対象者から提供された情報はインタビュー調査も含めきわめて膨大である．本書では十分に触れることができないものも決して少なくはない．しかし，この調査期間の5年間を，日本の若者たちがどう学び，どう働き，どう暮らしてきたか，そのなかでこれまで「大人の指標」と見なされてきたような，安定した仕事や暮らし，親からの自立と新しい家族形成などにどの程度まで近づけたのか，そこにはどんな困難や課題が横たわっているのか，その輪郭なりとも伝われば幸いである．

【注】
1）　なお前章に触れたように，本調査では沖縄について他地域よりも多いサンプリングを行っているので，それを補正するため，集計に際してウェイト付けを行っている．ウェイト付け後の総数は 768 である．
2）　類型化に当たってはオプティマル・マッチング法を用いた．詳しくは乾（2014）を参照．
3）　なお 1990 年国勢調査の 20–24 歳未婚率は男性 92.2% 女性 85.0% であった．平均初婚年齢は 1990 年の男性 28.4 歳女性 25.9 歳から 2010 年の男性 30.5 歳女性 28.8 歳へと男女とも 2 歳あまり上昇しているものの，20 代前半の未婚率はこの 20 年間でそれほど大きく変化していない．
4）　類型化は上間陽子により行われた．手続等の詳細は上間（2014）．
5）　居住家族形態については各調査時点のもののみを聞いているので，それぞれの調査時点の間の期間に離家などが生じていても，次の調査時点までに元に戻っていた場合，その変化は把握されていない．ただし結婚については結婚の有無とともに離別経験の有無も聞いているので，基本的には結婚経験についてはすべて把握できる質問構成となっている．
6）　ただし子どもとの別居者を含む．
7）　国立社会保障・人口問題研究所（2013）によれば，年齢階級別離婚率（2011年）は男性では最も高いのが 30 代前半，次いで 30 代後半，20 代後半，女性では最も高いのが 30 代前半，次いで 20 代後半，30 代後半となっており，20 代前半の離婚率は男女とも 30 代前半の半分程度以下となっている．
8）　片山悠樹に基づく．詳細は第 9 章を参照．

【文献】
Furlong, A., F. Cartmel, A. Biggart, H. Sweeting and P. West, 2003, *Youth Transitions: Patterns of Vulnerability and Processes of Social Inclusion*,

Central Research Unit, Scottish Executive, Edinburgh.

Furlong, A. and F. Cartmel, 2006, *Young People and Social Change, Second edition*, Buckingham: OUP（乾彰夫・西村貴之・平塚眞樹・丸井妙子訳，2009，『若者と社会変容──リスク社会を生きる』大月書店）.

本田由紀・内藤朝雄・後藤和智，2006，『「ニート」って言うな！』光文社新書.

乾彰夫，2012，「キャリア教育は何をもたらしたか──教育にひきうけられること，ひきうけられないこと」『現代思想』2012 年 4 月号.

乾彰夫，2014，「対象者の移行軌跡類型── 79 ヶ月分の活動記録カレンダーをもとに」若者の教育とキャリア形成に関する研究会『「若者の教育とキャリア形成に関する調査」最終調査結果報告書』（http://www.comp.tmu.ac.jp/ycsj2007/dl2/ycsj2007rep05.pdf）.

香川めい，2010，「初期キャリアの類型化とその規定要因」労働政策研究・研修機構『労働政策研究報告書 No.117　非正規社員のキャリア形成──能力開発と正社員転換の実態』.

国立教育政策研究所，2012，『職場体験・インターンシップ実施状況等経年変化に関する報告書』.

国立社会保障・人口問題研究所，2013，『人口統計資料集（2013 年）』.

Martin, P., I. Schoon and A. Ross, 2008, "Beyond Transitions: Applying Optimal Matching Analysis to Life Course Research," *International Journal of Social Research Methodology*, Vol. 11, No. 3.

中西新太郎，2000，「青少年暴力と現代日本社会」『教育』2000 年 7 月号.

岡部恒治・戸瀬信之・西村和雄編，1999，『分数ができない大学生── 21 世紀の日本が危ない』東洋経済新報社.

大野晋・上野健爾，2001，『学力があぶない』岩波新書.

上間陽子，2014，「対象者たちの家族類型」若者の教育とキャリア形成に関する研究会『「若者の教育とキャリア形成に関する調査」最終調査結果報告書』.

和田秀樹，1999，『学力崩壊──「ゆとり教育」が子どもをダメにする』PHP 研究所.

湯浅誠，2008，『反貧困』岩波新書.

付図 2-1 後期離学・正規雇用優勢類型

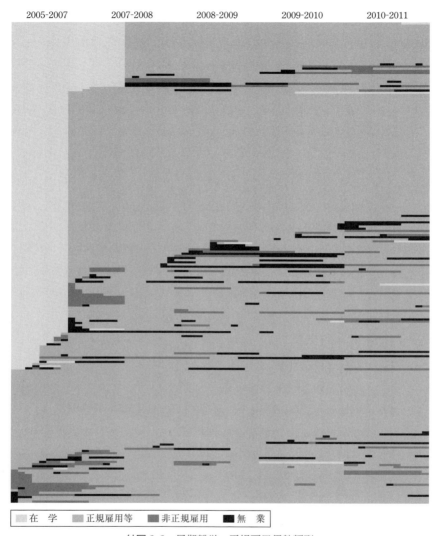

付図 2-2　早期離学・正規雇用優勢類型

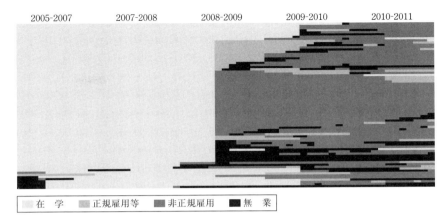

付図 2-3　後期離学・非正規雇用優勢類型

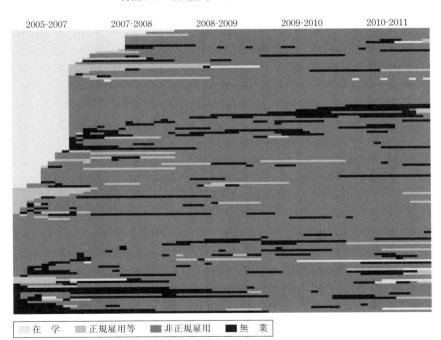

付図 2-4　早期離学・非正規雇用優勢類型

2　若者たちの5年間——45

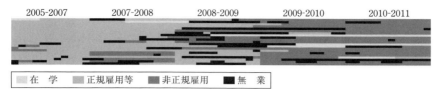

付図 2-5 早期離学・正規雇用優勢→非正規雇用優勢類型

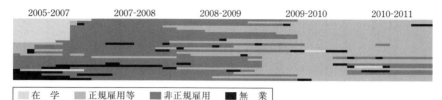

付図 2-6 早期離学・非正規雇用優勢→正規雇用優勢類型

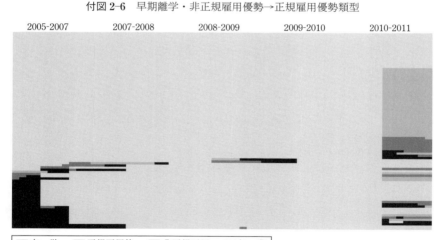

付図 2-7 長期在学類型

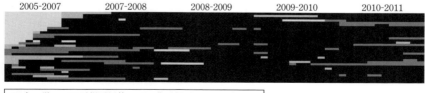

付図 2-8 無業類型

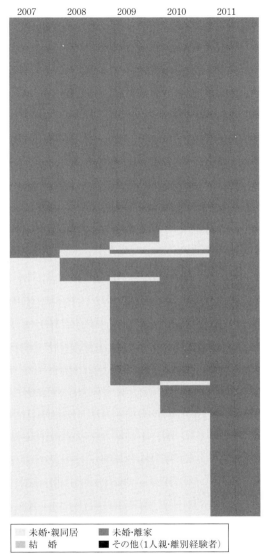

付図 2-9　離家類型

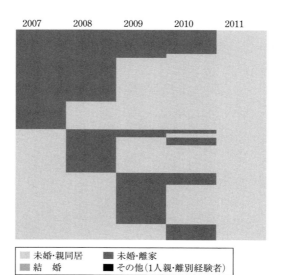

付図 2-10　一時的離家類型

付図 2-11　結婚類型

48——I　調査の目的と概要

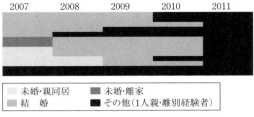

付図 2-12　その他類型

コラム 1

学校を離れてから正規職に就くまでの「移行期間」

　ひと昔前までの日本の社会では，「終身雇用」が当たり前のようにいわれてきた．企業は新規学卒者を好んで採用し，自社のなかで育てる仕組みを発達させてきたともいわれた．「新卒一括採用方式」と高い労働力需要に支えられて，ほとんどの学校卒業者がほぼ卒業と同時期に正規の職業にいったんは就職できるというのが，戦後日本社会の典型的な移行パターンであった．しかしながら，近年はそうしたパターンが相当崩れているとも指摘されている．

　こうした実態を正確にとらえるためには，学校を卒業してから正規の職業に就くまでの「期間」を実際に測定し，それがどの程度の長さであるのか，またどのような要因がその期間の長短を決めているのかを検討する必要がある．

　実は YCSJ ではそうした時間的な変化をとらえることが可能な質問項目を設定し，誰が，どのぐらい時間をかけて正規雇用に到達しているのか，といったデータを蓄積してきた．その結果，もともと日本的雇用のパターンにはまらないといわれていた沖縄は例外だが，その他の地域では，新規学卒一括採用方式を反映して，最初の 1 カ月程度でおよそ 60% の人が正規雇用に就いていた．しかし，残りの 40% のうち 25% は学校卒業後およそ 10 年の時間的経過の中で徐々に正規雇用への移行を達成するパターンになっており，さらに残りの 15% はそれだけの時間が経過した後も正規雇用に一度も到達していない．もちろんこの中には学卒後あまり間をおかずに専業主婦や家事手伝いになった者も含まれていると思われるが，このデータからは「移行期間」について従来のように「間断のない移行」ばかりとはいえない状況を垣間みることができる．

　調査回答者の様々な特性のなかでも，とりわけ学歴が「移行期間」に与える影響が大きいということが分析の結果見えてきた．図 1 は，学校を卒業してからの期間を横軸に，最初の正規雇用に到達していない人の割合を縦軸にとって，

50——I　調査の目的と概要

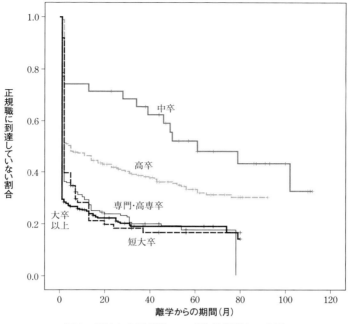

図1 学校から正規職への「移行期間」の分析
注：カプラン・マイヤー法，沖縄を除く．

「移行期間」が本人の学歴の違いによってどのように異なっているのかを示したものである．この図でも，スタート地点である学卒時点（0）からグラフが急降下しているところがあり，短期間で一気に正規雇用に到達している，すなわち間断のない雇用が実現している部分があることを示している．その見方でみていくと，高学歴であるほど，正規雇用へはより短い時間で到達しており，高等教育卒業者の多数は現在でも移行には大きな間断はない．しかし，高卒者は，高等教育機関を卒業した者たちと比べると，平均して正規雇用への到達期間が長めになっている．とりわけ，中卒のカテゴリーでは正規雇用への到達時間は非常に長くなる傾向がある．中卒のカテゴリーには多くの高校中退者が含まれており，正規の卒業者でないことも不利な状況を生み出していると推察される．

これからは，「間断のない移行」が支配的な時代から，「間断」について個人

ごとにばらつきのある時代に到達してきている，という見方も可能かもしれない．

（中村高康）

II——労　働

3 若年労働市場の格差と若者の包摂・統合

佐野　正彦

1 はじめに

　1990 年代以降の日本の労働市場の最も大きな変化は，経済のグローバル化による企業競争の激化，産業構造の変化や雇用規制の緩和政策などを背景に，正規雇用が減少し，非正規雇用が大幅に増加したことである．2015 年には，雇用者に占める非正規雇用の割合は 37.1% を占めるに至っている [1]．この増加傾向は若年層において顕著であり，非正規の割合は 1991 年に 9.5% であったものが，2010 年には 30.4% にまで上昇している [2]．こうした若年労働市場の変化は，新規学卒者を一括して正社員として採用するという，卒業から就職，定着を短期間のうちに成し遂げる従来の直線的かつ安定的な仕事への移行に大きな動揺をもたらした．仕事への移行は長期化するとともに，標準的な移行ルートから外れ，失業や非正規の仕事を繰り返したり，非労働力化するなど不安定で複雑な，多様なルートをたどる若者を大量に生み出すことになった．

　安定的な仕事へのルートに乗れない若者の大量発生は，欧米ではすでに1980 年代に顕在化していたが，他の先進国と比べた場合の日本の特徴は，失業者や非労働力化して労働市場から離脱，排除される者の割合が比較的小さく，ともかくも，非正規雇用という周辺的労働市場に包摂され，そこに滞留する者の割合が大きいということである [3]．

　非正規で働くということは，一般に低賃金，雇用の中断を伴う短期雇用の繰り返しなど，労働条件の著しい劣悪さと雇用の不安定さに加えて，単調な労働の繰り返しや正社員の補完という労働内容と，それゆえに企業内訓練の対象に

もなりにくく，労働能力の蓄積や開発機会にも恵まれないことから，職場にとどまり続けたとしても正社員への移行を含むキャリアの展望を拓くことも難しい[4]．したがって，学卒時に正規雇用へのルートに乗り損ねることは，単なる一時的な就職の失敗にとどまらず，「初期キャリア」における「つまずき」として深刻かつ長期的な影響を及ぼすことになるのである（小杉 2010）．

こうして彼らは，正社員の，相対的に恵まれた賃金と安定的な雇用の保障の代償として，企業に対する無条件の忠誠心や無制限の働き方といった強力な拘束を伴う伝統的「日本的雇用」への移行，包摂とはまったく異なる形で労働市場へ統合されることになったのである．したがって，正社員のような処遇面でのインセンティブを欠く非正規として働く若者は，モチベーションや職場への執着，仕事へのコミットメントは低いというイメージでとらえられがちである．

しかし，実際には，不安定で低賃金であるにもかかわらず，長時間かつ過密な労働に携わり，安全性すらも欠くような企業で拘束性の強い働き方をする若年非正規は増えている．しかも，失業手当や生活保護などセイフティーネットの欠如ゆえに働かざるを得ず，かつまた著しい低賃金のため長時間労働（ダブルワークやトリプルワークを含む）を余儀なくされるという，強制的側面からだけでは説明することができない実態の広がりもある．阿部真大が「自己実現系ワーカホリック」として描き出したバイク便ライダーのように自発的かつ過剰なまでに仕事に邁進する若者の姿は極端にしても（阿部 2006），非正規の若者の仕事全般や職場に対する満足度は正規と比べても遜色がなく（佐藤・小泉 2007），仕事に取り組む姿勢は概して前向きであり，仲間を大切に思い，仕事の無駄を省きチームの生産性を高める知恵をだし工夫や改善を自発的に行う姿は，むしろ一般的とさえいえる（熊沢 2006）．

我々の調査でも，非正規を含む若者の多くが，低賃金など劣悪な条件下におかれながらも，正社員並みに長時間働き，不満や反抗，抵抗すらも生じかねない使い捨てとでもいうべき処遇や雇用環境にもかかわらず，実際には，仕事の満足度が高いだけでなく，高いモチベーションをもち，労働に対し深くコミットメントしていることが明らかになった．それどころか，その仕事へ傾倒していくレベルは年々昂進されていく．それはなぜなのだろうか，この問いが，本章の問題関心の中心にある．日本の労働市場は若者を使い捨て，排除する非情

56——II 労働

な側面を持ちながら，同時に，いわゆるブラック企業やブラックバイト，非正規を巻き込む過労死や自殺に象徴されるような，強力に若者を労働市場へ縛りつけ統合しているメカニズムが機能しているように思われる．排除の側面に比べて軽視されがちであった労働への統合・包摂の仕方そのもの，彼らの働き方そのものに改めて焦点を当てる必要がある．若者の担う労働内容，労働条件，人間関係を含む職場環境，彼らの労働に関する意識などが，どのような構造のなかで若者の不満や抵抗を抑え込みつつ，高いモチベーションやコミットメントを引き出すことに成功しているのかについて，その危険性の解明とともに検証する必要があると思われる．

2 労働条件，キャリア形成機会の移行類型別分布と格差

(1) 労働条件の移行類型別[5] 分布と推移

　安定的な移行ルートをたどった者とそこから外れた者の間には，労働条件においてどれほどの格差が存在するのだろうか．また仕事に就いてから後に，その格差はどのように変化するのか，2009 年と 2011 年の労働時間と賃金の変化を移行類型ごとに比較する（**表 3-1**）．2009 年は，後期移行類型に属する者が四年制大学を卒業し就職した初年にあたり，早期類型の高卒者にとっては就職5 年目，短期大学，専門学校等の卒業者には 3 年目にあたる．

① **労働時間の分布と推移**　週当たりの労働時間を比べると（**表 3-1(1)**），正社員の標準労働時間といえる週 40 時間を超えて働く者は，2011 年時点では男性全体の 91.5%，女性の 82.9% を占めている．これは，正社員並みにフルタイムで働くことが女性や非正規類型にも及び，むしろ若者全体では標準的になっていることを意味する．移行類型間で比較した場合，週 40 時間を超えて働く者の割合は，女性よりも男性が，非正規よりも正規類型において大きくなる傾向があるが，女性の早期非正規を唯一例外として，他の移行類型では少なくとも 70% を超える者が 40 時間を超えて働いている．女性の早期非正規のみ，40 時間以下の短時間労働の割合が際立って大きく，半数に迫る 45.1% に達している．

表 3-1　労働条件(労働時間・賃金)の移行類型別分布とトレンド(%)

性	移行類型	(1)労働時間 2011年 *n*=468(増減 2009年比 *n*=443)					
		40時間未満	40以上50時間未満	50時間以上	40時間以上計	2009年比増減	トレンド
男性	後期・正規	7.9	42.6	49.5	92.1	5.0	長時間化
	後期・非正規	27.3	45.5	27.3	72.7	9.1	長時間化
	早期・正規	5.2	51.7	43.1	94.8	5.2	長時間化
	早期・非正規	10.3	51.7	24.1	75.9	23.1	長時間化
	全	8.5	48.7	42.7	91.5	10.3	長時間化
女性	後期・正規	8.7	57.7	33.7	91.3	2.2	—
	後期・非正規	15.6	40.6	43.8	84.4	16.4	長時間化
	早期・正規	11.0	62.2	26.8	89.0	−7.6	短時間化
	早期・非正規	45.1	35.3	19.6	54.9	−0.9	—
	全	17.1	52.8	30.1	82.9	0.0	—

性	移行類型	(2)賃金* 2011年 *n*=503(増減 2009年比 *n*=475)					
		低賃金	増減	中賃金	増減	高賃金	増減
男性	後期・正規	7.5	−3.9	24.3	−17.7	68.2	21.6
	後期・非正規	25.0	−25.0	58.3	33.3	16.7	−8.3
	早期・正規	23.0	0.4	31.1	−18.9	45.9	18.5
	早期・非正規	52.8	−16.7	27.8	0.0	19.4	16.7
	全	20.4	−7.4	28.7	−12.2	50.9	19.6
女性	後期・正規	6.5	0.2	38.3	−18.1	55.1	17.9
	後期・非正規	28.6	−17.6	42.9	0.5	28.6	17.0
	早期・正規	27.8	−1.5	41.1	−5.4	31.1	6.9
	早期・非正規	65.5	3.4	27.3	−5.5	7.3	2.1
	全	27.2	−2.8	37.6	−8.9	35.2	11.7

注:*低賃金とは,月当たり 15 万円未満,中賃金とは 15 万円以上 20 万円未満,高賃金とは 20 万円以上を指す.
　　網掛けは各類型で最も割合の多い労働時間および賃金層を表している.

　2009 年から 2011 年の間の労働時間の変化をみると,週 40 時間を超える者の割合は,男性全体で 10.3% 増加しているのに対し,女性全体の割合にはほとんど変化がなく,男女間の格差は拡大する傾向にある.男性ではすべての移行類型において 40 時間以上働く者の割合が増えているものの,増加の程度は

正規より非正規類型に大きく，正規に非正規類型が追い付くかたちで両者の格差は縮小している．こうして2011年までには40時間以上働くことが，非正規類型も含めた男性の圧倒的多数の標準となる．他方，女性の場合，40時間以上働く者の割合は，後期非正規においてのみ急上昇し（16.4%増），他の3類型ではほとんど変化がない．その結果，非正規でも後期非正規は，正規と遜色のないレベルにまで40時間以上働く者の割合が拡大する一方で，長時間を標準とする働き方から距離を置く移行類型は，唯一，女性の早期非正規のみとなる．

　なお，週当たり50時間以上働き，残業が月に40時間を超える長時間労働に属する者は，男性では全体の42.7%を占め，特に後期，早期の両正規類型において大きいものの（後期49.5%，早期43.1%），非正規類型でも，後期（27.3%），早期（24.1%）ともに4人に1人はこの働き方に属している．女性全体では，50時間を超える者は30.1%であり，男性を12.6%下回るものの，後期非正規では，50時間以上働く者が2009年から16.4%も増加し43.8%に達し，それは，後期正規（33.7%）と早期正規（26.8%）の割合をも大きく上回り，男性の両正規類型と比べてもほとんど変わらないレベルになる．長時間の過密労働は，必ずしも男性や正社員のみの特徴ではない．

②　**賃金の分布と推移**　次に男女，移行類型ごとに，賃金格差とその推移を見る．表3-1(2)は，月収を15万円未満（低賃金層），15万円以上20万円未満（中賃金層），20万円以上（高賃金層）に分けて，その賃金構成を比較したものである．労働時間に関しては，男女の早期非正規を除いて，週40時間を超える働き方へと全体が収斂していくのに対し，賃金格差は男女間，移行類型間ともに大きくかつ拡大傾向が見てとれる．

　まず男女全体を比べると，男性が女性に比べ，より高い賃金層に厚い分布構成になっており，男性ではちょうど半数が高賃金層に属しているのに対し，女性では35.2%にとどまっている．対照的に，低賃金層は男性の20.4%に対し，女性では27.2%を占める．しかも，2009年と2011年の間の変化をみた場合，男性では，低賃金層（7.4%減）と中賃金層（12.2%減）が減少して，高賃金層（19.6%増）へシフトしているのに対し，女性の高賃金層の増加は11.7%

にとどまり，中賃金層は 8.9% 減少し，低賃金層はマイナス 2.8% の微減となっている．賃金構成における男女間格差は大きくかつ拡大しているといえる．

次に，移行類型間を比較した場合，同じ類型であれば男性の方に高賃金層の割合が厚く，女性に低賃金層が厚い傾向がある．また同性の間では，非正規より正規類型の方が，早期より後期移行類型の方が，高賃金層が大きく，低賃金層が小さい分布になっている．

2011 年の各類型において，高賃金層が最も大きい割合を占める移行類型は，男子では後期正規（68.2%）および早期正規（45.9%）であり，女性では後期正規（55.1%）のみである．この 3 つの正規移行類型は，2009 年からの変化で見ても，その上昇傾向が他に比べて著しく大きい．中賃金層の割合が最も多い移行類型は，男性の後期非正規（58.3%）と，女性の後期非正規（42.9%）および早期正規（41.1%）である．男性の後期非正規では低賃金層から中賃金層へのシフトがみられるものの，高賃金層はむしろ減少している．女性の 2 類型のうち，後期非正規では労働時間の大幅な増大の影響と思われる高賃金層の増加が大きいのに対し（17.0% 増），早期正規では賃金構成に大きな変化はなく停滞している．低賃金層の割合が最も大きい移行類型は，男女の早期非正規（男性 52.8%，女性 65.5%）であり，いずれも低賃金の占める割合が半数を超えている．ただし，男性の早期非正規では，労働時間の大幅な増加の影響もあり高賃金層の増加（16.7% 増）と低賃金層の減少（16.7% 減）がみられるのに対し，女性の早期非正規では賃金構成にほとんど変化はなく停滞傾向がみられる．

(2) キャリア形成機会の移行類型別分布と推移

① **単調労働の分布と推移**　キャリア形成という長い目で見た場合，経験によるスキル蓄積が期待できる仕事内容であるか否か，研修や訓練など職業能力開発の機会が与えられる職場環境であるか否かは，極めて重要である．

表 3-2(1) は，担当する仕事内容が，「決められた単純な作業を正確に繰り返すこと」であるかについて，「とてもあてはまる」「どちらかというとあてはまる」と回答した者の割合の経年変化を表している．全 8 類型が労働市場に出揃う 2009 年時点では，男女とも単調労働を担う者が多数派を占める非正規類型

表 3-2　労働内容，職業能力を向上させる機会　　(%)

性別	移行類型	(1)単調労働の繰り返し n＝474				(2)職業能力向上の機会なし n＝472			
		2008	2009	2010	2011	2008	2009	2010	2011
男性	後期・正規		38.6	43.1	42.6		20.5	35.8	41.7
	後期・非正規		75.0	85.7	61.5		41.7	42.9	46.2
	早期・正規	50.0	41.9	46.0	37.1	30.6	36.7	34.9	27.4
	早期・非正規	80.0	75.0	75.0	75.0	51.4	51.4	66.7	69.4
女性	後期・正規		41.5	38.3	38.9		18.9	25.2	30.3
	後期・非正規		50.0	56.8	22.9		34.6	27.0	17.1
	早期・正規	34.0	41.8	36.1	36.6	36.1	35.7	36.1	34.4
	早期・非正規	51.8	55.2	62.5	62.5	38.6	50.0	35.7	45.6

注：表の数字は，(1)「決められた単純な作業を正確に繰り返すこと」，(2)「職業能力を向上させる機会がない」という質問への 4 点尺度での回答のうち，「とてもあてはまる」「どちらかというとあてはまる」と答えた者を合計した割合である．

と少数派の正規類型に二極化している．その後 2011 年までの変化を見ると，男性の場合は，非正規類型で単調労働を担う者の割合がわずかに減少するものの，依然として早期非正規の 75.0%，後期非正規の 61.5% が単調労働を担い続けており，二極化は固定化したままである．他方，女性の場合，早期非正規では単調労働を担う割合はさらに増加して，2011 年点では 62.5% にまで拡大する．同じ女性非正規でも，後期非正規では単調労働からの離脱が急速に進み，2009 年から 2011 年の間に 50.0% から 22.9% にまで低下する．その割合は，正規の 2 類型（後期 38.9%，早期 36.6%）よりも低い水準になり，その結果，女性の場合は単調労働を担い続ける割合の依然として大きい早期非正規（62.5%）と他の 3 類型という，二極化の構成が変化する．

　2011 年時点といえば，早期非正規の場合，高卒であれば卒業からすでに 7 年，短期大学や専門学校卒業であれば 5 年が経過している．後期非正規の場合でも 2 年の経過があるにもかかわらず，これらの類型では依然として単調労働を担い続けている者が大半を占めているということである．これら女性後期非正規を除く非正規 3 類型は，経験による労働能力の蓄積や向上はあまり期待できない状況に置かれたままであり，正規移行類型において単調労働の担い手の割合が比較的少なく，その割合も減少傾向にある状況とくらべて，その格差は，固定化ないしは拡大しているといえる．

3　若年労働市場の格差と若者の包摂・統合——61

② 職業能力開発機会の分布とその推移　表3-2(2)は，研修や職業訓練など，職業能力を開発する機会に恵まれている職場環境にあるか否かについて，そうした機会がないと回答をした者の割合とその経年変化を表している．2009年の時点では，能力開発の機会に恵まれていると回答する者が多い後期正規と恵まれない者が半数を超える早期非正規に二極化し，その中間に後期非正規，早期正規が位置している．2011年になると，就職初年にあたる2009年時点には，集中的に研修や訓練の機会が与えられていたと推測される後期正規も，他の移行類型の平均的水準に並ぶようになる．また，男性の早期正規と女性の後期非正規の能力開発の機会は大幅に改善されている．なかでも女性の後期非正規では，能力向上の機会がないと答える者の割合は，34.6％から17.1％にまで減少して著しい改善がみられる．過半数が能力開発の機会に与かっていなかった男女の早期非正規は，その後も改善がみられず，2011年には男性の早期非正規の状況はさらに悪化，女性でも低迷したまま推移し，能力開発の機会がないと回答する者の割合はそれぞれ69.4％，45.6％となっている．この男女の早期非正規に属する多くの者が，我々の調査データで捕捉可能な2008年時点から一貫して能力向上の機会に恵まれていないということは，先に見たように，これらの類型では仕事内容も単調で，経験を能力の蓄積・向上に活かし得ない状況になっていたことと相まって，キャリア形成における「行き止まり」状況に置かれるリスクがきわめて高いと推定される．

3　仕事へのコミットメントの昂進

(1)　仕事へのモチベーション──「仕事にやりがい」「手抜きをせずに仕事」「使い捨て感」の推移

　労働条件やキャリア形成の機会に，男女間および移行類型間に歴然とした格差があることを前提とすれば，仕事へのモチベーションやハードな仕事や責任の受容の程度においても落差が生じているのではないかと考えられる．実際はどうなのか，まず，仕事へのモチベーションや労働意欲を推定する3つの質問項目への回答を比較してみる．

　表3-3の(1)(2)は，「仕事にやりがいを感じる」および「手抜きをせずに仕事

表 3-3　仕事に関わるモチベーション指標の推移

(%)

性別	移行類型	(1)仕事にやりがい n=475				(2)手抜きをせず仕事 n=477				(3)若者を使い捨てにする雰囲気 n=475			
		2008	2009	2010	2011	2008	2009	2010	2011	2008	2009	2010	2011
男性	後期・正規		75.0	77.1	68.5		94.3	89.9	89.8		10.2	22.0	15.7
	後期・非正規		54.5	92.9	61.5		75.0	86.7	100.0		25.0	7.1	30.8
	早期・正規	74.2	74.2	69.8	69.4	83.9	85.5	90.5	83.9	12.9	19.4	23.8	19.4
	早期・非正規	62.9	63.9	63.9	63.9	85.7	97.2	91.7	91.7	31.4	38.9	36.1	36.1
女性	後期・正規		75.0	77.8	76.1		95.8	93.5	93.5		10.5	11.2	11.9
	後期・非正規		73.1	73.0	91.4		88.5	94.6	91.4		11.5	18.9	14.3
	早期・正規	81.4	81.6	75.3	72.0	87.6	89.8	87.6	93.5	8.2	12.2	12.4	14.0
	早期・非正規	78.9	74.1	71.9	76.8	96.6	89.8	91.1	94.7	10.7	19.0	19.3	26.8

注：表の数字は(1)「仕事にやりがいを感じる」，(2)「手抜きをせずに，仕事に取り組んでいる」，(3)「職場には若者を使い捨てにする雰囲気がある」という質問に対する4点尺度での回答のうち「とてもあてはまる」「ややあてはまる」と答えた者を合わせた割合を表している．

に取り組んでいる」という質問に対する回答を，男女および移行類型間で経年比較したものである．数字は，質問への4点尺度での回答のうち，「とてもあてはまる」と「ややあてはまる」の回答を合わせた割合を示している．予想に反して，男女，移行類型にかかわらず，いずれも肯定的な回答をする者の割合が，大きな落差を生じることなく高い水準のまま推移している．

　2011年では，「仕事にやりがいを感じる」に関しては，男性の場合，いずれの移行類型も60%以上の者が（61.5-69.4%），女性の場合はさらに高く70%以上の者が（72.0-91.4%），やりがいを感じると回答をしており，処遇においては不利な状況にある女性の方がむしろやりがいを感じて働いている者が多い傾向がみられる．男女とも類型間の格差も小さく，高いレベルを維持しつつ推移している．女性の後期非正規にいたっては，やりがいを感じる割合が著しく上昇して，他の類型を突き抜けて高い91.4%にまで達するという際立った変化を見せている．

　「手抜きをせずに仕事に取り組んでいる」に関しても，肯定的な回答をする者の割合は，男女および移行類型を問わず極めて高い水準にあり，ほとんど格差のないまま推移している．2011年には，男性の場合は83.9-100.0%の範囲に，女性の場合は91.4-94.7%の範囲に収束しており，その分散に統計的な有意差は認められない．

またモチベーションを低減すると推定される「職場には若者を使い捨てにする雰囲気がある」という質問に，「とてもあてはまる」「ややあてはまる」と回答した者の割合は，かなり低い水準に抑えられている（**表 3-2(3)**）．男性において比較的高いレベルにある後期非正規と早期非正規でも，若者の使い捨てを感じる割合は，それぞれ 30.8% と 36.1% であり，女性において最も高い水準にある早期非正規でも，その割合は 26.8% にとどまっている．他の類型では，その水準はさらに低く 20% 以下に抑えられている．各類型とも年を経るに従いその割合の上昇傾向がみられるものの，女性の早期非正規を除きその程度はわずかである．

これらの結果を見る限り，労働条件や仕事内容，職業能力向上の機会における男女および移行類型間の格差が大きかった割には，それらが仕事へのモチベーションや疎外感に対して大きなダメージや影響を与えているとは言い難い．むしろ女性や非正規を含む多くの若者からひろく「やりがい」や「手抜きをしない」働き方が調達されている状況が確認できる．

(2) 「ハードな仕事」と「重い責任」の受容

さらに，「仕事内容がきつすぎる」と感じるまで「ハードな仕事」を受容する者と，「責任が重すぎる」と感じるまで「重い責任」を受容する者の割合について，経年比較した結果を図 3-1 と図 3-2 にまとめた．「ハードな仕事」を受容していると答える者の割合は，2011 年には，早期非正規（男性 37.8%，女性 28.6%）を除いたすべての類型において，おおむね 50% 前後の狭い範囲のレベルに収束している（49.1-56.5%）．しかも 2009 年からの変化を見ると，この例外的な男女の早期非正規を除いて，各類型とも年々その受容の割合が上昇している．2009 年の時点では，「ハードな仕事」に応じる者の割合が高い正規類型と，その割合の低い非正規類型に二極化していたが，2011 年までに男女とも後期非正規において「ハードな仕事」を受容する者の割合が急速に増加した結果，依然として仕事のハード化から距離を置く男女の早期非正規を残して，ほぼ同じレベルへの「ハードな仕事」の受容が収斂していったのである．

「仕事の上での責任が重すぎる」と回答する者の割合をみると，2011 年には，男性の早期非正規を除くすべての移行類型において，半数を超える者が「重い

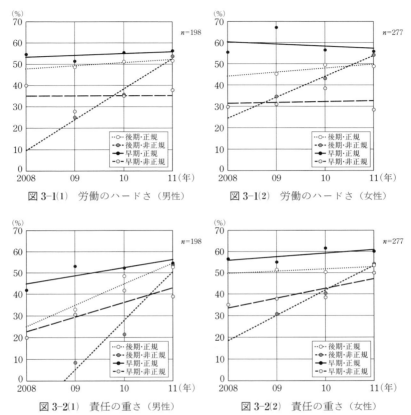

図 3-1(1) 労働のハードさ（男性）　　図 3-1(2) 労働のハードさ（女性）

図 3-2(1) 責任の重さ（男性）　　図 3-2(2) 責任の重さ（女性）

注：「仕事内容がきつすぎる」「仕事の上での責任が重すぎる」に関して，「とてもあてはまる」「どちらかといえばあてはまる」と回答した者を合わせた割合．なお，図内の直線は回帰直線である．

責任」を受容していると回答している．しかも，男女の早期非正規を除いた6類型間では，その格差も小さく50.0-54.8％の狭い範囲に収束している．また2009年からの経年変化を見ると，「重い責任」を受容する者の割合は，早期非正規も含め，男女すべての移行類型において年々拡大している．この拡大傾向が，男女ともに非正規類型においてより顕著であることによって，2009年には正規と非正規類型の間に存在していた「重い責任」の受容の落差が，2011年までには，縮小，解消に向かっていることがわかる．わけても，2009年には，その割合が男女において最も低かった後期非正規において，「重い責任」

を受容する者の割合が著しく上昇し，2011 年までには正規類型と遜色のない
レベルにまで上昇する．2011 年に至っても「重い責任」を引き受ける者の割
合がまだ 38.9% にとどまり，過半数を割り込んでいる移行類型は男性の早期
非正規のみであるが，この類型においても，そのレベルの上昇が確認できる．

　以上みてきたように，労働市場に参入した多くの若者は，初期のキャリアを
重ねるにつれて，高いモチベーションや労働意欲をもち，「ハードな仕事」と
「重い責任」を受容するようになっている．労働条件やキャリア形成の機会な
どにおいて大きな格差があるにもかかわらず，不利な状況にある女性や非正規
類型に属する者を広く巻き込んで，労働へのコミットメントは年々昂進してい
るのである．特に，女性や後期非正規では，男性や正規類型と遜色のない，む
しろそれを上回る割合の者たちが仕事へのコミットメントを深くしていること
を示す指標もある．早期非正規では，こうした仕事のハード化傾向から距離を
置く傾向はみられるものの，処遇格差が大きい割には，彼らのモチベーション
や実際の労働へのコミットメントは高く維持されていると言えなくもない．

4　仕事へのコミットメントを昂進させるメカニズム

⑴　仕事へのモチベーション，コミットメントを促進する要因の分析

　では，広く女性や非正規の移行類型をも巻き込んで，このような高いモチベ
ーションの維持やハードな仕事，重い責任の受容が昂進することは，何によっ
て引き起こされ，維持されているのだろうか．ここでは，2011 年の第 5 回調
査のデータを使い，モチベーションや仕事へのコミットメントの程度を推定す
る指標として直接，間接に関係があると思われる，「やりがい」や「責任の受
容」「疎外感」「ストレス」にかかわる 4 つの質問に対する回答を従属変数にし
て，これらに影響を与える要因を探るために，個人属性，職場環境，労働条件
を独立変数として設定・投入する順序ロジスティック回帰分析を行った．

　変数について詳しく説明すると，従属変数には，「仕事にやりがいを感じる」
「仕事の上での責任が重すぎる」「職場には若者を使い捨てにする雰囲気があ
る」「仕事にかかわるストレスや不安が大きい」という質問項目に対する 4 点
尺度での回答を使用した．独立変数には，まず，①個人属性として，性と移行

類型を，②職場環境に関しては，「現在の仕事についてどの程度あてはまるか」をたずねた 19 の質問項目のうち 14 を利用した．具体的には，職場の人間関係に関する 3 つの変数，仕事遂行上の裁量や参加に関する 2 つの変数，職場で求められる能力や職務特性にかかわる 3 つの変数，その他に職業能力を向上させる機会，雇用の安定度，賃金満足度，有給休暇の取得可能性などをたずねた 6 つの変数を投入した．

　独立変数にはさらに，以上の若者の意識のなかで捉えた主観的な職場環境に加え，客観的な労働条件の指標として，労働時間や賃金，職場規模や働いている産業分野の 4 項目を投入した．

　その分析結果をまとめたものが表 3-4 である．まず，全体を見渡して気が付くことは，性別や移行類型は，職場環境や労働条件などをコントロールすると，モチベーションやコミットメントに影響を与える要因としては，少なくとも統計的に有意な直接効果は見いだされないということである．男女間，移行類型間の労働条件や処遇における大きな格差を前提にすれば，これらの変数は大きな影響を与えるだろうと推測されるにもかかわらず，他の変数をコントロールする限り，女性であり，非正規に属することは，仕事へのモチベーションや疎外感等に直接の影響を与えず，また，客観的な労働条件のうちの切実かつ基本的な条件であろうと思われる労働時間や賃金も，統計的に有意な影響を与えていない．むしろ，職場における人間関係だとか仕事において求められる能力，裁量や意見の反映，顧客に喜んでもらえるなどの仕事の性格，職業能力向上の機会など，働き方やスキル形成にかかわる職場環境が重要な規定要因となっている．

　まず「仕事にやりがいを感じる」というモチベーションの引き上げには，①「職場の人間関係全般の良さ」「上司の面倒みのよさ」が，また，②職務を遂行する上での「裁量」や職場全体の仕事のやり方に意見を反映できる「参加」の実感も有意な影響力を持ち，③必要とされる労働能力については，「単調な繰り返しの仕事」がマイナスの，逆に「専門的能力」や「分析やプレゼンテーション」という能力が求められる場合にはプラスの影響を与えている．また，④仕事において「顧客に喜んでもらえる」ことはプラスの，「職業能力を向上させる機会がない」ことは，マイナスの影響を与える．さらに，⑤労働条件に

表3-4 仕事に関するモチベーション，コミットメントを規定する要因（順序ロジスティック回帰分析）

独立変数	従属変数	仕事にやりがいを感じる B	有意確率	仕事の上での責任が重すぎる B	有意確率	職場には若者を使い捨てにする雰囲気がある B	有意確率	仕事にかかわるストレスや不安が大きい B	有意確率
閾値	あまりあてはならない	3.983*		.778		.316		−4.911**	
	ややあてはまる	7.465***		3.944**		3.317*		−1.936	
	とてもあてはまる	11.203***		6.502***		5.897***		.780	
	（R＝ほとんどあてはまらない）								
個人属性	女性ダミー	.205		−.081		−.144		−.075	
	（R 男性）								
	移行類型 早期非正規	.795		.048		−.093		.211	
	早期正規	−.316		.259		−.129		.119	
	後期非正規	.195		−0.60		.380		.152	
	（R＝後期正規）								
職場環境	職場の人間関係が良好である	.613**		−.113		−.464*		−.673**	
	上司はよく面倒を見てくれる	.541**		−.088		−.361+		−.430**	
	職場の先輩・同僚は自分の仕事を手助けしてくれる	.040		−.068		−.640**		−.088	
	自分で判断し決定することが必要な，大きい責任や自律性	.341+		.872***		.081		.632***	
	職場全体の仕事のやり方に自分の意見を反映させることができる	.276+		−.178		.091		−.097	
	単調な繰り返しの仕事が多い	−.235+		.166		.289*		.089	
	長期の教育・訓練と経験を必要とする特定分野の専門的な知識や技術	.291*		.273*		.061		−.034	
	自分の考えや分析したことをまとめ，プレゼンテーションすること	.451**		.104		−.162		−.063	
	お客さんや利用者に喜んでもらえる	.929***		−.006		−.072		−.153	
	職業能力を向上させる機会がない	−.567**		−.091		.794***		.032	
	雇用が不安定である	−.149		.137		.894***		.319*	
	賃金に満足している	.238		−.248+		−.004		−.298*	
	有給休暇を認められにくい	.043		.186+		.640***		.435**	
	残業に対し手当が適切に支給されている	−.039		.010		−.096		−.122	
労働条件	労働時間	.008		−.001		−.001		.015+	
	賃金	.018		.210+		.122		.148	
	職場規模 9人以下	.814+		−.806+		−.898+		−1.707***	
	10−99	−.063		.050		−.658*		−.559+	
	100−499	−.058		−.177		−.197		−.236	
	（R＝500以上＋官公庁）								
	産業セクター 専門サービス(教育・福祉・行政・その他)	.446		.507+		−.176		.185	
	ニュー・サービス(金融・不動産・マスコミ・通信)	−.376		.973*		.124		.669+	
	販売・接客(卸売・小売・飲食・宿泊)	−.094		.326		.106		−.286	
	（R＝建設・製造・運輸・エネルギー）								
	ケース数	380		380		379		379	
	−2対数尤度	593.337		763.197		606.962		734.213	
	カイ2乗	262.236		117.761		221.318		173.114	
	擬似 R 2乗(Nagelkerke)	0.558		0.295		0.498		0.404	

注：有意確率は，***$p<0.001$，**$p<0.01$，*$p<0.05$，+$p<0.1$．

関しては，職場規模が「500 人以上および官公庁」である場合に対して，「9 人以下の小規模」であれば，やりがいを見出しやすいことが明らかになった．

　次に，「仕事の上での責任が重すぎる」と感じるほどの責任の受容に関しては，①「裁量」の余地があり，「専門的能力」を活かす仕事である場合には，プラスの影響がある．②「賃金に対する満足感」が高いことは，10% 水準ではあるが責任の重さを低減するのに対し，③客観的に賃金が高い場合には，責任の受容を促進している 6)．④「有給休暇が認められにくい」職場であることは，プラスの影響を与えている．また，⑤「建築・製造・運輸・エネルギー」の分野で働いている場合に対し，教育や福祉などの「専門サービス」や，金融，不動産，マスコミなど「ニュー・サービス」の分野で働くことは，責任の受容に有意なプラスの影響力を持っている．

　また，「職場には若者を使い捨てにする雰囲気がある」という労働の疎外感とその規定諸要因の関係は，「仕事にやりがいを感じる」ことの裏返しに近い構造を持っている．①「職場の人間関係全般の良好さ」「上司の面倒みのよさ」「先輩や同僚の援助」に恵まれることは，使い捨て感を低減し，②「単調労働」はそれを増大させる．③「職業能力を向上させる機会がない」ことや「雇用が不安定である」こと，「有給休暇が認められない」ことは，使い捨て感に大きなプラスの影響を与える．また，④「9 人以下」や「10 人以上 99 人以下」の中小規模の職場は，大規模職場に比べて使い捨て感を低減する．

　さらに，「仕事にかかわるストレスや不安」は，先の「使い捨て感」とよく似た構造を持っており，①「職場の人間関係全般の良好さ」「上司の面倒みのよさ」は，ストレスを低減し，②「雇用が不安定である」ことや「有給休暇を認められない」ことは，ストレスを高める．③「裁量」のある仕事であることも，ストレスを高める．また，④「賃金の満足度」はストレスを低減し，客観的に賃金が高いことは，逆にストレスを上昇させる．また，⑤「ニュー・サービス」の分野で働いている場合には，ストレスが高まる．

　以上の分析を通して，「やりがい」や，「責任」「疎外感」「ストレス」といった仕事のモチベーションやコミットメントに直接，間接にかかわると推定される要因に影響を与えるのは，ジェンダーや雇用形態，移行時期（移行類型）というよりも，また賃金や労働時間など労働条件や処遇でもなく，むしろ，職場

表 3-5 職場の人間関係評価と推移
(%)

性別	移行類型	(1)職場の人間関係が良好 n=474				(2)上司の指導・面倒見がよい n=476				(3)先輩・同僚の援助がある n=476			
		2008	2009	2010	2011	2008	2009	2010	2011	2008	2009	2010	2011
男性	後期・正規		86.2	80.7	83.3		83.0	82.6	73.1		90.9	87.2	79.6
	後期・非正規		75.0	100.0	84.6		58.3	71.4	84.6		83.3	100.0	100.0
	早期・正規	87.1	79.0	88.9	85.5	91.9	77.4	84.1	75.8	85.5	83.9	90.5	79.0
	早期・非正規	80.0	91.7	63.9	80.6	68.6	75.0	63.9	75.0	88.6	80.6	80.6	80.6
女性	後期・正規		90.6	87.9	84.3		86.3	82.2	82.6		90.5	93.5	89.8
	後期・非正規		76.9	81.1	85.7		80.8	64.9	82.9		84.6	83.8	85.7
	早期・正規	78.4	82.5	84.5	75.3	75.3	81.6	73.2	66.7	84.5	81.6	83.5	86.0
	早期・非正規	82.5	84.5	80.7	77.2	83.9	71.2	71.4	76.8	94.7	93.2	89.3	89.5

注：数字はいずれも，4点尺度での回答のうち，「とてもあてはまる」「どちらかというとあてはまる」を合計した割合である．

の人間関係や，仕事における裁量の余地や自律性，また，顧客の満足，職業能力の向上の機会の有無など，職場環境や職務特性，必要とされる能力特性が大きな影響を与えていることがわかった．

(2) 職場の人間関係

モチベーションの昂進や疎外感とストレスの抑制のほとんどに影響を与える要因として推定された職場の人間関係にかかわる3つの質問の回答結果をまとめたものが表3-5である．男女や移行類型の違いにかかわらず，多くの者にとって職場の人間関係は良好であることがわかる．まず「職場の人間関係が良好である」に関しては，2011年の時点で，どの類型でも75%以上が良好であると評価しており，類型間の差は，男性で80.6%から85.5%，女性では75.3%から85.7%の範囲に収まり，格差は小さい．次に「上司はよく面倒を見てくれる」に関しても，どの類型ともおおよそ70%以上の者が良好と評価し，またその差も小さく，男性の場合は73.1%から84.6%，女性の場合は66.7%から82.9%の範囲のなかに収まる．3つ目の「職場の先輩・同僚は自分の仕事を手助けしてくれる」に関しても，どの類型でもおおよそ70%以上は良好と評価し，男性の類型間格差は79.0%から100.0%，女性の格差はさらに小さく85.7-89.8%の範囲のなかに収斂している．経年変化をみると後期非正規の，とりわけ男性における劇的な改善が注目される．2009年の時点ではこれらの

表 3-6 「裁量」「参加・関与」「顧客満足」

(%)

性別	移行類型	(1)裁量 n=475				(2)参加・関与 n=474				(3)顧客に喜んでもらえる n=475			
		2008	2009	2010	2011	2008	2009	2010	2011	2008	2009	2010	2011
男性	後期・正規		56.8	60.6	61.1		42.0	44.0	49.1		75.0	73.1	74.5
	後期・非正規		58.3	57.1	38.5		41.7	42.9	61.5		50.0	92.9	76.9
	早期・正規	69.4	64.5	66.7	66.1	59.7	56.5	55.6	56.5	75.4	75.8	72.6	79.7
	早期・非正規	77.1	66.7	67.6	58.3	54.3	55.6	47.2	41.7	69.7	80.6	80.0	77.1
女性	後期・正規		63.2	64.5	68.5		42.1	55.1	51.4		75.8	83.0	80.6
	後期・非正規		69.2	64.9	80.0		61.5	64.9	80.0		84.6	94.6	97.1
	早期・正規	58.8	60.2	59.8	60.2	41.2	56.1	48.5	47.3	86.5	85.7	85.6	89.1
	早期・非正規	62.5	67.2	71.4	76.8	41.1	57.9	51.8	54.4	78.9	82.8	85.7	78.2

注：表の数字は，(1)「自分の仕事のやり方を自分で決めることができる」，(2)「職場全体の仕事のやり方に自分の意見を反映させることができる」，(3)「お客さんや利用者さんに喜んでもらえる」という質問に 4 点尺度での回答のうち，「とてもあてはまる」「ややあてはまる」と答えた者を合わせた割合を表している．

職場の人間関係指標は，他の移行類型に比べて大きく遅れをとっていたにもかかわらず，その後急速に改善されていく．この状況は，これら男女の後期非正規が「やりがい」を感じ「手抜きをしない」働き方をする者の割合を年々急速に拡大し，また，「きつい仕事」や「重い責任」を急速に受容していく状況と連動している．

　佐藤博樹らは，若年フリーターの職業生活への満足度の分析のなかで，「特に年齢の若い層ではこの人間関係についての満足度が高い」として，「仕事内容や給与の満足度が低いにもかかわらず，勤務先への満足度が高いのは，これら人間関係によっている部分がかなりあるのではないか」と推察している（佐藤・小泉 2007）．

(3) 「仕事の裁量」「職場の意思決定への参加」「顧客の満足」

　次に，仕事のコミットメントに深くかかわると推定された要因のうち，「自分の仕事のやり方（ペースなど）を自分で決めることができる」（「裁量」）と「職場全体の仕事のやり方に自分の意見を反映させることができる」（職場「参加・関与」），および「お客さんや利用者に喜んでもらえる」（「顧客の満足」）について，その回答の経年変化を見たものが表 3-6 である．まず，「裁量」の実感を見ると，正規と非正規の類型間に大きな隔たりはない．2011 年時点で

仕事の裁量を実感している者の割合は，男性の場合，後期非正規（38.5%）を除きどの移行類型でも 60% 前後に集中し，女性の場合は，すべての類型で 60% を超える者が「裁量」を実感している．なお，経年変化をみると，女性の場合は，非正規における上昇が著しく，2011 年にはむしろ正規（後期 68.5%，早期 60.2%）を非正規類型（後期 80.0%，早期 76.8%）が上回り，正規と非正規が逆転したかたちとなる．

　職場への「参加・関与」の実感については，「裁量」の実感ほど割合は高くはないものの，男性の場合，どの類型も 40–60% の範囲のうちに，女性の場合も，後期非正規を除いて，40–60% の範囲のうちに収束しており，男女間，類型間ともその差は小さい．ただし，経年変化をみると，男女とも，後期非正規が，職場の参加・関与の実感を急速に向上させており，2011 年の時点には男女それぞれにおいて最高の割合に達するようになっている．これらの移行類型が，やりがいや手抜きをしない働き方を急上昇させていたことと符合している．

　さらに，「仕事のモチベーション」に対して最も大きな影響力を持つ「お客さんや利用者に喜んでもらえる」についてみてみると，どの類型も 70% を超える者がポジティブな回答をしている．経年変化を含めて，移行類型間の差がほとんどなく，男性ではいずれの類型でも 80% 近くに集中し，女性では 78.2–97.1% というさらに高いレベルの範囲に収束している．経年変化を見た場合，この指標でも，男女の後期非正規における割合の急速な拡大が顕著で，結果として 2011 年までにすべての移行類型が高レベルで収束することになる．

　先に，単調労働を担う者は，男女とも非正規の類型に偏り，その分布は正規と非正規類型の間で二極化していることを指摘した．非正規でも女性の後期非正規は，年々単調労働からの離脱が顕著となるものの，残りの男女非正規 3 類型では依然として単調労働を担い続けるものが多かった．単調労働とは，定型的な仕事の繰り返しであり，その遂行に知的な判断力があまり要求されないことを意味するゆえに，本来，「裁量」や「自律性」とは相反するものであり，また職場全体の仕事への意見の反映や意思決定の参加は，きわめて限定的なものであると考えられる．この矛盾をどう理解すればよいだろうか．

　若年労働市場ではサービス産業が圧倒的シェアーを占め，単調労働の多い上記 3 類型でも 7 割以上がサービス産業で働いている．さらにその 3 類型では，

職種構成において飲食店や宿泊，娯楽施設での接客・給仕などの「サービス職」，および小売り・卸売り店での「販売職」に半数前後が集中している．熊沢誠のいうように，これらの職種は「どこまでも単純作業の性格がまつわりつく職業」（熊沢 2006）である．しかしながら，これらの仕事は，かつての製造ラインでの徹底した分業と標準化による単調労働ではなく，自分なりに接客の工夫や仕事の段取，商品の仕入れやディスプレイなど，工夫や改善の余地があり，「低スキルながら状況に応じた対人対応が求められるなど，非定型手仕事業務」（池永 2009）とでもいうべき性格を帯びるものである．したがって，そこに一定の「裁量」や「自律性」が擬似的にではあれ「実感」されやすい．また，これらの職場では，仕事の無駄を省き職場の生産性を高める知恵をだし工夫や改善を自発的に行うことが絶えず奨励されることが多く，歯車としてではないチームとしての一体感，「参加・関与」の実感が醸成されやすい．さらにまた，顧客との相互のやりとりを通じて直接に顧客に奉仕する職種であるがゆえに，「お客さんに喜んでもらえる」ことが「やりがい」となり，仕事の成果についての責任感も生まれやすいといえる[7]．

　先の回帰分析では，若者の仕事へのモチベーションやコミットメントに影響を与えるものは，男女，移行類型間で格差の大きい労働時間や賃金などの労働条件よりもむしろ，職場環境や仕事における諸特徴であることを確かめた．構造的にみれば，労働条件やキャリア形成の機会，雇用の安定性などにおける大きな格差が存在する一方で，「職場の人間関係の良好さ」，仕事の「裁量・自立性」の実感，職場への「参加・関与」の実感，さらには「お客さんや利用者に喜んでもらえる」という実感と手ごたえが，若者の働く職場に広く共有されており，これらの諸特徴が，若者のモチベーションや責任の受容を高いレベルで維持しつつ，疎外感やストレスを低減させる共通の基盤となっているといえる．

5　おわりに

　本章では，男女間や正規雇用と非正規との間には，労働条件やキャリア形成の機会などにおいて大きな格差が存在し，その格差は，調査期間の数年という短い間にも年々拡大したことを確認した．従来の研究は，仕事への移行の過程

において，多くの若者を労働市場の周辺に追いやり，さらには排除するという，仮借のない「周辺化・排除」の側面に焦点を当ててきた．処遇やキャリア形成にかかわる格差が拡大し，雇用の不安定さが広がれば，不利な条件に置かれた女性や非正規の若者を中心に，仕事への不満やモチベーションの低下をもたらし，仕事へのコミットメントや生産性の基盤を掘り崩す怖れがある．しかしながら，本章では，女性や非正規の若者を含め，彼らを労働市場につなぎとめ，「やりがい」や「手抜きをしない」働き方を調達し，実際にハードな労働や重い責任を受容させ，それを年々昂進させる強力な「包摂・統合」のメカニズムが機能していることを確認した．

　女性や非正規の若者を巻き込んで長時間労働や過密な労働へ向かわせる背景やメカニズムについては，格差の存在と「周辺化・排除」への不安や恐怖が「強制」装置として機能するという視点から，ある程度説明は可能である．たとえば，①長期不況や若年労働市場の縮小を背景とした労働者側に圧倒的に不利で厳しい雇用環境，②依拠すべきセイフティーネットのない無権利状態であるがゆえに，生きるためには，たとえ細切れであり低賃金の仕事であったとしても，またそうであるがゆえに，いくつもの仕事を掛け持ったり，長時間労働や残業をこなさざるを得ない状況，③雇用の不安定さゆえに，命令やノルマに抗うことができず，労働基準法違反の働かせ方でさえも抗うことができない困難な状況とその中で展開される労務管理[8]，④「自己責任」を刷り込むキャリア教育や社会的風潮（児美川 2013）など，拘束性の強い働き方を若者たちが余儀なくされていることを「強制」の側面から，説明することができる．

　本章では，女性や非正規を含む若者から，「やりがい」や「手抜きをしない」働き方を調達することを可能にする原因や背景を，これら「強制」の側面からだけではなく，「自発」の側面からも捉えることの必要性とその根拠を示した．その影響が大きく重要なものとして，①自分の仕事は自分自身で決めることができるという，「裁量」の実感と，職場全体の仕事のやりかたに自分の意見を反映することができるという，「参加・関与」の実感を，少なくても擬似的にではあれ持たせるような働き方（働かせ方）や，②圧倒的多数の若者が良好と感じる職場の仲間や上司との人間関係，協力関係，そして③多くの若者が接客や対面サービスの仕事に就いており，「お客さんに喜んでもらえること」が

「やりがい」と直結する状況にあること，を明らかにした．

　阿部は，バイク便ライダーやケアワーカーのフィールド調査にもとづき，雇用の不安定さや低賃金にもかかわらず，仕事に対し「自発的」に膨大なエネルギーと能力，時間を費やす一群の若者が存在することを指摘していた（阿部2006，2007）．本田由紀は，このような若者の自発的な仕事へののめり込みの状況を，「やりがいの搾取」と指弾し，阿部が趣味を仕事にしたり自己実現を目指す若者の「自分たちが自分たちにかけ続けているトリック」の側面を強調するのに対し，むしろそれは，企業側の意図に沿って生み出されている巧妙な仕組みであること，したがって，一部の若者のみならず，もっと多くの若者を巻き込んでいく素地が広く存在していることを主張している（本田 2008）．さらに，この若者を「自発」的に仕事へ邁進させる素地，要素として，①「趣味性」，すなわち「やりたいこと」「好きなこと」を自分の仕事にすること，②「ゲーム性」，すなわち，仕事における裁量性や自律性が高いこと，③「奉仕性」，すなわち，顧客に体面的なサービスを提供することを職務としていること，④「サークル性」「カルト性」，すなわち，チームワークとその仲間との「ノリ」の中で，「夢」や「成長」をめざすこと，を挙げている．本章で明らかにした，「自立性・裁量」や「参加・関与」は，本田のいう「ゲーム性」や「サークル性」に，「職場の良好な人間関係」は，「サークル性」「カルト性」に，「お客さんに喜んでもらえるやりがい」は「奉仕性」にほぼ重なる．実際にそれらの要素が，仕事へのインセンティブになりうるような労働条件や雇用の安定性を欠く多くの女性や非正規の若者にまで共有され，それが不満や抵抗を引き起こすことなく，「自発的」に労働へのめり込ませるメカニズムとなって機能していることを実証した．

　いまや，半数を超える企業が，非正規の量的な基幹化に加え質的な基幹化を課題に掲げるようになっている．非正規を安上がりで雇用調整可能な安全弁として活用することを維持しつつ，「できる限り長く雇用する方がメリットがある」（68.6％）と考えたり，「重要な戦力として企業も積極的に能力開発を行うべき」（60.5％）と認識するようになっている（労働政策研究・研修機構 2012: 23）．巷にあふれるパートやアルバイトの労務管理マニュアル本には，優秀な人材を採用し，戦力化，定着化を図ることを目的とし，「自己成長」や「夢や

目的」「共感・共鳴」「感謝」という言葉が躍り，チームワークと一体感の醸成，上司が怠りなく相談・指導し，期待と責任を与える，職場の成果や顧客の満足をフィードバックし達成感を共有するなどの必要が説かれている．「自発的」に仕事にのめり込むことは，もはや，趣味を仕事とし，自己実現を目指すような一部若者の自然発生的な現象にとどまらず，より広範な企業が明確な意図をもって巧妙に仕掛けるモチベーションマネジメント戦略となっているのである．

　また，ワーキングプアに象徴されるような過酷で不安定な労働条件とその格差の広がりは，必ずしも報われない若者の不満や抵抗の基盤とはならず，むしろその過酷さや理不尽さから自らを守るために同僚との協力や信頼関係，仲間意識を築き，強化させる方向に向かわせる傾向を生みがちである．職場の厳しさやお互いの「しんどさ」を熟知しているがゆえに，自己防衛の拠り所となる仲間意識が，無理なシフトを互いにカバーしあい，互いに迷惑をかけないように有給休暇の取得を躊躇するなど，「『仲間意識』が労働条件の切り下げに対する抵抗感を鈍磨させる」（伍賀 2014）のである．

　いずれにしても，「やりがいの搾取」というような状況が，「強制」か「自発」かの区別がつかないような形で，若者をからめとって仕事への拘束性を強めていることが重要であり，それゆえに多くの若者の側では，報われない労働にも，「強いられた」ことを意識せず，「自発的」にのめり込んでしまう．それゆえに問題の根は深く，劣悪な労働条件への抵抗や権利意識を抑え込むとともに，ひいては身も心もすり減らしてでも働き続けるという深刻で大きなリスクを伴うものとなっており，これは，「周辺化・排除」の機能と表裏をなし，相互に補完する機能を果たしているといえるのである．

【注】
1)　総務省統計局「労働力調査」の結果をみると，1990年代後半から，正規雇用者数は減少傾向，非正規雇用者数は一貫して増加傾向が続いている．
2)　厚生労働省大臣官房統計情報部「就業形態の多様化に関する総合実態調査」（1999年および2010年）の結果による15歳以上35歳未満の若年層に占める非正規雇用の割合．
3)　OECD諸国の若者の移行と比較して，日本では，無業であるいわゆるNEET率や失業率は，欧米諸国の平均よりはるかに低く（2010年15-24歳の同年齢人口に占めるNEET率は，OECD平均10.9%に対し日本は7.4%，失業率は，

OECD 平均 18.9％ に対し日本では 9.2％），他方，非正規雇用に就いて不安定な就労状態にある者の割合が相対的に大きい（同年齢の雇用者のうちパートタイムおよび有期雇用の占める割合は，OECD では 27.8％，26.2％，日本では 29.0％，26.9％）（OECD 教育データベース）．

4) 若年層において非正規雇用からの離脱がだんだん難しくなっていることを，多くの研究が実証している（酒井・樋口 2005，堀編 2007）．また，国際比較においても日本における非正規雇用からの離脱の難しさ，固定化のリスクは大きいと指摘されている（四方 2011）．

5) 本章の分析では，クラスター分析によって類型化した 8 つの移行類型のうち，「無業」「学生」のほか，「非正規→正規」「正規→非正規」も省いている．後者の 2 類型は，男女に分けると計量分析に耐えうるサンプル数が確保できないだけでなく，雇用形態のチェンジの時期を分析技術的に考慮に入れることができないため，本章の目的である正規と非正規という雇用形態の違いによる労働条件や職場環境，意識への影響が区別して分析できないために，分析対象から外した．

6) 主観と客観によってとらえられる賃金の労働意欲への影響の方向性が一致しないことについては，次のように考えることができる．主観的な賃金満足度は，あくまで本人の感じ方であり，例えば自分の現在している仕事のむずかしさ，求められる注意力やスキルレベルを斟酌して，その対価として賃金がふさわしいかどうかを判断するのであるから，賃金がそれほど高くなくとも，仕事自体が簡単なものであったり，熟練や経験を要しないものであれば，納得し不満を感じさせないのかもしれない．また，満足を判断する場合の比較対象として，例えば非正規労働者が，正規の労働者の賃金と比較する場合には，正規，非正規間の賃金格差が大きいことが一般的であるがゆえに，不満を生じさせる可能性を高めるのに対し，同じ非正規労働者を対象とする場合は，不満を低減する可能性がある．事実，今までの非正規雇用研究は，非正規雇用の量的拡大がすすむにつれて，比較対象として正社員ではなく同じ非正規の者を選ぶようになる傾向を指摘しており，したがって，正社員との賃金格差があったとしてもそれは賃金満足度を必ずしも低減させないという．

　　他方，客観的，絶対的な賃金は，その労働の対価としての性格が強いと考えられるので，賃金の高い仕事はそれだけ高度な能力や集中力が求められていると考えられる．したがって，高い賃金は「重い責任」を伴ったり「ストレス」と連動している可能性が高いと考えられる．

7) なお，非正規でも女性の後期非正規では，サービス職のほか，福祉や医療，教育分野での専門職も多く，顧客とのコミュニケーションや自己の感情のコントロールなど，感情労働に必要な裁量や自律性の余地が大きい．

8) ブラックとよばれる企業のように正社員という身分と引き換えに過酷な労働を余儀なくされるのは，正社員に限ったことではない．即日解雇や派遣切りにおびえ，解雇は糊口の手段を失うだけでなく，会社が用意した宿泊施設など住むところも失うといった不安のなかで，過労死や過労自殺にまで追いつめられる非正規

労働者のいることを想起すれば十分であろう.

【文献】

阿部真大, 2006, 『搾取される若者たち――バイク便ライダーは見た！』集英社新書.

阿部真大, 2007, 『働きすぎる若者たち――「自分探し」の果てに』日本放送出版協会.

伍賀一道, 2014, 『「非正規大国」日本の雇用と労働』新日本出版社.

本田由紀, 2008, 『軋む社会――教育・仕事・若者の現在』双風舎.

堀有喜衣編, 2007, 『フリーターに滞留する若者たち』勁草書房.

池永肇恵, 2009, 「労働市場の二極化―― IT の導入と業務内容の変化について」『日本労働研究雑誌』No. 584, 労働政策研究・研修機構.

池永肇恵, 2011, 「日本における労働市場の二極化と非定型・低スキル就業の需要について」『日本労働研究雑誌』No. 608, 労働政策研究・研修機構.

児美川孝一郎, 2013, 『キャリア教育のウソ』筑摩書房.

小杉礼子, 2010, 『若者と初期キャリア――「非典型」からの出発のために』勁草書房.

熊沢誠, 2006, 『若者が働くとき――「使い捨てられ」も「燃えつき」もせず』ミネルヴァ書房.

労働政策研究・研修機構, 2012, 『調査シリーズ No. 104 「今後の企業経営と雇用のあり方に関する調査」結果――企業の人材活用は今後, どう変わるのか』.

酒井正・樋口美雄, 2005, 「フリーターのその後――就業・所得・結婚・出産」『日本労働研究雑誌』No. 535, 労働政策研究・研修機構.

佐藤博樹・小泉静子, 2007, 『不安定雇用という虚像――パート・フリーター・派遣の実像』勁草書房.

四方理人, 2011, 「非正規雇用は『行き止まり』か？――労働市場の規制と正規雇用への移行」『日本労働研究雑誌』No. 608, 労働政策研究・研修機構.

若者の教育とキャリア形成に関する研究会編, 2014, 『「若者の教育とキャリア形成に関する調査」最終調査結果報告書 Youth Cohort Study of Japan 2007-2012』.

コラム2

日本の若年者雇用政策は利用されているのか

　1990年代後半から進展した労働市場の悪化は，若者を1つの政策対象に押し上げた．2003年に成立した「若者自立・挑戦プラン」を通じて，学校段階におけるキャリア教育の充実，職業相談や職業紹介事業の強化，職業能力向上にむけたプログラム整備，産業振興や雇用創出による就業機会の拡大が目指された．内閣府・経済産業省・厚生労働省・文部科学省による省庁横断型の総合政策として，若者の雇用問題への措置が3年という時限付きとはいえ開始されたのである．多くの施策は，その後も形を変えながら踏襲されている．そして，2010年の「子ども・若者育成支援推進法」の施行とともに，地域を基盤に福祉（児童相談所・福祉事務所）・教育（教育委員会）・保健（保健所・精神保健福祉センター）・雇用（ハローワーク・職業訓練機関・地域若者サポートステーション）・更生保護（保護観察所・少年鑑別所）からなる総合的な支援ネットワークの構築が推進され，困難を抱える若者の受け皿となった．こうして，日本において若者政策が本格的に離陸したのである．

　では，若年者雇用対策は実際にどのくらい利用されているのだろうか．**表1**によれば，公的就職支援サービス（職業紹介を担うハローワーク・ジョブカフェなど）の利用率は約6割と相対的に高い一方，公的職業訓練プログラムや労働相談サービス（労働について幅広く助言を行う地域若者サポートステーション・労働相談NPO・労働組合など）の利用率は1割程度に留まる．若者は求職活動には積極的であるものの，職業上のスキルを向上させる職業訓練を受講したり，労働に関する助言を受けたりすることにはむしろ消極的である．ただし，この傾向を若者の意欲の低さに還元することは早急かもしれない．なぜなら，職業訓練や労働相談を利用しない理由として，「使う必要がないから」が6-7割を占めると同時に，制度を「知らないから」も2割程度に達することか

表1 公的雇用サービスの利用率（2011年） (%)

	公的就職支援サービス	公的職業訓練プログラム	労働相談サービス
失業経験者（N＝63）	60.3	11.1	7.9

表2 公的雇用サービスを利用しない理由（2011年） (%)

	使う必要がないから	近くにないから	経済的な事情から	知らないから	その他	無回答
公的就職支援サービス（N＝22）	59.1	13.6	0.0	9.1	9.1	9.1
公的職業訓練プログラム（N＝52）	59.6	3.8	1.9	23.1	7.7	3.8
労働相談サービス（N＝55）	69.1	3.6	0.0	20.0	3.6	3.6

ら推察できるように（**表2**），若者の多くが労働市場を生き抜くための長期的な拠り所になりうるスキルを構築することよりも，むしろ新たないい仕事を獲得することにいっそう目を向けていると考えられるからだ．この背景には，公的雇用サービスを必要とする若者に届ける制度的枠組みが不十分であること，そして日本の労働市場が専門的な技能や知識に基づく職種別労働市場ではないことも関係しているだろう．

　確かに，自発的に求職活動を行うということは称揚すべき特長である．ただし，職業紹介を優先した支援は，いずれいい仕事に就けるという将来の見込みを前提とする．例えば，必要なスキルが欠如していたり，健康問題・育児・介護など就労を阻むニーズを抱えたりする場合，その課題に対応することなく，いたずらに求職を続けることは，労働市場からの撤退（無業化）を引き起こしかねない．第5章で言及したように，日本の所得保障制度は若者に十分行き渡っているわけではないため，国家による給付が社会サービスにアクセスするための結節点として機能するわけでもない．このように考えると，日本の若年者雇用政策は不利な課題を抱えた求職者には使いづらい制度かもしれない．

　ただし，変化の兆しもある．ちょうど最後の調査が実施されていた時期に当たる2011年10月に「求職者支援制度」が施行され，雇用保険を受給できない求職者に対して職業訓練と給付金を支給する仕組みが整った．とはいえ，2012

年度の実績を見る限り（厚生労働省 2013），職業訓練利用者および給付受給者の数は必ずしも多くない（それぞれ，当該年度失業者の 3.3%，2.0% に相当）．若者がこの新たな制度をどのくらい実際に利用し，そしてどのような成果を獲得するようになるのか，今後注視すべきテーマである．

【文献】
厚生労働省，2013，『平成 25 年 行政事業レビューシート』．

（樋口明彦）

4 若者は「働くこと」をどのように 経験しているのか

木戸口　正宏

1　本章の問題意識

　倉田浩二さん[1] は，高校卒業後，地元を離れ，県庁所在地の不動産会社に就職した．売り上げのノルマがあり，その達成度合いによって，支給される給与の額が異なってくるため，長時間働くことを余儀なくされていたが，どんなに頑張っても基本給程度の収入しか得られなかった．残業代も支払われず，また役職にでもつかない限り何年勤めても給料は変わらないということを知り，将来の見通しがもてず，2年半あまりで退職した．

　その後地元に戻り，ハローワークの紹介で，スポーツ用品販売のアルバイトを始める．2カ月あまり勤めた後，親戚の紹介で，電気・通信関係の工事を請け負う会社に正社員として採用された．勤めはじめの頃は，職人的な世界のしきたりや慣習が分からず，戸惑うこともあったが，左官業の会社を経営している父親に「職人の世界」について教えてもらいながら，少しずつ馴染んでいったという．

　在職5年目の今は，工事を担当する部署に所属し，班長を補佐する立場にある．担当する地域は広く，車で片道2–3時間かかる地域まで出かけることも少なくない．また秋から冬にかけての繁忙期には週6日，70時間以上の勤務が常態になるという．仕事にやりがいは感じているが，労働時間の長さや，毎日同じ仕事を繰り返すゆえのしんどさ，仕事上の責任の重さなどから不安やストレスを感じることもあるという．

　地元に戻ってからは，ずっと実家で暮らしていたが，結婚を機に独立．現在

は子どもと 3 人で，隣町の賃貸マンションに暮らしている．服を買うことがパートナーとの共通の趣味であり，ときには大きな百貨店や専門店のある県庁所在地まで買い出しに行くこともある．そのなかで高校卒業時に抱いていた「地元で古着屋を開いてみたい」という思いが，少しずつ再燃していることも感じている．

　学卒後，働き始めた若者に対して，容赦なく厳しいノルマや過重な責任が課され，その実現のために，ときには休日返上で長時間働くことを強いられること，残業代の未払いや，仕事に必要な経費のなし崩し的な自己負担など，違法・脱法的な労働条件の下で働かざるをえないこと，そのなかで将来展望が見いだせず（ときには心身の調子を崩し），仕事を辞めざるをえないこと，あるいは新たな職業世界に対する戸惑いと，それを乗り越えることを支える家族や友人，職場の労働条件や同僚との関係性といった様々な資源（の多寡・有無），仕事に対してやりがいや一定の見通しなどを感じながらも，「本当にやりたかったこと」はこの仕事だったろうかと迷うこと……ここで紹介したひとりの若者の足跡には，現代の若者が「働くこと」を通して直面する様々な「困難」と，その「乗り越え」に関わる，ある共通した側面が示されている．

　　多くの労働者は，一方では「長時間・過密労働」に従事し，若年者も含めて「過労死」認定基準に相当する年 3000 時間以上も働いたり，異常な長時間労働の結果，メンタルヘルスを壊して「うつ病」に罹患する労働者が増加している．他方では「雇止め」「解雇」による「失業」「半失業」の脅威にさらされ，将来の生活の見通しがつかなくなっている．多くの職場では，以前のような「余裕」がなくなり，経験が乏しい若者，家庭責任を負った女性，効率が悪い高齢者などが対象となって「いじめ」，「ハラスメント」などの悪質事例が横行している（脇田 2014: 7–8）．

　脇田滋（2014）は，1980 年代以降現在までの 30 年間の雇用社会の「激変」を「雇用の劣化」と評し，このようにその様相を述べた．本書第 II 部第 3 章は，若者たちの「働き方」について，「高い労働へのコミットメントと労働条

件，労働内容，能力向上の機会等における格差構造」が存在することを指摘し，その特徴を雇用形態や移行類型にかかわらない「ハードな労働と重い責任の受容」として描いている．そしてそれを下支えする「労働への包摂のメカニズム」として「自分の仕事のやり方を自分自身で決めることができる」裁量権と「職場全体の仕事のやり方に自分の意見を反映させることができる」参加・関与を実感させる働き方，および「若者を職場につなぎ止め，高いコミットメントを持った労働への包摂を可能にする」良好な職場での人間関係を仮説的に挙げ，その分析・実証を試みている．同時に，その背景にある「後がない厳しい労働環境，成果主義に依拠した労務管理，『自己責任』を刷り込むキャリア教育や社会的風潮など，様々な『強制』の側面」に言及し，「半ば強制，半ば自発のメカニズム」が存在することに注意を促している．

このような状況の下で，若者たちは「働くこと」をどのようなものとして経験しているのだろうか．本章では YCSJ の全過程に参加・協力してくれた 49 名の若者への面接調査とそこで得られたインタビューデータをもとに，①離学後の職業履歴や働き方，職場の状況や仕事内容・労働条件とその捉え方，キャリア形成や自分の人生に対する見通し，「働くこと」と自分のアイデンティティとの関わり，②働くなかで何を困難として感じ，あるいはやりがいとして感じているのか．また困難や危機に直面した際に，どのような支えをもとにそれらを乗り切ろうとしているのか，を明らかにすることを試みたい[2]．

2　「働くこと」をめぐる危機や困難——インタビューデータに基づくケース分析

⑴　若者は「働くこと」をどのようなものとして経験しているか

まずは，具体的な聞き取りにそくして，若者たちが「働くこと」をどのようなものとして経験しているのかを見ていくことにしたい．

① 高卒後，正社員として就職したが，劣悪な労働条件が原因で離職したケース　冒頭で紹介した倉田さんのように，高校卒業後正社員として就職したが，職場で過酷な労働環境に遭遇し，離職を余儀なくされたというケースは少なくない．

瀬田翼さんは，高校卒業後，地元のタイヤ製造・販売会社に「10 年ぶりの

新卒採用」の正社員として入社する．自動車免許を取得したばかりの瀬田さんであったが，配送業務担当になり，いきなり社用の2トン車を運転することになった．配送するタイヤには，建設機械用の非常に重いものもあったが，それらはすべて手作業で車へ運びこまなければならなかった．2–3カ月後には隣接の県庁所在地に転勤となり，1人暮らしを始めることとなった．知らない土地での生活に瀬田さんは次第に「情緒不安定」になったと語る．

その後，セールス担当に異動した瀬田さんを待っていたのは，「サービス残業の塊」であるような仕事環境であった．商品を卸しているガソリンスタンドのために販売用の値札やポップを作成するなど，販売業務以外の仕事も多く，ひどいときには，午前4時に帰宅し，午前6時にはふたたび出勤するということもあったという．

年の離れた同僚との関係は，決して悪くはなかったが，「当たりが強く」部下に過大なノルマを求める支店長との折り合いが悪く，その支店長が職場全体の雰囲気をひどく緊張したものにしてしまうこともあり「職場の人間関係」が悩みの種であった．肉体的にも精神的にもきつい状況で，何とか働き続けていたが，入社後2年を過ぎた2007年5月に離職．雇用保険の給付を受けつつ，足の手術をした母親の代わりに家事や高校生の弟の送り迎えなどをしながら，その合間に求職活動を行った．

2008年1月に，古紙回収のアルバイトを始めるが，求人広告に書かれていた条件とあまりに異なる給与支払いであったため，わずか1カ月でその仕事を辞めている．その後，さらに求職活動を続け，数カ月後に，水道メーターの組み立てと検査の仕事を派遣先として紹介している派遣会社の求人をフリーペーパーで見つけ，そこで働き始めた．

派遣社員は正社員・契約社員より立場が弱い．生産ノルマの達成まで帰宅が許されなかったり，立場を嵩に高圧的な態度で指示を出す社員がいたりと，当初は「パワハラ」に近い雰囲気を感じていた．あまりにも派遣先での残業が無限定に行われていることにたまりかねて，派遣会社に相談したこともある．幸い派遣会社から派遣先のメーカーに申し入れが行われたようで，その後は労使協定で決められている範囲ギリギリまで残業時間が抑えられるようになった．

その後も派遣社員として働き続けた瀬田さんであるが，2011年3月の東日

本大震災の後，「派遣切り」に遭ってしまう．取引のあるメーカーが原発事故の影響で操業できなくなり，必要な部品が確保できず，製品生産のめどが立たなくなってしまったためであった．ただその際，派遣先の工場長から「また戻ってきて欲しい．その際には派遣ではなく契約社員として働いてもらう」と言われ，一度は求職活動をしたものの，最終的にはその言葉通り契約社員として再び同じ会社で働くことになった．

　瀬田さんは現在も，その製造会社で働いている．新しい上司が，比較的周りの意見を聞いてくれる人であったこと，いっしょに働いている人たちの年齢が近く，話しやすい雰囲気の職場になったこともあり，人間関係についての不満はない．しかし，給与に変化がないこと，一時期より減ったとはいえ毎月30時間を超える残業があること，何よりも契約が1年更新で，先の見通しが立たないことなど，不安定な立場に変わりはない．そのため転職も検討しているが，同時に「自分たちのやりたいことをやらせてくれる」いまの職場で正社員になれるのであれば，それに越したことはないとも考えているという．

② 専門学校在学中の就職活動の「失敗」がその後の移行過程に影響を与えているケース　在学中の就職活動が何らかの形で不首尾に終わってしまい，卒業後から非正規雇用で働くこと（場合によっては無業状態）になるケースもある．

　中山彩華さんは，デザイン系の専門学校在学中に，ある服飾メーカーのネットショップの運営にインターンとして参加した．パソコンの扱いに長けていた中山さんは，職場内からの評判もよく，インターンシップ期間中に採用内定を得ることになった．しかし，その後トラブルが発生し，そのメーカーはネットショップ部門をいったん閉鎖せざるを得なくなってしまった．中山さんは「直営のショップ店員になってほしい」と会社から打診されたものの，それは自分が想定していた働き方と大きく隔たっていたため，その場で内定を辞退した．すでに就職活動の時期は過ぎていたため，やむなく在学中からずっと続けていたスーパーのレジ打ちのアルバイトを，卒業後も継続することにした．

　その半年後，中山さんは地元の友人の紹介で，インターネット回線の電話営業を行う契約社員のテレフォンアポインターとして働き始める．アルバイト先のスーパーからはパートタイマーにならないかとの誘いもあったが，このまま

働き続けることへの不安もあった.

　テレフォンアポインターとしての仕事は2年8カ月ほど続いた. しかし2011年3月の東日本大震災の発生が, 中山さんの仕事に思わぬ影響を与える.

　中山さんの住んでいる地域は, 地震の被害にはほとんど遭わなかった. しかし, 震災によって通信網に深刻な影響が出ている状況で, 不要不急の営業電話を続けることに対して批判的な声が多く寄せられるようになり, 震災後1カ月あまりで職場は休業を余儀なくされた. その後事業の縮小にともない, 人員の大幅な削減が検討され, そのあおりで中山さんも退職をせざるを得なかったという.

　その後中山さんは, 1日単位からの仕事を紹介するスポット派遣のアルバイトに登録し, そこから紹介された, 実家から車で20分ほどの距離にある物流倉庫で, ピッキング・商品管理の仕事を半年ほど担当した. また, その仕事を続けながら, 知人の紹介で広告代理店の事務補佐の仕事も始めた.

　中山さんは, 仕事をかけもちしながらも, その状態を「いろいろと楽しんでいた」という. しかしどうがんばっても収入が安定しないこと, また健康保険なども国民健康保険に切り替わり, 保険料が馬鹿にならないことなどもあり, だんだん「自分の中でもきつくなって」「いいかげんヤバイな」という思いが強くなっていった. そして「思い切って」日雇いの派遣と事務補佐の仕事を辞めたのだという.

　現在中山さんは, 派遣社員として地元の工場で働いている. 勤務は, 9時から5時までの日勤を週5日. 仕事の内容は, 製品の検品, 成形, 包装, ラベル貼りなどである. 仕事は求人情報誌で探したもので, 「社会保険がついていて, かつ給料がそれなりの手取りになる. また自分の通える範囲で」という自分の求める条件に合致したので, 申し込みの電話をしたところ「それが, たまたま派遣だった」のだという.

　これまでの経験から「周囲からも信頼され, 裁量をもって仕事を任されるようになる」3年目くらいまでは同じ職場で働き続けたいという希望を持っている. この職場では, 派遣で働いている工員を, 一定期間の後パートとして直接雇用する慣行があるようなのだが, それについては「声がかかってから考えればよい」と考えているとのことだった.

88——II 労 働

③ 在学中からのアルバイトが不安定な移行過程の「バッファ」となっているケース

中山さんのケースでは，在学中から継続していたアルバイトは，（結果としては）次の仕事までの「つなぎ」のような位置づけであったが，在学中からのアルバイトが，その後の職業生活や移行過程を背後から支える「土台」のようなものであり続ける場合もある．

小野博美さん[3]は普通科高校を卒業後，大学の服飾学部で，服飾デザインについて学んだ．就職活動ではパタンナー（主に CAD などの製図・設計ソフトを使用して，服飾製品の量産に必要な型紙（パタン）を作製する仕事）での採用を希望したがかなわず，年度途中で就職活動を中断．卒業後は，学生時代から続けていた個人経営のバーでのアルバイトを中心に，パーティコンパニオン等のアルバイトをかけもちする生活が 2 年ほど続いた．

2011 年 4 月より，バーでのアルバイトを継続しながら，海外洋服の卸売業の会社で正社員として働き始めた．小規模な職場のため，接客・販売，商品管理，電話対応，自社ブランドの海外製造拠点との連絡など様々な仕事を担当していたが，本社による事業再編とそれにともなう直属の上司の退職のあおりを受け，入社後 1 年半ほどで退職．その後は，引き続きバーでアルバイトとして働いている．

小野さんにとって，バーでのアルバイトは，当座の収入だけではなく，様々な情報や関係性を得る場にもなっている．たとえば，小野さんは現在フィナンシャルプランナーの資格取得を考えているが，資格の存在やその情報については，バーのお客さんとの会話の中で得たのだという．店長をはじめ他のスタッフとの関係も良好で，お花見や忘年会，店舗の大掃除など「バイトと関係なく集まったりできる，そういう集まりっていうか，仕事場」であると小野さんは話す．

④ 趣味を通じた「仕事」とのつながりと，将来の不安からの転職　小野さんのケースでは，在学中から継続していたアルバイトが，自分自身の「専門性」に依拠した職業的移行を模索しながらも，それが必然的に抱える不安定さを補う「バッファ」の役割を果たしていた．一方，在学中からのアルバイトが，その

後の職業生活において長く中心的存在であり続ける場合もある.

戸田佑真さんは, 中学2年時に不登校を経験している. 教員からの説得もあり, 中学3年時には, 相談室登校をしながら受験勉強を続け, 通信制の高校に入学する. しかしその頃から父の事業が傾きはじめ, 登校日以外日中の時間が空いていたこともあり, スーパーでアルバイトを始めた. 当初は同じ部署のパート・アルバイト従業員との関係も良好で, 仕事の手伝いをしたり, お菓子などを分けてもらったりしていたのだが, ふとしたことで「重鎮」のアルバイト従業員との関係が険悪になり, 勤め始めて1年半ほどで, 退職せざるを得なくなってしまった.

その後改めて仕事を探さなければと思い, その当時カードゲームをしに通っていたお店に求人がでていることを知り応募した.「高校生はだめ」と書かれていたが, ダメもとでと電話をかけ, 自分の事情を話したところ「履歴書を持ってきてくれ」という話になり, 面接ではカードゲームの経験や知識を一所懸命にアピールした. そうしたところ「では明日から来てください」と話がとんとん拍子に進んだのだという.

戸田さんは, その後7年間, そのカードゲームショップでアルバイトを続けることとなる(高校在学中, 大学への推薦入学の機会があったが, 初年度納入金を準備できず, 進学することができなかったという事情もあった). 主な仕事は接客・販売だが, カードゲームの場を提供し, そのジャッジを担当することもあった. ときにはゲームの勝敗にからむお客とのトラブルに対処することも求められた.

4年, 5年と仕事を続けていくうちに, 職場の中で最年長の立場になり, 責任のある仕事も任せられるようになった. あるときには, 社員の突然の退職により, その地域の店舗運営が社員だけでは立ちゆかなくなってしまったという事情もあり, 半年間だけであったが,「エリアスタッフ」として店長不在時の店舗責任者を任せられたこともあったという.

しかしこの頃から, 戸田さんは少しずつ将来に対する不安を感じるようになっていた. 在職中, 社員にならないかと誘われる機会も何度かあったのだが, カードゲームは一時の流行であるために, 自分が一生続けられるような仕事にはならないだろうと戸田さんは考えていた. また同じ頃, 接客場面でたびたび

トラブルに遭遇し，自身の接客の態度や仕事への打ち込み方が変わってきたと感じることも増えてきた．

退職について店長に相談した際には，引き留められもしたのだが，最終的には戸田さんの意思を尊重するということになり，7年間勤めた職場を離れることとなった．

戸田さんは現在，パソコンショップで販売員として働いている．パーツや本体の販売を主に担当しながら，顧客の要望に応じて，パソコンの修繕やメンテナンス，ときには組み立てなども行っている．働き始めた頃には，基礎的な知識はほとんどなく，職場でも「仕事は見て覚えろ」というように，直接の指導や研修はほとんど受けられなかったのだが，自分でパソコン雑誌や書籍などを買い，勉強しながら組み立ての技術やコツなどを実地で覚えたのだという．しかし仕事内容への興味関心は尽きないものの，店長が神経質ですぐに従業員を叱りつけるなど職場の雰囲気が悪いこと，また店舗自体の経営も厳しい状況にあることなどから，在職1年あまりで退職する予定であると戸田さんはいう．

戸田さんにとって，カードゲームは「仕事」というだけではない．高校在学時からの人生で中心となっているのも趣味のカードゲームである．カードゲームを通じてつながった広い人間関係を全国に作っており，仕事や生活に関する個人的な相談も趣味つながりの友人としているようであった．カードゲームショップを退職した際，ネットショップでのカードゲーム販売で生計を立てている友人に心配され臨時に仕事をもらうなど，カードゲームを通じてできたつながりは，彼の生活を支える重要な「資源」となっている．しかし上述のように「自分の一生の仕事」として見たときに，この後もカードゲームのブームやショップが続くかどうかという不安，あるいはそこで培われたある種の「専門性」が，他の仕事にもつながるような（また自分の将来の見通しを支えるような）意味のあるものとしては，自分の中で位置づいていかないという判断が，「仕事」としてのカードゲームに関わり続けることを，戸田さんに断念させたのではないだろうか．

(2) 相対的に「安定」した職業的移行の下にある若者たち

私たちが面接調査で出会った若者たちの中には，相対的に安定した職業的移

行を経験し，それに基づいて自らの人生への見通しを描こうとする若者たちも一定数存在していた[4]．彼ら・彼女たちの安定的な移行は何によって支えられているのだろうか．

① 研修やOJT，経験年数に応じた「育成」イメージが明確な職場で働く　遠藤武さんは，工業系の四年制大学を卒業後，自動車部品を製造する会社に設計を担当する正社員として採用された[5]．就職直後は「設計業務」という名称で学生時代に思い描いていたものと実際の仕事とのギャップに直面し，「これからやっていけるのか」と不安に思うこともあったが，2年目には遠藤さんが主体となって製品開発を担当するなど「責任」ある仕事も任せられるようになり，やりがいや手応えも感じるようになってきたという．

　設計の仕事は納期の縛りがきつく，夜遅くまで残業することも少なくない．とりわけ現在はリーマン・ショック以降の採用抑制の影響もあり，常に何かに追われている状態だ．遠藤さんも業務量の多さや上司との関係等に不満を感じているが，同僚と飲みに行った際に，愚痴として吐き出すなどしてなるべく1人で溜め込まないようにしている．

　それでも4年目のいまは，職場の同じグループに後輩も配属され「気がついたら任されているものが多くなっていた」と受け止めている．入社と同時に社員寮住まいになったこともあり，早くから同期とは良好な関係を築いてきたが（また先輩に誘われ，社内のサッカーチームに参加するなど，同僚関係ネットワークが豊富である様子がうかがえた），新たな人間関係を会社の外にも広げていきたいと思える「ゆとり」も生まれてきた．そのなかでようやく「この職場でもっと頑張ろう」と考えられるようになったと遠藤さんは話す．

　秋山正弘さんは，私立の四年制大学の経済学部を卒業後，大手の自動車製造・販売会社に就職した．就職活動では，業界は絞らず「グローバルに働ける」という軸で外資系や商社を探し，現在の職場である大手自動車製造・販売会社からは5月くらいに内定を得た．「誰でも入れるような会社には行きたくない」という思いがあり，就職活動には「めちゃくちゃ力を入れていた」という．

　入社後半年は研修期間であり，まずは「生産のラインに入ったり，販売の現

場に行ったり」と現場で学ぶことが求められた．その後，商品需給の管理や商品企画・販売促進・マーケティングなど，国内での営業販売を総合的にマネジメントする部署に配属された．経済性や台数など，明確な指標のある生産の現場とは異なり，営業販売では，ブランディングや商品の表現方法など，何をするにも常にその「目的」「意図」などをシビアに問われ続ける．それが大変といえば大変だと秋山さんは語る．勤務時間は長く，休みの日も仕事にかかわることをやっていることが多いという．

　1年目は研修中心で，ひたすら新しいことを覚えていくことで精一杯であったが，2年目からは「最初の何カ月間で教えてもらったことをベースにしながら，自分で仕事を組み立てていく」場面が増え，3年目にはほぼ独力で，企画段階からアイデアを出し，上司の判断を仰ぐことまで求められるようになった．

　入社当初は「自分のなりたい姿を明確にし，そのなかでやりたいことを仕事としてやっていくことが大事だ」という思いが強かったが，いまは「どんな仕事であっても，やっぱり何かしら必要とされているし，そのなかで求められる最上級のパフォーマンスを出すために努力するという考え方も大事だ」という思いも芽生えている．

　その一方で「（ベンチャー企業などに比べると）すごく決断に時間がかかる」（秋山さんの大学時代の友人はベンチャー企業に勤めており，その友人などを通して情報を得ているという）にもかかわらず，自分がそれなりの根拠を持って考えたプランや立案が，「上の人たちの決裁」ひとつで，方向性やコンセプトがらっと変わったり，ずらされたりすることには，「しょうがないと割り切るしかない」が，納得がいかないものも感じている．

　将来的には生産や人事など，社内の他の部門も経験してみたいという．また「10年後もこの職場にいるとは思いたくない．ここで身につけた力をどこかで試したい」との思いも，秋山さんは持っている．

② 　離職の危機を乗り越え，就業継続への見通しを獲得しつつあるケース　もちろんこれらのように「安定的」に見えるケースでも，「働くこと」をめぐる困難から自由であるわけではない．遠藤さん，秋山さんとも，長時間の労働に従事し，緊張感のある職場環境の下で，ストレスや心身の不調への不安なども感じなが

ら仕事をしている.

しかし同時に, 採用直後から念入りに行われる研修や OJT, 適性を見極めつつ, 会社での業務全体を見通すことを可能にするジョブローテーション, あるいは就業年数に応じた仕事量や働き方のロールモデルの存在や「育成」イメージの共有などが, 就業継続を支える重要な役割を果たしていることは明らかであろう. そのことを就業継続の「危機」に直面し, それを乗り越えた別のケースから見てみたい.

井上祥子さんは, 私立四年制大学の心理学科を卒業後, 大手の金融・保険系の会社に就職し, 現在は就職 4 年目を迎えている. 比較的順調な経歴を重ねているように見える井上さんだが, 半年間の研修期間を終え, 窓口業務に携わるようになった頃から, しんどさを感じるようになったという. 業務が想像以上に複雑で細かい作業が求められたため, 自分にまったく合わなかったこと, 部署内に居合わせた先輩の仕事の不出来を自分が背負う形になり, 業務上の負担が増えたこと, 加えて職場内の人間関係にも難しさを抱えていたことなどが重なり, 一時期は不眠など健康状態にも異変をきたし, 転職を考えるほどだった[6].

幸い, 入社 3 年目に営業職に配置転換され, それからは事態が好転した. 今の仕事は自分に合っており, 上司にも評価されている. 以前は, 仕事と家事の両立は無理だろうと, 結婚・出産後は仕事をいったん辞める人生観をもっていたが, 同じ職場に子育てをしながら働き続けている先輩社員がいることもあり, 少しずつ「こういうふうに働けばいいんじゃないか」という自分なりのイメージもできてきた. 今は仕事に必要な資格も取得し, いろいろな意味で仕事が面白くなってきたという. 翌年には, 学生時代からの友人とルームシェアをする形で実家から独立したこともあり, 家事をしながら仕事をすることについても, 一定の見通しがもてるようになってきた.

井上さんにとって, 学生時代の友人との関係は, 「生活の中で 9 割くらいを占める」大切なものだという. そうした関係性は「自分らしく生きている」という彼女の感覚を支える重要な「資源」となっている. それと同時に適切なタイミングで配置転換が行われたこと, 彼女の仕事を適切に評価する上司との関係や, 結婚や出産などを経ても, 仕事を続けていけるのではないかという見通

しを支えるモデルとなる社員の存在など，職場の労働環境そのものが，井上さんが危機を乗り越える際の重要な資源となったことは確かだろう．

3　若者たちは何に依拠して困難を「乗り越える」のか

　ここまで「働くこと」に焦点を当て，何人かの若者の職業生活に関わる移行の状況を見てきた．学卒後に正社員として働き始め，充実した研修や OJT，あるいは同期やロールモデルとなる先輩社員との豊富な関係性を通して，相対的に安定した職業的移行への見通しを持ちながら働く若者がいる一方，様々な困難が折り重なるなかで（にもかかわらずそれらを乗り越えるために依拠しうる「資源」がほとんど得られない状況の下で），離職や休職，細切れの職業履歴や長期の失業等を余儀なくされ，「働くこと」を生活の土台として位置づけることが難しい状況に置かれている若者も少なくなかった．また就職活動の「失敗」（その背景には企業による内定の取り消しといった採用側の問題や，不登校や学業への「不適応」のため，在学中に適切な進路指導や就職支援等が行われなかったという事情もある）や過酷な労働環境（それらを背景とする病気・障害）によって強いられた早期の離職，あるいは「家族問題」を背景とした様々な「つまずき」が職業的な移行における困難として立ち現れるなど[7]，様々な要因によって「働くこと」から排除され，不安定な移行過程を生きざるを得ない若者たちもいる[8]．

　そのなかで，例えば不安定な移行過程にあっても，大学や専門学校在学中に学んだ専門的な知識・スキル・資格を用いて，あるいは専門ネットワークのなかで，様々な情報や資源・支援を得ることで困難を乗り切っているケースや，地縁・血縁的なつながりに依拠しつつ，地元企業での仕事を紹介してもらったり，経済的な支援を得るなどして，職業的移行の危機を乗り越えているケース，また経済的な援助や実家暮らしの継続，感情的な支援等，家族の持つ様々な「資源」に依拠することで困難を乗り切ろうとしているケースなど，様々な姿が聞き取りのデータからは浮かび上がってきた．また，そのような依拠しうる「資源」が身近にない場合でも，パートナーや友人との表出的なつながりのなかで，支え合いながら何とか困難な状況を乗り切ろうとしている様子もうかが

えた[9].

　しかしこのような「資源」や「支え」の多くは，若者やその家族（生育家族であれ創出家族であれ），あるいは友人たちの個人的・個別的な努力や「がんばり」「善意」に依拠してかろうじて成り立っているものでもある．不安定な状況にある若者の移行過程を支えるものとして，これらの「資源」を無前提に称揚することは，若者をかえってしんどい状況に追い込むものになってしまいかねない．

　では少なくない若者が不安定な移行過程にある状況において，彼ら・彼女らが自身の直面している困難を乗り越え，職業的移行に関わる相対的に安定した見通しを持つためには何が必要なのだろうか．

　鈴木優さんは，私立の四年制大学在学中，生命保険会社に就職内定し，卒業後その会社で主に企業回りを担当する営業職として働き始めた．1日に30件程度の営業電話をかけ，1件でも自分の営業先を開拓できるまでは午後8-9時まで残業する（が残業代は支払われない），あるいは域内の企業訪問を続けるなど長時間の労働に加え，先輩・後輩・同期を問わず，相手を陥れるようにしてまで営業成果を取り合う競争的な雰囲気のなかで，なかなか営業成績の上がらない鈴木さんは強いプレッシャーを感じ，ついには適応障害となり，出社することができなくなってしまう．

　その後心療内科を受診し，入社後半年で病気休職の扱いになった．休職後もカウンセリングを継続し，最終的には入社1年をまたず退職することを決めた．必要な書類を提出するために数カ月ぶりに職場に向かうときには大変なプレッシャーを感じたが，「これでこの会社とも縁が切れる」と思った瞬間，ふっと足取りが軽くなったと鈴木さんは振り返る．

　退職後は雇用保険の給付を受けつつ，ハローワークから紹介された失業者向けの職業訓練のコースを受講した．そこでは文書作成・表計算ソフトなどの操作技術を学びながら，就職活動への助言など就業支援も受けられたという．そしてちょうどその職業訓練が終わる頃，母親が求人広告で見つけてきた地元の職場の面接を受け，再就職が決まった[10].

　鈴木さんは現在もその職場で働いている．仕事は，農業系の団体の研究所の

96——II　労　働

事務職で，鈴木さんは，その農業系団体の系列の人材派遣会社に所属し，そこからの派遣という形で勤めている．主な仕事は受付・来客対応で，品種改良・栽培技術開発を目的とした技術系職員や，プライベートブランドの商品検査などで来訪した職員への応対が主だという．視察の来客に対して，プレゼンテーションソフトを使っての施設説明や施設見学への説明対応をすることもある．

　最初に勤めた保険会社は「利益追求」が第一であったが，今の会社は「ノルマ」などがなくゆったりしていることが，いちばん「自分の中で楽な部分」であったと鈴木さんは話す．「農家の方に役立つ仕事を」ということが第一にあり，経営に関わるプレッシャーが少ないことも，働きやすい一因であるという．

　現在は食育の活動にも携わっており，子どもたちと接するなかで「この仕事って本当にすごい意味があるんだな」と改めて実感している．視察などへの対応の際に，来客者から「あなたたちは農業の最先端にいてうらやましいね」と言われることなども，仕事へのやりがいや自信につながっているのだそうだ．

4　おわりに——「働くこと」を支える実践や制度の構想に向けて

(1)　利用可能な所得保障制度と結びついた就業支援・職業訓練・緊急雇用等の必要性

　競争的な職場環境に馴染めず，心身の健康を崩して離職するなど，鈴木さんが直面した危機的状況は少なからず深刻なものであった[11]．その中で，家族の支えや「ゆったりとした」雰囲気の職場との出会いによって，鈴木さんは少しずつ心身を回復させていった．

　それと同時に雇用保険による失業給付や失業者向けの職業訓練・就業支援などのセーフティ・ネットが果たした役割も見逃すことはできない．失業給付は生計維持の不安なく求職活動を行う条件となるし，職業訓練や就業支援は転職に向けた技能形成だけでなく，失業状態にある若者に「求職者」という立場や役割を付与し，同じ立場にある若者との新たなつながりや精神的な支え・居場所，さらには社会とのかかわりを提供するという点でも重要な意味を持つ[12]．

　問題は，少なくない若者が雇用保険などのセーフティ・ネットを利用できない，あるいは雇用者の無知や脱法行為などによってその利用を妨げられているということである[13]．このような状況に対して，2010年4月より雇用保険の

受給できない非正規労働者や長期失業者を対象に，職業訓練の機会の提供，再就職の支援，訓練期間中の生活保障を組み合わせた「緊急人材育成支援事業（基金訓練）」が新たに創設されている．私たちが面接調査で出会った若者たちにも，これらの制度を利用することで，職業的な移行に関わる危機的状況を乗り越えようとしているものや，劣悪な労働環境から離脱し，人生経歴への見通しを立て直しつつあるものがいた[14]．

　現在の雇用状況において，若者が失業や早期の離転職に直面することは，残念ながらけっして少なくない．にもかかわらず若者が利用できる所得保障の制度は，先に紹介した求職者支援制度などをのぞけば，非常に脆弱なのが現状である．私たちの聞き取りにもそれは如実に反映しており，雇用保険などの失業給付を利用しているケースはそれほど多く見られなかった．その意味で，就業経験の有無や勤務年数の長短を問わず，不安定な雇用状況にある若者が気兼ねなくアクセスできるような所得保障制度を拡充・創出すること，そのような所得保障が，公的な住宅保障や医療保障などと結びついた横断的な生活保障の仕組みとして機能するような制度設計が求められているといえるだろう[15]．

(2)　家族のケアにかかわりながら働く若者たちを支える制度・仕組みの重要性

　このような制度の拡充は，以下に見るようなケースにおいても重要な意味を持つ．

　私たちが聞き取りをした若者たちの中には，家事，育児や介護，あるいは病気療養など，自分や家族の置かれた状況と「働くこと」との両立に悩みながら，可能な限りその両立が成り立つような職場や働き方を模索している若者たちもいた．とりわけ子育てをしながら働く女性からは，子どもの急な発熱で仕事を切り上げて帰る際，あまりよい顔をしない周囲の雰囲気や，保育料など子どもを預けて働く際の経済的な負担の大きさといった「子どもを育てながら働くこと」の大変さがこもごも語られ，そのなかでできるかぎり家事や育児と両立しながら働くことが可能な職場を探している姿が浮かび上がってきた．

　濱口美優さんは，現在ふたりの子どもを育てながら，パートで飲食店のホール接客の仕事を，ほぼフルタイムで続けている．彼女は飲食店を中心に，何度か仕事を変わっているが，その背景には給与や労働条件の問題に加えて，家

事・育児との両立をめぐる難しさがあった．例えば前職（洋菓子の販売・接客）を辞めるにあたっては，給与面での不満に加え，シフトにひとりで入らなければならないため，子どもが病気になっても休めないこと，土日出勤が求められることなどが，離職の大きな理由になっていた．

　今の職場で「正社員で働かないか」と声をかけられたこともあるが，正社員として働くと，子どもの学校行事のために休暇を取ったり，子どもの発熱で急に帰宅したりすることも簡単にはできなくなるし，周囲もよい顔はしない．だから今もパートで働いているのだと濱口さんは述べる．

　もちろん，子育てと両立しうる働き方ができるのであれば，濱口さんも正社員として働くことは厭わないであろう（あるいは逆に子育て世帯に対する生活保障が充実していれば，子育てと両立可能な形態として，現状の働き方をより積極的に選ぶこともあり得るだろう）．そのことを別のケースから見てみよう．

　介護施設で働く齊藤結さんは，在職中に妊娠・出産を経験し，育児休業を経てもとの職場に復帰している．妊娠中体調を崩し，1カ月ほど仕事を休んだが，会社がすぐ事務手続きをして傷病手当を受給することができた．育児休業中も，雇用保険の育児休業給付を受給し，その後に職場復帰している[16]．施設長が「職員のことを考えてくれる」人であり，職場全体が子育てをしながら働くことに理解があるということも大きいが，傷病手当や育児休業給付など雇用保険に依拠した様々な所得保障は，齊藤さんが子育てをしながら働き続けることを支える重要な要素となっていることは明らかであろう[17]．

(3)　「働くこと」に関わる「まっとう」な感覚をすくいあげる

　ここまで主に「働くこと」に関わる制度的な支えに焦点を当て，職業的な移行の「困難」に直面した若者にとって，それがどのような意味を持ちうるのかを検討してきた．ここからは（ややこなれない言い方であるが）働くことに関わって，若者たちが感じている「まっとう」な感覚をどのような形で「すくいあげていく」のかという視点から，改めて面接調査で語られた事柄を振り返ってみたい．

　冒頭でも述べたが，現在の労働現場には「やりがい」や「仕事への裁量（と引き替えの過重な責任）」などを通した過剰な労働への「包摂」，あるいは「競

争」や「ノルマ」などによる労働への「囲い込み」があふれ，働く若者たちを追い詰め，ときに労働からの排除に追い込んでいる．「失業」と不安定雇用との狭間で，生活を成り立たせるためにと，複数の仕事を掛け持ちするなど，長時間の労働へと追い込まれている若者も少なくない．

そのようななかでも，彼ら・彼女らが仕事を選んだり，新たな仕事に移ったりする際に，あるいは今の仕事や職場を評価する際に，どのよう事柄を重視しているのか，改めて聞き取りから振り返ってみると，一方的な「労働への包摂」の圧力を緩和・相対化し，ときにはね返すような視点・判断が様々な形で含まれていることにも気づかされる．

本章前半で紹介した中山さんは，現在働いている地元の工場の仕事を探す際，給与の水準に加えて「社会保険がついていること」「地元から通えること」を重要視していた．国民健康保険の保険料が生活を圧迫していたこと，また非正規の仕事を繰り返すなかで「今は正社員にでもならない限り，なかなか交通費は出ない」ことを痛感し，交通費の負担が少ない方が家計にも優しいと考えてのことであった．

自分がそれなりに生活できるような手取りがあるかどうかに加え，社会保険の有無などいざというときのための支えはあるか，また居住地域やその周辺など，自分が無理なく（経済的な負担も含めて）通える範囲の仕事かなど，中山さんの「仕事探し」の経緯からは「生活の中に労働を位置づけていく」（杉田2009）知恵や営みをうかがうことができる．

また同じく前半で紹介した瀬田さんは，派遣社員として働いていた製造会社で，労使協定を超えた残業を強いられていることに違和感を覚え，派遣元に相談することで，その状況を一定程度改善することができた．また新たに一緒に働くことになった正社員の上司や職場の同僚との関係が良好なものに変わるなかで，この職場で正社員として働き続けることができれば，という希望や見通しを持つようになっている．

求人情報で示された雇用条件と実際に働く際の条件が異なっていること，あるいは労使協定など職場での取り決めがなし崩しにされ，労働条件が際限なく悪化していくというケースは少なくない．そのことを「仕方がない」と甘受するだけでなく，働くなかで形成されてきた同僚や雇用先との関係性に依拠しな

がら，相談や問題提起をすることで少しでもましなものにしていくことは，自分の心身を守りながら働き続けるために重要な意味を持つ．もちろん自分自身の身を守るために，何よりもまず早急に仕事を辞めたり他の職場に移ったりした方がよいケースも少なからず存在しているが，そのことも含めて相談できる関係性やつながりがあることの重要性を，瀬田さんのケースは教えてくれる．

またさきほど紹介した鈴木さんは，心身の回復の途上で出会った現在の職場環境について次のように評価している．

　とにかく皆さん人間性がいいといいますか，そんなにあくせくしている人はいないですね．私も派遣という形にはなっているんですけども，垣根なく仲良くしてもらっています．上司もいい人が多いですね．自分がこういうことで悩んでいますとか，こういう仕事はできませんっていうのは，比較的言いやすい環境です．だから長く勤められるし，これからもたぶん長く勤めるだろうなっていうふうな意識はあります．

鈴木さんは，営業成果を上げるためには「相手を陥れる」ことも辞さないような職場の雰囲気に強いプレッシャーを感じ，体調を崩してしまったのだが，それは非人間的な労働環境に対する鈴木さんなりの異議申し立てでもあったように思う．いまの職場環境に触れるなかで，鈴木さんは「ノルマ」のない「ゆったり」した働き方を肯定的に受け止め，この職場で長く働き続けるだろうという見通しを語っている．そのことは「労働への過剰な包摂」が蔓延する現状の「働き方（働かせ方）」に対する，ひとつの示唆であるように思われる．

現状では，このような考え方や「判断」は「仕事をえり好みしている」「我慢が足りない」「向上心がない」というように否定的にとらえられることがほとんどだろう．あるいは実際にそのような評価を内面化してしまい，仕事を辞めてしまった後，次の仕事を探すことが難しくなり，不安定な状況に落ち込んでしまうということも少なくない．それゆえ，多くの若者たちは，心身が耐えられるぎりぎりまで職場にとどまったり，内心では違和感を覚えながらも，仕事を続けていかざるを得ない状況におかれてしまうのだ．

しかしそうした現状は，そうした1人ひとりの若者の「判断」を，様々な形

で励ます実践的・制度的な支え[18] が生まれることによって，変化する可能性は十分にある．そのような視点も，若者たちの聞き取りからは浮かび上がってくるのである．

【注】

1) 調査対象者の氏名はすべて仮名である．
2) 面接調査の詳細については第 I 部第 1 章を参照．
3) ケースの詳細については第 V 部第 13 章を参照．
4) 卒業後一貫して非正規雇用に従事しており，不安定な過程を歩んでいるように見えた若者が，豊かな家族資源を背景に，家業（会社経営）を継ぐことも視野に入れつつ，それゆえにいまは自分自身の「やりたいこと」の追求に重点を置いていたいと，あえて「非正規」で働くことを選択しているというケースもあった．
5) ケースの詳細については第 V 部第 13 章を参照．
6) 入職後早期に就業継続にかかわる困難に直面したケースでは，多くの若者がしんどい状況を誰にも相談できず抱え込んでしまっていた．そのまま離職した場合，「がんばれなかった自分」を責め続け，心身をひどく消耗してしまうことも少なくない．詳しくは乾（2012）．
7) 第 VI 部第 16 章で詳述されるが，就業以前に様々な困難が暮らしの中に折り重なっており，それらが職業上の移行を不安定化させる重大な要因となっているケースは少なくない．特に不安定な移行過程にある女性たちへの聞き取りからは，生育家族において親子関係など様々な矛盾や軋轢の「調整役」やケアの担い手などの役割を引き受けざるを得なかったこと，労働市場において全般的に不利な立場に置かれており，とりわけ職業的な移行へのつまずきを経験した後の求職活動において様々な壁にぶつかりがちであること，結婚・出産によるキャリアの中断に直面しやすいこと，不安定な恋人・夫婦関係の中で DV など男性からの暴力被害に遭いやすいこと等，困難が折り重なっている状況がうかがえた．
8) 本章でも触れているが，東日本大震災やそれに続く福島第一原子力発電所の事故によって仕事を失ったケースも少なくない．その影響はとりわけ非正規雇用など不安定な移行過程にある若者たちに顕著であった．経済不況なども含んだ，彼ら・彼女らの移行過程に様々な形で影を落としている「出来事としての危機」について，詳しくは第 17 章を参照．
9) DV 被害や育児等に関わる相談などをきっかけに，新たに依拠しうる関係や様々な制度へのアクセスが開かれたケースもある．詳しくは第 IV 部第 10 章，第 VI 部第 16 章などを参照．
10) 母親が仕事を「見つけてくれた」ことへの鈴木さんの評価は両価的である．父親は同じ職業人として，鈴木さんの大変さに理解を示してくれたが，母親は厳しい言動が多く，病気休職をしたときにも「そんなことで家族に迷惑をかけないで」といわれてつらかったと鈴木さんは振り返っている．母が仕事を見つけてく

れたのも「妹も就職活動中だし，あなたも早く働いてほしい」という意図があったのではないかと鈴木さんは振り返っている．

11）　このように，過度に競争的な・抑圧的な職場環境の下で心身を病む，あるいはそのことへの不安を訴える声（そして何よりも安心して働ける職場に出会い，働き続けることへの見通しを回復しつつあるという鈴木さんの語り）は，職場環境そのものの「人間化」が喫緊の課題であることを強く感じさせる．この点（だけではないが）は，職場内の労働組合や個人加盟のユニオンなどが重要な役割を果たす領域でもあるだろう．

12）　その意味でも，こういったサービスが，現に活用可能な諸サービスに若者をつなぐことのできる専門職やサポートセンターの拡充を含んで，よりきめ細かく展開されることはきわめて重要であろう．この点について，詳しくは濱畑（2014）を参照．

13）　面接調査のデータを見る限り，こうしたサービスにアクセスしているケースは大学卒など一定の学歴にあるものが多かった．困難に直面した若者が必要なサービスにどのようにアクセスできているのか（いないのか）については，さらなる分析が必要であろう．

14）　基金訓練は 2011 年 9 月で終了し，10 月より「求職者支援制度」に移行した．制度の詳細な説明と利用の実際，および不安定な移行過程にある若者たちにとってこのような制度が存在することの意義については，第Ⅴ部第 13 章を参照．

15）　この点について，詳しくは後藤（2013）等を参照．

16）　ケースの詳細については，第Ⅴ部第 13 章を参照．

17）　本来であれば，子育てに関わるあらゆる人が，何らかの形での所得保障や，就業継続・職場復帰の機会に恵まれなければならないが，この点では子育てをしながら働く女性たちの間でも置かれている状況に大きな差異があった．

18）　誰もが安心して働けるような職場づくりや，それを背後から支える職場内の様々な個人・集団の活動，社会的な運動や働くことをめぐる新たな「文化」の創造，雇用保険や最低賃金制度，若年者向けの様々な生活保障制度の底上げ・拡充などを想起されたい．

【文献】

後藤道夫，2013，「失業時・勤労時の生活を支えるシステム――労働，居住，社会サービス，所得」後藤道夫・布川日佐史・福祉国家構想研究会編『失業・半失業者が暮らせる制度の構築――雇用崩壊からの脱却』大月書店．

濱畑芳和，2014，「若年者の雇用保障」脇田滋・矢野昌浩・木下秀雄編『常態化する失業と労働・社会保障――危機下における法規制の課題』日本評論社．

乾彰夫，2012，『若者が働きはじめるとき――仕事，仲間，そして社会』日本図書センター．

杉田真衣，2009，「大都市の周縁で生きていく――高卒若年女性たちの五年間」中西新太郎・高山智樹編『ノンエリート青年の社会空間』大月書店．

脇田滋, 2014, 「日本における失業・半失業と問題状況」脇田滋・矢野昌浩・木下秀雄編『常態化する失業と労働・社会保障——危機下における法制度の課題』日本評論社.

コラム3

高校中退者の移行

　これまでの高校中退に関する研究では、中退の原因＝中退「前」に焦点があてられてきた。一方で、中退「後」の状況を把握した研究は多くなく（高橋・玄田 2004, 乾ほか 2012）、「空白地帯」となっている。ただし、近年では高校中退に社会的な関心が集まったこともあってか（青砥 2009）、中退者の追跡調査が実施されるようになってきた（例えば、内閣府 2011, 東京都教育委員会 2013）。そこで、このコラムでは、職業移行という視点から高校中退者の離学後の状況を簡単にスケッチしてみたい。ここで扱うサンプルは、本調査の項目のひとつである「毎月の主な活動状況」について 2007 年 10 月（第 2 回調査）から 2011 年 9 月（第 5 回調査）の計 48 カ月すべて回答している[1]、高卒者＝131 人（うち男性 63 人）、高校中退者＝19 人（うち男性 10 人）である。

　紙幅の都合のため、ここでは非正規雇用／無業の経験を取り上げてみたい。非正規雇用／無業を経験した月数を「0 カ月」、「1-24 カ月」、「25-48 カ月」と便宜的にわけて、高卒者と中退者を比較すると、高卒者では順に 28.2%, 26.0%, 45.8%, 中退者では 5.3%, 36.8%, 57.9% となり、「0 カ月」で一定の差が確認できる。ほとんどの中退者は、少なくとも一度は非正規雇用／無業を経験していることになる。また、「25-48 カ月」でも差がみられるものの、高卒者、中退者ともおよそ半数が長期間にわたり不安定な状態を経験していることがわかる。中退者は高卒者と比べ、非正規雇用／無業を経験しやすいものの、中退者のみが継続的に経験するわけではないと解釈できよう。非正規雇用／無業の長期化は、中退者固有の問題とはいえないのではないか。

　少し角度を変えて、男女別に非正規雇用／無業経験の推移をみると（図 1）、男女では対照的な傾向が観察される。高校中退者の離学後を理解するうえで、性別という観点が重要になるのではないか。

105

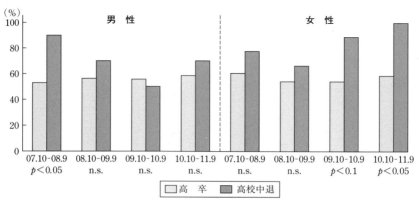

図1 非正規雇用／無業経験の推移（男性／女性別）

【注】
1）「毎月の主な活動状況」の詳細については，第2章を参照．

【文献】
青砥恭, 2009,『ドキュメント高校中退』ちくま新書．
乾彰夫ほか, 2012,「高校中退者の中退をめぐる経緯とその後の意識に関する検討——内閣府調査（2010）の再分析」『教育科学研究』26：25-84．
内閣府, 2011,『若者の意識に関する調査（高等学校中途退学者の意識に関する調査）報告書』．
髙橋陽子・玄田有史, 2004,「中学卒・高校中退と労働市場」『社會科學研究』55（2）：29-49．
東京都教育委員会, 2013,『「都立高校中途退学者等追跡調査」報告書』．

（片山悠樹）

5 若者の社会的リスクに対する
社会保障制度の射程

樋口　明彦

1　はじめに

　若者が大人になるプロセスは，それが将来に及ぶ生き方の試行錯誤という側面を担う以上，ときに困難をはらむことは避けられない．日本の場合，1980年代まで「不登校」や「いじめ」など学校教育にまつわる問題が，しばしば指摘されてきた．その後，景気後退が顕在化した1990年代後半から，「フリーター」に代表される非正規雇用や失業の増大を背景に，若者の雇用問題に焦点が当てられるようになっていく．そして，2000年代になっても若者の労働環境が依然改善しないなか，雇用問題と並んで，「ニート」「ネットカフェ難民」「ワーキング・プア」「若年ホームレス」など若者の日々の暮らしを脅かす問題の存在がメディアを賑わすようになってきたのである．雇用状況の悪化に端を発するとはいえ，労働市場からの離脱・住居の喪失・貧困など労働に収まりきらない課題の登場は，若者に対する社会保障という新たな問題領域を示唆するものといえよう．もちろん，例えば「ひきこもり」という言葉が以前からあるように，若者の困難は，教育から雇用を経て社会保障へと時系列に進展していったわけではない．ただ，学校から職場への移行の機能不全が長期化するにつれて，一部の不安定な若者に日常生活上の困難が生じている現状を思えば，若者の暮らしを視野に入れた社会保障制度の検討は日本において喫緊の課題になったと言っても差し支えないだろう．

2　若者に対する社会保障の役割

(1)　社会保障の定義

　分析に移る前に，そもそも社会保障とは何を意味するのか確認しておこう．社会保障制度審議会の「社会保障制度に関する勧告」（1950 年）において，「社会保障制度とは，疾病，負傷，分娩，廃疾，死亡，老齢，失業多子その他困窮の原因に対し，保険的方法又は直接公の負担において経済保障の途を講じ，生活困窮に陥った者に対しては，国家扶助によって最低限度の生活を保障するとともに，公衆衛生及び社会福祉の向上を図り，もってすべての国民が文化的社会の成員たるに値する生活を営むことができるようにすることをいう」（厚生労働省 2012: 29）と明記されている．つまり，日本における社会保障は金銭的なニーズに対する現金給付を意味すると同時に，福祉や健康に関する広範なニーズに対する社会サービス全般をも含意している．この点，社会保障が「国家による直接的な金銭的支援」（Alcock *et al*. 2003: 336）を意味し，その焦点が所得維持に絞られているイギリスとは対照的である．日本における社会保障の射程は，イギリスのものよりも広く包括的である点に特徴があるといえる．

(2)　若者と「新しい社会的リスク」

　若者に対する社会保障の役割が日本において注目されているように，ヨーロッパ諸国においても若者と社会保障の関係は改めて大きな論点になりつつある．近年，多くの研究者が戦後から発展を遂げてきた福祉国家の構造転換を指摘している．ジュリアーノ・ボノリによれば，製造業を中心とする工業社会からサービス業を中心とするポスト工業社会へと産業構造が移行すると同時に，多くの女性が労働市場に参入するに伴い，「新しい社会的リスク」として，①労働生活と家族生活の両立の妨げ，②ひとり親世帯，③近親者（高齢者や障害者）に対するケア，④スキル不足，⑤社会保障からの遺漏が際立つようになってきた．そして，これらのリスクを最も被りやすい社会集団として，ボノリは若者・女性・子供を持った家族を挙げている（Bonoli 2005）．これらの集団は，

108——II　労　働

中核的な労働者として労働市場に入る手前の段階で，失業・不安定雇用・育児など労働市場への参入を阻む障壁に直面している点に共通点がある．

　ただ，「新しい社会的リスク」の登場によって，それらのニーズに見合うような福祉国家の再編が易々と実現するわけではない．ピーター・テイラー＝グッビイは，「新しい社会的リスク」への対応策が「古い社会的リスク」に基づく伝統的な政策形成のメカニズムと衝突しうることを指摘し，社会政策を立案する際，多くの政府がそれぞれの歴史的文脈に応じて独自の調整作業を行わなければならない様子を説明している（Taylor-Gooby 2004）．テイラー＝グッビイによれば，「古い社会的リスク」に基づく福祉国家は，主に老齢・病気・障害など個人のライフサイクル上で生じるニーズを回避するため，税金や社会保険を通じて世代間の扶養を推し進める「水平的な移転」という性格が強い．このリスクに関わる代表的な社会集団が労働市場から退場した高齢者である．他方，「新しい社会的リスク」に基づく福祉国家は，失業やケアの義務などのニーズを持つ貧しい少数派を支える「垂直的な移転」と言える．両者のニーズの違いは，政策にも大きく反映されている．前者のための政策が現金給付に基づく所得維持であるとすれば，後者は単に現金を給付するのではなく，労働市場への参入を促す就労支援に主軸を置いている．高齢化による社会保障支出の増大に直面し，慢性的な緊縮財政の圧力にさらされているヨーロッパ諸国では，財政的なバランスを取りながら2つのリスクに同時に対応することが求められているのだ．

　「新しい社会的リスク」をめぐる議論を見てみると，若者という対象は，社会政策の立案というプロセスのなかで二重性を帯びた存在であることがわかってくる．なぜなら，「新しい社会的リスク」に直面する若者はその障壁に見合った新たな社会サービスを必要とし，その整備を要求する能動的存在である一方，厳しい財政的な制約に縛られる現在の福祉国家のなかで，若者は提供された社会サービスへの道徳的な見返りとして，勤勉な態度と安定した継続就労を社会から強く要求される受動的存在でもあるからである．福祉国家の再編過程において，若者の置かれた位置は，いわば限られた資源をめぐって様々な利害が対峙する最前線にほかならない．このような状況は，若者の社会的リスクが顕在化しつつある日本においても決して無関係ではあるまい．

3 分析の枠組み

　本章では，「若者の教育とキャリア形成に関する調査」のパネルデータに基づいて，現代日本の若者が抱える社会的リスクの所在を明らかにし，そのうえでリスクに対する社会保障の射程を検討することにしたい．本章の分析では，学校から職場へ移行する途上で若者が直面する社会的リスクとして，①雇用の不安定さ（非正規雇用の低賃金および失業のリスク），②社会保険からの遺漏，③相対的貧困，④健康上の問題という4つの項目を取り上げ，これらの社会的リスクの有無を従属変数にする．また，リスクがあった場合，現金給付や社会サービスからなる社会保障制度がどのくらい実際に利用されているかも合わせて検討する．また，主な独立変数として，①移行類型（学校を卒業してから仕事を得るまでの軌跡を分類した8類型：「後期離学・正規優勢」「早期離学・正規優勢」「後期離学・非正規優勢」「早期離学・非正規優勢」「早期離学・正規優勢→非正規等優勢」「早期離学・非正規等優勢→正規優勢」「長期在学」「早期離学・失業無業優勢」），②家族類型（家族構成の変化を分類した5類型：「一貫離家なし」「離家」「一時的離家」「結婚」「その他」）を用いる．このような分析を通じて，日本における若者の社会保障を評価することが狙いである．

4 若者の社会的リスクと社会保障

(1) 雇用の不安定さ

　1990年代後半以降，若者の雇用問題が顕在化したとき，それは学校から職場への移行の機能不全として語られることが多かった．そして，この問題は労働条件の悪い非正規雇用の増大と失業する機会の高まりという2つの要因に大きく整理することができる．

　第1に，非正規雇用が問題視される背景には，非正規雇用の労働条件がしばしば正規雇用のそれよりも劣るという事実が考えられる．なかでも，正規雇用と非正規雇用の賃金格差はもっとも中心的なトピックだといえる．2007年から2011年にかけて，移行類型別に個人年収の平均値の変化を表したものが，

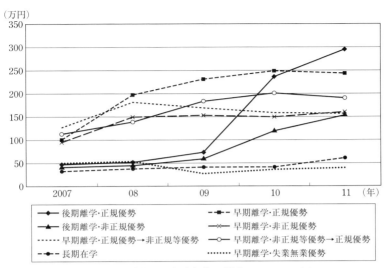

図 5-1 移行類型別 個人年収の推移（2007-2011 年）

図 5-1 である．図 5-1 によれば，その道程の如何にかかわらず最終的に非正規雇用に至ったグループ（「後期離学・非正規優勢」「早期離学・非正規優勢」「早期離学・正規優勢→非正規等優勢」）の個人年収は，おおむね 150 万円程度に収斂している．他方，正規雇用に至ったグループの個人年収は，必ずしも同じではない．2011 年の個人年収を見てみると，主に大卒者からなる「後期離学・正規優勢」が 294.5 万円と最も高い一方，専門学校・高校・短大・高等専門学校の卒業生からなる「早期離学・正規優勢」で 244.1 万円，ほぼ同種の卒業生からなる「早期離学・非正規等優勢→正規優勢」で 190.7 万円と，学歴や非正規雇用からの転職経験に基づくキャリアの違いに応じて，グループの間には 50 万円程度の段階的な違いが生じている．ただ，正規雇用グループの個人年収が，非正規雇用グループのそれよりも相対的に高い様子は改めて確認できる．

　非正規雇用における低賃金という事実を，若者はどのように感じているのだろうか．2009 年の調査では，若者に「憲法で定められている『健康で文化的な最低限度の生活』」を 1 人暮らしで送るために必要だと思う 1 カ月の金額を尋ね，さらに調査時の月収がその金額に比べてどのくらいなのかを聞いている．

まず若者が想定する最低限の月収の平均値を見てみると,「正社員」18.2万円,「契約社員」16.1万円,「パート・アルバイト」18.1万円となっており,「契約社員」の値がやや低いものの,若者が考える「最低限度の生活」に必要な金額は雇用形態によって大きく左右されないことがわかる.次に,自分が想定する最低限の月収と比較して,実際の月収が少ない(「やや少ない」「とても少ない」)と回答した者の割合を雇用形態別に見てみると,「正社員」46.0%,「契約社員」66.6%,「パート・アルバイト」75.0%と,非正規雇用の賃金があるべき月収額から大きく乖離している様子が確認できる.ただ,安定雇用と見なされている「正社員」であっても,ほぼ半数に近い若者が賃金は十分ではないと感じていることも特筆に値しよう.このように,一部の若年労働者にとって,その賃金は独立した生活に見合ったものと映っておらず,いわば主観的な剥奪感が決して縁遠いものではないことを物語っている.

　第2に,労働時間がフルタイムでないこと,労働契約期間が決まっていること,雇用形態が使用者による直接雇用ではないことという3つの特徴を備える非正規雇用は,キャリア形成にも大きな影響を受けることが多い.とりわけ,労働契約期間が有期であることは,仕事の継続性を妨げ,いわば失業のリスクを高めることは想像に難くない.事実,景気後退が進むなか,2003年に若年失業率は「15-24歳」10.1%,「25-34歳」6.3%と大きく上昇し(厚生労働省2013a: 19),若年失業者の増大が深刻な兆候と受け止められた.しかしながら,他方で,日本の若年失業率はその他の先進諸国の値に比べて低いことが知られている.例えば,2007年における15-29歳の失業率を見てみると,日本の場合,「男性」7.0%,「女性」6.3%であるのに対して,OECD諸国の平均値は「男性」9.7%,「女性」10.7%となっている(OECD 2009: 41).日本の若者は,失業というリスクをどのように受け止めているのだろうか.

　今回の調査では,2005年4月(18／19歳)から2011年10月(24／25歳)までの79カ月間にわたって,若者が毎月どのような活動を主に行っていたのかを尋ねている.この毎月の活動記録カレンダーのなかで,「失業中で求職活動を行っていた」という選択肢が1つでも選択されていた場合,その回答者は該当する年に失業を経験したと見なした.ただし,この調査では,失業に関する現金給付や社会サービスの有無について尋ねている期間が2008-2011年の4

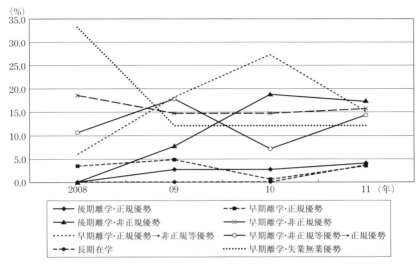

図5-2 移行類型別 失業経験者の割合（2008-2011年）

年間に限定されているので，分析もこの期間に限定することにしたい．**図5-2**は，移行類型別に失業経験者の割合を示したものである．まず，学歴が高い「後期離学・正規優勢」「後期離学・非正規優勢」「長期在学」のグループの場合，活動記録カレンダーのなかでも在学が一定の割合を占めるため，当然その期間の失業率が低くなっていることを確認しておこう．このような入職時期の違いを脇に置いて，労働市場に参入してからの経歴に焦点を合わせると，移行パターンのなかに非正規雇用が含まれているか否かに応じて，失業のリスクが左右されている様子がうかがえる．例えば，非正規雇用が大勢を占める「後期離学・非正規優勢」「早期離学・非正規優勢」の失業経験率は15-20%の間を推移している．また，「早期離学・正規優勢→非正規等優勢」「早期離学・非正規等優勢→正規優勢」の失業経験率も同じく相対的に高い傾向にあり，前者の場合，その値は27.3%（2010年）に至っている．「早期離学・失業無業優勢」の趨勢を見てみると，2008年のみ33.1%と高いものの，その後は12%程度に低下して落ち着いている．対照的に，「後期離学・正規優勢」「早期離学・正規優勢」「長期在学」の失業経験率は5%以下とおしなべて低い．予想に違わず，移行パターンにおける非正規雇用経験が失業の可能性を相対的に押し上げてい

5 若者の社会的リスクに対する社会保障制度の射程——113

表 5-1 移行類型別 失業経験者の社会サービス利用率 (2008–2011 年) (%)

	公的就職支援サービス				失業給付			
	2008年	2009年	2010年	2011年	2008年	2009年	2010年	2011年
後期離学・正規優勢	—	66.7	50.0	77.8	—	0.0	0.0	44.4
早期離学・正規優勢	66.7	87.5	—	100.0	16.7	87.5	—	66.7
後期離学・非正規優勢	—	80.0	66.7	27.3	—	0.0	16.7	0.0
早期離学・非正規優勢	44.4	50.0	60.0	68.8	5.3	28.6	13.3	18.8
早期離学・正規優勢→非正規等優勢	—	66.7	66.7	40.0	—	50.0	33.3	60.0

注：失業経験者の度数が 5 未満と少ない場合,「—」と表記. また, 移行類型のうち「早期離学・非正規等優勢→正規優勢」「長期在学」「早期離学・失業無業優勢」は, 度数 5 未満のセルが大半を占めるため, 表から削除した.

ることがわかる.

　では, 失業という社会的リスクに対して, どのような社会サービスが若者に供給されているのだろうか. 第 1 に, 失業経験者がどのくらい「公的就職支援サービス」(ハローワーク・ジョブカフェなど) を利用したのか確認しておこう. **表 5-1** から, いくつかの傾向を読み取ることができる (ただし, 各カテゴリーにおける失業経験者の人数は必ずしも多いとは言えないため, ここでの考察は十分に頑健なものとは言えない点に留意されたい). 求職をするに際して最も基本的なものである「公的就職支援サービス」の場合, その利用率は過半数を超えておおむね高く, 移行類型による明確な違いも見られない. つまり, 非正規雇用が優勢であったグループでも, 公的な職業相談や職業紹介などの基本サービスを受けている様子がわかる.

　第 2 に, 失業給付 (雇用保険による「求職者給付」「教育訓練給付」や緊急人材育成支援事業による「訓練・生活支援給付」など) の受給率を移行類型別に確認しよう. **表 5-1** によれば, 移行パターンのうち正規雇用が優勢だったグループは, おおむね受給率が高い傾向がうかがえる.「早期離学・正規優勢」の場合, 2008 年の値は低いものの, 2009 年に 87.5％, 2011 年に 66.7％ と相対的に高くなっている (2010 年は失業経験者が少ないため除外). また,「早期離学・正規優勢→非正規等優勢」においても, 2008 年を除き, 2009 年に 50.0％, 2010 年に 33.3％, 2011 年に 60.0％ と相対的に高い値を示している. しかしながら, 同じ正規雇用優勢のグループであっても,「後期離学・正規優勢」の値は 2009 年, 2010 年共に誰も受給しておらず, この傾向に反する. 理

由の 1 つとしては，「後期離学」とあるように多くの者が大卒者であるため，労働市場に参入する時期は 2009 年が多く（浪人生の場合は 2010 年），失業といっても離職というよりは初職の獲得に手間取ったケースが考えられる．非正規雇用が優勢のグループの場合，失業のリスクは決して低くないにもかかわらず，正規雇用が優勢のグループに比べると受給率はおしなべて低い．早期に労働市場に参入した「早期離学・非正規優勢」であっても，受給率は最大でも 3 割に満たない．このように，求職活動中の生活を支える失業給付を考えた場合，正規雇用経験者がより優遇される一方，たとえ失業のリスクが高くても，非正規雇用が優勢のキャリアをたどる若者は給付を受けることが難しいことがわかる．このような受給率の違いの背景には，社会保険を中心とした社会保障の仕組みがあると考えられる．次項では，若者と社会保険との関係について見ていこう．

⑵　社会保険からの遺漏

保険料の拠出と引き換えに，退職・疾病・失業・労働災害などのリスクに対する給付やサービスの受給権を獲得する社会保険制度は，日本における社会保障の根幹をなす仕組みである．1947 年に「失業保険法」が制定され（1974 年に「雇用保険法」へ改定），そして 1961 年には国民健康保険制度が完全に普及すると同時に，国民年金制度も導入されて，いわゆる「国民皆保険・皆年金」が実現した．だが，近年，社会保険に未加入であったり，保険料の支払いが滞っていたりする者が，給付を受け取ることができない事実に注目が集まるようになってきた．やや修辞的な表現を用いるなら，社会的リスクを覆うべき社会保険からの遺漏が，新たな社会的リスクを形成しているのだ．

前項で触れたように，非正規雇用が優勢だった若者において失業給付の受給率が低いという事態も，その背景要因として雇用保険からの遺漏が考えられる．最後の調査が実施された 2011 年当時，雇用保険の適用要件は「1 週間の所定労働時間が 20 時間以上であり，1 年以上引き続き雇用されることが見込まれること」とあることから，労働契約がこの条件に満たないアルバイトやパートタイム労働者の一部は適用外となるうえ，被保険者期間が 12 カ月に満たない場合も保険から外れることになる．2011 年当時の雇用形態別に，雇用保険の

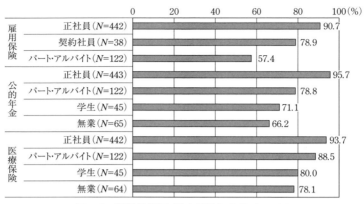

図5-3 活動状態別 社会保険加入率（2011年）
注：$p < 0.01$.

　加入率を見た図5-3によれば，「正社員」90.7%，「契約社員」78.9%，「パート・アルバイト」57.4%と，非正規雇用の加入率が低い様子が確認できる．非正規雇用と正規雇用の間にある失業給付受給率の違いの一因として，正規雇用を前提に築き上げられた雇用保険の制度設計があると言えよう．

　社会保険からの遺漏という状況は，雇用保険だけでなく，公的年金や医療保険にも関わっている．図5-3によれば，公的年金の場合，「正社員」の加入率が95.7%と高い一方，「パート・アルバイト」78.8%，「学生」71.1%，「無業」66.2%と，正社員以外の活動で低い値になっている．また，同様の傾向は，医療保険についても言うことができ，「正社員」93.7%，「パート・アルバイト」88.5%，「学生」80.0%，「無業」78.1%と，活動状態によって差が生じている．

　このように，雇用形態の違いに基づく非正規労働者だけでなく，就労を通じて生活費を獲得することが主な活動ではないため，経済的には親世帯に依存することが多いと思われる学生や無業者においても，社会保険とのあいだに不安定な関係が生じることがわかる．職場へ移行する途上にある若者にとって，確かに親世帯による扶養はセーフティネットの役割を果たしうる反面，ときに若者自身と社会保険制度との関係をあいまいなまま放置させかねない．若者の社会保障を考える際，若者に対する責務を親世帯と国家のどちらが担うのかという私的領域と公的領域の境界をめぐる判断の重大さを無視することはできない．

若者の社会保障のなかで親世帯の果たすべき役割を問うことは，若者の貧困を
めぐる議論とも無関係ではあるまい．

(3) 相対的貧困

　若者の社会的リスクを考えるうえで，貧困は客観的な手がかりの1つとなる
だろう．ただ，親と同居する割合が高い若者にとって，若者が自ら働くことで
得た個人収入の不十分さが必ずしも貧困を意味するとは限らない．むしろ，若
者の経済状況を実態に即して判断するためには，親世帯との結びつきを前提と
した世帯収入（生計を共にしている家族全員の総収入）を考慮する方が適切と
言えよう．若者の貧困を考察する前に，若者と親世帯との関係について確認し
ておこう．

　親と同居する若年未婚者の割合を国際比較の観点から見てみると，日本はイ
タリア・ギリシア・ポルトガルのような南欧諸国よりは低いものの，カナダや
アメリカなどの北米諸国，そしてフランスやオランダなどの西欧諸国よりは高
くなっていることが報告されている（OECD 2009: 63）．今回の調査では，最
終年である2011年の時点で24あるいは25歳になった若者767人のうち，約
4分の3（74.2%）が親と同居していた．現在の活動状態別に親との同居率を
見てみると，「正社員」70.0%，「パート・アルバイト」86.1%，「学生」68.9%,
「無業」76.6%と，「パート・アルバイト」の値がやや高いことがわかる．多く
の若者の暮らしは，少なからず親世帯の影響を受けて営まれているのだ．

　では，若者の個人収入ではなく世帯収入に焦点を当てて，若者の貧困につい
て考察していこう．民主党政権時の2009年に，日本でも初めて公式に相対的
貧困率が発表され，最新の2012年度の値は16.1%となっている（厚生労働省
2013b）．この指標では，貧困線を「等価可処分所得の中央値の半分」と定め，
その「貧困線に満たない世帯員の割合」を相対的貧困率と定義している．しか
しながら，本調査の分析において，この操作を正確に踏襲することは次の3つ
の理由で難しい．第1に，本調査は2007年4月1日現在で満20歳の若者を対
象に全国から無作為抽出しているため，当然ながらサンプルは特定の年齢の若
者に限られ，それ以外の年齢層は全て排除されている．第2に，本調査では，
世帯収入に関する質問項目として，税金や社会保険料を差し引いた等価可処分

所得ではなく，税金や社会保険料を引く前の総収入を尋ねており，世帯収入の操作的な定義にずれが生じている．第3に，世帯収入を尋ねる際に，その実額ではなく，「300–400万円未満」などのカテゴリーからなる選択肢を用いているため，正確な値を計算することができない．そこで，ここでの分析では，内閣府「親と子の生活意識に関する調査」（2011年）における相対的貧困の推計方法（内閣府 2012）を参照して，本調査の最終年度である2011年に相対的貧困状態にあると考えられる世帯の推計を行った[1]．全体の764世帯のうち，相対的貧困に該当するのは109世帯（14.2%）であった．

　次に，どのような若者が相対的貧困に直面しているのか確認していこう．表5-2は，2011年に相対的貧困の状態にあることを従属変数として，性別・移行類型・家族類型・世帯人数・父親の職業からなる独立変数の効果を探っている．ただし，家族類型については，2011年現在における相対的貧困を対象とするため，「一貫離家なし」と「一時的離家」を現在親と同居していると見なして「親同居」というカテゴリーに統合した．また，父親の職業については，2011年現在の職業については尋ねていないため，回答者である若者が18歳（2005年）当時の父親の職業を代理変数として採用した．まず，性別・移行類型・家族類型・世帯人数を統制したモデル1から見てみると，「後期離学・正規優勢」である若者に比べて，「早期離学・正規優勢」「早期離学・非正規優勢」「早期離学・正規優勢→非正規等優勢」「長期在学」「早期離学・失業無業優勢」である若者が相対的貧困に陥りやすくなっていることがわかる．移行類型が相対的貧困に与える影響については，慎重に判断しなくてはならない．非正規雇用や無業（在学も含む）に至った若者が貧困状態になりやすいと考えられるものの，「後期離学・非正規優勢」はその傾向に当てはまらない．逆に，「早期離学・正規優勢」は正規雇用に従事しているにもかかわらず，相対的貧困になりやすいという結果が出ている．考えられる理由の1つとして，移行類型が学歴と職歴という2つの要因を含むということが挙げられる．つまり，「後期離学・非正規優勢」は，確かに非正規雇用に従事しているけれども，高等教育に進むことを許された経済的資源を持っているがゆえに相対的貧困に陥りにくいのかもしれない．また，「早期離学・正規優勢」は，確かに正規雇用に従事しているけれども，高校を卒業して就職した仕事は相対的に労働条件が良くないのかもし

表 5–2　相対的貧困の規定要因に関するロジスティック回帰分析（2011 年）

		モデル 1 exp（B）	モデル 2 exp（B）
性　別	女　性	1.099	1.199
移行類型	（ref＝後期離学・正規優勢）		
	早期離学・正規優勢	2.681*	2.529+
	後期離学・非正規優勢	1.556	1.508
	早期離学・非正規優勢	6.344**	5.661**
	早期離学・正規優勢→非正規等優勢	6.742**	5.521**
	早期離学・非正規等優勢→正規優勢	2.850	2.813
	長期在学	5.903**	6.162**
	早期離学・失業無業優勢	8.904**	7.148**
家族類型	（ref＝親同居）		
	離　家	1.320	1.404
	結　婚	1.320	1.349
	その他	8.954**	8.627**
世帯人数		1.228+	1.250+
父親の職業	（ref＝専門・管理・技術）		
	事務・販売		1.232
	サービス・技能		1.206
	農林・自営		1.116
	無職・父親不在		3.219*
Nagelkerke R^2		0.155	0.170
N		674	674

注： ** $p<0.01$, * $p<0.05$, + $p<0.10$.

れない（**図 5–1** 参照）．学歴と職歴の交互作用については，さらなる分析が必要である．次に，世帯構造について見てみると，家族類型が「その他」（シングルペアレントあるいは離別経験者）の場合，相対的貧困に陥るオッズは約 9 倍となる．また，世帯人数が多くなると，相対的貧困になりやすくなる．以上のような要因に加えて，親世帯の経済状況をできるだけ反映させるため，モデル 2 では父親の職業を採用している．モデル 2 によれば，父親が就く仕事の職種は関係ないものの，父親が無職もしくは世帯に不在である場合，相対的貧困に陥りやすくなることが統計的に明らかになっている．以上の考察結果を整理すると，確かに若者の相対的貧困は学歴と職歴の組み合わせに関係する．その他にいっそう顕著な傾向として，自分自身の世帯がシングルペアレントや離別経験者であったり，親世帯に働く父親がいなかったりするように，世帯内に主

表 5-3　相対的貧困世帯と生活保護・金融サービスの利用率（2011 年）　(%)

| | 生活保護** | 金融サービス | | | | | |
		住宅ローン	自動車ローン	フリーローン・カードローン	消費者金融・キャッシング	個人からの借金	奨学金
相対的貧困	5.5	1.8	17.4	4.6	2.8	0.9	19.3
それ以外	0.3	0.6	13.4	4.0	2.4	1.5	15.3
全　体	1.0	0.8	14.0	4.1	2.5	1.4	15.8

注：**$p < 0.01$.

たる稼ぎ手である男性がいないことが相対的貧困に至る可能性を高めていることがうかがえる.

　相対的貧困状態にある世帯は, 金銭上の重荷を和らげるため, どのような方策をとっているのだろうか. 表 5-3 は, 世帯の経済状態別に, 公的な所得保障制度である生活保護とローンや金銭の借り入れからなる金融サービスの利用の有無について整理したものである. 第 1 に, 生活保護の利用率について見てみると, 相対的貧困である世帯が 5.5% である一方, 相対的貧困ではない世帯では 0.3% と, 確かに前者のほうが後者よりも利用率が高くなっている（ピアソンのカイ二乗検定で有意）. しかしながら, 相対的貧困世帯が生活保護を利用する割合は 5.5% にすぎず, 利用人数そのものは極めて少ないと言わねばならない. この背景には, 「資産の活用」は言うに及ばず, 「能力の活用」（働くことが可能であれば, その能力を行使しなくてはならない）や「扶養義務者による扶養」（3 親等以内の親族による援助を優先する）など, 単に収入が最低生活費を下回っているだけでは不十分な, 生活保護の厳格な受給要件が考えられる. 日本の場合, 貧困であることと生活保護の利用が制度上うまく噛み合っているとは言いがたい状況にあることは事実であろう.

　第 2 に, 生活保護以外に収入を補う金融サービスの利用状況について見てみると, 相対的貧困世帯の場合,「自動車ローン」17.4% や「奨学金」19.3% など特定の目的に沿ったローンの利用率が相対的に高い一方,「フリーローン・カードローン」4.6%,「消費者金融・キャッシング」2.8%,「個人からの借金」0.9% などお金を直接借り入れる割合は総じて低くなっている. さらに, このような金融サービスの利用状況は, 相対的貧困である世帯とそうではない世帯との間に傾向の違いが見られないということも銘記すべきだろう（すべて統計

120——II　労　働

的に有意ではない）．以上のように，相対的貧困というリスクそのものに対して，それを補う手段が十分に普及しているとは言えないのが現状であろう．

(4) 健康上の問題

　移行の遅延は若者の生活を左右し，ときには彼ら／彼女らの健康状態に負の影響を与えるかもしれない．また，すでに働いている若者にとっても，日々の仕事が大きな身体的あるいは精神的負担をもたらしているかもしれない．したがって，健康状態の悪化もまた，若者にとって大きな社会的リスクであるといえる．ここでは，従属変数として，若者自身が判断した現在の健康状態を示す「主観的健康」（「1：とてもよい」から「5：わるい」の5段階）および身体・精神上の不具合を示す「身体が疲れる」「気分が落ち込む」「よく眠れない」「身体が痛む」「食欲がない」「健康上の理由で仕事や生活が思うようにできず困った」（「1：まったくなかった」から「4：よくあった」の4段階）という7つの変数を採用した．また独立変数に，性別・世帯収入（「1：なし」から「12：2000万円以上」までの各カテゴリーの中央値）・移行類型・家族類型・意識に関する「将来への不安」（「1：不安はない」から「5：不安である」の5段階）を用い，重回帰分析を行った結果が表5-4である．最初に，若者の主観的な健康状態を見てみると，世帯収入・移行類型・家族類型・将来への不安が統計的に有意となっている．つまり，世帯収入が高ければ高いほど，また親と同居している者に比べて1人暮らしをしている者ほど，健康状態が悪いと感じる者が減っていく．逆に，「後期離学・正規優勢」に比べて「早期離学・失業無業優勢」であり，そして「将来への不安」を感じている者ほど，健康状態が悪いと訴えている．このような健康状態に対する一般的な評価とは別に，6つの健康上の不具合を俯瞰して見ると，これらの症状がいくつかのカテゴリーに集中して現れる様子がうかがえる．最初に，男性よりも女性のほうが強く感じている項目がいくつかあり，「身体が疲れる」「気分が落ち込む」「食欲がない」がそれにあたる．また，「早期離学・失業無業優勢」にも複数の項目が集中して現れており，「よく眠れない」「身体が痛む」「活動できない」において「後期離学・正規優勢」よりも不具合を示している．対照的に，「長期在学」の場合，「身体が疲れる」と「気分が落ち込む」という項目において健康不良を訴

表 5-4　健康状態の規定要因に関する重回帰分析（2011 年）

		主観的健康 β	身体が疲れる β	気分が落ち込む β	よく眠れない β
性　別	女　性	0.036	0.131**	0.133**	0.041
世帯収入		-0.098^*	0.031	0.007	0.002
移行類型	（ref＝後期離学・正規優勢）				
	早期離学・正規優勢	-0.030	-0.087^+	-0.065	-0.004
	後期離学・非正規優勢	-0.020	-0.033	0.003	0.038
	早期離学・非正規優勢	-0.021	-0.034	-0.075^+	0.011
	早期離学・正規優勢→非正規等優勢	-0.047	-0.057	-0.063	0.030
	早期離学・非正規等優勢→正規優勢	-0.019	-0.029	-0.030	0.009
	長期在学	-0.012	-0.115^*	-0.094^*	0.013
	早期離学・失業無業優勢	0.100*	0.010	0.022	0.133**
家族類型	（ref＝親同居）				
	離　家	-0.121^{**}	-0.013	0.046	0.057
	結　婚	-0.069	0.013	0.067	0.064
	その他	-0.057	0.016	0.019	-0.049
将来への不安		0.233**	0.142**	0.382**	0.220**
調整済み R^2		0.076	0.038	0.163	0.058
N		563	562	563	563

		身体が痛む β	食欲がない β	活動できない β
性　別	女　性	-0.004	0.122**	0.065
世帯収入		0.073	0.023	-0.010
移行類型	（ref＝後期離学・正規優勢）			
	早期離学・正規優勢	0.059	-0.034	-0.025
	後期離学・非正規優勢	0.072	-0.033	0.015
	早期離学・非正規優勢	0.070	0.000	0.025
	早期離学・正規優勢→非正規等優勢	-0.035	0.008	0.042
	早期離学・非正規等優勢→正規優勢	0.024	-0.072^+	-0.043
	長期在学	-0.044	-0.021	0.019
	早期離学・失業無業優勢	0.120**	0.010	0.169**
家族類型	（ref＝親同居）			
	離　家	-0.014	0.039	0.023
	結　婚	0.047	0.065	0.032
	その他	-0.005	-0.043	-0.028
将来への不安		0.209**	0.246**	0.198**
調整済み R^2		0.062	0.067	0.067
N		563	562	563

注：$^{**}\ p<0.01,\ ^*\ p<0.05,\ +p<0.10.$

える程度が低く，学生が相対的に優良な環境にいることがうかがえる．その他，移行類型の影響を見てみると，「早期離学・正規優勢」が「身体が疲れる」において，「早期離学・非正規優勢」が「気分が落ち込む」において，「早期離学・非正規等優勢→正規優勢」が「食欲がない」において不具合を示す程度が少し低くなっている．最後に，もっとも首尾一貫した強い要因として，「将来への不安」を感じるほど，すべての項目において不具合が強くなっている．しかしながら，以上の分析結果を解釈する際，若者の健康状態と移行類型・家族類型・将来への不安の因果関係には，逆向きの可能性があることにも留意すべきであろう．つまり，健康状態が悪いために，若者は「早期離学・失業無業優勢」に陥りやすく，また将来に対して不安を感じやすくなっているのかもしれない．同じように，健康状態がよいと感じているからこそ，若者は1人暮らしをしやすいのかもしれない．この分析から因果的な解釈を同定することは難しい．

　以上の結果から，若者の健康状態の悪化という社会的リスクのありようを改めて整理すると，第1に，「早期離学・失業無業優勢」の若者にリスクが集中している様子が顕著であることに気付かざるをえない．その他の移行類型の影響を見てみると，いくつかのカテゴリーで「後期離学・正規優勢」よりも健康不良である程度が低いことが明らかであるものの，「長期在学」を除いて，その傾向にはっきりした法則性を見出すことは難しい．第2に，若者の経済状況を示す「世帯収入」は「主観的健康」にだけ影響を与え，それ以外の項目ではその効果は見られない．第3に，親との同居が多い若者のなかで，家族類型で見られる唯一の効果が，世帯分離をして1人暮らしをする若者の場合，健康不良を訴える程度が低くなるという事実である．第4に，若者が将来に対して抱く不安が，健康状態の悪化と相関関係にあり，互いに強く結びついていることがわかる．最後に，ここで取り上げた健康上の問題にまつわる7つの項目が，互いに強く結びついていることも忘れてはならない．これらの項目間におけるピアソンの相関係数はすべて統計的に有意となっており，「主観的健康」と「活動できない」の値（$r=0.506$）が最も高く，その他の組み合わせもすべて0.300以上となっている．

　次に，健康上の問題を抱えている若者に対して，どのくらい社会サービスが

表5-5　健康不良と医療関連給付・医療サービスの利用率（2011年）(%)

	病気やけがに関する給付[*]	医療サービス	
		病院・医院[*]	精神保健福祉サービス[**]
健康不良	10.0	76.1	8.8
健康・普通	5.0	66.2	1.8
全 体	5.9	68.0	3.1

注：[**] $p<0.01$, [*] $p<0.05$

広がっているか確認しておこう．ここでは健康について最も広範な聞き方をしている「主観的健康」を取り上げ，「あまりよくない」「わるい」と回答した者を「健康不良」，「とてもよい」「まあよい」「ふつう」と回答した者を「健康・普通」と再カテゴリー化して，それぞれ社会サービスの利用状況を整理した．**表5-5** によれば，「病気やけがに関する給付」「病院・医院」「精神保健福祉サービス」のすべての項目において，「健康不良」の利用率が「健康・普通」のそれに比べて高くなっている．「健康不良」の利用率を見てみると，「病院・医院」が76.1％と4分の3にまで達する一方，「病気やけがに関する給付」と「精神保健福祉サービス」の利用率は10.0％，8.8％と決して高くはない．ただし，健康状態がよくないと言っても，診療行為を通じてその症状を引き起こす正確な原因を突き止めなければ，社会サービスの必要性を判断することが難しいことも事実である．今回の調査では，個々の症状を尋ねているだけで，その病因にまでは踏み込んでいない．したがって，医療関連給付や医療サービスの利用率について性急な評価を下すことは慎んでおく必要があろう．

5　若者の将来展望と社会保障

ここまで，日本における若者の社会保障の役割を検討するため，若者が抱える社会的ニーズの所在，そしてそれらのニーズに応じた社会サービスの普及について検討してきた．これらの考察は，主として若者がいま目前で直面する課題に焦点を当てたもので，いわば短期的な視野から若者の社会保障を論じているといえる．しかしながら，「将来への不安」と健康状態の相関関係から推し量れるように，大人に移行する途上にある若者にとって，今後どのような人生

表5-6 将来展望の規定要因に関するロジスティック回帰分析 (2011年)

		モデル1 exp(B)	モデル2 exp(B)
性 別	女 性	0.893	0.857
世帯収入		1.000	1.000
移行類型	(ref＝後期離学・正規優勢)		
	早期離学・正規優勢	1.117	1.132
	後期離学・非正規優勢	2.852**	2.856**
	早期離学・非正規優勢	2.391**	2.438**
	早期離学・正規優勢→非正規等優勢	1.601	1.703
	早期離学・非正規等優勢→正規優勢	1.296	1.358
	長期在学	0.467*	0.467*
	早期離学・失業無業優勢	4.386**	4.043**
家族類型	(ref＝親同居)		
	離 家	0.584*	0.614+
	結 婚	0.313**	0.355**
	その他	0.425	0.422
社会的リスク	失業ダミー		1.401
	公的年金未加入ダミー		0.630
	医療保険未加入ダミー		1.248
	主観的健康不良ダミー		2.503**
Nagelkerke R^2		0.122	0.161
N		658	658

注：$**p<0.01, *p<0.05, +p<0.10$.

を歩むのかという将来の見通しもまた，無視できない大きなテーマだと考えられる．将来展望の設定は長期的な視野から見た若者の社会保障に関係していると言えるかもしれない．

　表5-6では，従属変数に「将来の見通しが立っていると感じているか」という質問に対して「3：あまりそう感じない」「4：まったくそう感じない」と回答した者を据え，独立変数に性別・世帯収入・移行類型・家族類型・2011年時点における社会的リスクの存在（雇用の不安定さに関する「失業ダミー」，社会保険からの遺漏に関する「公的年金未加入ダミー」「医療保険未加入ダミー」，健康上の問題に関する「主観的健康不良ダミー」）を用いてロジスティック回帰分析を行った．モデル1によると，将来展望の未決定に対して，移行類型と家族類型が影響を与え，性別や世帯収入は無関係であることがわかる．将来展望が決まらないと感じるオッズを見てみると，「後期離学・正規優勢」に

比べて「後期離学・非正規優勢」は2.9倍,「早期離学・非正規優勢」は2.4倍,「早期離学・失業無業優勢」は4.4倍高くなる一方,「長期在学」は0.5倍低くなっている.同じように家族類型でも,「親同居」に比べて「離家」は0.6倍,「結婚」は0.3倍とオッズが低くなっている.独立変数に社会的リスクを投入したモデル2によれば,失業や社会保険からの遺漏などのリスクは将来展望の未決定のオッズに影響を与えず,「主観的健康不良ダミー」のみオッズが2.5倍と高くなった.要約すると,非正規雇用や無業が大勢を占めるキャリアは将来展望の未決定を招く傾向がある一方,親元を離れて1人暮らしをしたり,結婚したりすることは安定した将来展望を築くうえで有効な役割を果たしている.また,社会的リスクのうちでは,健康状態が良くないと感じていることが将来展望の見通しを阻み,健康上の問題が若者に対する社会政策の課題であることがわかる.

6 おわりに

以上の分析から,日本における若者の社会保障について5つの論点を提示することで本章を締めくくることにしたい.第1に,非正規雇用に従事する若者たちが社会的リスクに直面している様子が改めて確認できた.キャリアのなかで非正規雇用が大勢を占めると,若者は相対的な低賃金とそれに対する剥奪感に対峙し,また失業する機会も多く,結果的に将来展望が定まらない事態に陥りやすい.日々の労働をいまだ耐え忍んでいる非正規労働者にとって,この不安定なキャリアが長期化したときこそ,将来に対する不安が膨らみ,いっそう大きなストレスを抱え込みかねない危険な時期といえるだろう.

第2に,非正規労働者よりも深刻な状況に置かれているのが,「早期離学・失業無業優勢」の若者である.無業者は相対的貧困や将来展望の未決定などのリスクに直面しやすいだけでなく,健康上の問題も集中的に抱えやすい傾向が明らかとなった.しかしながら,無業者の失業率を見てみると,2008年には33.3%と高かったものの,その後は12.1%と低下している.つまり,無業者のグループには,失業者から非労働力へと撤退した者が一定数含まれることが推察できよう.確かに,そのなかには結婚や育児のため仕事を辞めた女性がい

126——II 労 働

るため，一概にすべてを脆弱な集団と見なすことはできない．とはいえ，健康上の問題を抱え，活動に制限のかかった無業者が，もっとも公的な支援を必要とする存在であることもまた否定できない事実である．

第3に，親世帯からの分離と若者の福祉には相関関係があることを改めて指摘しておこう．「離家」あるいは「結婚」している若者は将来展望が未決定である割合が少なくなり，また「離家」をしている場合，主観的な健康状態もいいという結果になっている．確かに，4分の3の若者が親と同居する日本において，親との同居が有効なセーフティネットの役割を果たすのか，あるいはニーズを抱えた若者を過剰に抱え込む役割を果たすのか，その判断は容易ではない．ただ，実家を離れるということが若者の福祉と相関関係にあることは，若者の自立に離家を含める1つの根拠となるだろう．

第4に，今回の分析でも，母子世帯が経済的に不利な状況に陥りやすいことが確認された．若者自身が母子世帯の場合であれ，若者の親世帯が母子世帯の場合であれ，共に相対的貧困になりやすくなっている．健康や将来展望に関わるリスクは見られなかったものの，育児と労働を同時に課されたこのグループは社会保障の重要な対象の1つであることに変わりはない．

最後に，若者に対する所得維持の課題として，所得保障制度の断片化と受給率の低さという2点を指摘しておきたい．前者に関して，日本で中心的な役割を果たしている社会保険制度が「自立した正社員」という模範像に基づき構築され，非正社員や親と同居する若者にとってあいまいな位置づけになりがちな傾向が挙げられる．また，失業・貧困・疾病のリスクに応じた給付制度はあるものの，それぞれ独自に適用される厳密な資格要件は，例えば何とか非正規雇用で働いているけれども身体の調子が悪くて経済的に余裕のない若者など，リスクの狭間で生きる若者を取りこぼしかねない．その結果，非正規労働者にとっての失業給付，貧困者にとっての生活保護，疾病者にとっての医療関連給付に端的なように，受給率の低さという問題につながっていく．より包括的な所得保障制度の構築は，若者が必要とする社会サービスに例外なくアクセスするための礎となりうるという点で，検討に値する構想といえよう．

【注】

1) 『平成 23 年度親と子の生活意識に関する調査』の調査結果（内閣府 2012: 15–16）から，世帯人数ごとに相対的貧困に該当するか否かを分ける世帯収入の閾値（1 人世帯：139 万円，2 人世帯：196 万円，3 人世帯：249 万円，4 人世帯：288 万円，5 人世帯：321 万円，6 人世帯：352 万円，7 人世帯：390 万円，8 人世帯：417 万円）を参照して，これらの値より本調査における世帯収入が低ければ，その世帯を相対的貧困世帯と判断した．本調査における世帯収入の値は，それぞれのカテゴリーにおける中央値を採用した．ただし，本調査では「100–200 万円未満」のように，カテゴリーの所得幅が 100 万円単位と大きいため，それぞれの中央値（150 万円など）を採用して相対的貧困の判断をすると，貧困に該当する世帯を多めに推定する点に留意されたい．

【文献】

Alcock, Peter, Angus Erskine and Margaret May, 2003, *The Student's Companion to Social Policy: Second Edition*, Blackwell.

Bonoli, Giuliano, 2005, "The Politics of the New Social Policies: Providing Coverage against New Social Risks in Mature Welfare States," *Policy & Politics*, Vol. 33(3).

厚生労働省，2012,『平成 24 年版 厚生労働白書 社会保障を考える』．

厚生労働省，2013a,『平成 25 年版 厚生労働白書 若者の意識を探る』．

厚生労働省，2013b,『平成 25 年 国民生活基礎調査の概況』．

内閣府，2012,『平成 23 年度 親と子の生活意識に関する調査』．

OECD, 2009, *Jobs for Youth: Japan*, OECD publications.

Taylor-Gooby, Peter, 2004, "New Risks and Social Change," Peter Taylor-Gooby, ed., *New Risks, New Welfare: The Transformation of the European Welfare State*, Oxford University Press.

III──家　族

6 若者の移行への出身階層の影響

横井　敏郎

1 本章の課題

　若者たちはそれぞれ家庭で生まれ育ち，学校を経て雇用へと移行していく．移行過程はそのときどきの社会状況によって大きく左右されるが，またそれぞれが生まれ育った家庭によっても形作られる．本章は，本調査が対象とする若者たちの出身階層の分化の状態とその若者の教育・キャリアへの影響について考察する．親の学歴と職業，収入，居住地域などから若者たちの出身階層の構成を分析するとともに，出身階層が若者たちの学歴と職業，移行過程にいかに影響を与えているかを探ることとする．

　これまで学校から雇用への移行期にある若者を対象として行われた大量調査は多くない．わが国の社会階層研究の中心を占める SSM 調査でも，職業的キャリアの流動化が若い年齢層を中心に現れてきたと注目するが（原・盛山1999），その後の研究においては雇用の流動化とそれをめぐる問題についての分析はいまだ不足しているとされている（佐藤・林 2011）．

　一般に若年層の移行過程は，その若さゆえに職業や生活の流動性が高いために，階層的な影響を捉えにくい面がある．また本調査は若者本人の情報を中心として収集しているため，親階層についての情報もそれほど多くない．しかし，本調査はこれまで十分な大量調査が行われていない 20–24 歳という若年者の中でも最も若い年齢層のサンプルを多く収集しており[1]，これらは現代日本の若者の移行過程を知るうえで貴重なデータである．上述のような制約があるとしても，このデータを用いて今日の若者の移行過程がどのように出身階層に規定

されているかを明らかにすることは意味があると考える．そこで，本章では若者の移行過程に出身階層の影響という視点から光を当てて検討したい．

具体的には親の職業と学歴，本人の学歴と初職および現職を基本的な変数とし，また親世帯の収入や居住地域，本人の学校の成績なども加えて世代間の社会移動を分析する．本調査の対象となった若者は調査終了時点で年齢がまだ20歳代半ばにとどまるので，地位達成過程研究のような本人の初職と現職の移行過程分析を行うことは難しいが，現代の若者がどのような階層的規定を受けて学校から雇用への移行を遂げようとしているか，その一端を明らかにするため，本人の学歴と職業（職種・雇用形態）を従属変数としてそれと親階層の関係を探ることとする．以下では，まず親階層の分布状況を把握し，次いで若者の学歴や職業への出身階層の影響を分析する．

2　出身階層の構成

(1)　親の職業・学歴・世帯収入の分布

親の職業と学歴および世帯収入の分布を確認しておこう．

親の職種は専門／管理／技術的な仕事，事務／販売的な仕事，サービス／技能的な仕事，農林／自営に区分し，また雇用形態・従業上の地位（以下，雇用形態とする）を経営者・役員，正社員・職員，非正規社員・職員，自営に区分した．

父親の職業に関する回答では，無職の割合は 1.0%，不在は 3.7% であり，95.3% が有職者である．母親の場合は無職は 19.3%，不在は 1.3% であり，無職が約 2 割を占める（数字は調査第 1 年（2007 年））．

無職と不在を除くと，父親も母親も農林／自営の比率は 9.3%，9.6% である．その他の職種では，父親は専門／管理／技術的な仕事が 42.9% で最も多く，次いでサービス／技能的な仕事が 30.6%，事務／販売的な仕事が 17.3% となっているのに対して，母親の場合は事務／販売的な仕事が 33.8%，サービス／技能的な仕事が 32.3% で，専門／管理／技術的な仕事は 24.2% と低い．また父親の場合は 72.7% が正規雇用，自営が 20.5%，経営者・役員が 6.3% であり，非正規雇用はほとんどいない（0.5%）が，母親の場合は非正規が多く，事務

132——III　家　族

表 6-1　父学歴と母学歴の分布

(%)

		母学歴					
		中　卒	高　卒	専門・短大・高専卒	大卒・大学院卒	合　計	N
父学歴	中　卒	1.6	2.7	1.6	0.0	5.8	41
	高　卒	1.4	29.0	9.8	1.0	41.2	290
	専門・短大・高専卒	0.1	4.0	8.1	1.0	13.2	93
	大卒・大学院卒	0.1	7.8	19.2	12.6	39.8	280
	合　計	3.3	43.5	38.6	14.6	100.0	704

注：全体に占める %．数値は小数点第 2 位を四捨五入しているため，内訳を合算しても合計と一致しないところがある．

／販売的な仕事では 67.8%，サービス／技能的な仕事では 77.7% に上っている．一般に母親の職業は性別役割分業関係を背景にして無職や非正規雇用の比率が高いとされるが，本調査対象の若者の母親も同様である．

　親の学歴は次のような分布となっている．父学歴は高卒と大卒・大学院卒（以下，大卒・院卒とする）がそれぞれ 41.2%，39.8% と拮抗し，専門・短大・高専卒は 13.2% にとどまる．母学歴は高卒と専門・短大・高専卒がそれぞれ 43.5%，38.6% と高く，大卒・院卒は 14.6% と低い．両親の学歴をクロスして分布状況を見ると（表 6-1），両親ともに高卒が 29% と最も多く，次いで父大卒・院卒と母専門・短大・高専卒，両親ともに大卒・院卒となっている．

　次に世帯収入である．調査第 1 年（2007 年）のデータを用いた場合，無回答が 25.1% に及ぶ．調査第 2 年以降の調査では無回答が 10% 前後に下がるので，本章では調査第 2 年（2008 年）のデータを使用する．世帯収入といっても，若者が親世帯から独立しており，独立した世帯の収入を回答している場合が考えられる．そこで 1 人暮らしのうち世帯収入と個人収入が同額の者と世帯収入「なし」と回答している者，2 人暮らし以上で親と同居せず配偶者または友人・恋人または子どもなどと暮らしている者を，親から独立した世帯の収入を回答している可能性があると判断し，「独立世帯」としてカテゴリー化したところ，独立世帯の割合は 9.5%（64 名）であった．本章において世帯収入を変数として扱う場合，独立世帯は分析の対象から外している．

　こうして世帯収入分布を見ると，1200 万円以上は 8.1% であり，9 割以上が 1200 万円未満に属している．1200 万円未満を 200 万円ごとに区切って割合を

見ると，200-400万円が21.3%，400-600万円が18.8%，600-800万円が20.5%と大きく，800-1000万円は14.4%，1000-1200万円は10.2%となっている．400万円と800万円で区切り，高収入層，中収入層，低収入層の3つに区分すると，世帯収入3階層の割合は，高収入世帯32.7%，中収入世帯39.3%，低収入世帯28.1%である．

(2) 父学歴・父職業・世帯収入・居住地でみる出身階層の分布

　地位達成研究では父親の学歴と職種が子の地位達成に大きな規定力をもつとされる．そこで，父学歴と父職種を中心にして，それらと世帯収入および居住地から親階層の分布状況をより詳細に見てみよう．

① 父学歴と父職業　父大卒・院卒の職種内訳を見ると，専門／管理／技術的な仕事が60.0%と最も多く，事務／販売的な仕事は22.4%，サービス／技能的な仕事は12.0%にとどまる．これに対して，父高卒の場合，サービス／技能的な仕事が41.1%で最も多く，専門／管理／技術的な仕事が30.8%，事務／販売的な仕事16.7%となっている．父大卒・院卒は専門／管理／技術的な仕事が6割を占め，サービス／技能的な仕事が4割を超える父高卒と大きく異なる職種の分布状況が見られる．

　父職種の内訳は，専門／管理／技術的な仕事が42.9%で最も多く，次いでサービス／技能的な仕事30.7%，事務／販売的な仕事17.0%となっている．専門／管理／技術的な仕事と事務／販売的な仕事における父学歴の内訳を見るといずれも大卒・院卒が50%を超えているが，サービス／技能的な仕事は高卒が50%を超えており，大卒・院卒は低い割合（15.2%）にとどまる．

　表6-2は，父学歴と父職種をクロスさせ，総和に占める割合を示した表である．最も多いのは［大卒・院卒×専門／管理／技術的な仕事］である（23.4%）．次いで［高卒×サービス／技能的な仕事］（16.8%）と［高卒×専門／管理／技術的な仕事］（12.6%）が多く，他に比率が5%を超えているのは，［大卒・院卒×事務／販売的な仕事］（8.7%），［高卒×事務／販売的な仕事］（6.9%），［専門・短大・高専卒×専門／管理／技術的な仕事］（6.4%）である．

表 6-2　父学歴と父職種の分布

(%)

		父職種					
		専門／管理／技術的な仕事	事務／販売的な仕事	サービス／技能的な仕事	農林／自営	合　計	N
父学歴	中　卒	0.5	0.0	4.8	0.5	5.8	37
	高　卒	12.6	6.9	16.8	4.7	41.0	263
	専門・短大・高専卒	6.4	1.4	4.4	2.0	14.2	91
	大卒・大学院卒	23.4	8.7	4.7	2.2	39.0	250
合　計		42.9	17.0	30.7	9.4	100.0	641

注：全体に占める％.

② **父学歴・父職種と世帯収入**　父学歴と世帯収入の分布を見ると，父大卒・院卒では高収入世帯（800 万円以上）が多数であり（43.2％），低収入世帯（400 万円未満）は 20.7％ である（表は省略）．父高卒の場合は中収入世帯が多数であるが（43.3％），高収入世帯も 31.3％ に上る．父専門・短大・高専卒は高収入世帯が 24.1％ と少なく，中低収入世帯が厚くなっている．世帯収入から見ると，800 万円までは父高卒が多く，それを超えると父大卒・院卒が多数となる．

　父職種と世帯収入の分布では，専門／管理／技術的な仕事では高収入世帯が 46.2％ と高く，低収入世帯は 16.7％ しかない．事務／販売的な仕事は中収入世帯が最も多いが（41.5％），高収入世帯も 37.2％ あり，低収入世帯は 21.3％ しかない．他方，サービス／技能的な仕事は中収入世帯が最も多いが（45.5％），低収入世帯が 35.2％ に上り，高収入世帯は 19.4％ である．

③ **父学歴・父職種と居住地**　中学校卒業時点での居住地を自治体の規模別（18 大都市・10 万人以上都市・その他市町村）に区分し，父学歴および父職種と組み合わせて居住地の分布を見てみよう．父大卒・院卒は 38.9％ が 18 大都市に居住し，その他市町村居住者は 21.4％ である．これに対して高卒はその他市町村に 46.3％ が居住し，18 大都市居住者は 22.0％ である．父職種では，専門／管理／技術的な仕事と事務／販売的な仕事は 10 万人以上都市居住がそれぞれ 43.5％，45.9％ と最も多く，18 大都市も合わせるとそれぞれ 74.1％，82.8％ が大都市・中都市部に居住しているが，サービス／技能的な仕事はその他市町村が 42.4％ を占め，18 大都市は 20.2％ にとどまる．

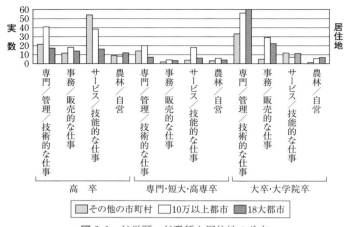

図 6-1　父学歴・父職種と居住地の分布

　親階層を父学歴・父職種・居住地でグルーピングして分布を見たものが図6-1である．父大卒・院卒で専門／管理／技術的な仕事をもつ層が最も多く，その8割近くは大都市・中都市部に居住している．次いで父親が高卒でサービス／技能的な仕事をもつ層が多く，小都市・非都市部に居住する者が4割以上を占めている．前述の世帯収入の分布を踏まえると，前者は中高収入世帯が多く，後者は中低収入層が多い．これら［大卒・院卒×専門／管理／技術的な仕事］と［高卒×サービス／技能的な仕事］が親階層に占める割合は40.2%にのぼる．他には，中都市部居住割合が高い［高卒×専門／管理／技術的な仕事］と主に大中都市部に居住する［大卒・院卒×事務／販売的な仕事］が多い．

　父学歴と父職種および居住地で親階層の分布を全体として見ると，大中都市部居住を多数とする［大卒・院卒×専門／管理／技術職］が最大集団，小都市・非都市部居住を多く含む［高卒×サービス／技能職］が次に大きな集団であり，ほかに中都市部居住を多く含む［高卒×専門／管理／技術職］，大中都市部居住の［大卒・院卒×事務／販売職］が相対的に大きな集団として認められる．

(3) 親階層変数の相関分析

　父学歴と父職種，居住地を主な要素として分布を見た場合，親階層は以上の

表 6-3 出身階層変数の相関係数

	父大卒・大学院卒ダミー	母大卒・大学院卒ダミー	父専門／管理／技術職ダミー	母専門／管理／技術職ダミー	高収入階層ダミー	中卒時居住地大都市ダミー
父大卒・大学院卒ダミー	1	.392**	.275**	.099*	.153**	.182**
母大卒・大学院卒ダミー		1	.197**	.262**	.099*	.149**
父専門／管理／技術職ダミー			1	.171**	.203**	.028
母専門／管理／技術職ダミー				1	.113*	.026
高収入階層ダミー					1	.012
中卒時居住地都市ダミー						1

注：四分点相関係数 ϕ．**$p<.01$，*$p<.05$．

ようにグルーピングされるが，母親に関する要素がここには含まれておらず，また大まかな分布状況を外形的に把握したにとどまる．そこで，より詳細に出身階層に関わる変数の間の関係を知るために相関分析を行った．

　出身階層変数として取り上げたのは親の学歴，親の職種，世帯収入，中学校卒業時点居住地である．これらをダミー変数化し，それぞれ父大卒・院卒ダミー，母大卒・院卒ダミー，父専門／管理／技術職ダミー，母専門／管理／技術職ダミー，高収入階層ダミー，中卒時居住地大都市ダミーを用いて相関分析を行った．表 6-3 はこれらの四分点相関係数（ϕ）を示したものである．

　これによれば，まず父大卒・院卒ダミーと母大卒・院卒ダミーの間に明確な相関が認められる．また父大卒・院卒ダミーは父専門／管理／技術職ダミーと，母大卒・院卒ダミーは母専門／管理／技術職ダミーと相関があり，父専門／管理／技術職ダミーと母専門／管理／技術職ダミーの間にも相関が確認できる．父大卒・院卒と母専門／管理／技術職ダミーも有意確率 5% 未満ではあるが相関がある．

　高収入階層ダミーは有意確率 1% 未満で父専門／管理／技術職ダミーおよび父大卒・院卒ダミーと相関があり，有意確率 5% 未満で母大卒・院卒ダミーおよび母専門／管理／技術職相関と相関がある．また中 3 居住地大都市ダミーが

6　若者の移行への出身階層の影響——137

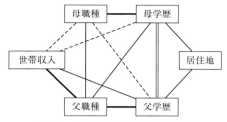

図 6-2　出身階層変数の相関関係
注：直線は相関関係 $p<.01$，点線は相関関係 $p<.05$ を示す．
直線のうち，二重直線は相関関係 0.3 以上，太い直線は
同 0.2 以上を示す．

相関をもっているのは，父大卒・院卒ダミーおよび母大卒・院卒ダミーである．

出身階層変数の相関分析から言えることは，父学歴と母学歴の相関を中心にしながら，親の学歴と職種が緊密に結びついていることである．父親と母親は同じ学歴で結びつきやすく，高い学歴は専門／管理／技術的な仕事に就きやすい．父職種と母職種の間にも相関がある．また親の学歴は世帯収入と，親の学歴と職種は居住地とも相関している．これらの変数の相関関係を図示したものが図 6-2 である．本調査の対象となった若者の出身階層の構成は，こうした相関しあう親の学歴と職種を中心的な規定要因として把握できる．

3　出身階層と若者の学歴

(1) 親学歴と本人学歴

ここから出身階層が若者の学歴や職業にどのような影響を与えているかを見ていくこととする．最初に学歴である．まず父母と若者本人の学歴到達状況を確認しておこう．

親の学歴は父親，母親ともに高卒が最も多いが，ほぼそれに近い割合で父親の場合は大卒・院卒が多く，母親の場合は専門・短大・高専卒が多い（表 6-1）．

これに対して，本人学歴（男女計）は大卒・院卒が最多で 46.8％，専門・短大・高専卒 29.8％，高卒 21.9％ となっている（表は省略）．これを男女別で見ると，本人男性の大卒・院卒率は 55.7％ で父大卒・院卒率を 16％ も上回って

表 6-4　父学歴と本人学歴の分布（流出状況）　（%）

本人性別	父学歴	本人学歴				合　計	N
		中　学	高　校	専門・短大・高専卒	大学・大学院卒		
男性	中　　卒	0.0	55.6	16.7	27.8	100.0	18
	高　　卒	3.8	32.8	21.4	42.0	100.0	131
	専門・短大・高専卒	0.0	20.0	27.5	52.5	100.0	40
	大卒・大学院卒	0.8	7.3	9.8	82.1	100.0	123
	合　　計	1.9	22.4	17.3	58.3	100.0	312
女性	中　　卒	0.0	59.1	31.8	9.1	100.0	22
	高　　卒	0.6	28.8	40.5	30.1	100.0	163
	専門・短大・高専卒	1.8	8.9	58.9	30.4	100.0	56
	大卒・大学院卒	1.3	7.7	31.4	59.6	100.0	156
	合　　計	1.0	19.4	39.0	40.6	100.0	397
合計	中　　卒	0.0	57.5	25.0	17.5	100.0	40
	高　　卒	2.0	30.6	32.0	35.4	100.0	294
	専門・短大・高専卒	1.0	13.5	45.8	39.6	100.0	96
	大卒・大学院卒	1.1	7.5	21.9	69.5	100.0	279
	合　　計	1.4	20.7	29.5	48.4	100.0	709

おり，高卒はほぼ半減（24.3%）している．本人女性の学歴は大卒・院卒が39.6% と母親の 3 倍近く増加し，父親（39.2%）と同比率まで上昇している．なお，本人女性の専門・短大・高専卒の割合は母親と変わらないが，その内訳を調べると，母親では短大卒が多かった（19.5%）のに対して本人女性では専門学校卒が多数となっている（22.7%）．

　父親と母親ともに高等教育機関卒（専門・短大・高専卒以上）が 53% 程度であるが，本人学歴（男女計）では高等教育機関卒は 76.6% に上り，高卒は半減，中卒も減少している．男性，女性とも本人学歴の高学歴化が進んでおり，本人女性の高等教育機関卒率（79.2%）は父親を超えるまでになっている．

　このように全体として本人世代の高学歴化が進んでいるが，親の学歴によって本人の学歴到達状況が異なることは容易に推測されよう．そこで，父学歴と若者本人の学歴の間の流出と流入の状況を示したものが表 6-4 と表 6-5 である．まず表 6-4 で父学歴から本人学歴（男女計）への流出状況を見ると，同じ学歴でとどまる自己再生産率は中卒 0%，高卒 30.6%，専門・短大・高専卒 45.6%，

6　若者の移行への出身階層の影響——139

表 6-5　父学歴と本人学歴の分布（流入状況）

(%)

| | | 父学歴 | | | | 合 計 | N |
		中 卒	高 卒	専門・短大・高専卒	大卒・大学院卒		
本人学歴	中 卒	0.0	60.0	10.0	30.0	100.0	10
	高 卒	15.6	61.2	8.8	14.3	100.0	147
	専門・短大・高専卒	4.8	45.0	21.1	29.2	100.0	209
	大卒・大学院卒	2.0	30.3	11.1	56.6	100.0	343
	合 計	5.6	41.5	13.5	39.4	100.0	709

大卒・院卒 69.5% となっており，高い学歴ほど再生産率が高まっていることが分かる．男女で比べてみても同様の傾向が見られ，特に男性大卒・院卒の再生産率が 82.1% と際だって高い．ただ，**表 6-4** からは低い学歴ほど上方への流出率が高い（同一学歴またはそれ以下の学歴にとどまる割合が低い）という傾向も見て取ることができる．

　表 6-5 は本人学歴（男女計）への流入状況を見たものであるが[2]，本人大卒・院卒のうち父大卒・院卒の者は 56.6% であり，それより低い父学歴から流入してきた者が 4 割を超えている．このように父学歴と本人学歴の流出流入状況の分析は，親世代に比べて本人学歴が上昇していることを示している．ただ，大卒・院卒への到達度を比較すれば，父学歴が大卒・院卒の場合は 69.5%（本人男女計，以下同）であるのに対して，父学歴が専門・短大・高専卒の場合は 39.6%，高卒の場合は 35.4%，中卒の場合は 17.5% と顕著な差がある（**表 6-4**）．また前頁で述べたように，本人女性の大卒・院卒率（40.6%）は母親と比べて大きく上昇し，本人世代の大卒・院卒率の男女差も母親と父親の大卒・院卒率の差（25.2%）に比べて縮まったが，まだ 16% もの差がある．全体的な世代間学歴上昇を基調としながらも，依然として高等教育進学における親学歴階層間および男女間の格差は継続している．

(2)　本人学歴と父職種・世帯収入・居住地

　次に父職種，世帯収入，居住地と本人学歴の関係を検討しよう．まず父職種と本人学歴の関係を男女別で見たものが **表 6-6** である．父職種が専門／管理／技術的な仕事と事務／販売的な仕事の場合，男女ともに本人大卒・院卒比率が

表 6-6　父職種と本人学歴の分布

(%)

| 本人性別 | 父職種 | 本人学歴 | | | | 合　計 | N |
		中　卒	高　卒	専門・短大・高専卒	大卒・大学院卒		
男性	専門／管理／技術的な仕事	2.5	13.2	14.9	69.4	100.0	121
	事務／販売的な仕事	2.3	20.9	14.0	62.8	100.0	43
	サービス／技能的な仕事	2.3	31.4	19.8	46.5	100.0	86
	農林／自営	3.1	21.9	31.3	43.8	100.0	32
	合　計	2.5	20.9	18.1	58.5	100.0	282
女性	専門／管理／技術的な仕事	0.6	9.6	37.8	51.9	100.0	156
	事務／販売的な仕事	1.5	15.2	36.4	47.0	100.0	66
	サービス／技能的な仕事	0.8	31.9	47.1	20.2	100.0	119
	農林／自営	3.4	10.3	34.5	51.7	100.0	29
	合　計	1.1	17.8	40.3	40.8	100.0	370

高い．特に本人男性の場合，父専門／管理／技術的な仕事の割合は 69.4％ に上る．父職種がサービス／技能的な仕事の場合，男女ともに本人高等教育進学率は低いが，それでも 65％ 程度に上っている．ただし，高等教育進学比率の内訳を見ると本人男性の場合は大卒・院卒が 46.5％ であるが，本人女性の場合は 20.2％ しかなく，専門・短大・高専卒が高い（47.1％）という差異がある．

　世帯収入ごとに本人学歴を見ると（表 6-7），本人男性の場合はどの世帯収入階層でも大卒・院卒が多数であるが，その比率は階層間で格差がある．本人女性の場合はどの世帯収入階層でも大卒・院卒率が男性より 15％ 前後低い．低収入世帯の場合，本人男性は高卒比率が専門・短大・高専卒よりも高いが，本人女性の場合は専門・短大・高専卒が高卒よりも高い．現在の四年制大学進学率を考えると，低収入世帯の女性の大卒・院卒進学率は顕著に低いといえよう．

　中学校卒業時点居住地による本人学歴の分布を見ると，男女ともに自治体規模が大きいほど大卒・院卒比率が高くなっている．大卒・院卒は，本人男性の場合，18 大都市で 65.6％，10 万人以上都市で 56.2％，その他市町村で 46.2％であり，本人女性の場合はそれぞれ 52.0％，38.7％，31.1％ である．10 万人以上都市では本人男性の高卒比率が 29.5％，専門・短大・高専卒比率が 13.0％であるのに対して，本人女性の専門・短大・高専卒比率は 44.6％，高卒 18.1％

6　若者の移行への出身階層の影響——141

表 6-7　世帯収入階層と本人学歴の分布　　　　　　　　　(%)

| 本人性別 | 世帯収入階層 | 本人学歴 | | | | 合　計 | N |
		中　卒	高　卒	専門・短大・高専卒	大卒・大学院卒		
男性	低収入世帯	2.5	32.5	18.8	46.3	100.0	80
	中収入世帯	2.6	20.5	23.9	53.0	100.0	117
	高収入世帯	1.1	21.8	11.5	65.5	100.0	87
	合　計	2.1	24.3	18.7	54.9	100.0	284
女性	低収入世帯	0.0	24.2	46.2	29.7	100.0	91
	中収入世帯	0.8	21.0	39.5	38.7	100.0	119
	高収入世帯	0.9	14.5	30.9	53.6	100.0	110
	合　計	0.6	19.7	38.4	41.3	100.0	320

であり，男女で学歴分布の差異が見られる．

(3)　本人学歴への出身階層の影響

　最後に本人学歴に対して出身階層に関わる各変数がどれほどの規定力を有しているかを捉えるために，本人学歴を従属変数として多項ロジスティック回帰分析を行った．本人学歴のうち，中卒者は 1.6% しかいないため，これは除外している．中卒を除外した場合の本人学歴比率（男女計）は，高卒 22.3%，専門・短大・高専卒 30.2%，大卒・院卒 47.5% である．独立変数は，本人性別，父母学歴，父母職種，世帯収入，中学校卒業時点居住地，本人中学校 3 年生時成績である．表 6-8 がその結果である．

　出身階層要因の他に本人学歴に対して大きな規定力をもっていると考えられるものに本人の成績がある．成績は本人の適性や志向を反映するものであるので，出身階層に関わる変数のみを投入したモデル 1 とそれに中学校 3 年生時成績を加えたモデル 2 の 2 つを作成した．

　モデル 2 における有意水準 5% 未満の独立変数を見ると，本人学歴が専門・短大・高専卒と大卒・院卒のいずれの場合も，本人成績と父大卒・院卒が有意であり，本人専門・短大・高専卒の場合には父専門・短大・高専卒も有意である．父母職種および世帯収入は有意ではない．性別については本人学歴が専門・短大・高専卒の場合に男性が有意であり，負の効果が見られる（B はモデル 1 で -0.810，モデル 2 で -0.718）．本人大卒・院卒の場合，モデル 1 では母

表 6-8　本人学歴の規定要因（多項ロジスティック回帰分析）

本人学歴			モデル1 Exp (B)	モデル2 Exp (B)
専門・短大・高専卒	性　別	男性ダミー	0.445*	0.488*
	父学歴	父大卒・大学院卒ダミー	7.052*	6.367*
		父専門・短大・高専卒ダミー	5.476*	5.394*
		父高卒ダミー	3.571	3.441
	母学歴	母大卒・大学院卒ダミー	2.673	1.842
		母専門・短大・高専卒ダミー	2.108	2.014
		母高卒ダミー	0.961	0.868
	父職種	父専門／管理／技術職ダミー	1.833	1.853
		父事務／販売職ダミー	0.883	0.927
		父サービス／技能職ダミー	1.069	1.017
	母職種	母専門／管理／技術職ダミー	0.688	0.637
		母事務／販売職ダミー	0.413	0.371
		母サービス／技能職ダミー	0.652	0.689
	世帯収入	高収入階層ダミー	0.582	0.656
	居住地	中卒時居住地大都市ダミー	1.412	1.345
		中卒時居住地中都市ダミー	0.667	0.632
	本人成績	中3成績上位ダミー		2.350*
大卒・大学院卒	性　別	男性ダミー	1.467	1.858
	父学歴	父大卒・大学院卒ダミー	8.014**	5.230*
		父専門・短大・高専卒ダミー	1.985	1.583
		父高卒ダミー	2.323	1.598
	母学歴	母大卒・大学院卒ダミー	14.466*	9.588
		母専門・短大・高専卒ダミー	3.364	2.942
		母高卒ダミー	1.133	0.870
	父職種	父専門／管理／技術職ダミー	2.501	2.670
		父事務／販売職ダミー	1.134	1.332
		父サービス／技能職ダミー	1.546	1.407
	母職種	母専門／管理／技術職ダミー	0.273	0.220
		母事務／販売職ダミー	0.338	0.255
		母サービス／技能職ダミー	0.230*	0.219
	世帯収入	高収入階層ダミー	0.934	0.925
	居住地	中卒時居住地大都市ダミー	2.927*	2.524
		中卒時居住地中都市ダミー	1.152	1.032
	本人成績	中3成績上位ダミー		6.807***
		χ^2 値	124.795***	157.710***
		−2 対数尤度	573.556	567.325
		Nagelkerke R^2	0.322	0.392
		N	376	374

注：基準カテゴリー　従属変数　本人学歴：高卒，独立変数　性別：女性，父母学歴：中卒，父母職
　　種：農業／自営，世帯収入：800万円未満，居住地：10万人未満市町村，本人成績：5分位の下位3
　　分位分.
　　***p<.001，**p<.01，*p<.05.

大卒・院卒，母サービス／技能職，中卒時居住地大都市ダミーが有意であったが（母サービス／技能職の場合は負の効果），モデル2ではこれらは有意ではなくなる．

これまでの社会階層研究では本人学歴には本人成績の影響とともに，出身階層の要素である父職業と父学歴の影響が確認されており[3]，地位達成研究のパス解析では通常は父学歴の影響力の方が父職業のそれを上回っている[4]．本節の分析結果は先行研究の知見と大きく対立するものではないと考えるが，この多項ロジスティック回帰分析では父職種の直接の影響は見られず，父学歴と本人成績の規定力が顕著である．

ところで本人成績は当人の適性等を反映するだけでなく，出身階層の影響も及んでいるとされる（平沢 2014）．そこで，本人成績に対する出身階層の影響を見るため，本人の中学校3年生時点の成績（上位ダミー）を従属変数とし，独立変数には父母の学歴と職種を用いて二項ロジスティック回帰分析を行った．**表6-9**の通り，母大卒・院卒と父大卒・院卒が有意水準5%未満で有意である．職種との関連は認められない．モデル1で見られた母学歴・職種の影響がモデル2では見えなくなるが，それらの効果は本人成績に吸収されたと考えられる．本人成績の一定部分が出身階層に帰属するとすれば，先に確認した親学歴のもつ効果はより大きく見積もっておく必要があろう．

以上，出身階層と本人学歴の関連を検討してきた．本節の要点を簡単にまとめるならば，次のようになろう．若者世代の学歴は親世代に比べて高学歴化が進んでいる．本人学歴が大卒・院卒のうち，父親が大卒・院卒でない者は4割を超えており，また父学歴に占める高卒比率は41.2%であるが，その子どもの7割近くが高等教育に進学している．しかし，父学歴および父職種，さらには世帯収入によって本人の大卒・院卒比率には差があった．多項ロジスティック回帰分析では，本人学歴には本人成績と父学歴の強い効果が見られ，また本人成績に父母学歴が影響していた．親世代に比べて全般的な高学歴化が進んでいるものの，若者の到達する学歴には出身階層による格差が確認され，特に親学歴が強い規定力をもっていると指摘できる．

表 6-9　本人の中学校 3 年生時成績（上位）の
規定要因（二項ロジスティック回帰分析）

		Exp (B)
性　別	男性ダミー	0.702
父学歴	父大卒・大学院卒ダミー	3.158[*]
	父専門・短大・高専卒ダミー	1.355
	父高卒ダミー	2.409
母学歴	母大卒・大学院卒ダミー	7.381[**]
	母専門・短大・高専卒ダミー	2.824
	母高卒ダミー	2.823
父職種	父専門／管理／技術職ダミー	1.431
	父事務／販売職ダミー	0.878
	父サービス／技能職ダミー	1.404
母職種	母専門／管理／技術職ダミー	0.885
	母事務／販売職ダミー	1.204
	母サービス／技能職ダミー	0.738
定　数		0.106
χ^2 値		43.086[*]
−2 対数尤度		604.748
Nagelkerke R^2		0.117
N		472

注：基準カテゴリー　従属変数　本人中学校 3 年生時成
績：5 分位の下位 3 分位分，独立変数　性別：女性，
父母学歴：中卒，父母職種：農業／自営．
[***]$p<.001$, [**]$p<.01$, [*]$p<.05$.

4　出身階層と若者の職種・雇用形態

(1)　若者の職種と出身階層

　次に，出身階層が本人の職業にいかに影響を与えているかを検討しよう．地位達成研究では現職と初職が地位達成の到達点および媒介項として重要になるが，本調査ではまだ入職して間のない若者を対象としているため，初職と現職を区別した分析は困難である．ここでは若者本人の職業に関する有効回答数の最も多い調査第 5 年（2011 年）のデータを用い，同年の若者の職業を当面の到達点として分析することとしたい．

6　若者の移行への出身階層の影響──145

まず若者の職種の分布を確認する．専門／管理／技術的な仕事は男性 32.5%，女性 34.7% で男女間に大きな差はない．しかし，事務／販売的な仕事では男性 28.5%，女性 40.5%，サービス／技能的な仕事では男性 38.3%，女性 24.2% と男女間に差が見られる．親の職種では農林／自営が 10% 近くあるが，若者本人では男女とも 1% に満たない．

　若者の職業に対する出身階層の影響を見るため，若者の職種を従属変数とする多項ロジスティック回帰分析を行った．その結果が表 6-10 である．若者本人の職種のうち，農林／自営を省き，それ以外の 3 つの職種を従属変数とした．独立変数は本人性別，父母学歴，父母職種，世帯収入，中学校卒業時点居住地，本人中学・高校成績，本人学歴である．本人学歴に対する出身階層の影響の分析の場合と同様に，性別と出身階層に関わる変数を投入したモデルとそれに加えて本人の成績および学歴を変数として投入したモデルを作成した．

　有意水準 5% 未満の独立変数について見ると，モデル 2 の本人職種が専門／管理／技術的な仕事の場合，本人高校成績と本人学歴（大卒・院卒と専門・短大・高専卒）が有意であり，オッズ比が高い．父学歴（専門・短大・高専卒）も有意だが，負の効果を見せている．モデル 2 の本人職種が事務／販売的な仕事の場合，本人性別（男性に負の効果）と本人学歴（大卒・院卒）が有意である．

　モデル 2 において本人職種を規定する要因としてあげられるのは本人成績および本人学歴と父学歴の 3 つである．モデル 2 をモデル 1 と比較すると，本人職種が事務／販売的な仕事の場合，父職種（事務／販売的な仕事，サービス／技能的な仕事）と母職種（事務／販売的な仕事，サービス／技能的な仕事）が有意でなくなっており，本人高校成績と本人学歴の効果に吸収されたと考えられる．階層要因としては父学歴が本人職種に影響を与えているが，本人学歴のオッズ比は非常に高く，特に専門／管理／技術的な仕事への就きやすさの本人学歴による差は非常に大きい．ただ前節で分析したように，本人成績には父母学歴が関連しており，ここにも出身階層の影響を見ておかねばならない．

(2)　若者の雇用形態と出身階層

　近年の雇用者に占める非正規雇用比率の上昇は特に若年層で著しい．正規雇

表 6-10 本人職種の規定要因（多項ロジスティック回帰分析）

本人職種			モデル1 Exp (B)	モデル2 Exp (B)
専門／管理／技術的な仕事	性別	男性ダミー	0.593	0.845
	父学歴	父大卒・大学院卒ダミー	0.604	0.165
		父専門・短大・高専卒ダミー	0.154*	0.062**
		父高卒ダミー	0.650	0.256
	母学歴	母大卒・大学院卒ダミー	5.557	3.318
		母専門・短大・高専卒ダミー	4.562	5.344
		母高卒ダミー	1.976	2.692
	父職種	父専門／管理／技術職ダミー	2.109	1.837
		父事務／販売職ダミー	1.228	1.678
		父サービス／技能職ダミー	1.217	1.127
	母職種	母専門／管理／技術職ダミー	1.677	2.278
		母事務／販売職ダミー	1.889	2.874
		母サービス／技能職ダミー	1.433	1.680
	世帯収入	高収入階層ダミー	0.746	0.869
	居住地	中卒時居住地大都市ダミー	1.136	0.901
		中卒時居住地中都市ダミー	0.920	0.990
	本人成績	中3成績上位ダミー		1.304
		高校成績上位ダミー		2.573*
	本人学歴	本人大卒・大学院卒ダミー		30.637***
		本人専門・短大・高専卒ダミー		16.652***
事務／販売的な仕事	性別	男性ダミー	0.271***	0.259***
	父学歴	父大卒・大学院卒ダミー	30.284	18.345
		父専門・短大・高専卒ダミー	6.584	7.042
		父高卒ダミー	13.018	11.500
	母学歴	母大卒・大学院卒ダミー	1.682	0.608
		母専門・短大・高専卒ダミー	2.451	2.382
		母高卒ダミー	1.649	1.661
	父職種	父専門／管理／技術職ダミー	4.378*	4.553
		父事務／販売職ダミー	2.278	2.813
		父サービス／技能職ダミー	4.223*	3.935
	母職種	母専門／管理／技術職ダミー	0.142*	0.202
		母事務／販売職ダミー	0.230	0.299
		母サービス／技能職ダミー	0.167*	0.267
	世帯収入	高収入階層ダミー	1.436	1.410
	居住地	中卒時居住地大都市ダミー	1.385	1.213
		中卒時居住地中都市ダミー	1.383	1.479
	本人成績	中3成績上位ダミー		1.651
		高校成績上位ダミー		2.098
	本人学歴	本人大卒・大学院卒ダミー		6.684***
		本人専門・短大・高専卒ダミー		0.909
		χ^2 値	79.421***	147.348***
		−2 対数尤度	492.881	496.236
		Nagelkerke R^2	0.263	0.441
		N	299	297

注：基準カテゴリー　従属変数　本人職種：サービス／技能的な仕事，独立変数　性別：女性，父母学歴：中卒，
　　父母職種：農業／自営，世帯収入：800万円未満，居住地：10万人未満市町村，本人成績：5分位の下位3分位
　　分，本人学歴：高卒．
　　***p＜.001，**p＜.01，*p＜.05．

6　若者の移行への出身階層の影響──147

表 6-11　本人雇用形態（正規雇用）の規定要因（二項ロジスティック回帰分析）

		Exp (B)
性　別	男性ダミー	1.608
父学歴	父大卒・大学院卒ダミー	1.102
	父専門・短大・高専卒ダミー	0.831
	父高卒ダミー	1.377
母学歴	母大卒・大学院卒ダミー	1.354
	母専門・短大・高専卒ダミー	2.050
	母高卒ダミー	1.180
父職種	父専門／管理／技術職ダミー	1.355
	父事務／販売職ダミー	2.841
	父サービス／技能職ダミー	1.536
母職種	母専門／管理／技術職ダミー	0.543
	母事務／販売職ダミー	0.553
	母サービス／技能職ダミー	0.407
世帯収入	高収入階層ダミー	1.390
居住地	中卒時居住地大都市ダミー	0.799
	中卒時居住地中都市ダミー	0.834
本人成績	中3成績上位ダミー	0.849
	高校成績上位ダミー	1.323
本人学歴	本人大卒・大学院卒ダミー	4.540***
	本人専門・短大・高専卒ダミー	3.615**
	定　数	0.576
	χ^2 値	33.191
	−2 対数尤度	322.924
	Nagelkerke R^2	0.149
	N	307

注：基準カテゴリー　従属変数　本人雇用形態：非正規雇用，
独立変数　性別：女性，父母学歴：中卒，父母職種：農業／
自営，世帯収入：800万円未満，居住地：10万人未満市町村，
本人成績：5分位の下位3分位分，本人学歴：高卒．
***$p<.001$, **$p<.01$, *$p<.05$.

用と非正規雇用の間には賃金をはじめとする大きな処遇格差があり，両者の間に移動障壁が存在すると指摘されている（本田 2006，太郎丸 2008）．ここでは，若者本人の雇用形態に出身階層が影響を与えているかを検討するため，正規雇用か否かについて本人雇用形態（正規雇用ダミー）を従属変数とする二項ロジスティック回帰分析を行った．本人の雇用形態の分布比率（男女計）は，

148——III　家　族

正規雇用 68.9%，非正規雇用 28.4%，自営 2.2% であり，自営はわずかであるため分析から除外した．独立変数には，性別，父母学歴，父母職種，世帯収入，居住地，本人成績，本人学歴を用いた．

表 6-11 の通り，本人の出身階層に関わる変数はいずれも有意ではなく，有意であったのは本人学歴のみである．オッズ比を見ると，専門・短大・高専卒は高卒よりも 3.6 倍，大卒・院卒は 4.5 倍，正規雇用に就きやすい．

本人の雇用形態には本人学歴が大きな影響力をもっており，高等教育を受けている者の有利さがはっきりと表れている．もちろん同じ学歴であっても学科や学校の入試ランキングの違いによって差異を生じることが推測される．また 2000 年代に就職した世代はそれ以前の世代と比べて非正規雇用に就きやすいことが指摘されているように（佐藤 2011），時代効果も考慮されねばならない．ただ，オッズ比を見ると，高卒就職者が少数派となった今日，高等教育を享受しない者の正規雇用就職の難しさはけっして小さなものとは言えないであろう．

5　おわりに

以上，限られた変数を用いてではあるが，若者の出身階層とその影響について分析してきた．

若者の出身階層を父学歴・父職種・中学校卒業時点居住地を変数としてグルーピングしてみると，大中都市部居住を多数とする［大卒・院卒×専門／管理／技術職］を最大集団，小都市・非都市部居住を多く含む［高卒×サービス／技能職］を第 2 集団として 4 つほどの大きな集団が外形的に確認できた．母親の要素も含めた出身階層変数の相関分析を行ってみると，親の学歴と職種は緊密な相関を有していること，またそれらが世帯収入および居住地とも相関していることが明らかになった．親階層は親の学歴と職種の連関を基本的な規定要因として分化しており，おおくくりに見れば高学歴ホワイトカラー層と高卒サービス／技能職層を基軸的な集団として構成されていると捉えられる．現代の若者の学歴獲得と学校から雇用への移行は，こうした階層構成の基礎の上で展開されているのである．

父親の学歴と若者本人の学歴の流出流入状況からは全般的な高学歴化が見ら

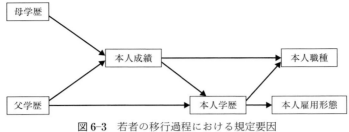

図 6-3 若者の移行過程における規定要因

れたが，高い学歴ほど再生産率が高まることや出身階層による本人学歴到達度の格差も確認された．

　若者の学歴を直接に規定しているのは，本人成績と父学歴であった．本人成績には父母学歴が有意に働いており，本人学歴の規定要因にはそれらの間接効果が含まれる．本人職種の主な規定要因は本人成績および本人学歴であり，親の学歴・職種といった出身階層要因の直接的な影響は見られない．また本人職業の雇用形態については，本人学歴のみが規定力をもっていた．これらの分析結果を重ねあわせて若者の移行過程に対する規定要因を描けば，図 6-3 のようになる[5]．

　SSM 調査による地位達成モデルの国際比較研究（中尾 2011）によると，日本の場合，男女いずれでも，初職に影響を与えているのは本人学歴と父職であり，また学歴に影響を与えているのは父学歴と父職であることが特徴とされる．初職と学歴に対して父職の影響が指摘されているが，本章の分析では若者本人の学歴および職種・雇用形態に対して父職種の影響は明瞭には認められなかった．上の比較研究は父職変数として国際標準威信スコア（ISCO）を用いていること，分析手法が異なることや調査時期と調査対象者の年齢層が違うことから本章の結果と単純な比較はできない．ただ本章の知見としては，現代日本の若者の移行は，親の学歴および若者本人の学歴と成績の強い影響力のもとに形作られており，出身階層は学歴を主たる媒介として若者の移行過程を規定していると言うことができる[6]．

【注】

1) 2005 年の SSM 調査の場合，20 歳代のサンプル数は男性 288 人，女性 346 人，計 634 人である（三輪・小林編 2008）．
2) 男女に大きな差は見られないので性別の数字は省略した．
3) ここでは次のものを挙げるにとどめる．近藤・古田（2011），平沢（2011）．
4) たとえば，中尾（2011）では，2005 年の日本男性の本人学歴に対する父学歴のパス係数は 0.371，父職業に対するそれは 0.162 である．
5) 本人性別の差異については図に組み入れられていない．
6) 現代日本社会を学歴を「主成分」とした分断社会として把握する見解があり（吉川 2009），本章の階層的再生産の分析結果はそれと重なるようにも見える．ただ，本調査は対象者が 20–24 歳のみであることや分析方法の限定性などもあり，その異同についてはより丁寧な分析が必要である．

【文献】

荒牧草平，2011，「教育達成過程における階層差の生成」佐藤嘉倫・尾嶋史章編『現代の階層社会 1　格差と多様性』東京大学出版会.

原純輔・盛山和夫，1999，『社会階層——豊かさの中の不平等』東京大学出版会.

林雄亮・佐藤嘉倫，2011，「流動化する労働市場と不平等——非正規雇用をめぐる職業キャリアの分析」盛山和夫・片瀬一男・神林博史・三輪哲編著『日本の社会階層とそのメカニズム——不平等を問い直す』白桃書房.

平沢和司，2011，「大学の学校歴を加味した教育・職業達成分析」石田浩・近藤博之・中尾啓子編『現代の階層社会 2　階層と移動の構造』東京大学出版会.

平沢和司，2014，『格差の社会学入門——学歴と階層から考える』北海道大学出版会.

本田由紀，2006，「若年層の雇用の現状と課題——『ダブルトラック』化にどう取り組むか」樋口美雄＋財務省財務総合政策研究所編著『日本の所得格差と社会階層』日本評論社.

石田浩・三輪哲，2011，「社会移動の趨勢と比較」石田浩・近藤博之・中尾啓子編『現代の階層社会 2　階層と移動の構造』東京大学出版会.

吉川徹，2006，『学歴と格差・不平等——成熟する日本型学歴社会』東京大学出版会.

吉川徹，2009，『学歴分断社会』筑摩書房.

近藤博之・古田和久，2011，「教育達成における階層差の長期趨勢」石田浩・近藤博之・中尾啓子編『現代の階層社会 2　階層と移動の構造』東京大学出版会.

三輪哲，2011，「『開かれた社会』への遠き道程——社会移動の構造と趨勢」盛山和夫・片瀬一男・神林博史・三輪哲編著『日本の社会階層とそのメカニズム——不平等を問い直す』白桃書房.

三輪哲・小林大祐編，2008，『2005 年 SSM 日本調査の基礎分析——構造・趨勢・方法』2005 年 SSM 調査研究会.

中尾啓子, 2011, 「地位達成モデルの東アジア国際比較」石田浩・近藤博之・中尾啓子編『現代の階層社会2　階層と移動の構造』東京大学出版会.

佐藤香, 2011, 「学校から職業への移行とライフチャンス」佐藤嘉倫・尾嶋史章編『現代の階層社会1　格差と多様性』東京大学出版会.

佐藤嘉倫・林雄亮, 2011, 「現代日本の格差の諸相——転職とワーキングプアの問題を中心にして」佐藤嘉倫・尾嶋史章編『現代の階層社会1　格差と多様性』東京大学出版会.

佐藤嘉倫・尾嶋史章編, 2011, 『現代の階層社会1　格差と多様性』東京大学出版会.

盛山和夫, 2003, 「階層再生産の神話」樋口美雄＋財務省財務総合政策研究所編著『日本の所得格差と社会階層』日本評論社.

竹ノ下弘久, 2013, 『仕事と不平等の社会学』弘文堂.

太郎丸博, 2008, 「社会階層論と若年非正規雇用」直井優・藤田英典編『講座社会学13　階層』東京大学出版会.

7　若者たちの離家と家族形成

上間陽子・乾彰夫

1　はじめに

　離家（leaving home）と家族形成は若者の移行において，重要なもう1つの領域とされてきた（Jones and Wallace 1992, Furlong and Cartmel 2006=2009, 宮本 2004）．親とともに育った家庭を離れて自立した暮らしに移り，やがて結婚してパートナーとともに新しい家族を形成することは，仕事への移行とともに，若者が大人になる上で重要な移行領域である．その際，離家や結婚には，当然のこととしてそれを支える経済的物質的基盤が必要となる．そのためこの領域の移行は，若者自身の経済力（稼得力）や一定年齢を超えた若者の生活を支えられるだけの親の経済力，さらには低家賃住宅の供給などを含む若者向けの社会保障制度などによって大きく規定されている．

　イギリスなどヨーロッパではこれまで，長期の教育経験をするミドルクラスの若者たちに比べ，ワーキングクラスの若者たちの方が，離家と家族形成（結婚）は早いとされてきた（Ashton and Field 1976）．そこにはワーキングクラスの若者たちが比較的早期に学校を離れて就労し一定の経済力を持つことに加え，失業手当や低家賃公共住宅の供給，家賃補助など，若者の離家と家族形成を促す社会保障制度などの支えがあった．しかし90年前後からの移行過程変容や若者向けの社会保障制度の後退などのなかで，ワーキングクラス・ミドルクラスとも両者の移行の遅れや長期化，さらに一旦離家してもまた両親家庭に戻るなどのヨーヨー的移行（EGRIS 2001）が広がることなどが指摘されてきた．教育期間の長期化とともに，就労の不安定化や社会保障制度の後退など

153

といった，これまで離家を支えてきた経済基盤の揺らぎが，離家と家族形成領域での移行の長期化と困難化をもたらしている（Furlong and Cartmel 2006=2009, Jones 2009）．

　一方日本においても90年代以降，離家の遅れや結婚年齢の上昇・未婚化などの状況が指摘されてきた（岩上 1999，山田 1999）ものの，当初は移行変容をもたらした社会構造変化よりは若者の意識に注目がいきがちであった．例えば山田昌弘は，若者がなかなか離家しないのは，若者が潤沢な資源を有する親に「寄生する」ことで豊かな生活を享受しているという「パラサイト・シングル」論を展開した（山田 1999）．また，そのような離家の遅れが，結婚しない若者の増加となっていると指摘される．だがその後，そもそも若者が離家しないことは，親元で暮らすことがかれらにとっては生活を成り立たせる「生存保障」という意味合いを持つと指摘されるようになり（宮本 2004），若者が結婚しない理由もまた，経済的な事象に起因するもろもろの不安があげられることが指摘されている（内閣府 2013）．

　また階層的には日本の場合，イギリスなどと異なり，進学移動にともなう離家が多いため高学歴者ほど離家しやすいことがこれまで指摘されてきた（岩上 1999，福田 2003）．これに加えて先行研究では，きょうだいが多いこと（福田 2003，鈴木 2011）やひとり親世帯であること（鈴木 2011）が離家を促すとされている．さらに居住地域的には人口集中地区・大都市ほど親との同居が多い（岩上 1999，鈴木 2011）ことや，本人年収が高いほど離家が多い（宮本 2004）ことなどが指摘されてきた．

　次に結婚については，晩婚化・未婚化という全般的な傾向に加え，90年代半ば以降の移行変容のなかで非正規雇用男性の結婚率の低下は，マスメデイアなどでも広く報じられてきた．そしてこれに加え，女性においても非正規雇用の方が結婚しにくい（永瀬 2002，酒井・樋口 2005）ことも指摘されている．

　以上，若者の離家と結婚に関するこれまで明らかにされてきた主な点を確認した．以下，本章では，「若者の教育とキャリア形成に関する調査」データを用いて，今日の若者たちの離家と家族形成に関する状況を検討したい．なおこの章では主に対象者が24／25歳に到達した第5回調査の結果を用いる．離家に関する日本での先行研究の多くは「全国家族調査」「出生動向調査」など幅

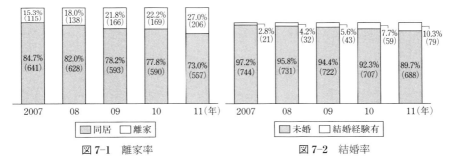

図 7-1　離家率　　　　　　　図 7-2　結婚率

広い年齢をカバーした大規模調査データを使用しており，若年層の分析についても 20–39 歳などかなり大きな幅をとっている．これに対して本調査データは 20 代半ばという先行研究よりも若い層に焦点をあてている点に特徴がある．

2　誰が離家し，結婚しているのか

全般的に離家が難しい状況があるとはいえ，それでもなお一定数の若者が離家しているのもまた事実である．実際に本調査においても，調査の 5 年間で離家を果たした若者は，2007 年に 15.3％（115 名），2008 年に 18.0％（138 名），2009 年に 21.8％（166 名），2010 年に 22.2％（169 名），2011 年に 27.0％（206 名）と少しずつ増えており（図 7-1），さらに結婚経験がある若者も 2007 年に 2.8％（21 名），2008 年に 4.2％（32 名），2009 年に 5.6％（43 名），2010 年に 7.7％（59 名），2011 年に 10.3％（79 名）と増加し続けている（図 7-2）．

それでは本調査においては，どのような属性を持つ若者が，離家し，結婚しているのだろうか．ここでは離家や結婚をめぐる先行研究でも検証されている，「ひとり親」「きょうだいの有無」「学歴」に加えて，「現在の状況」「収入」などの属性と離家や結婚の関連を分析する．

なお，分析にあたって，2011 年の質問紙の問 15 の(1)「現在，あなたと一緒に住んでいる方はどういう人たちですか」の「あなたの父親」「あなたの母親」の両方，あるいはいずれかと同居しているものを【同居】とし，「あなたの父親」「あなたの母親」のいずれも選択しなかったものを【離家】とし，離家変数を作成している．また，2011 年の質問紙の問 13「あなたは現在，結婚され

表 7-1　個人属性などに関する変数・分類

変数・分類の説明

離　家　2011 年の問 15 の (1)「現在，あなたと一緒に住んでいる方はどういう人たちですか」の「あなたの父親」「あなたの母親」の両方，あるいはいずれかを親と【同居】とし，「あなたの父親」「あなたの母親」のいずれも不選択を【離家】とする．

結　婚　2011 年の問 13「あなたは現在，結婚されていますか」で未婚を選択したものを【未婚】，「結婚している」「離別」「死別」を統合し，【結婚経験有】とする．

学　歴　調査対象者の最終学歴を，【中学】【高校】【専門】【短大・高専】【大学】【大学院】に分類．

現在の状態　2011 年の共通質問項目問 2「あなたは現在，何をしていますか」の選択肢「四年制大学，六年制大学」「大学院」「短期大学」「専門学校」「高等専門学校」「職業訓練校」「高校」に在学を統合し，【在学】とする．就労者むけ質問項目，問 2 (3)「あなたは現在どのような雇用形態で仕事をしていますか」の選択肢「正社員」「経営者，役員」「自営業主，自由業者」「家族従業者」を統合し，【正規】とする．「登録型の派遣社員・日雇型の派遣社員」「常用雇用型の派遣社員」「臨時雇用・パート・アルバイト」「登録型の派遣社員・日雇い型の派遣社員」「内職」を統合し，【非正規】とする．また，「不明」を【不明就業】とする．就労していない者むけ質問項目問 3 (1) の「求職活動に関して，あなたは次のうちどれに該当しますか」の「過去 1 ヶ月のうち求職活動をした」「過去 1 ヶ月のうち求職活動はしなかったが，就職を希望している」「就職を希望していない」を統合し，【失業・無業】とする．

収　入　2011 年の「あなたはふだん，仕事から 1 ヶ月にどれくらいの収入を得ていますか」の回答それぞれから中央の値を算出し，12 倍し 1 年間の本人収入として算出する．その上で，中央の値が 0 万円，30 万円，90 万円，150 万円を【低】，中央の値が 210 万円を【中】，中央の値が 270 万円以上を【高】とする．

親　　2007 年の「現在ご両親はいらっしゃいますか」の回答から「父親」「母親」のどちらも「いる」としたものを【両親】，どちらか一方のみ「いる」としたものを【ひとり親】とする．なお両親ともにいない 1 ケースは欠損値として処理している．

きょうだい　2007 年の「あなたが 18 歳の頃の家族構成について教えて下さい」の回答から「兄」「姉」「弟」「妹」のいずれかに回答を【きょうだいいる】，それらの項目いずれも選択なしを【きょうだいいない】とする．

ていますか」で「未婚」を選択したものを【未婚】，「結婚している」「離別」「死別」のいずれかを選択したものを【結婚経験有】とし，結婚変数を作成している．またその他の変数は，表 7-1 のように作成している．

(1)　離家しているものの傾向

　以下では属性と離家はどのように関連しているかをみるために，クロス表を作成しカイ二乗検定を行う．カイ二乗検定の結果，有意差が認められた場合に

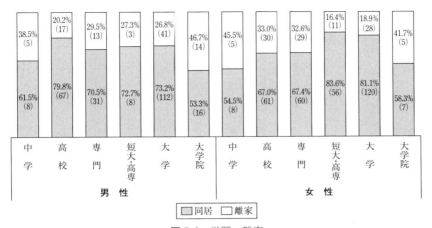

図 7-3　学歴×離家

は，どのセルが有意差をもたらしたのかを明らかにするために残差分析を行った．なお，本章では，調整済み残差の絶対値が 1.96 以上のセルに注目している．

以下では，本人の現在の地位をあらわす，最終学歴，現在の状況，収入といった側面に焦点をあてる．

まず図 7-3 から，男女別の最終学歴と離家には関連があるとはいえないことがわかる．あくまで参考程度にみてみると，男性の場合には，大学院卒に離家が 46.7% と最も多く，次に中卒の 38.5% が続いており，女性の場合には，中卒に離家が 45.5%，次に大学院卒に離家が 41.7% という傾向になっている．

次に図 7-4 から離家と働き方などの現在の状態を見てみると，男女ともに関連がみられる（男性：$p<0.001$，女性：$p<0.05$）．男性においては，正規で離家が 37.0% と有意に多く（調整済み標準残差：4.8），非正規において，離家が 5.9% と有意に少ない（調整済み標準残差：−4.6）ほか，失業・無業も 5.6% と離家が有意に少ない（調整済み標準残差：−2.2）．他方で女性においては，失業・無業で離家が 43.2% と有意に多い（調整済み標準残差：2.7）．男性の場合には安定した雇用が離家をうながし，女性の場合はそのようにはなっていない．おそらく女性の場合には，結婚し，専業主婦化するという傾向があるため，失業・無業に離家が多くなっているのだろう．

7　若者たちの離家と家族形成——157

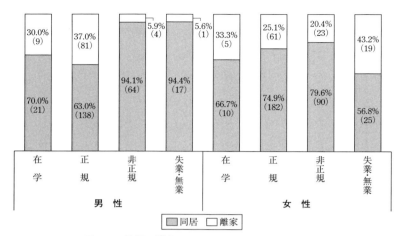

図 7-4 状態×離家(男性:$p<0.001$ 女性:$p<0.05$)

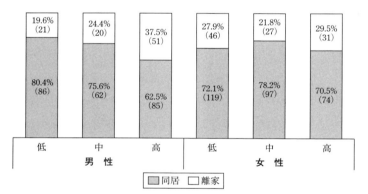

図 7-5 収入×離家(男性:$p<0.01$)

つぎに図 7-5 から,2011 年の本人収入と離家の関係を男女別にみてみると,男性に関連がみられ($p<0.01$),女性においては関連がみられないことがわかる.男性の場合,収入高で離家が多くなり(37.5%,調整済み標準残差:3.1),反対に収入が低いと離家が少ない(19.6%,調整済み標準残差:−2.4).

なお,図 7-6 や図 7-7 をみると,離家とひとり親世帯,離家ときょうだいの有無は関連があるとはいえないことがわかる.この点からいうと,先行研究と本調査では異なった傾向があることがわかる.

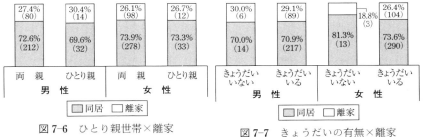

図7-6 ひとり親世帯×離家　　図7-7 きょうだいの有無×離家

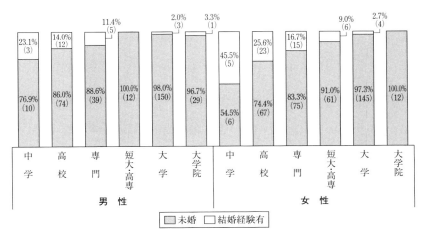

図7-8 学歴×結婚（男性：$p<0.005$　女性：$p<0.001$）

(2) 結婚しているものの傾向

　次に結婚はどういった属性と関連するかみてみよう．まず図7-8から，最終学歴と結婚の関連をみてみると，男女ともに関連があることがわかる（男性：$p<0.005$，女性：$p<0.001$）．男性においては，中卒において23.1%，高卒において14.0%と有意に結婚が多く（調整済み残差：それぞれ2.3，2.9），大卒において2.0%と有意に少ない（調整済み残差：-3.3）．女性においても，中卒において45.5%，高卒において25.6%と有意に結婚が多くなっている（調整済み残差：それぞれ3.3，4.2）一方で，大卒においては2.7%と有意に少ない（調整済み残差：-4.6）．男女ともに，低学歴において結婚が多く，高学歴

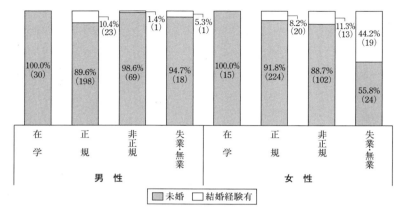

図 7-9　状態×結婚（男性：$p<0.05$　女性：$p<0.001$）

に少ないという同じような傾向がうかがえる．

　次に図 7-9 から，現在の状態と結婚の関連をみてみると，男性に関連がみられ（$p<0.05$），正規において 10.4％ と結婚が多く（調整済み残差：2.9），他方で非正規に 1.4％ と結婚が少ない（調整済み残差：－2.1）．女性の場合にも関連がみられ（$p<0.001$），失業・無業に 44.2％ と有意に結婚が多くなっている（調整済み残差：6.6）一方で，正規に 8.2％ と有意に結婚が少ない（調整済み残差：－3.1）．

　次に図 7-10 から収入と結婚の関連を見てみよう．男性において収入と結婚の関連はない一方で，女性においては関連が見られ（$p<0.001$），収入低の場合に結婚が 22.0％ と多く（調整済み残差：4.7），また収入高の場合には 3.8％ と少ないことがわかる（調整済み残差：－3.2）．おそらく女性の場合の低収入は，結婚をし，専業主婦であったり，パートタイム就労に従事するという結果を示しているのだろう．

　なお図 7-11 ならびに図 7-12 から，結婚とひとり親世帯，きょうだいの有無には関連があるとはいえず，したがって先行研究と本調査は異なる傾向にあることがうかがえる．

160──Ⅲ　家　族

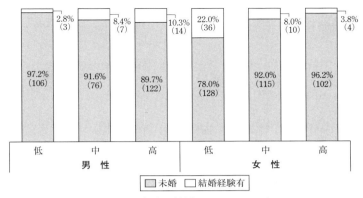

図 7-10 収入×結婚（女性：$p<0.001$）

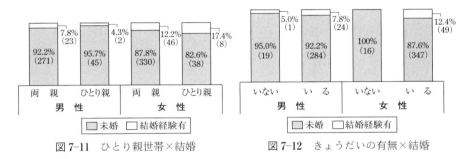

図 7-11 ひとり親世帯×結婚　　図 7-12 きょうだいの有無×結婚

3　離家・結婚に影響している諸要因の度合い

　最後に，以上見てきた離家や結婚をめぐる状況について，その諸要因がどのような影響を相互に与えているか，ロジスティック回帰解析によって確認したい．まず，離家および結婚に対するジェンダーや学歴等の影響について見てみよう．**表 7-2** は離家をめぐる状況である．図 7-11，図 7-12 でも確認したとおり，ひとり親家庭の育ちであるかどうかやきょうだいの有無などは有意な影響を与えていない．ジェンダーについても同様である．これに対して学歴で見ると，中卒・専門学校卒と大学院卒の場合に，大卒に比べ有意に離家の可能性が高い．とくに大学院卒と中卒という両端において，オッズ比（$\mathrm{Exp}(B)$）が 3

7　若者たちの離家と家族形成——161

表 7-2　離家を規定する要因（ロジスティック回帰分析）

$N=854$		B	標準誤差	Wald	$\text{Exp}(B)$
	性別（男性基準）	−.053	.177	.089	.949
	きょうだいいる	.333	.416	.640	1.395
	ひとり親世帯	−.049	.269	.034	.952
学歴（大学卒基準）	中　学	1.038	.448	5.378	2.824**
	高　校	.375	.232	2.627	1.455
	専門学校	.487	.240	4.111	1.627**
	短大・高専	−.199	.335	.351	.820
	大学院	1.107	.353	9.812	3.026***
居住地域（大都市基準）	中都市	−.226	.197	1.312	.798
	非都市	−.724	.236	9.372	.485***
	定　数	−1.212	.509	5.675	.297

	−2対数尤度	Cox-Snell R2乗	Nagelkerke R2乗
	827.600	.037	.054

注：*$p<10\%$, **$p<5\%$, ***$p<1\%$.

前後となっている．この点は，高学歴者ほど離家しているという先行研究（岩上 1999，福田 2003）とは若干異なっている．また現在の居住地では大都市（人口 100 万以上都市と周辺 1)）に比べ，非都市（人口 30 万未満）では離家の可能性が有意に低くなっている．このことも大都市・人口集中地区ほど親との同居が多くなるという先行研究（福田 2003）の知見とは異なっている．

　次に表 7-3 は結婚に対する影響である．ここではきょうだいやひとり親家庭育ちの影響は同じように見られないが，ジェンダーで女性の場合の可能性がやや高くなっている．また学歴では低学歴者ほど結婚可能性が高くなる傾向がはっきりと現れている．中卒のオッズ比は大卒に対しておよそ 23 と非常に高く，高卒でも 10 を超えている．ただしこれはあくまで 20 代半ば時点での結婚経験であるので，例えば 30 代以降などでは異なる結果が十分にあり得る．一方，居住地域の影響はここでは認められない．

　ただ離家や結婚をめぐっては，先にも見たように，現在の就労・就学等の状況や本人収入との関係では，ジェンダーによってかなり大きな違いがある．そこで以下では男女別にそれらについて見てみたい．表 7-4 は，離家について就労等の状況および本人収入を加えた男女ごとの表である．男性の場合，非正規

表 7-3 結婚を規定する要因（ロジスティック回帰分析）

$N=852$		B	標準誤差	Wald	$\text{Exp}(B)$
	性別（男性基準）	.519	.280	3.427	1.680*
	きょうだいいる	1.063	1.058	1.008	2.894
	ひとり親世帯	−.381	.399	.907	.683
学歴（大学卒基準）	中 学	3.126	.596	27.541	22.788***
	高 校	2.333	.436	28.600	10.306***
	専門学校	1.675	.468	12.829	5.337***
	短大・高専	.964	.577	2.796	2.623*
	大学院	.220	1.088	.041	1.245
居住地域（大都市基準）	中都市	.240	.346	.480	1.271
	非都市	.305	.360	.719	1.357
	定 数	−5.677	1.220	21.660	.003

−2 対数尤度	Cox-Snell R 2乗	Nagelkerke R 2乗
411.301	.085	.178

注：*$p<10\%$, **$p<5\%$, ***$p<1\%$.

表 7-4 性別で見た離家要因（ロジスティック回帰分析）

$N=373$		男 ($N=373$)				女 ($N=454$)			
		B	標準誤差	Wald	$\text{Exp}(B)$	B	標準誤差	Wald	$\text{Exp}(B)$
学歴（大学卒基準）	中 学	1.609	.830	3.759	4.999*	1.906	.718	7.051	6.725***
	高 校	.288	.379	.580	1.334	1.178	.385	9.377	3.248***
	専門学校	.308	.418	.540	1.360	.876	.335	6.835	2.402***
	短大・高専	−.238	.891	.071	.788	.179	.413	.188	1.196
	大学院	.657	.439	2.238	1.928	1.189	.681	3.046	3.285*
居住地域（大都市基準）	中都市	−.508	.314	2.619	.602	−.099	.286	.120	.906
	非都市	−.968	.370	6.849	.380**	−.666	.339	3.863	.514**
現在の状態（正規基準）	在 学	−.456	.623	.536	.634	.733	.693	1.120	2.081
	非正規	−2.134	.575	13.766	.118***	−.362	.360	1.013	.696
	失業・無業	−2.465	1.126	4.795	.085**	.937	.459	4.160	2.551**
収入（低収入基準）	中収入	−.361	.489	.545	.697	.290	.376	.594	1.337
	高収入	.037	.469	.006	1.038	.682	.412	2.744	1.978*
	定 数	−.208	.508	.168	.812	−1.775	.435	16.694	.169

−2 対数尤度	Cox-Snell R 2乗	Nagelkerke R 2乗	−2 対数尤度	Cox-Snell R 2乗	Nagelkerke R 2乗
336.579	.129	.186	415.688	.078	.114

注：*$p<10\%$, **$p<5\%$, ***$p<1\%$.

表7-5　性別で見た結婚要因（ロジスティック回帰分析）

		男 (N=373)				女 (N=453)			
		B	標準誤差	Wald	Exp(B)	B	標準誤差	Wald	Exp(B)
学歴（大学卒	中　学	3.916	1.035	14.318	50.182***	3.305	.900	27.253	26.308***
基準）	高　校	2.578	.694	13.796	13.177***	2.133	.622	11.774	8.441***
	専門学校	2.282	.804	8.058	9.794***	1.784	.611	8.532	5.952***
	短大・高専	—	—	—	—	1.262	.690	3.346	3.533*
	大学院	.652	1.196	.297	1.919	—	—	—	—
居住地域（大	中都市	1.287	.818	2.477	3.622*	−.277	.452	.375	.758
都市基準）	非都市	1.343	.840	2.554	3.829*	.052	.450	.013	1.053
	在　学					−3.260	3.877	.707	.038
現在の状態	非正規	−2.055	1.013	4.114	.128**	−.848	.498	2.903	.428*
（正規基準）	失業・無業	−.150	1.331	.013	.861	1.145	.512	5.015	3.144**
収入（低収入	中収入	1.260	.863	2.133	3.527*	−.442	.479	.852	.643
基準）	高収入	1.725	.844	4.174	5.610**	−1.069	.656	2.660	.343
	定　数	−6.247	1.235	25.605	.002	−2.990	.684	19.080	.050

	−2対数尤度	Cox-Snell R 2乗	Nagelkerke R 2乗	−2対数尤度	Cox-Snell R 2乗	Nagelkerke R 2乗
	126.126	.121	.297	226.988	.159	.299

注：なお男性の「短大・高専」「在学」，女性の「大学院」の結婚経験者は有効ケースが0であるため，それぞれの
　　ダミー変数は投入していない.
　　*p<10%, **p<5%, ***p<1%.

雇用や失業・無業である場合，離家の可能性は正規雇用に比べオッズ比が10分の1程度にまで下がっている．在学者（その実態はほとんどが大学院在学）の離家の割合が高いため全体像では見えにくいものの，この結果からは，非在学層の離家については正規雇用に就いているかどうかという生活の安定度が男性においては非常に大きく影響していることが読み取れる．一方，女性では失業・無業である場合の離家可能性が正規雇用で働いている場合よりもオッズ比2.5ほど高くなっている．これは前述のように，結婚による離家と結婚後無業という者が女性に多いためであろう．また男性では離家にあまり影響していなかった本人収入が，女性の場合，高収入者に離家可能性が高いという形で影響を与えている．男性で本人収入が離家に影響を与えていないのは，この時点では男性ではまだ大学院に在学中などの者[2]が一定数存在し，かつ在学者の離家率が高いことから，非正規や失業・無業層における低収入グループと在学者

164——III　家　族

とがそれぞれの影響を相殺し合っているためと考えられる.

　次に結婚についてである. **表7-5**からは，男性では居住地域で大都市部在住者よりも非都市部在住者で結婚可能性が高く，また非正規雇用者で正規雇用者よりもオッズ比が8分の1程度に低くなっている. 収入については高収入ほど結婚可能性が高い傾向が示されている. 一方女性においては，失業・無業で結婚可能性が高いものの，非正規では結婚可能性が正規雇用者の2分の1程度の可能性となっている. このことは，既婚女性が非正規雇用に就きやすいということとは別に，非正規雇用就労している女性の場合，男性と同様に正規雇用者に比べ結婚可能性が低いということをあらわしている. この点も先に見た先行研究と一致している. なお居住地域特性は女性には見られない.

4　おわりに

　離家や結婚をめぐる状況に関する本調査の主たる知見は，以下のようなものである.

① 離家しているものの割合は，20歳から25歳までに次第に上昇しつつあるが，最終年度においても3割程度となっている.

② 離家をしているものは，大学院卒という最も高学歴の層と中学卒という最も低学歴の両端において高い割合となっている. 前者は，先行研究（福田2003）も指摘している進学に伴う離家であろう. しかし20代半ば時点で見る限り低学歴者の離家の割合も高いということは，本調査からの新たな知見である. 低学歴者での離家は，就職に伴う離家もあろうが，就労後一定の経済条件が整ったための離家や，とくに結婚に伴う離家が低学歴層で多いせいではなかろうか. あるいは低学歴者生育家族の住宅事情なども影響しているかもしれない. これらの点の解明は今後の課題である.

③ 雇用と離家の関係をみると，男性の場合には，正規雇用に就いていないことは離家の可能性を著しく低めている一方，女性の場合には失業・無業において離家の可能性を高めている. ただし，女性にみられるこの傾向は，単なる失業や無業ではなく，女性の場合，結婚にともない離家をしたり，

結婚後，専業主婦になるということで無業化することの反映であると思われる．

④ 収入の離家への影響をみると，女性の場合には，高収入者に離家が多いという影響を与えている一方，男性の場合には本人収入はさほど影響を与えていない．ただしこれは，離家の多い大学院在学などの在学者が男性には一定数存在しており，それらはすべてカテゴリー上は収入ゼログループとしているためである．そのため，在学者と非正規や失業・無業者の低収入グループと同カテゴリーとなって，それぞれの影響が相殺しあっていることが考えられる．

⑤ 居住地域と離家との関係を見ると，男女とも非都市部ほど離家の可能性が低く，親との同居の可能性が高い．このことは先行研究（岩上 1999，鈴木 2011）とは明らかに異なっている．対象の絞り方（例えば岩上は対象を独身 18-39 歳）の違いなのか，あるいは近年における時代的変化なのかの検証は今後の課題である．

⑥ 本調査においては，結婚をしているものの割合は 20 歳から 25 歳にかけて次第に上昇しつつあるが，最終年度においても 1 割程度である．

⑦ 結婚をしているものは低学歴者に多いことが指摘できるが，ここには低学歴者ほど結婚が早いという本調査の対象期間（20-25 歳）の特性上の時期的傾向が反映していると考えられる．

⑧ 居住地区と結婚の関係を見てみると，男性の場合には大都市部在住者よりも非都市部在住者で結婚可能性が高い．

⑨ 雇用状況と結婚の関係をみると，男性の場合には，非正規雇用者で正規雇用者よりも結婚可能性が低くなり，女性の場合には失業・無業で結婚可能性が高い．だが女性においても，非正規雇用者と正規雇用者とを比べると，非正規雇用者では結婚可能性が正規雇用者の半分程度の可能性となっている．このことは，既婚女性が非正規化するという傾向とはまた別に，非正規雇用者の女性の場合には，男性と同様に正規雇用に比べて結婚可能性が低いということを表している．

最後に本調査研究の知見から若干の考察を行いたい．先行研究では高学歴者

ほど離家が多いとされてきたのに対して，本調査では，低学歴者においても離家が多いことが示されている．一見，同じ離家という現象であるとしても，異なる属性を持つものの離家の内実はおそらく異なっている．非在学層のとりわけ男性においては，生活安定度（正規雇用か否か）が離家に非常に強い影響を与えていた．女性の場合，結婚による離家とその後の無業・非正規雇用という層が一定割合存在するため，自身の就労生活安定度の影響は統計的には確認できなかった．そうとはいえ，女性においても自身の生活安定度が離家に影響を与えている可能性は否定できない．親との同居を自ら志向する者や，介護等さまざまな事情から親と同居せざるを得ない者がいるとしても，成人後に親から独立した生活を可能にするための条件は，何らかの形で保障されるべきということは，先進諸国のスタンダードな生活スタイルとして不当に高い要求水準ではないだろう．そう考えたとき，非正規雇用などの不安定・低所得層の若者たちに対する何らかの住宅支援が今後必要ではなかろうか．

　また離家ならびに結婚の可能性は，ジェンダーによって差異があることが確認されたが，男女ともに非正規雇用の場合に結婚可能性が低くなることがうかがえた．言うまでもなく，結婚する／しないは，当人の選択の問題でもある．だが他の調査からは，結婚願望を持つ未婚の若者にとって「結婚の障害となっているもの」の上位は，「結婚資金」と「結婚のための住居」と指摘されている（鎌田 2013）．とするならば，不安定な雇用形態に起因する現在および将来の生活の見通しの不透明さが，結婚願望を抱いているにもかかわらず強いられたかたちで未婚を生んでいる可能性がある．もちろん，結婚願望を抱かないがゆえに未婚であるものが一定数いるにせよ，将来の見通しが立つための経済的基盤の整備はすべてのものに実現されてしかるべき条件であり，かつ住宅支援は必須の条件となるはずである．

【注】
1）　都市規模について詳しくは第 9 章を参照．
2）　本人収入値の算出にあたって，在学者については収入ゼロに設定している．

【文献】
Ashton, D. and D. Field, 1976, *Young Workers: From School to Work*, London:

Huchinson.

European Group for Integrated Social Research (EGRIS), 2001, "Misleading Trajectories: Transition Dilemmas of Young Adults in Europe," *Journal of Youth Studies*, Vol. 4, No. 1: 101–118.

福田節也，2003，「日本における離家要因の分析——離家タイミングの規定要因に関する考察」『人口学研究』33: 41–60.

Furlong, A. and F. Cartmel, 2006, *Young People and Social Change: New Perspectives*, Buckingham: OUP（乾彰夫・西村貴之・平塚眞樹・丸井妙子訳，2009，『若者と社会変容——リスク社会を生きる』大月書店）.

岩上真珠，1999，「20代，30代未婚者の親との同別居構造——第11回出生動向基本調査独身調査より」『人口問題研究』55–4: 1–15.

Jones, G., 2009, *Youth*, Cambridge: Polity.

Jones, G. and C. Wallace, 1992, *Youth, Family, and Citizenship*, OUP（宮本みち子監訳，1996，『若者はなぜ大人になれないのか』新評論）.

鎌田健司，2013，「30代後半を含めた近年の出産，結婚意向」『ワーキングペーパーシリーズ（J）』No. 7, 国立社会保障・人口問題研究所：1–22.

宮本みち子，2004，『ポスト青年期と親子戦略』勁草書房.

永瀬伸子，2002，「若年層の雇用の非正規化と結婚行動」『人口問題研究』58巻2号：22–35.

内閣府，2013，「少子化社会対策大綱の見直しに向けた意識調査」報告書（http://www8.cao.go.jp/shoushi/shoushika/research/h25/taiko/index_pdf.html）.

酒井正・樋口美雄，2005，「フリーターのその後——就労・所得・結婚・出産」『日本労働研究雑誌』47巻1号：29–41.

鈴木透，2011，「世帯動態調査からみた家族の現状と変化」『家族社会学研究』23(1): 23–29.

山田昌弘，1999，『パラサイト・シングルの時代』筑摩書房.

8 ひとり親世帯に育つ若者とその困難

安宅　仁人

1 ひとり親世帯の現状と研究動向

(1) 「子どもの貧困」と「ひとり親世帯」をめぐる現状

　こんにちを生きる子どもや若者の育ちをめぐる課題は，いじめ，不登校，児童虐待，発達障害，学校から社会への移行など多岐にわたるが，中でも近年ひときわクローズアップされているのが，子どもの貧困をめぐる問題である．『子どもの貧困』の著者として知られる阿部彩が，「子どもが貧困状態で育つことは，その子どものその時点での学力，成長，生活の質などに悪影響を与えるだけでなく，それはその子どもが一生背負っていかなければならない『不利』な条件として蓄積させるということ」（阿部 2008: 24）と表現しているように，近年の各種の研究を通じて子どもの貧困はその後の子ども・若者の人生の行く末を大きく左右する要因であることが明らかにされてきた．

　しかしながら，「子どもの貧困」を問題視する声が広まりを見せる一方で，貧困状態にある子どもの貧困率は上昇を続けてきた．16.3%——およそ 6 人に1 人——の子どもが相対的貧困の状態にあるとの調査結果（「平成 25 年　国民生活基礎調査の概況」）の公表は，社会に衝撃を与えるところとなった．これほどまでに子どもの貧困をめぐる状態が悪化してきた背景には，政府による所得移転策がむしろ貧困をめぐる状態を促進させる機能を果たしてきたことや，子どもに関連した公費支出の割合の低さがあると指摘されている（阿部 2008: 92–101, 山野 2008: 44–50, UNICEF Innocenti Research Centre 2012 など）．

⑵　ひとり親世帯をとりまく困難

　日本の子どもの貧困率である 16.3% という数字は OECD 諸国の中で高い水準にある．中でも母子世帯・父子世帯といったひとり親の世帯[1] に育つ子どもの貧困状態はひときわ目立っており，「平成 25 年 国民生活基礎調査の概況」によれば，世帯所得の中央値 244 万円の半額（122 万円）を貧困線とすると，子どもがいる世帯のうち「大人が 1 人」の場合の貧困率は実に 54.6% に上るとされる．

　また，実際に生活意識の面でも，母子世帯の生活意識は，全世帯の平均と比べても「大変苦しい」「やや苦しい」の比率が突出している．これら統計に示される数値は，経済的な水準の観点からも，また生活実感の観点からも，母子世帯出身の子ども・若者に経済的，心理的さらには社会的な困難が重くのしかかる現実をあらわしているといえよう．

　母子世帯の所得をめぐる困難について，井上たか子は厚生労働省の「世帯類型別所得再分配状況」に示されたデータに基づきながら，母子世帯の所得の低さの要因として「子どもをかかえての労働条件が厳しいこと」「日本では離婚後の養育費支払いが制度化されていないこと」「一人親家庭を対象とする現金給付」などの諸手当の少なさがあり，結果として日本の母子世帯は「所得再配分後の可処分所得は当初所得より 1.4 万円しか増えていない」厳しい状況にあることを指摘している（井上 2012: 433-435）．

⑶　ひとり親世帯出身者の進路選択をめぐる困難に関する調査研究

　このような状況のもとで，ひとり親世帯に育つ子どもや若者が抱える学業達成上の困難とはいかなるものなのであろうか．内閣府が公表した『平成 23 年度「親と子の生活意識に関する調査」概要』の稲葉昭英（2012: 106）や藤原千沙（2012: 220-223）による調査にも示されるように，ひとり親世帯における保護者と子ども自身の進学希望はいずれも，ふたり親世帯と比べて概して低い．

　さらに，ひとり親世帯とその家庭に育つ子どもの教育的達成のメカニズムに迫った近年の研究のうち，特に注目されるものとしては余田翔平（2012）や斉藤知洋（2014）の研究が挙げられよう．中でも余田（2012）は，マクラナハン

ら（McLanahan and Percheski 2008）の研究に示された「family structure」
の概念を援用しながら，母子世帯・父子世帯ならびにふたり親世帯との比較研
究を行ったうえで，ひとり親世帯出身者が進学の面で不利な立場に置かれ，ま
たその格差が拡大する傾向にあることを明らかにしている．

　このほか白川俊之（2010）も，経済的剥奪仮説と関係的剥奪仮説を援用しつ
つ，PISA2000のテスト結果と家族構成の関係の分析を通して，特に「母不在
家族の子どもの学力」の低さ，「父不在家族において経済的資源の不足」「母不
在家族では経済的資源の不足に加えて，関係的資源の顕著な不足」があること
を明らかにしている．

　以上の先行調査・研究に見られるように，ひとり親世帯をめぐっては経済的
な困難に加え，学業的達成社会資本，社会的排除，ジェンダー，家族モデルな
ど，研究と分析の視点は多岐にわたる．しかしながらひとり親世帯については，
これまで多岐にわたる質的な調査と量的な調査がそれぞれに展開されてきた一
方で，同一サンプルを対象としながら量的調査と質的調査とを併用したパネル
調査研究は極めて少ない．そこで本章では，第2節でアンケート調査によって
得られたパネルデータをもとに，ひとり親世帯出身者とふたり親世帯出身者の
父母属性や世帯収入が，それぞれ若者自身の学業成績や進路選択にいかなる影
響を与えたかを量的に分析する．次いで第3節では，前節の分析によって得ら
れた知見を踏まえながら，ひとり親世帯出身の若者にたいするインタビューデ
ータ（インタビュー対象者の選定基準については，第1章を参照）を質的に分
析することで，ひとり親世帯に育つことの困難の内実をより具体的に明らかに
したい．

2　量的調査データから見るひとり親世帯出身の若者の困難

　本節では，パネルデータで得られたデータの中でも，特にひとり親世帯出身
の若者に焦点を当て，主としてクロス集計と経年変化の分析をもとにその特徴
を明らかにする．あわせて，ひとり親世帯出身の若者の進学行動，就労行動を
めぐる不安定さや困難の背景にあるものを明らかにするための材料を得たい．

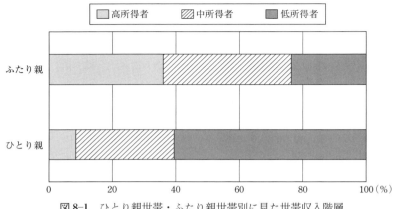

図 8-1　ひとり親世帯・ふたり親世帯別に見た世帯収入階層
注：$N=604$. χ 二乗検定による有意確率 .000.

(1) ひとり親世帯の親の収入と学歴をめぐる状況

　はじめに，今回取り上げる調査サンプルに占める母子世帯・父子世帯の割合を見るため，2007 年時の家族構成についての回答結果を分析した．全回答者 768 件のうち両親が不在であると答えた者はおらず，母子世帯出身者は 78 件で全体の 10.2%，父子世帯出身者は 14 件で同 1.8% であった．また，離別の理由についてみた場合，母子世帯・父子世帯とも「離婚」とするものが最も多くなっている．

　次に，母子世帯および父子世帯の経済状態についてそれぞれ着目し，低所得世帯（400 万円未満），中所得世帯（400-800 万円未満），高所得世帯（800 万円以上）に分けて分析した．なお，父子世帯はサンプル数が 14 件[2]にとどまることから，これ以降は母子世帯と父子世帯を合成した「ひとり親世帯」[3]を変数として設定することとした．分析の結果，図 8-1 のように，ひとり親世帯の世帯収入はふたり親世帯と比べて全体的に低い傾向にあることが顕著に表れている．

　次に，ひとり親世帯出身者とふたり親世帯出身者との間の父母学歴の違いの有無について着目した（図 8-2，図 8-3）．その結果，父学歴と母学歴のいずれも，ひとり親とふたり親の世帯との間に経済状況ほどの明確な傾向は見られなかった．

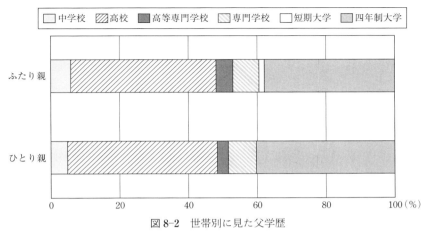

図 8-2 世帯別に見た父学歴

注：N=698．χ二乗検定による有意確率 .910．大学院とその他は欠損値として処理した．

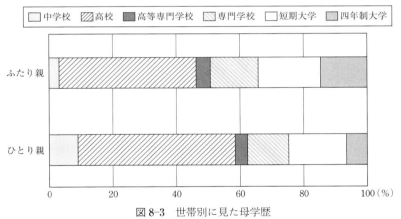

図 8-3 世帯別に見た母学歴

注：N=731．χ二乗検定による有意確率 .066．大学院とその他は欠損値として処理した．

(2) ひとり親世帯に育った若者がたどる進路上の困難

　それでは，こうしたひとり親世帯に育つ若者は，どのような軌跡をたどり学校から社会へと移行していったのであろうか．ここでは，ひとり親世帯出身者とふたり親世帯出身者とを独立変数に据えつつ，「中学3年生時の成績」「進学希望」「本人学歴」「進路についての満足度」に加え，学校卒業後の「就業形態」「移行類型」の順にその差異の特徴と傾向を見ていきたい．

8　ひとり親世帯に育つ若者とその困難——173

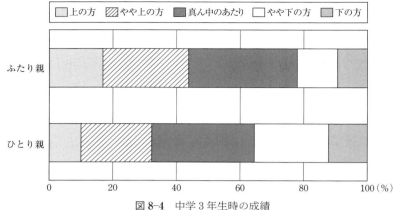

図 8-4　中学 3 年生時の成績

注：$N=755$. χ二乗検定による有意確率 .037.

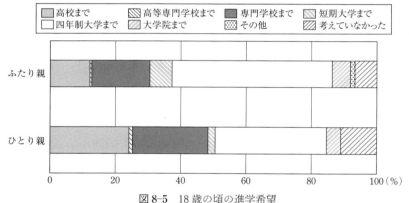

図 8-5　18 歳の頃の進学希望

注：$N=756$. χ二乗検定による有意確率 .006.

① **学業成績と進学をめぐる格差の顕在化**　まず，本人の中学 3 年時の成績について，「上の方」または「やや上の方」と回答した者は，ふたり親世帯では計 43.7% であったのに対し，ひとり親世帯では計 32.2% にとどまっている．その一方で「下の方」「やや下の方」と回答するひとり親世帯出身者の比率は高く，義務教育修了時の段階ですでに学力の格差が一定程度顕在化していた（図 8-4）．

また，18 歳時点の進学希望をみると，さらに両者間の差が拡大の傾向にあ

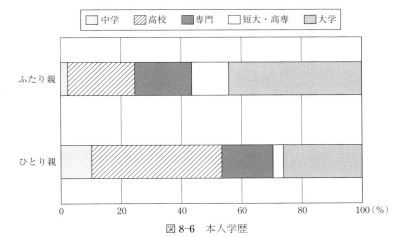

図 8-6　本人学歴
注：N=755.　χ二乗検定による有意確率 .000.

ることがわかる．進学先を「高校まで」と答えた比率は，ふたり親世帯に育った若者は 12.2％ であったのに対して，ひとり親世帯で育った若者は 24.2％ となっており，その割合は 2 倍近い開きを示している．一方，「大学まで」と答えた割合は，ふたり親世帯の場合は 49.0％ であるのに対して，ひとり親世帯の場合は 34.1％ にとどまっている（図 8-5）．

　さらに，実際に進学した学歴についてみると，その格差はより顕著となる．本人学歴については，ふたり親世帯出身者の場合は高卒が 20.9％，大卒が 41.6％ であるのに対して，ひとり親世帯出身者の場合は高卒が 41.8％，大卒が 25.3％ となっていて，最終学歴にも大きな差が表れていることがわかる（図 8-6）．

　結果的にこの差は，ひとり親世帯に育つ若者が，ふたり親世帯に育つ若者と比べて自らの進路に十分に満足できないことにもつながっていく（図 8-7）．ふたり親世帯に育った若者のうち 6 割超は自身の進路について「満足」あるいは「どちらかといえば満足」しているが，ひとり親世帯に育つ若者では 46.7％ にとどまっている．一方，「不満」あるいは「どちらかといえば不満」とした若者の割合は，ふたり親世帯出身者は 12.4％ であるのに対して，ひとり親世帯出身者では 24.4％ と，より多くの者が不満を抱いている傾向が示されてい

8　ひとり親世帯に育つ若者とその困難──175

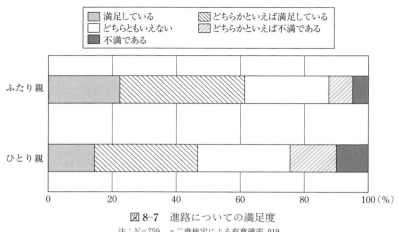

図 8-7　進路についての満足度
注：$N=759$.　χ 二乗検定による有意確率 .019.

る．

② **ひとり親世帯に育つ若者の学校から社会への移行**　以上のようなひとり親世帯出身者をめぐる学力と学歴の格差は，学校から社会への移行を通してその後の人生の不安定さの度合いをさらに深めていくこととなる．図 8-8 は，調査の最終年である 2011 年時点の若者たちの就業形態を示したものである．相対的に安定した雇用環境にあると考えられる「正社員・正職員」として働く者の割合について見た場合，ふたり親世帯に育った若者は 73.4％ がその職にあるのに対して，ひとり親世帯出身者の場合は 52.7％ にとどまっている．一方，不安定な雇用環境の典型ともいえる「臨時雇用・パート・アルバイト」の職に就く若者の比率は，ふたり親世帯出身者の場合は 17.9％ なのに対して，ひとり親世帯出身者の場合は 31.1％ と割合が高く，雇用の面でも不利な状況に置かれる傾向にあることが示されている．

　さらに移行類型（移行類型の詳細な分析については第 2 章を参照）について見た場合も，ひとり親世帯出身者が歩む道の不安定さが際立つ．図 8-9 に示されているように，「後期離学・正規雇用」「早期離学・正規雇用」「非正規雇用→正規雇用」といったルートを経て最終的に正規の職に就いた者の比率は，ふたり親世帯の若者の場合は 6 割近くに上る．その反面，ひとり親世帯に関して

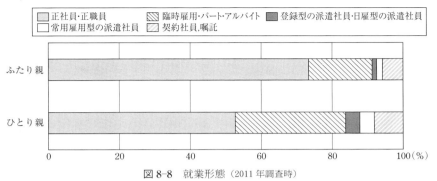

図 8-8 就業形態（2011年調査時）

注：$N=627$. χ二乗検定による有意確率 .004. 自営業主, 自由業者, 家族従業者, 経営者, 役員, 内職, 無回答は欠損値として処理した.

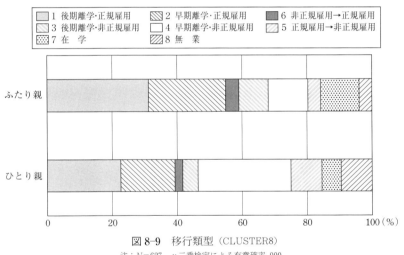

図 8-9 移行類型（CLUSTER8）

注：$N=627$. χ二乗検定による有意確率 .000.

は4割を辛うじて超える程度にとどまっている．加えて，ひとり親世帯の若者については，無業の割合が多いだけでなく，「正規雇用→非正規雇用」といったように，時間を経ることで不安定化が進んだ割合も相対的に高くなっている．

以上のように，在学時さらには就職時においてより厳しい状況にあるひとり親世帯出身者だが，彼ら彼女らの生活環境はこの調査の5年の間にいかに変容したのだろうか．そこで，次に「生活満足度・暮らし向き」「周囲の支援者と

の関係」「将来の展望」について焦点をあてる.

(3) ひとり親世帯に育つ若者の状況と意識の経年変化

① **2007年から2011年の間の生活の暮らし向きの変遷** 「現在の暮らし向き」について尋ねた設問に対する解答の経年変化を，ひとり親世帯の環境に育った若者とふたり親世帯の場合とで比較したところ，ふたり親世帯で育った若者のこの5年間の暮らし向きの動向は，「ゆとりがある」割合がやや減少傾向にある点以外は，大きな変化は見られなかった．一方，ひとり親世帯の若者の場合は，「苦しい」と答える比率が顕著に高く，特に2009年に突出していた．2009年は，前年の9月に発生したいわゆる「リーマンショック」による世界同時不況が引き起こされた時期であり，不安定な雇用環境にある若者たちの暮らし向きにも様々な影響が生じたものと推察される.

② **周囲の支援者との関係の変容** 生活環境の中で若者の周囲の人間関係はどのように変容してきたのであろうか．2011年の調査時点で「(1)遊びなどでいっしょに過ごすことが多い人」「(2)いっしょにいると居心地がよく安心できる人」「(3)今の仕事や学校生活，また将来のことについてよく語り合う人」「(4)困ったときに，必要なアドバイスや情報を提供してくれる人」の有無について分析したところ，ひとり親世帯とふたり親世帯との間に有意差は見られなかった．一方，人間関係の中で5年間の調査を通じて有意差が一貫して認められた唯一の項目は「経済的な面でふだん支えてくれている，あるいはいざという時に支えてくれる人」であった.

　これらの分析からは，ふたり親世帯と比べてひとり親世帯で育った若者の方が，20歳以降も経済的に支えてくれる存在がいるとする割合が低く，経済的な支援を得にくい環境にあることがうかがえる．また，リーマンショックの翌年である2009年には，ふたり親世帯出身者，ひとり親世帯出身者ともに経済的に支えてくれる存在が「いない」とする率が急増した点では共通していた．しかしながら，ふたり親世帯出身者は2010年以降「いない」とする率が徐々に減少していくのに対して，ひとり親世帯出身者はその率がさらに上昇して不利な状況が高止まりしており，経済的支援者の再獲得に困難を抱えていること

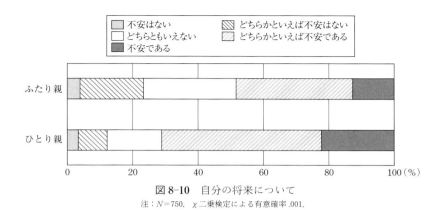

図 8-10　自分の将来について
注：N＝750．χ二乗検定による有意確率 .001．

が明らかとなった．

③　**自分の将来の見通しをめぐる格差**　こうした不安定な状況にさらされたひとり親世帯に育つ若者の多くが，自分の将来に対しても強い不安を抱いている（図 8-10）．ふたり親世帯の若者では，自分の将来に「不安はない」「どちらかといえば不安はない」と答えた割合は計 23.3％ であったのに対して，ひとり親世帯の若者ではその割合は計 12.2％ であり低い水準にとどまっている．また，「不安である」「どちらかといえば不安である」と答えた者の割合についても，ふたり親出身者の計 48.3％ と比べ，ひとり親世帯出身者は計 71.1％ にのぼり，ひとり親世帯出身者の大半が将来に不安を抱いている状況が浮き彫りとなった．

(4)　**小括——拡大するひとり親世帯出身者の困難**

　以上の量的データの分析からは，ひとり親世帯出身者の困難な状況とふたり親出身者との間に生じた格差が時を経るにつれ拡大の傾向を示す結果が示された．その結果は次の 4 点にまとめられる．第 1 に，ひとり親世帯とふたり親世帯の親の学歴と収入をそれぞれ比較した場合，父母の学歴についてはそれほど大きな差は確認できなかった一方で，収入についてはひとり親世帯の収入は顕著に低い傾向を示していた．第 2 に，ひとり親世帯出身の子どもは，ふたり親

世帯出身の子どもと比べて中学３年生時点で成績が低位にとどまる割合が高く，さらに中学卒業後の進路希望の面や最終学歴の獲得の段階でさらにその差が拡大する傾向にあった．第３に，雇用状況についてもひとり親世帯出身者を取り巻く状況は厳しく，ふたり親世帯出身者と比べて正社員として従事する割合が低い一方で，臨時雇用・パート・アルバイトの比率は高い数値を示していた．また，移行類型による分析を通しても，ひとり親世帯出身者の方が無業の割合が高いほか，時間を経るにつれ正規雇用から非正規雇用への不安定化が高まる傾向も一部にみられた．第４に，ふたり親世帯出身者と比べてひとり親世帯の出身者の方が，将来の見通しについての不安を強く抱いていることも明らかになった．

　これらのことから，ひとり親世帯の環境の中で育つことは，幼少期や学齢期における経済上あるいは学業達成上の困難をもたらすだけでなく，学校から社会に移行する際により困難が顕在化し，将来の希望までも奪いかねない要因となっていることが示唆された．

3　インタビュー調査に見るひとり親世帯に育つ若者の困難

(1)　インタビュー調査の分析視角

　では，ひとり親世帯の中で育った若者たちは，より具体的にはどのような困難に直面しながらこれまでを生きてきたのであろうか．量的データの分析だけでは見えにくいひとり親世帯に育つことによる困難が，進学や就職といった一連の進路選択時にどのような影響を与えてきたのかを明らかにしたい．

　そこで本節では，第１に母子世帯・父子世帯であることに起因すると思われる対象者の生活上の困難について，第２に家庭における経済的な困難が対象者の進路選択に与えた影響について，そして第３に対象者の周囲の関係者による支援の可能性について焦点を当てながら，インタビューにより得られた記録データの分析を行うこととした．また，他の章と同様に対象者の氏名はすべて仮名である．

　なお，以降のインタビュー記録データの引用部分における括弧内の挿入は，特に断りのない限りいずれも引用者によるものである．

　　180——III　家　族

⑵　母子世帯・父子世帯における離別理由にみた違い

①　**離婚による母子世帯の場合**　今回インタビューの対象となったケースを，離別か死別かといった離別理由[4]ごとに整理したところ，離別を理由として母子世帯となった場合には，家庭の経済的な不安定さに拍車がかかる例が目立った．中心的な稼得者を失い経済的な不安定さが増した結果，若者の進路選択や就学・就労さらには自身の子育て行動などの生活全般にわたり多くの制約が加えられていることが確認できた[5]．

　たとえば，高校1年生の時の両親の離婚を契機に祖母の家で母と妹とともに暮らすこととなった藤井朱里さんは，高校在学時は奨学金と自身のアルバイトで学費を賄ってきたと語っている（藤井さんの境遇の困難さをめぐる詳細な分析については第16章を参照）．

　　それでも，ほぼ毎日とか，土曜，日曜日は長い時間（アルバイトとして）働いてたんで，たぶん6,7万円くらいはキープしてたんですよ．じゃないと（高校の）学費が払えないもんで．結局，奨学金の手当をもらって，なんとか．お母さんも働いてたんですけど，やっぱり収入が少ないんで．で，あとはあれですよね，自分がお小遣いもらえないからっていう気持ちが強かったんだと思います．で，おばあちゃんの家に居候もしてたから，気まずいなって（藤井朱里・義父離婚）．

　藤井さんの言葉にあるように，同居する祖母や母への気遣いや肩身の狭さ，さらには中心的な稼得者の喪失により世帯収入が低下したことへの懸念から，高校在学中にアルバイトに従事することを余儀なくされていた．彼女が様々な健康上や生活上のハンデを抱え，さらには職場での不当な行為に耐えながら長時間の勤務を続けるという困難な環境に身を置き続けた背景には，家計を支えようとした強い意識が存在していたことが見て取れる．

②　**死別による父子世帯の場合**　3歳の頃に母親を亡くし父子世帯となった高田春樹さんは，母との死別後の父の様子について次のように語っている（高田さんの移行をめぐる詳細な分析については第10章を参照）．

お母さんが亡くなって，「自分（父）が育てなきゃ」というのがあったんでしょうね．小さい頃はちゃんと仕事をしていましたよ，やっぱり．でもいつからかなぁ，小6くらいからどうかな．仕事にあんま行かなくなって．（中略）酒を飲むようになって，アル中になって，中2ぐらいかな，倒れてこっち（現在の居住地域）に来て，連れてこられてそれっきりというか．ほとんどそれからそれきり会ってない．極端な話，「今どこで何をしているの？」ぐらい．電話も来なければ．何も本当に，音沙汰がないというんですか（高田春樹・母死別）．

このインタビューからは，母親の死をきっかけに父親の精神的な余裕が失われ，急速に父と子との関係が破綻に近い状態に陥ってしまったことがうかがえる．

③ **死別による母子世帯の場合**　もっとも，若者の精神的なダメージは母親の死に限られるものではない．父の死による精神的な影響が自身の就学や就職行動にも及んだケースも複数見られた．たとえば，父親の癌との闘病をきっかけに，母とともに自分自身も精神状況が不安定さを増し，その後の人間関係が悪化してしまった逸見武さんのような例もある．逸見さんは高校に進学したものの不登校状態を経て1年生の3月に中退することとなるが，その時期の荒れについては彼の父の死が大きく影響していたと振り返る．

中学校に入ってから（父の）闘病がひどくなって，どんどんやせ細っていくんです．で，中学校からどんどん（自身の生活が）荒れて，ぎりぎり高校に入ったんですけど，それ奇跡でしょうね．たぶん小論文でおやじのこと書いたから受かったんだろうと推測はしてるんですけど．そんときに僕はうつ状態みたいな感じで人間関係最悪やったですよ（逸見武・父病死）．

また，大学1年生の時に，病気で父親を失った木下隆介さんも，

Q：アンケートで「学校の友人関係，先生との関係がうまくいかなくて精神的につらかった」とか，「話すことが恐くなった」，それから「眠れなかった」って

いうところに○がついていまして，これは大学の2年生の頃なんでしょうか？

　A：1年生ですね．その頃，おやじが亡くなって．で，いろいろその大学の環境にも慣れることができなくて，自分自身も，「別に慣れなくてもいいかな」と思いつつも，やっぱり入るとすごい疎外感を感じたというか．あんまりうまくやっていけなかったんですね，環境が変わって，しかも，あんまり自分が行きたくもなかったっていうようなところもあって．

　Q：大学時代の友だちは，あんまり1年生のときはつくれなかった？

　A：つくれなかったですね．

　　　（中略）

　Q：お父さんが亡くなったことで何かショックみたいなものは？

　A：そうですね，ちょっと不安定になりましたね（木下隆介・父死別）．

と，父親の死により精神的に不安定な状況に陥り，大学に馴染めずに不登校気味になったことを語っている．

　以上のように，死別によってひとり親世帯になったいずれのケースでも，子の精神面への打撃が大きいことが確認された．

　その一方で，稼得者としての父親を死別によって失った，木下さんや逸見さんは次のように語る．

　　最初は，おやじが働いててって感じで，そこから（学費が）出ていて，その（死去）後は，たぶん保険から出てたんじゃないですかね（木下隆介・父死別）．

　　まだおやじが生命保険に入っていたときって，たぶん何年前，10年より前やから，たぶん僕が5歳やったから，たぶんその20年くらい前から保険入ってると思うんですよ．（中略）今でも，その貯金で，どんどん切り崩してはいますけど，今なんとか生活できてるのはそれのおかげなんです（逸見武・父病死）．

　これらのケースのように，稼得者との離別の場合と比べ死別の場合には，保険金や遺族年金等の支給により経済的な困窮の度合いが軽減され，一定程度のセーフティネットが機能している傾向も見られた．

(3)　ひとり親世帯に育つ若者の進路——経済的困難と進路選択

　次に着目するのは，ひとり親世帯出身者をめぐる経済状況と進学選択との関係性である．今回インタビュー調査を実施した中で，ひとり親世帯に育った若者 17 名のうち 5 名が，家庭の経済状況が自身の進路選択に何らかの制約を与えたと語っていた．

　先ほども取り上げた藤井朱里さんはインタビューの中で，義父との離婚後に母親たちと祖母の家に同居していたことに関して，

　　そっち（同居させてもらっている祖母）にも，本当はお金を出さなきゃならないのに，住まわせてもらってるのにって，そう思ったら，もう，「いいや，働いてお金を出しておけばいいや」みたいな．だから，そのときは正社員だとかにこだわりはなくって（藤井朱里・義父離婚）．

と，経済的な問題から早期の就職を志向していたことを吐露している．こうした事例のように，ひとり親世帯は経済的な基盤が脆弱な傾向にあり，そのことが子どもの進路選択に直接的あるいは間接的に制約を与えていることがうかがえる．

　また，離婚や死別に至る以前から経済的困難に陥っていたケースも見られる．こうしたケースに共通するのは，父親の就業状況の不安定さである．たとえば，父親の突然の離職を契機に家庭の経済的な余裕が失われたことから四年制大学への進学を断念し，家庭の事情を汲み取る形で近隣の短大への進学を選択した渡辺直子さんは，

　　A：えーと，できれば（高校卒業後は）国文科とか司書科とか，そういうところに行きたかったんですけど，まぁ 1 人暮らしとかも家計的に無理だから，家から通える所ということで．
　　Q：それは何か親に言われてとか？
　　A：うーん，たぶん言われたりもしたと思うんですけど，大体自分で決めたと思います．
　　Q：奨学金借りて，何とかしようとか，そういうふうには？

184——Ⅲ　家　族

A：そこまでは考えなかったですね．今考えると，相談すればもうちょっとな
んとかなったと思うんですけど，とりあえず，当時はそういう選択肢は頭の中に
なかったです．（中略）高2の頃から，もう貧乏だったので，たぶん最初から諦
めムードで，高3になって，そういう本格的な雰囲気になったときに，あっ，や
っぱり駄目だなという，見切りをつけたみたいな感じですかね（渡辺直子・父離
婚）．

と，家庭の経済事情を忖度し，結果的に自身の第1希望とは異なる進路を選択
したことを語っている．
　また，いじめをきっかけに不登校状態となり通信制高校へと進学した戸田佑
真さんも，父の仕事の不安定さが大学への進学を断念する一因となったことを
語っている．

　　A：今は（父の仕事は）アルバイトですね，結局．もともと自営業だったんで
すね，親は．海外とかでいろんな事業やったりとかしてたんですけど，だんだん
芳しくなくなってきて．（中略）高校3年生の頃に「大学も行きたいなぁ」と思
って，やっぱり就職するんなら大学出てたほうが全然有利だと思って，「大学に
行きたい」と思って塾に通い始めたんですね，自分でお金払って．親はお金出し
てくんないから自分で出すしかないみたいな．で，塾に通ってたんですけど，途
中で高校から，通信制の高校なんですけど，大学の推薦がもらえるということに
なって．「大学行きたいって言ってたよね．推薦いる？」，「もちろんいります」
って言って，推薦もらったんですけど，結局，家庭の事情でお金が払えず断念．
　　Q：奨学金とかは借りようとは？
　　A：あー，それも結局，最後に言われたんですよ．親も僕もまったく考えてな
かったんですよ．「駄目だ，駄目だ」って言われてて，「お金がないから駄目にな
るかもしれん」って言われてて．まったくその辺考えてなくて，謝りに行ったん
ですよ，大学まで（戸田佑真・母死別）．

　以上の2つのケースからは，父親の職業の不安定さ──自営業などによる経
営状況の悪化や突然の離職──が，子どもの進路選択に制約を与えていること

が看取できる．加えて，２つのケースいずれも，進路の選択の時期に奨学金の利用が選択肢として積極的に浮上してこなかったことに示されているように，ひとり親世帯における進路選択に対する情報の提供や経済的支援の機能の脆弱性が露になっている．

　以上のケースからは，ひとり親世帯における若者の進路選択上の困難として，①親から直接的に「進学は無理」と言われ進学を断念せざるを得なかったケース，②子ども自身が家庭の経済状況や親の気持ちを汲み取る——いわば忖度する——形で自ら進学を断念するケース，③金銭や情報といった家庭内の資源不足から進学の断念や中退を余儀なくされるケース，が確認できた．

(4)　ひとり親世帯に育つ若者への親族による支援

　以上のインタビュー分析からは，ひとり親世帯に育つ若者は，親の健康状態や収入状況により直接的に影響を受けることが少なくないことがうかがえた．その一方，数は限られているものの，ひとり親世帯に育つ若者やその家族に対して一部の親戚からの助言や支援が積極的に提供され，困難な状況を乗り越えるための資源となっているケースも確認された．

　その例として最初に取り上げたいのは，自身の幼稚園時代に両親が離婚し母子世帯となった大田千夏さんのケースである．子どものいない母方の伯母から経済面や生活面で様々な支援を幼いころから受け，のちにその伯母の養子となった大田さんは，「母親が２人いるような感じ」と語っている．

　　Ａ：あと，お母さんのお姉さんなんですけど，子どもがいないんですよ．子どもいなくて，小さいときから自分かわいがってもらってて，だから，そのお姉さん，伯母さんが（金銭的な支援を）くれたりとか．うん，そういう感じですかね．
　　Ｑ：子育てとかもちょっと，何かやってもらえることもあるんですか？
　　Ａ：うん，けっこう預ってくれたり，まぁお母さんと一緒に預ったりとか．伯母さんはお家が保育園から近いから，ちょっとお迎えお願いしたりとかっていうのは．（中略）この伯母さん，子どもいないから「あんたは養子に入りなさい」って言われてて，で，その養子に最近本当になったんですけど．それも旦那も理解のうえで，なってくれてたので．だからまぁ，この伯母さん（のところ）に一

緒に，（子どもが）小学校になったら，お迎えとかもあれだから，（伯母の所有す
る敷地内に）小さいお家造ってもいいんじゃないっていう話があるから．近い将
来，そういう話が進んでいけばいいのかなみたいな（大田千夏・父離婚）．

　また，先ほど取り上げた高田春樹さんのケースについてみても，母親との死
別後に父親の精神状況が急速に悪化して親子関係が破綻に近い状態となったも
のの，その後は母方の叔母の家に妹と移り住み，就職するまで親戚からの支援
を受けることとなる．

　　Ａ：妹が（母が）亡くなったとき（生後）4カ月だったので，うちらお父さん
　と男の子2人だったので，どっちが面倒をみるとかなったみたいで，（母方の）
　○○家と高田家でとなって．いちおう叔母さんが引き取るとなって，叔母は妹と
　ずっと一緒にいるんですけど，妹にとって叔母さんはずっとお母さん．
　　Ｑ：それでさっきの「お母さん？」という話になるんですね．
　　Ａ：そう，そう．自分からしたら叔母さんとわかるし，叔母さん，叔母さん．
　どうだろう……，気持ち的にお母さんと呼びたいけど，恥ずかしいのもあるし，
　呼べない（高田春樹・母死別）．

　この高田さんの言葉からは，母方の叔母が経済的にも精神的にも母親代わり
の役割を果たしてきたことがうかがえる．
　以上の事例のように，ともすると孤立しがちなひとり親世帯出身者に対して，
親族間の紐帯の強さが経済的あるいは心理的な支援や扶助機能を補完している
ケースも一部ではあるが確認できた．

4　おわりに

(1)　ひとり親世帯出身者をめぐる量的・質的データの総合的な分析から得られたもの
　以上のパネル調査分析さらにはインタビュー記録の分析結果から，ひとり親
世帯出身の若者をめぐる困難の状況と動向として，以下の点を指摘することが
できる．

第1に，ひとり親世帯出身者とふたり親世帯出身者とのあいだには，すでに義務教育修了の時点で学業成績上の格差が顕在化し始めていた．経済的にも学業的にも困難な状況に置かれているひとり親世帯出身者は，進路選択時に学力的，経済的さらには地理的な要因による制約を受けやすい．その結果，当初希望していた進路を家族によって変更を強いられたり，家庭の状況を忖度する形で自ら進学を諦めてしまうケースも複数見られた．

　また，進学のための奨学金についての選択肢が浮上しない，あるいは貸与を諦めざるを得ない状況になるなど，進路に関する情報や支援を得る上でも不利な状況に置かれているケースも複数確認できた．その背景には，1つ目としてはひとり親世帯における進路選択上のアドバイザー機能が十分に提供されていないこと，2つ目としては親あるいは子自身の進学希望に対して自己抑制が機能していること，そして3つ目には将来長期にわたって奨学金とその利子を返済し続けるリスクへの警戒があること，が考えられる．

　第2に，ひとり親世帯出身者の進学をめぐる不利益は，就職後においても雇用の不安定さにつながっていた点が挙げられる．ひとり親世帯出身者のうち一定数の若者が，早期就業を余儀なくされたり，学歴の獲得が思うようにいかず，結果として不安定な雇用状況に置かれる傾向にあった．

　そして第3に，ひとり親世帯は親族との関係において断絶や孤立が生じやすい[6] ことから，ひとり親世帯に育つ若者は，成人後も経済的に支援してくれる人間関係が脆弱なものになりがちであった．その一方でインタビュー調査から明らかになったように，親戚等による支援が心理的にも経済的にも，そして将来の希望を獲得する上でも一定程度の役割を果たすケースもあった．

　ただし，祖母と同居していた藤井さんの例に見るように，親族との同居が必ずしも有効な支援となりえないケースもある．それゆえ，ひとり親世帯に育つ若者の不利益を軽減するためには，親戚による扶助機能に頼るだけではなく，社会的養護の機能の充実を図ることが，今後さらに重要性を増すことになろう．

(2) ひとり親研究と支援をめぐる今後の課題

　おわりに，今後の研究上の課題と政策的な課題とを確認したい．研究上の課題としては，早期の段階からひとり親世帯出身者に焦点を当てたパネル調査を

展開することで長期的なデータを蓄積し，ひとり親世帯出身者の多岐にわたる不利益の実態や，子どもの学業的達成や進路選択に与える影響についてより精緻な分析を行い，その因果関係を明らかにしていくことが求められよう．

そして政策的な課題としては，ひとり親世帯への積極的な公的支援の充実を図ることが挙げられる．大学進学率の低さ，非正規労働者として雇用される比率の高さ，さらには将来に不安を抱いている若者の比率が7割を超えるという事実は，ひとり親世帯出身者であることに起因して被る不利益としてはあまりにも大きい．それゆえ，子どもの貧困対策はもとより，早期からひとり親世帯に育つ子ども・若者を重点的・積極的に支援する枠組みの構築が望まれる．

その具体的な方途としては，給付型奨学金制度等の拡充により，進学や雇用をめぐる格差を是正する方向に導くことが考えられる．さらには，従来型の世帯を単位とした教育機会の保障や社会保障の制度的枠組みを，子どもや若者個人を直接の支援対象としたものへと転換していくことも検討に値しよう．ひとり親世帯とその出身者への包括的かつ長期的な支援の充実を図ることが，若者の権利保障の点からも，また持続可能な社会を維持していく点からも急務となっている．

【注】

1) 母子世帯や父子世帯等を意味する「ひとり親世帯」の定義については，国勢調査，国民生活基礎調査，全国母子世帯調査などの調査ごとに違いがあることが知られている（藤原 2003，金川 2012: 2–3）．各調査の定義に差はあるものの，確定した数値である総務省統計局『平成22年度 国勢調査』によると，核家族の中でも「夫婦と子どもから成る世帯」の実数と比率はともに減少する一方で，「女親あるいは男親と子どもから成る」ひとり親世帯の数と比率は近年上昇傾向にある．

2) 父子世帯のサンプル数は14件と少数にとどまるものではあるが，低所得に属する世帯の割合は母子世帯と比べて少ない．

3) なお，対象の「ひとり親世帯」出身者（$N=92$）の男女比は50.0%であり，「ふたり親世帯」出身者（$N=671$）に占める男性43.8%・女性56.2%と比べても大きな偏りは見られない．

4) 厚生労働省「平成23年度 全国母子世帯等調査」によると，ひとり親世帯になった理由を母子世帯・父子世帯別にみた場合，死別による理由としたものが母子世帯では7.5%であるのに対して，父子世帯では16.8%となっており，父子世帯の中には母親を死別で失ったケースが比較的多く含まれている．

5) 厚生労働省が行った「平成23年度 全国母子世帯等調査」の結果にも，父子家

庭と比べて母子家庭は平均年間収入が少なく，経済状況の悪化に直結する傾向にあることが示されている．

6）「平成 23 年度　全国母子世帯等調査結果報告」（p. 75）においても，親族を相談相手とする回答者の割合は母子世帯・父子世帯ともに近年低下傾向にあることが示されている．

【文献】

阿部彩，2008，『子どもの貧困――日本の不公平を考える』岩波新書.

藤原千沙，2003，「母子世帯の就業実態――調査結果から得られる知見」『調査研究報告書 No.156　母子世帯の母への就業支援に関する研究』日本労働研究機構.

藤原千沙，2012，「ひとり親／ふたり親世帯の格差と貧困の影響」『親と子の生活意識にかんする調査報告書』内閣府子ども若者・子育て支援総合推進室.

稲葉昭英，2012，「ひとり親世帯と子どもの進学期待・学習状況」『親と子の生活意識にかんする調査報告書』内閣府子ども若者・子育て支援総合推進室.

井上たか子，2012，「一人親家庭の貧困とその対策――フランスとの比較」『青山総合文化政策学』4(2)，青山学院大学.

金川めぐみ，2012，「日本におけるひとり親世帯研究の動向と課題」『経済理論』369，和歌山大学経済学会.

McLanahan, Sara and Christine Percheski, 2008, "Family Structure and the Reproduction of Inequalities," *Annual Review of Sociology*, 34.

斉藤知洋，2014，「家族構造と教育達成過程――JGSS を用いたひとり親世帯出身者の分析」『日本版総合的社会調査共同研究拠点研究論文集 14（JGSS Research Series 11）』大阪商業大学.

白川俊之，2010，「家族構成と子どもの読解力形成――ひとり親家族の影響に関する日米比較」『理論と方法』25(2)，Japanese Association For Mathematical Sociology.

UNICEF Innocenti Research Centre, 2012, "Measuring child poverty New league tables of child poverty in the world's rich countries,".

山野良一，2008，『子どもの最貧国・日本』光文社新書.

余田翔平，2012，「子ども期の家族構造と教育達成格差――二人親世帯／母子世帯／父子世帯の比較」『家族社会学研究』24(1)，日本家族社会学会.

コラム4

不安定就労を続ける男性たち

　対象者の中には学校を離れてからほぼ一貫して不安定就労を続けている若者たちがいる．長期にわたって不安定就労を続けることでこうした者たちの中にはどんな状況が現れているだろうか．ここでは早期離学・非正規雇用優勢類型の男性（39 名）に焦点を当ててそのことを考えてみたい．

早期離学・非正規男性の現在

　早期離学・非正規男性の最終調査時点での状況はおおよそ以下の通りだ．地域移動パターンでは地方定住が 39.5％，中規模都市定住が 18.4％ となっている．男性全体ではこの 2 つのパターンをあわせてもほぼ 4 割であり，早期離学・非正規男性には大都市部以外定住者が多いことがわかる．実親との同居割合（89.7％）が男性平均（71.2％）よりも有意に高く，未婚の割合（97.4％）も男性平均（92.6％）よりやや高い．多くが，大都市部以外の生まれ育った地域に親とともに暮らし続け，ほとんどが未婚というのが最終調査時点での彼らのおおよその姿だ．

4 年間での変化

　彼らの多くは第 1 回調査前に学校を離れて働きはじめている．では第 1 回から最終回までの 4 年間の間に，彼らはどう変わっただろうか．まず「10 年後の見通し」についてである．この項目は第 2 回から加えられたので，3 年前との比較になる．10 年後自分が「結婚している」だろうという見通しを持っているのは，第 2 回時の 60.5％（男性平均 66.5％）から最終時の 42.1％*** （同 64.2％）へと大きく低下している（図 1）[1]．一方で，10 年後「親と暮らしている」だろうは 32.4％（同 30.0％）から 52.6％* （同 29.6％）へ上昇し，「今と同

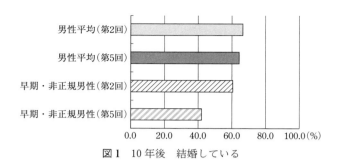

図1 10年後 結婚している

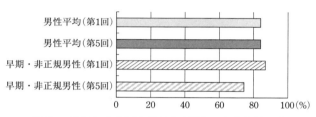

図2 一緒にいると居心地がよく安心できる人がいる

じ地域に住んでいる」だろうも 71.1%（同 58.1%）から 78.9%（61.0%）へと高い水準で推移している．

次に人間関係をめぐる変化はどうだろうか．「一緒にいると居心地がよく安心できる人」がいるとの回答割合は，第 1 回の 4 年前には 87.2%（男性平均 84.2%）であったものが最終回では 74.4%$^{\triangle}$（同 84.4%）へと低下傾向にある．例えば安心できる人として高校以降の学校時代の友人を挙げた者は 44.7% から 17.9%** へと低下しており，人間関係での孤立化傾向がうかがえる（図2）．

なかでも注目したいのが「安心できる人」として親を挙げた者の割合である．これも第 1 回の 36.8%（男性平均 38.1%）から 23.1%$^{\triangle}$（同 39.8%）へと低下傾向にある．親との同居割合が高く，しかも 10 年後も親と一緒に暮らしているだろうと思う者たちが多いにもかかわらず，親との間の関係は必ずしも良好ではないことがうかがわれる．

働くことについてはどうか．ずっと不安定な仕事を続けていることから当然といえば当然だが，10 年後も「ずっと同じ仕事を続けていると思う」者は

26.3%（男性平均 60.6%）に留まるが，その一方で「離転職せず同じ会社で働き続けたい」と希望する者は 78.9%（同 71.7%）にのぼる．

こうしたなかで，自尊感情は一貫して低く，かつこの 4 年間で低下傾向を示している．「いまの自分のままでよい」は 31.5%（男性平均 41.0%）から 18.4%△（同 33.0%）へ，「自分らしく生きている」は 55.3%（同 72.6%）から 44.8%（同 63.7%）へとなっている．

まとめ

非正規雇用など不安定な就労を続ける男性たちの状況は，このようにかなり厳しい．生まれ育った地域で親とともに暮らし続け，安定した仕事を強く求めながらもままならない状態が続いている．そして 4 年間の間に人間関係からも孤立しがちになり，またこれからも一緒に暮らし続けていくと思っている親との関係も思うようにいかなくなっている．

ここでは詳しい数値は省くが，同じ不安定就労を続ける早期離学・非正規類型でも，女性の場合はかなり様相が異なる．早期離学・非正規女性の親を含む人間関係や自尊感情，結婚展望などは，女性全体の平均値とほとんど差がない．こうしたジェンダー差は，どこから来るのだろうか．不安定就労を続けながらも「稼ぎ手役割（breadwinner）」意識に縛られ続ける男性意識のせいなのだろうか．それとも彼らをとりまくコミュニティの人間関係などの問題なのだろうか．

【注】
1) 数値のあとの記号は変化（低下）をめぐる有意差．***＜0.01，**＜0.05 *＜0.1．なお△＜0.2 は統計的に有意とはいいきれないが傾向性がうかがえるもの．

（乾　彰夫）

IV——地　域

9 地域移動と初期キャリア

片山 悠樹

1 はじめに

　進学，就職，結婚，転職，育児・教育など，人々のライフコースにおいて「地域」はさまざまなかたちで影響を及ぼしている．もちろん，それは若者たちにもあてはまる．とくに近年では多くの若者たちが経験する不安定就業（非正規雇用や無業など）の要因のひとつとして「地域」に関心が集まっている（栃澤・太郎丸 2011）．高卒無業者やフリーターが社会問題化した 1990 年代後半，若年層の不安定就業は都市的な現象として理解される傾向にあったが（苅谷ほか 1997，日本労働研究機構 2001），2000 年代後半あたりから「地方」にも広がっていると指摘されるようになった（西村 2006，李・石黒 2008）[1]．不安定就業は「地域」にかかわらず拡大しているのか，それとも「地域」差を残しているのか．若年層の就業を議論するうえで「地域」が重要な論点となっていることは明らかである．

　ただし，ひとくちに「地域」といっても，個人の視点からみると「出身地域」と「居住地域」の 2 つに峻別できる．前者は個人の選択可能性がないのに対して，後者は学歴や職業といった社会的地位と同様，とりあえずは選択されたものとみなすことができる（塚原・小林 1979，塚原ほか 1990）．そして，この両者の間に，地域移動（非移動）が発生するのであり，そうした移動（非移動）が人々のライフコースを解明するうえで重要な視点となる．とくに単身であることが多い若年層の場合，地域移動に対する心理的コストは低いため，進学や就職などに一定の影響を及ぼしやすい．さらに，吉川徹（2001）が「ロ

ーカル・トラック」と名づけているように，地域移動とライフコースには移動者本人も気づかない構造が存在している．

　そこで本章では，本調査の対象である若者たちがどのような地域移動を経験しているのか，そして地域移動の経験が離学後のキャリア形成といかに関連しているのかを検討したい．なお，調査の設計上，ここで扱うのは20歳（地域移動に関しては18歳）から24／25歳という，キャリアの前半部分＝初期キャリアである．

　本章の構成は，次の通りである．まず第2節では，教育社会学や社会学における地域移動研究を整理し，分析視点を提示する．それと同時に，従来の研究で使用されてきたデータと対比し，本調査データのメリットを述べる．つづく第3節では，本章で扱う主な変数である地域移動とキャリアについて説明する．そして第4節で，学歴別に地域移動と初期キャリアの関連を分析し，どのような特徴が観察されるのかを実証する．最後第5節で知見をまとめる．

2　分析の視点

(1)　地方から都市への移動

　時代により多少の変化はあるものの，人々の，とくに若年層の地域移動の基本的なパターンは地方から都市への移動である．都市と地方では労働条件や就業機会などの格差が存在するため，若者たちは条件や機会の不利な地域（地方）から有利な地域（都市）へと移動する．都市―地方の格差が，若者たちを都市へと引き寄せるインセンティブとして働くのである．

　ただ，そうしたインセンティブにより促される移動パターンはまったく同じかたちをとるわけではない．たとえば，社会的資源に恵まれた若者たちは，その資源を生かし，都市の教育機関へ進学し，高い社会的地位を得る可能性を高める．「立身出世」研究で明らかにされているように（Kinmonth 1981=1995，竹内 1991，天野 1992，中村 1999 など），戦前において地方（農村）の若者たちは社会的上昇を求め，都市の上級学校を目指した．ただし，その移動には経済的コストがともなうため，機会に与れるのは士族や裕福な地主などの子弟に限られていた（天野編 1991，天野 1996）．それでも，立身出世に動機づけ

られた地方の若者たちの間には，都市への移動がみられたのである．

　一方で，それとは異なるかたちの移動も存在した．生まれ育った地方（農村）では就業機会が少なく，仕事を求め，押し出されるかたちで都市へと流入した若者たちの移動である．高度成長期における「集団就職」（加瀬 1997，苅谷ほか編 2000）はその一例である．ただ，進学をともなった移動ではないため，都市へ移動したとしても条件が整っていない就業を余儀なくされた若者たちが多かったとされている．

　ここでは先行研究のごく一部に言及したに過ぎないが，地方から都市への移動はエリート層／ノン・エリート層で異なっていたことがわかる．そのような違いはあっても，移動の背後には経済的メリット（社会的上昇や雇用の確保など）を感じ取れた，いわば共通の感覚がかつての若者たちの間には存在していたと考えられる．もちろん，現代においても都市への移動は賃金上昇をもたらし（橘木・浦川 2012），とくに大卒者では顕著であるという（平木 2011，石黒ほか 2012）．しかし，若年層の不安定就業が社会問題化している現在において，キャリア形成の安定性といった観点からみた場合，地域移動の効果は存在するのだろうか．そこで，現代の若者たちは地域を移動することでより安定したキャリアを形成しているのか，このことを検討する．

(2) 「地元」に留まる若者たち

　地域移動は 10 代後半から 30 代前半に集中しており[2]，若年層に特徴的な現象といえるが，一方で数のうえでは移動を経験しない若者たちも多い．地域移動を長期的推移でみると（図 9-1）[3]，1950 年代の経済復興期から高度成長期には，都市での労働需要が拡大し，移動の増加が顕著であった．先に触れた「集団就職」は，「地滑り的」とも形容されたように，当時の活発な移動の象徴であった．ところが，高度成長期の終焉とともに移動は減少傾向へと転じている．その後も低下傾向はとまらず，現在ではピーク時の 6 割ほどの水準となっている．図 9-1 はすべての年代の集計結果であるが，地域移動の主役が若年層であることを踏まえると，移動未経験層は若者たちにも広がっていると推察できる[4]．

　そういった背景もあってか，近年では「地元」に留まる若者たちに照準を合

9　地域移動と初期キャリア──199

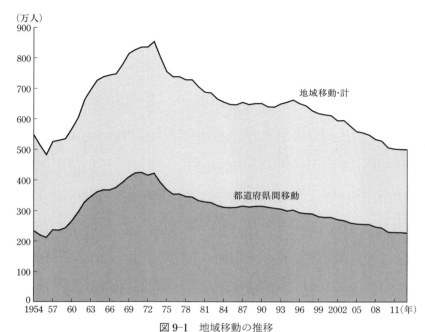

図 9-1　地域移動の推移
出所：総務省統計局『住民基本台帳人口移動報告書』．

わせた研究が注目を集めている．なかでも「地元」の仲間集団や人間関係に焦点をあてた一連の研究（新谷 2007，李・石黒 2008，轡田 2011 など）は，現代の若者たちの地域移動とキャリア形成を考えるうえでヒントを提供してくれる[5]．

　大都市周辺地域（千葉）のストリートダンサーを扱った新谷周平（2007）は，「地元」の仲間との関係維持を優先させる若者たちの姿と，その関係を維持するためにフリーターになるという現実を描いている．地域移動をともなう職業達成は「地元」からの離脱を意味するため，「地元」のつながりの文化は非移動志向の文化であると指摘されている（新谷 2007: 236-237）．こうしたことは，地方都市（岡山）の大学生を扱った轡田竜蔵（2011）や青森を事例とした李永俊・石黒格（2008）からもうかがえる．これらの研究に通底しているのは，「地元」を離れることに対してネガティブな予測をもち，移動という選択肢を

放棄することで就業機会の限定という結果をまねいている状況である．「地元志向」がキャリア形成のデメリットをもたらすという現実に言及しているのである[6]．ただし，「地元志向」という若者たちの意識と就業機会の関連に対して否定的な見方もある．太田聰一（2010）は都市の就業機会の冷え込みにより，地方の若者たちにとって条件の良い仕事を見つけにくくなっているため，「地元」に留まるという結果になっていると指摘する．「地元志向」をどのように理解するかはともかく，同じ地域に滞留する（せざるを得ない）若者たちがどのようなデメリットを抱えているのかはひとつの論点となろう．

　以上の関心から，本章では，①「地域移動することでキャリア形成上のメリットを得ているのか．仮にメリットが存在するのであれば，それはどの層のいかなる移動パターンで観察されるのか」，②「一方で地域を移動しなかった場合，キャリア形成上のデメリットを抱えてしまうのか．そしてそれはどの層であるのか」，この2点について検証を行う．

(3)　本調査データの特徴

　地域移動を扱うにあたり，地域をどのようにデータとして捉えるのかは，重要な問題となろう．

　佐藤（粒来）香が「地域間移動については人口学・経済学・地理学などの領域で豊富な研究が蓄積されてきたが，その多くはマクロデータに依拠した移動量に関する成果である」（佐藤（粒来）2004: 32）と指摘しているように，先行研究では都道府県レベルのマクロデータから地域移動が把握されることが多い（石黒ほか 2012）．マクロデータからのアプローチには一定のメリットがあるものの，同一県内の地域的差異を捨象してしまうというデメリットもある．一方，個票データを使用した研究では（塚原・小林 1979，塚原ほか 1990），市町村レベルまで下りて人口規模にもとづいた変数（都市─地方）を作成することで，マクロデータにおける問題を回避している．ただし，日常生活の感覚からも理解できるように，都市─地方という区分は必ずしも人口規模のみに依拠しているわけではない．たとえば，人口およそ18.6万人の東京都三鷹市（平成22年度「国勢調査」）と同じ規模の市には，茨城県日立市（約19.3万人），静岡県沼津市（約20.2万人），青森県弘前市（約18.3万人）などがある．

これら4市のなかで「都市」としてイメージされやすいのは，おそらく三鷹市ではないか．それは東京中心部へのアクセスが考慮されるためである．人口規模や行政的な区分だけでなく，中核都市へのアクセスなどの地理的感覚にもとづいて都市―地方＝地域を捉える必要があろう．この点については，すでに林拓也が「交通・通信手段の発達などによって，市町村や都道府県の範域を越えて『大都市圏』が形成されており，その周辺衛星都市居住者もその人口規模を問わず，中枢都市へのアクセスひいては諸機会へのアクセス可能性を十分有していると考えられる」（林 1997: 335）と指摘しており，本章も林の指摘に従い，中核都市へのアクセスも考慮した地域変数を作成する．

　その際，注意すべきは，たとえ客観的な距離が近くても交通手段の未発達により遠くに感じることがあるということだ．都市に比べ，交通手段が十分に整っていないことが多い「地方」では，そういったことはありえる．そのため，すぐ後で示すが，本章では電車の所要時間から中核都市へのアクセス＝地理的感覚を把握し，地域をできるだけ日常生活レベルにそくしたかたちで捉えることを目指す．

3　変　数

　分析に使用する主な変数については下記の通りである．

① **地域移動**　地域変数の作成にあたり，調査実施前のエリアサンプルの記録（対象者：20歳），第2回調査で尋ねた「現在の居住地（21／22歳）」と「18歳の誕生日および19歳の誕生日の居住地」，第3回調査で尋ねた「現在の居住地（22／23歳時）」，同様に第4回調査＝23／24歳時の居住地，第5回調査＝24／25歳時の居住地の，18歳から24／25歳までの計7時点の居住地のデータを使用した．そして先にも述べたように，変数化には人口規模に加え，中核都市へのアクセスという要素を取り入れた．具体的には，まず人口規模から地域を3つに分類し（人口100万人以上＝「大規模都市」／30万人以上100万人未満＝「中規模都市」／30万人未満＝「その他市町村」），そのうえで非「大規模都市」であっても電車で30分以内に「大規模都市」にアクセス可能な場

202——IV　地　域

合は「大規模都市」に含め，同様に
「その他市町村」であっても電車で 30
分以内に「中規模都市」にアクセス可
能な場合は「中規模都市」に含めた[7]．
そして，大規模都市および大規模都市
へのアクセスが 30 分以内の市町村を
「大規模都市圏」，中規模都市および中
規模都市へのアクセスが 30 分以内の
市町村を「中規模都市圏」，それ以外
を「地方」とした．

以上のように地域を分類したうえで，
「定住（移動経験なし）」／「県内移動

表 9-1　地域移動パターン

大規模都市圏・定住	23.8 (180.0)
中規模都市圏・定住	23.3 (174.0)
「地方」・定住	21.0 (158.8)
中核都市への移動	8.2 (62.3)
県内・中核都市への移動	2.1 (16.1)
U ターン移動	8.0 (60.9)
非中核都市への移動	2.8 (21.2)
県内・非中核都市への移動	4.3 (32.4)
頻繁な移動	3.4 (25.6)
その他	1.7 (13.1)
海外移住経験・欠損	1.7 (13.2)
計	100.0 (757.6)

注：沖縄のサンプルについては人口比に応じた
ウェイトをかけ算出．表中の数値はパーセン
テージ．（ ）内は人数．

のみ経験」／「県外移動の経験あり」といった移動経験の有無を加味し，地域
移動を 11 パターンに分類した．その結果は**表 9-1** の通りである[8]．

表 9-1 をみると，「定住」に該当する対象者は 7 割近くとなっており，18 歳
から 24／25 歳まで移動を経験していない若者たちが多数を占めていることが
わかる[9]．移動経験者のなかで比率が高いパターンは，順に「中核都市への移
動」，「U ターン移動」，「県内・非中核都市への移動」となっている．以下で
は，これら 3 つの移動パターンに，3 つの「定住」を加えた 6 つのパターンを
取り上げ，分析を行う．

② **初期キャリア**　初期キャリアの指標には，2005 年から 2011 年までの「毎月
の主な活動状況」（ただし，2005 年と 2006 年は 3 カ月ごとの活動状況)[10] を
使用する．そして，各月の状況から，【1】離学後，初職（正規雇用）までの月
数と，【2】離学から 2011 年 10 月までに占める正規雇用の割合を算出したうえ
で [11]，離学後 6 カ月以内に正規雇用に移行し（＝【1】），かつ離学後の期間の
80％ 以上を正規雇用として就労経験（＝【2】）をもつ対象者を，便宜的に
「安定した」キャリア形成者とした．なお，学校から仕事への移行については
第 2 章で類型化が試みられているが，6 つの地域移動パターンを扱う本章では，
分析の煩雑さを避けるため，上記の簡略化された指標を使用する．

9　地域移動と初期キャリア——203

表 9-2 学歴×地域移動パターン

(%)

	大規模都市圏・定住	中規模都市圏・定住	「地方」・定住	中核都市への移動	Uターン移動	県内・非中核都市への移動	計
高 卒	12.3	32.3	36.2	4.6	9.2	5.4	100.0 (130)
高卒超	31.3	25.5	18.8	11.8	9.4	3.1	100.0 (415)
計	26.8	27.2	22.9	10.1	9.4	3.7	100.0 (545)

注:( )内は人数. $p < 0.01$.

　分析で使用するサンプルは,6つの地域移動パターンに該当し,「毎月の主な活動状況」にすべて回答した対象者である(ただし,既婚女性は除いた).なお,沖縄の人口比に応じたウェイトをかけると人数に小数点が生じ分析に支障をきたすおそれがあるため,沖縄サンプルは除いた [12].また,サンプル数が極端に少ない中卒(高校中退も含む)もあらかじめ分析から除外した.その結果,分析サンプルは545となった.

4　分析結果

(1)　移動経験の概要

　地域移動とキャリア形成の関連を検討する前に,誰がどのような移動を経験しているのかについて簡単に触れておきたい.

　表9-2は移動パターンについて,本人学歴別にみたものである.表をみると,「高卒超」では大規模都市に定住している割合が高く,大規模都市出身ではなくとも進学あるいは就職を期に都市へと移動している(=「中核都市への移動」)比率も高い [13].一方,「高卒」では「地方」もしくは中規模都市に定住している割合が高い.高学歴者が都市に集まっている様子がうかがえよう.

　同様に,階層要因との関連について,家庭の経済状況,親学歴から確認しておこう.地域移動には心理的コストだけでなく,経済的コストがともなう.そこで「18歳時の家庭の経済状況」との関連を示した表9-3をみると,一定の関連が確認できる.ただし,「大規模都市圏・定住」と「『地方』・定住」で差が目立つ一方,移動経験者では顕著な差は認められない.地域間格差が顕在化した結果といえよう.父学歴についてみても(表9-4),「大規模都市圏・定

表 9-3　家庭の経済状況×地域移動パターン

(%)

	大規模都市圏・定住	中規模都市圏・定住	「地方」・定住	中核都市への移動	Uターン移動	県内・非中核都市への移動	計
ゆとりがある＋ややゆとりがある	29.7	26.7	19.4	10.9	8.5	4.8	100.0 (330)
苦しい＋やや苦しい	21.1	28.6	28.1	9.0	11.1	2.0	100.0 (199)
計	26.5	27.4	22.7	10.2	9.5	3.8	100.0 (529)

注：表 9-2 と同様．$p < 0.05$.

表 9-4　父学歴×地域移動パターン

(%)

	大規模都市圏・定住	中規模都市圏・定住	「地方」・定住	中核都市への移動	Uターン移動	県内・非中核都市への移動	計
高卒以下	18.4	27.8	32.9	8.1	9.0	3.8	100.0 (234)
高卒超	34.8	26.4	13.8	12.3	9.4	3.3	100.0 (276)
計	27.3	27.1	22.5	10.4	9.2	3.5	100.0 (510)

注：表 9-2 と同様．$p < 0.01$.

表 9-5　母学歴×地域移動パターン

(%)

	大規模都市圏・定住	中規模都市圏・定住	「地方」・定住	中核都市への移動	Uターン移動	県内・非中核都市への移動	計
高卒以下	23.3	24.5	31.7	7.2	10.4	2.8	100.0 (249)
高卒超	30.9	29.0	14.3	13.2	8.5	4.0	100.0 (272)
計	27.3	26.9	22.6	10.4	9.4	3.5	100.0 (521)

注：表 9-2 と同様．$p < 0.01$.

住」と「『地方』・定住」で一定の差は確認できるものの，移動経験者では一定の関係は読み取れない．母学歴でも（表 9-5），非移動者の地域間格差（大規模都市─「地方」）が確認されることは同様であるものの，母学歴が高いほど都市への移動の割合が高くなっているようにみえる．

　表 9-2 から表 9-5 をみる限り，本人の教育歴と移動パターンの間には何らかの関連（「高卒超」で都市への移動率が高い）が確認できるものの，家庭の経済状況や父学歴といった階層要因では，移動経験者では特徴的な傾向は認められなかった[14]．ただ，母学歴に関していえば，都市への移動との間に関連が

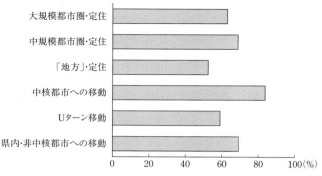

図 9-2 地域移動パターン×初期キャリア(「安定した」キャリア形成:高卒超)
注:$p<0.05$.

認められた.階層と地域移動には一定の関係があると予想されるが,今回の調査では限定された範囲のみで関係が認められた.

(2) 地域移動の「効果」

それでは,本章の主目的である,地域移動とキャリア形成(「安定した」キャリア形成)について検討していこう.なお,検討に際して,ここでは本人学歴別(高卒超/高卒)に分析を行う.

図 9-2 は,高卒超を取り上げ,地域移動とキャリア形成について図示したものである.図をみると,「中核都市への移動」で数値がもっとも高く,都市へと移動することで安定的した初期キャリアを形成していると解釈できる.それに対して,「『地方』・定住」では値が低くなっており,高学歴層であっても「地方」では安定したキャリア形成が難しいことをうかがわせる結果となっている.

高卒についても同様にみてみよう(図 9-3).図をみると,高卒超に比べ,安定的なキャリアを歩んでいる割合が全般的に低いことが理解できる.ただ,そのなかにあっても,「中規模都市圏・定住」と「県内・非中核都市への移動」では安定したキャリアを形成している割合が高い.高卒の場合,都市へ移動することではなく,非都市(県内)へと移動することで安定したキャリアを確保している可能性がある.これは高卒超ではみられなかった傾向である.また,

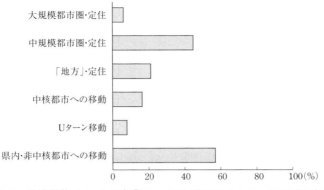

図 9-3 地域移動パターン×初期キャリア（「安定した」キャリア形成：高卒）
注：$p<0.01$.

定住者においては，中規模都市圏のみで値が高くなっており，高卒層のキャリア形成は都市—地方という観点だけでは捉えきれない側面があることを予想させる．

　上記の結果は，地域移動以外の要因をコントロールしていない．そこで，キャリア形成を従属変数とした，ロジスティック回帰を行った．投入した変数は，性別（男性＝1／女性＝0），中3成績（「下の方」＝1～「上の方」＝5），大卒以上（大卒以上＝1，それ以外＝0：ただし，高卒超のみで使用），18歳時の家庭の経済状況（「苦しい」＝1～「ゆとりがある」＝4），親学歴（中卒＝9，高卒＝12，短大・高専・専門学校卒＝14，大卒以上＝16）と，地域移動変数である．結果は**表 9-6** の通りである．

　まず，高卒超の結果からみると，性別や階層要因はいずれのモデルにおいても，有意な効果を示していない（ただし，母学歴が 10% 水準で有意）．地域移動の変数に目を向けると，「中核都市への移動」のみ有意な効果を示していることが確認できる．一方，**図 9-2** でみられた「『地方』・定住」の影響については，**表 9-6** では確認されなかった．高学歴層では，どの地域で生まれ，育つのかという要因（＝「出身地域」／「態度決定地」）の影響力は顕著ではなく，都市への移動（進学／就職）がより安定したキャリア形成に寄与しているのではないか[15]．

表 9-6　「望ましい」職業移行の規定要因分析（ロジスティック回帰分析：学歴別，数値は回帰係数）

	高卒超			高　卒		
	model 1	model 2	model 3	model 1	model 2	model 3
性　別	0.121	0.129	0.208	0.343	0.151	0.395
中 3 成績	0.125	0.141	0.105	0.090	−0.028	0.123
大卒以上	0.257	0.113	0.208			
18 歳時の経済状況	0.208			−0.150		
父学歴		0.050			−0.158	
母学歴			0.120 †			0.053
中規模都市圏・定住	0.309	0.311	0.280	2.645*	2.608*	2.644*
「地方」・定住	−0.240	−0.220	−0.239	1.517	0.793	1.400
中核都市への移動	1.034*	1.202**	1.019*	1.095	0.897	1.093
U ターン移動	−0.040	−0.145	−0.093	0.218	0.343	0.235
県内・非中核都市への移動	0.264	0.197	0.187	3.014*	2.477 †	2.655*
定　数	−0.723	−0.829	−1.688 †	−2.779*	−0.454	−3.918
N	402	395	399	125	113	120
model χ^2	20.698*	19.377*	21.481*	19.261*	21.043**	17.292*
Hosmer と Lemeshow の検定（有意確率）	0.270	0.790	0.139	0.516	0.868	0.539
McFadden R^2	0.040	0.038	0.041	0.128	0.156	0.124

注：$^{**}p<0.01$, $^{*}p<0.05$, $†p<0.1$.

　続いて高卒についてみると，高卒超と同様，性別と階層要因で有意な効果は確認できない．一方，移動パターンでは「中規模都市圏・定住」と「県内・非中核都市への移動」において有意な効果が確認され，安定したキャリア形成に寄与していると理解できる．高卒層の場合，「出身地域」や「態度決定地」が初期キャリアの形成に影響を及ぼしており，さらに「大規模都市圏・定住」と比較した場合，「非中核都市への移動」といった地域移動も一定の影響力をもつ．

　ところで，なぜ高卒層では「中規模都市圏・定住」と「県内・非中核都市への移動」がキャリア形成に影響を及ぼしていたのだろうか．解釈の可能性を探るため，地域移動パターンを「中規模都市圏・定住」／「県内・非中核都市への移動」／「それ以外」に再カテゴリー化し，初職の業種（製造業／非製造業）を比較した（図9-4）．図をみると，10％の有意水準ではあるものの，「中規模都市圏・定住」と「県内・非中核都市への移動」で値が高く，「それ以外」

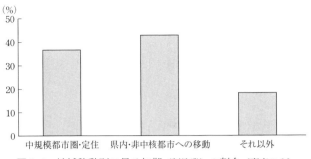

図 9-4 地域移動別に見る初期（製造業）の割合（高卒のみ）
注：$p<0.1$.

との間に差が確認される．図の結果にもとづけば，表 9-6 で「中規模都市圏・定住」と「県内・非中心地への移動」で有意な効果がみられたのは，製造業地帯という労働市場の「地域」的特性のためではないか．都市—地方といった軸とは異なった，「地域」労働市場の特性が高卒層の初期キャリアに影響を及ぼしていると解釈できる．

5 おわりに

本章では，地域移動と初期キャリア形成について，学歴別に検討してきた．知見をまとめておこう．

高卒より高い学歴層の若者たちは，都市へと移動することで安定した初期キャリアを形成していた．都市への移動が賃金上昇をもたらすことは先行研究で明らかにされているが，賃金と初期キャリアの違いはあれ，高学歴層では地域移動のメリットは現在でも存在していると解釈できる．ここでの結果は，日常感覚にそくした地域変数にもとづくものであり，その意味で先行研究の結果を補完したといえよう．一方，都市移動以外のパターンは初期キャリアに顕著な影響を及ぼしていなかった．だが，それは裏を返せば，高学歴層の場合，都市であれ「地方」であれ，学歴を獲得することで出身地域の影響をある程度回避できることを意味しているのではないか．

一方，高卒層の場合，「大規模都市圏・定住」，「中規模都市圏・定住」と

「『地方』・定住」では初期キャリアにおいて違いが確認された．高学歴層とは異なり，高卒層は出身地域の影響を受けやすいといえるだろう[16]．ただし，その影響の背後には，都市—地方といった側面よりも，労働市場の地域的特性（＝製造業地帯）があると推察される．また，移動に関していえば，高学歴層のように都市に移動することで安定的なキャリアを得る傾向は確認されなかった一方，「県内・非中核都市への移動」が安定的なキャリア形成に寄与していた．高学歴者のように「遠く」に移動することで安定したキャリアを獲得するのではなく，高卒層は「身近な」地域のなかを移動することで安定した初期キャリアを築く可能性を高めているのかもしれない．しかし注意すべきは，「身近な」地域への移動で安定したキャリアを獲得するのは近隣に製造業地帯が存在する場合に限られており，その意味で出身地域の影響から免れているとはいい難いことである[17]．また，表9-1にあるように，この移動パターンは数のうえでは少ないため，ここでの解釈には一定の留保が必要である．

　長らく日本社会では「東京一極集中」が問題視され，是正が叫ばれてきた．最近では「消滅可能性都市」というセンセーショナルな言葉が登場し，話題となっている．今後，都市—地方の関係がどのようにあるべきか，地方活性化の方策に何があるのか，それらを語る材料や能力を筆者は持ち合わせていない．しかし，本章での結果をみる限り，高卒層のキャリアは出身地域の影響を受けやすく，また移動したとしてもその距離が短いため出身地域の影響は重くのしかかる．高卒層はキャリア形成に際して，出身階層だけでなく出身地域の影響も大きく受けるのである．そうした現状を鑑みれば，高学歴層ではない若者たちのキャリアを念頭におきながら，「地方」の今後を議論していくことが重要なのではないだろうか．

【注】
1) 「地方」の若年層の就業経験については，尾川（2011）を参照．
2) 平成25年度『住民基本台帳人口移動報告書』からも，こうした傾向がうかがえる（付図9-1）．
3) 同一市町村内の移動は除く．
4) 『住民基本台帳人口移動報告書』で年齢の項目が公表されるようになったのは2010年以降であるため，若年層の移動経験の推移を辿ることはできない．その

210——IV　地域

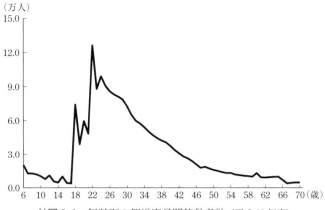

付図 9-1　年齢別の都道府県間移動者数（平成 25 年度）

ため，「国勢調査」に掲載されている「5 年前の常住地」（「不詳」は除く）から「県外および県内移動（「県内他市区町村」，「他県」からの転入）」を取り出し，地域移動の指標とみなすと，「15-19 歳」で地域移動を経験した割合は 23.4%（1970 年），17.0%（1980 年），14.4%（1990 年），13.9%（2000 年），11.5%（2010 年），同様に「20-24 歳」では 32.3%，30.6%，29.7%，28.2%，25.9%，「25-29 歳」では 34.6%，32.0%，33.7%，30.4%，29.1% となる．「国勢調査」をみても，若年層のあいだで移動未経験層が広がっていると推察される．

5）「消費者」という観点から「地元」に留まる若者たちにアプローチしたものとして，阿部（2013）や原田（2014）などがある．これらの評論は，若者たちのキャリア形成に焦点をあてる本章とは立ち位置が異なるため，ここでは言及しない．

6）一方で不安定な状況のなかで，「地元」のつながりが情緒的な支え＝「表出機能」を果たしていることも指摘されている（竹石 2006，新谷 2007，轡田 2011 など）．

7）電車での所要時間の算出については，各市町村の中核となる駅を基準とした．

8）地域移動のパターン化の手続きは次の通りである．

まず，移動経験の「定住」を都市規模から「大規模都市圏・定住」，「中規模都市圏・定住」，「『地方』・定住」にわけた．

つぎに「県内移動のみ経験」と「県外移動の経験あり」をそれぞれ 5 つに分類した．

①県内移動のみ経験

①—1：県内周辺部→県内中心部（規模が大きい県内の市区町村への移動，県庁所在地への移動）／①—2：県内 U ターン／①—3：県内中心部→県内周辺部（規模が小さい県内の市区町村への移動，県庁所在地から非県庁所在地への移動）／①—4：県内中心部→県内中心部／①—5：県内周辺部→県内周辺部／①—6：

その他（3カ所以上の地域の居住）

②県外移動の経験あり

②—1：地方→都市（東京／神奈川／千葉／埼玉／愛知／京都／大阪／兵庫／福岡への移動，「大規模都市圏」から東京特別区（23区）内への移動など）／②—2：Uターン／②—3：都市→地方／②—4：地方→地方／②—5：都市→都市／②—6：その他（3カ所以上の地域の居住）

そのうえで「中核都市への移動」（＝②—1），「県内・中核都市への移動」（＝①—1），「Uターン移動」（＝①—2と②—2），「非中核都市への移動」（＝②—3と②—4），「県内・非中核都市への移動」（＝①—3と①—4），「頻繁な移動」（＝①—6と②—6），「その他」（＝①—5と②—5）と再カテゴリー化し，**表9-1**を作成した．

9) 「定住」の割合が高い背景には，引っ越しなどによる「標本摩耗」の可能性があると推察される．

10) 「毎月の主な活動状況」に関する詳細は第2章を参照．

11) 高卒であれば，離学から2011年10月までは79カ月とカウントされる．ただし，離学後，教育機関に再入学した場合は，その期間の分だけ引いて計算した．他の学歴の場合も同様である．

12) 沖縄の若者についての分析は第10章を参照．

13) 学歴（高卒／高校超）別にみた移動年齢については**付図9-2**の通り．20歳までの移動では学歴による違いはみられないが，それ以降では学歴が高いほど移動する割合が高い．

14) 移動経験者で家庭の経済状況および父学歴に一定の関連が確認されない要因として，分析サンプルを限定したことが考えられる．そのため，**表9-1**にある移動パターンを「移動経験なし」＝「大規模都市圏・定住」から「『地方』・定住」，「移動経験あり」＝「中核都市への移動」から「その他」に分け，関連を検討したが，家庭の経済状況および父学歴のいずれも有意な関連が認められなかった．

15) **表9-6**からは都市への移動効果が進学によるものか，就職によるものかは識別できない．そこで，「中核都市への移動」を移動年齢から「進学移動」（18–20歳までに移動経験あり）／「就職移動」（21歳以降に移動経験あり）と暫定的に区分し，**図9-2**と同様に「定住」者と比較した．その結果，「大規模都市圏・定住」＝63.1％，「中規模都市圏・定住」＝68.9％，「『地方』・定住」＝52.6％，「進学移動」＝81.8％，「就職移動」＝84.6％となり（1％水準で有意），高学歴層では進学時だけでなく，就職時においても都市への移動は「安定した」キャリア形成に一定の効果をもつと推察される．

16) 高卒層のキャリア形成において出身地域の影響が大きいとすれば，注5)で触れた「消費者」観点から若者の実態に迫るアプローチにおいても，地域的差異という要素を考慮する必要があるのではないかと思われる．

17) 「県内・非中核都市への移動」のうち，安定したキャリアを形成しているサンプルの地域をみると，茨城県，愛知県，福井県など「生産工程従事者」の比率が

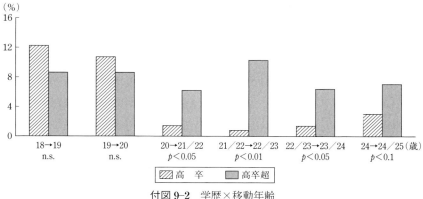

付図 9-2 学歴×移動年齢

高い都道府県が目立つ．こうした傾向は，「中規模都市圏・定住」にもあてはまる（たとえば，長野県，静岡県，愛知県，岐阜県，富山県など）．

【文献】

阿部真大，2013，『地方にこもる若者たち——都会と田舎の間に出現した新しい社会』朝日新書．

天野郁夫，1992，『学歴の社会史——教育と日本の近代』新潮社．

天野郁夫，1996，『日本の教育システム——構造と変動』東京大学出版会．

天野郁夫編，1991，『学歴主義の社会史——丹波篠山にみる近代教育と生活世界』有信堂．

新谷周平，2007，「ストリートダンスと地元つながり——若者はなぜストリートにいるのか」本田由紀編『若者の労働と生活世界——彼らはどんな現実を生きているか』大月書店，pp. 221-252．

原田曜平，2014，『ヤンキー経済——消費の主役・新保守層の正体』幻冬舎新書．

林拓也，1997，「地位達成における地域間格差と地域移動——学歴・初職に対する影響の計量分析」『社会学評論』48(3): 334-348．

平木耕平，2011，「教育収益率の地域差と地域移動効果——JGSS データを用いた所得関数の分析」『研究論文集（JGSS Research Series）』11: 273-285．

石黒格・李永俊・杉浦裕晃・山口恵子，2012，『「東京」に出る若者たち——仕事・社会関係・地域間格差』ミネルヴァ書房．

苅谷剛彦・粒来香・長須正明・稲田雅也，1997，「進路未決定の構造——高卒進路未決定者の析出メカニズムに関する実証的研究」『東京大学大学院教育学研究科紀要』第 37 巻：45-76．

苅谷剛彦・菅山真次・石田浩編，2000，『学校・職安と労働市場——戦後新規学卒

市場の制度化過程』東京大学出版会.

加瀬和俊, 1997,『集団就職の時代——高度成長のにない手たち』青木書店.

吉川徹, 2001,『学歴社会のローカル・トラック——地方からの大学進学』世界思想社.

Kinmonth, E. H., 1981, *The Self-Made Man in Meiji Japanese Thought: From samurai to salary man*, University of California Press（広田照幸・加藤潤・吉田文・伊藤彰浩・高橋一郎訳, 1995,『立身出世の社会史——サムライからサラリーマンへ』玉川大学出版部）.

轡田竜蔵, 2011,「過剰包摂される地元志向の若者たち——地方大学出身者の比較事例分析」樋口明彦・上村泰裕・平塚眞樹編『若者問題と教育・雇用・社会保障——東アジアと周縁から考える』法政大学出版局, pp. 183-212.

李永俊・石黒格, 2008,『青森県で生きる若者たち』弘前大学出版会.

中村牧子, 1999,『人の移動と近代化——「日本社会」を読み換える』有信堂.

日本労働研究機構, 2001,『大都市の若者の就業行動と意識——広がるフリーター経験と共感』調査研究報告書 No.138.

西村幸満, 2006,「若年非正規就業と格差——都市規模間格差, 学歴間格差, 階層間格差の再検討」『季刊社会保障研究』42(2): 137-148.

尾川満宏, 2011,「地方の若者による労働世界の再構築——ローカルな社会状況の変容と労働経験の相互連関」『教育社会学研究』88: 251-271.

太田聰一, 2010,『若年者就業の経済学』日本経済新聞出版社.

佐藤（粒来）香, 2004,『社会移動の歴史社会学——生業／職業／学校』東洋館出版社.

橘木俊詔・浦川邦夫, 2012,『日本の地域間格差——東京一極集中型から八ヶ岳方式へ』日本評論社.

竹石聖子, 2006,「『地元』で生きる若者たち」乾彰夫編『18 歳の今を生きぬく——高卒 1 年目の選択』青木書店, pp. 227-254.

竹内洋, 1991,『立志・苦学・出世——受験生の社会史』講談社現代新書.

栃澤健史・太郎丸博, 2011,「若年不安定就労にみる地域格差」佐藤嘉倫・尾嶋史章編『現代の階層社会 1　格差と多様性』東京大学出版会, pp. 81-96.

塚原修一・小林淳一, 1979,「社会階層と移動における地域の役割——出身地と居住地」富永健一編『日本の階層構造』東京大学出版会, pp. 232-271.

塚原修一・野呂芳明・小林淳一, 1990,「地域と社会移動——地域差, 地域効果および地域移動」直井優・盛山和夫編『現代日本の階層構造 1　社会階層の構造と過程』東京大学出版会, pp. 127-149.

10 沖縄の若者の移行の特徴と課題

ネットワークの特徴とその意味

芳澤　拓也

1　はじめに

　沖縄の若者の移行をめぐっては様々な形でその特徴と課題が指摘されてきた[1]．そこで本調査では，沖縄地域をとくに厚くサンプリングした．本章ではこの沖縄の対象者に注目し，質問紙調査より沖縄の若者の移行の特徴を抽出し，その具体的な様相についてインタビューによって補足することで，彼らの移行をめぐる特徴と課題を明らかにしたい．

　沖縄の若者をめぐっては，その移行の不安定さが指摘されている．例えば名嘉座元一は，若者の失業率，非正規雇用率の高さ，高卒・大卒者の無業者の多さを指摘する（名嘉座 2005）．名嘉座が用いたと同じ最新データを見ても，失業率（15–29 歳）が全国 6.5%，沖縄 8.5%（総務省統計局「労働力調査」13年），非正規雇用比率（15–29 歳）が全国 46.6%，沖縄 56.4%（総務省統計局「就業構造基本調査」12 年），高卒無業者数（率）が全国 6 万 7433 人（6.2%），沖縄 2461 人（16.4%），大卒無業者数（率）が全国 9 万 2665 人（16.6%），沖縄 1172 人（31.4%）（文部科学省「学校基本調査」13 年）となり[2]，現在でも沖縄の若者をめぐる就労状況が厳しいことがわかる．また，山﨑瞳・長谷川誠は，沖縄の所得水準の低さが大学進学率の低さに結びついていると指摘している（山﨑・長谷川 2010）．同じデータの最新のものを見ると，一般家庭の所得が，400 万円未満で全国 36.2% に対し沖縄が 59.8%，高所得層を見ても 700 万以上世帯で全国 29.2% に対し沖縄が 13.0% と沖縄の所得水準が低く（「就業構造基本調査」12 年），またこの年の大学進学率は全国平均 53.5%，沖縄 36.2%

215

となり，現在でも沖縄の大学進学率が低くなっている．これらの背景には，沖縄の経済的基盤の弱さがある．戸室健作は就業構造基本調査オーダーメイドデータを活用し，沖縄の貧困率（07年29.3％，全国14.4％）およびワーキングプア率（07年20.5％，全国6.7％）が全国で最も高いと指摘している（戸室2013）．

　他方で沖縄では，若者が不安定な生活をもちこたえる上で地域社会が重要な意味を持つことが指摘されてきた．例えば嘉納英明は，地域における教育を支えるものとして集落に住む者たちが「地縁，血縁関係を基盤として生活を営み，区の諸活動を通して」相互扶助の精神を継承してきたことの重要性を指摘する（嘉納 2015）．また山城千秋は，学校から排除された者も含め若者が民俗芸能活動を通じて「地域の共同性」構築に参与していく姿を描いている（山城2007）．これらは，地域の共同性が若者を支えている点に沖縄社会の特徴を見出している．

　こうした指摘を受け，ここでは私たちの質問紙調査およびインタビューデータから沖縄の若者の移行をめぐる困難な状況とその中で形成される意識，それを支える人間関係や地域の共同性の質について見ていきたい．なお意識分析にあたっては，「自己アイデンティティ」を「再帰的」に構築する際，行為者が将来へ向けて「時間を組織化」し「生活設計」を行うことが重要であるとしたA. ギデンズの議論（ギデンズ 2005）を参考にしつつ，沖縄の若者が将来に向けてどのような生活見通しをもっているかに注目したい．また彼らの生活見通しを支えるものとして人間関係に注目したい．困難に直面した若者が，学校時代から繋がる元同級生らや，遊び・趣味などを共有する友人に支えられつつ，その「しんどさ」を持ちこたえ，何とか生活を維持したり「見通し」を描こうとしていることは，これまでも指摘されているが（木戸口 2013，藤井（南出）2013）．そうした表出的な人間関係が，沖縄の若者においてどのように機能しているかに注目したいからである．

　またインタビューデータを分析する際には，調査対象者の移行の中で地域の共同性が彼らにとってどのような意味をもつのかについて考えたい．その際，個々人が繋がるネットワークを，その連鎖の様相と空間や場所と結びついた制度や組織との接点の両面から捉えるべきとする玉野和志の着想（玉野 2008）

にヒントを得つつ，ネットワークのもつ地域社会に関連づけられる側面に注目しながら，沖縄の若者がもつネットワークの特徴と，それが若者を地域に位置づけていく，その内実を捉えたいと考えている．

　以上を踏まえ本章ではまず前半部で，質問紙調査データより沖縄の若者の移行の不安定さ，彼らの持つ生活見通しおよび人間関係を検討していく．加えて，不安定就労に滞留する早期離学・非正規雇用優勢類型（以下，早期・非正規）[3]男性の移行が困難化し，とくに結婚の見通しが立ちづらくなっているとのコラム4の指摘を受け，こうした全国的な動向と沖縄のそれとを比較したい．次いで後半では，不安定な移行をたどっていると考えられる男性対象者のインタビューデータに基づき，その具体的様相を探る．

2　沖縄の若者のおかれた状況——厳しい若年労働市場と不安定な就労

　ここでは，沖縄の若者の移行の状況を質問紙調査データから見ていく．ここで用いる沖縄および全国サンプルは，中学3年時点の居住地を基準として区分されている．また，沖縄サンプルにウエイトをかけず集計している．結果，全国サンプルが男性335，女性416の合計751，沖縄サンプルは男性66，女性74の合計140である．

　以下で参照するのは，2011年時点の状況（「正社員」「アルバイト・日雇い派遣」など8類型），学歴（「高校」「大学」など6類型），有職者の前年個人年収（「150万円未満」「150-250万円未満」「250万円以上」の3類型）である．これらから前出の名嘉座や山﨑の指摘を本質問紙調査データに即して確認していきたい．加えて，彼らの移行の様態をみるために移行類型（「早期・非正規」「後期・正規」など8類型）を見ていくことにする．

　11年時点の状況（図10-1）を見ると，全国，沖縄とも正社員が最も厚いが，数値は全国が沖縄を上回る．また沖縄では，アルバイト・日雇い派遣が男性25.8%，女性32.4%，男性の契約社員等が15.2%，失業，無業の合計が男性7.5%，女性14.9%と全国の数字を上回る．次に学歴（図10-2）を見ても，沖縄の相対的な低さが目立つ．全国では大卒者（男性45.0%，女性34.9%）が最大多数層であるのに対し，沖縄では男性が高卒者（36.9%），女性が専門学校

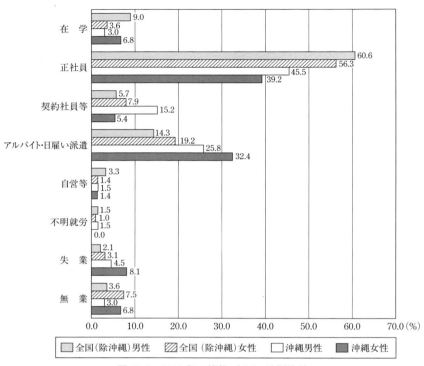

図 10-1 2011 年の状態 全国・沖縄比較

卒者（32.4％）となる．こうした状況に加え沖縄の若者の収入は相対的に低く，有職者の前年個人年収（**図 10-3**）を見ると，沖縄では男性 48.5％，女性 56.2％が 150 万円未満層であるのに対し，全国が男性 36.2％，女性 31.7％ と，その差は非常に大きくなっている．これらの数字から名嘉座らが指摘した沖縄の若者の相対的に不安定な就労状況を本調査データでも確認することができる．

つまり沖縄の若者は全国よりも相対的に不安定な就労状況下にあり，低い学歴のまま社会へ出る者が多く，職を得ても年収が低い状態にある．そのなかで沖縄では，不安定な移行をたどる者が全国よりも厚く存在するようになっている．移行類型（**図 10-4**）を見ればわかるように，沖縄の最大多数層は早期・非正規類型で男性 20.0％，女性 25.4％，後期・非正規類型は沖縄男性が 18.3％と全国より高く，無業類型では男性（8.3％），女性（14.1％）とも全国を大き

218——IV 地域

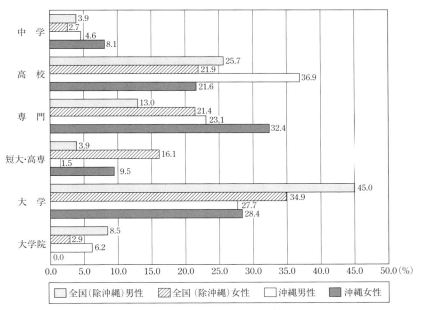

図 10-2　学歴 全国・沖縄比較

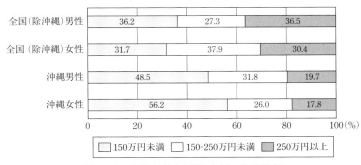

図 10-3　有職者個人年収 全国・沖縄比較

10　沖縄の若者の移行の特徴と課題——219

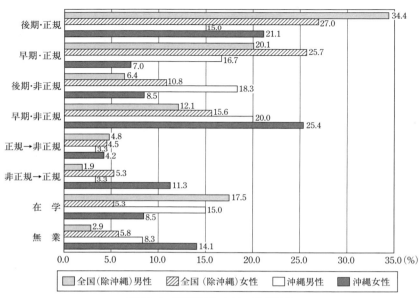

図10-4 移行類型 全国・沖縄比較

く上回るのである．

(1) **沖縄の若者の生活見通しと人間関係**

　そのなかで，沖縄の若者はどのような生活見通し意識を形成するのか．ここでは以下の3設問に注目したい．①現在から将来にかけての収入見通し不安（「生活するのに十分な収入が得られる仕事をやっていけるか，不安である」），②将来の生活全般にかかわる見通し不安（「10年後のことは考えられない」），③将来の家族形成にかかわる見通し（「10年後結婚をしている」）[4]．なお，ここでは意識の時間的変化を併せて見るため，当該設問のへの初期の回答値と最終回回答値を示す．なお①は第1回調査からの，②③は第2回調査からの設定項目であるため，最初期は①が07年，②③が08年である．

　まず収入見通し不安（図10-5）を見ると，07，11年ともに男性において沖縄が有意に高く，沖縄では80％弱の男性が将来の収入に不安を持っていることがわかる．また11年には，沖縄女性において不安を持つ者の比率が上がっ

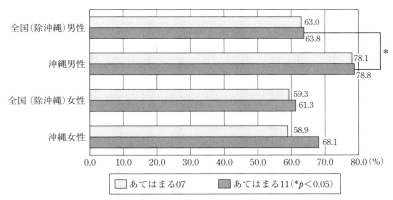

図 10-5 生活するのに十分な収入が得られる仕事をやっていけるか，不安である 全国・沖縄比較

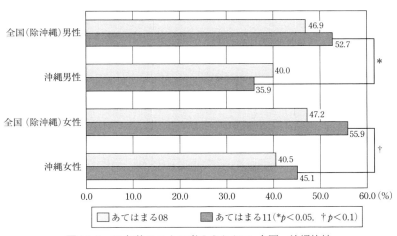

図 10-6 10年後のことは考えられない 全国・沖縄比較

ている．しかし生活全般にかかわる見通し不安（図 10-6）では，不安視する者（「あてはまる」）の比率は全国においてむしろ高く，11年には沖縄男女との間に有意差が生じる．つまり収入不安は沖縄が男女とも高いにもかかわらず，生活全般に関しての不安感は沖縄が低い傾向にあり，最終調査時点では全国平均との間に明確に有意差が生じるのである．さらに結婚見通し（図 10-7）を見ても，08，11年とも沖縄男女の数値が高く，沖縄男性は全国男性よりも有

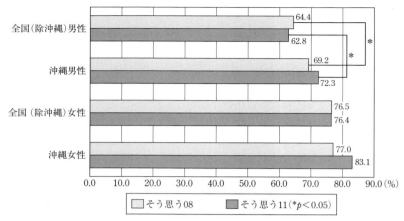

図 10-7　10 年後結婚している　全国・沖縄比較

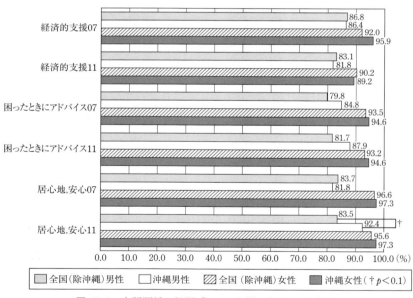

図 10-8　人間関係 3 設問「いる」回答　全国・沖縄比較

222——IV　地　域

意に高い状態となっている.

　ここで見られた沖縄の若者における収入見通しへの不安の背景には，おそらく先に見たような沖縄における厳しい就労状況がある．しかし，質問紙調査データを見るとその収入見通し不安が将来の生活全般や今後の家族形成上の困難や不安へと直結していないように見える．

　そこで以下では，彼らの将来見通しが構築される背後に人間関係がどう影響しているか見ていきたい．そのためにここでは，人間関係に関する次の設問を見ていく．①表出的関係（「いっしょにいると居心地がよく安心できる人」），②情報等に関わる道具的関係（「困ったときに，必要なアドバイスや情報を提供してくれる人」），③経済的関係（「経済的な面でふだん支えてくれている，あるいはいざという時に支えてくれる人」）．

　上記3設問に「いる」と回答した者の比率を示した図10-8を見ると，全般に女性の比率が高いが，男性では沖縄が全国よりもやや高い傾向にある．とくに男性の表出的関係は初期から最終期の間に沖縄がかなり上昇し，11年には有意差が生じている．なおこの表出的関係と先の結婚見通しとの間には有意な相関関係があり[5]，沖縄男性の結婚見通しの高さは，こうした表出的人間関係の豊かさの影響を受けていることが考えられる．

(2)　不安定就労を続ける若者たち——全国と沖縄との比較検討

　以上のように沖縄の若者は，その就労状況の不安定さゆえに将来の収入不安を抱える者が多いものの，しかしその不安定さや不安が将来への全般的な見通しや結婚などの見通しに大きな影響を与えておらず，とくに男性においては結婚見通しが全国に比べてかなり高いなど，その不安定さとは異なるところで彼らの見通しが支えられている可能性が浮かび上がってきた．また，このような将来見通しを彼らが構築する背景に，表出的な人間関係がありうることがわかってきた．

　そこでここでは，不安定就労を続ける沖縄男性，とくに専門学校等短期高等教育以下学歴が大多数を占める早期・非正規男性に注目し，その移行において経済的困難を抱えるこの層においても先述のような傾向が認められるか確認していきたい．早期・非正規男性全体についてはコラム4において，とくに調査

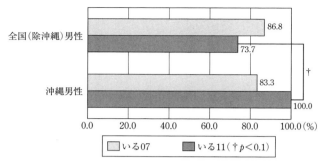

図 10-9　早期・非正規男性　居心地よく，安心できる人　全国・沖縄比較

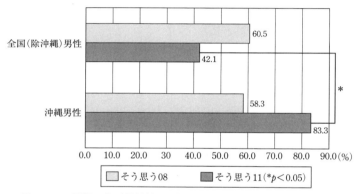

図 10-10　早期・非正規男性　10年後結婚している　全国・沖縄比較

最終期にかけて意識上の困難が大きくなっていることが確認されている．しかしこれを全国（38名）と沖縄（12名）とで対比すると異なる結果が現れてくる．

　まず，これまでの，また現在の自分を受容する感覚（「いまの自分のままでよい」「自分らしく生きている」）については11年時点で，沖縄と全国に差はなかった．しかし，表出的関係（「居心地よく，安心できる人」が「いる」者の比率）を見ると，07年から11年にかけて全国は下降するが逆に沖縄では上昇し，11年には沖縄が有意に高くなる（図10-9）．また結婚見通しでも，08年から11年にかけて全国は低下するが，沖縄は上昇し，11年には沖縄が有意に高くなる（図10-10）．このように不安定な状態が続く早期・非正規男性に

おいて全国と沖縄では対照的な動きが見られ，表出的関係や結婚見通しにおいて 20 代初頭には両者に差がなかったものが，調査最終時点の 20 代半ばでは沖縄の早期・非正規男性の方が明らかに人間関係・見通しとも向上する傾向が確認されるのである．

⑶　小　括

　以上をまとめると，次のようになる．沖縄の若者は全国と比べ相対的に低学歴者が多く，就労状況を見ても不安定で，高い非正規雇用比率や失業率，低収入等の厳しい状況の中におり，結果，不安定な移行をたどる若者が多い．これらは沖縄に経済的に困難を抱える若者が多く存在することを意味するが，それは将来の収入不安を抱える者の比率の高さとして現れていた．にもかかわらず沖縄では将来の生活全般の見通し，結婚などの見通しに不安を抱える若者が全国より少なく，とくに男性は，全国と比べ明確に高い結婚見通し意識を示していた．ここでは，そのような見通しを支えるのが，おそらくその豊富な表出的関係であることも見えてきた．また，全国ではとくに不安定就労を続ける早期・非正規男性が人間関係を縮小させ，結婚の見通しを持てずにいたが，逆に沖縄の同層は表出的な人間関係が豊かになり，結婚を見通す者を増加させていた．以上から沖縄の若者，とくに男性が，不安定さ，経済的困難の中にあってなお，不安定就労継続層も含め結婚など将来を見通そうとしている姿が浮かび上がり，またそれを支える人間関係がある可能性を見ることができた．

3　移行の支えとなる／桎梏となる地域ネットワーク

　以上を踏まえ，ここでは不安定就労を続ける沖縄の男性たちについて，インタビュー調査データにより，その具体像を探っていこうと思う．

　以下で見る沖縄インタビュー調査は 12 年，男女 5 名ずつ，計 10 名に行われた．うち中学 3 年時点からの沖縄在住者は男性 4 名，女性 5 名である．移行類型では，男性が後期・非正規 2 名，早期・無業 1 名，早期・正規→非正規 1 名，女性は全員が早期・非正規であった．なお以下で用いる氏名は全て仮名，調査対象者の発言に付記されている〈　〉は質問者の言葉，（　）は筆者による補

10　沖縄の若者の移行の特徴と課題──225

足を意味する.

(1) 地域に基盤をおくネットワーク

　自称「フリーター」の野崎康之さんは，大学卒業時，正規就職に失敗．その後，地元でカラオケ店のオーナーをしている高校時の同級生に誘われ，その店で働くようになり，現在に至る．この大卒後の不安定な就労状況は，彼自身に，そして親子関係に影響を与えている．大卒後の状況について，彼は次のように語っている．

　　〈この5年で，なんかしんどかったりとか……ありました？〉……就職できていないのが．他の人と，やっぱ空きがある，社会人として．空きがあるから，それは多少は．〈しんどい感じ？〉しんどい．

　　〈(就職について) 言われます？〉言われますよ．〈お母さんに〉うん．〈なんて言われる？〉「早くみつければ」って，「簡単にみつかるか」って．

　前段では，不安定就労状況を続けることが彼にしんどさをもたらしていること，後段では就職を促し続ける母親に対し「簡単にみつかるか」と彼が反発していることがわかる．しかしながら，彼はこの状況に押しつぶされることなく「飲食関係ちょっとやりたいな」と将来を見通そうとする．この状況を彼が持ちこたえうるのはなぜか．それはおそらく彼が地域社会の中で一定の位置を占め，そこで役割を得ることによって社会的な孤立を避けることができ，そのことによって自らのアイデンティティの揺らぎを一定程度縮減できているからである．その際，重要な活動となっているのが地元A町の旗頭[6]である．

　彼が育ったA町は，母親が生まれ育ち，母方の親戚が多く暮らす地域である．母は，この親戚が多数参加する旗頭に加わるよう中学生の頃の彼に半ば強制的に促している．旗頭に参加するようになった野崎さんは，高校生の頃からより積極的にこの活動に関わるようになっていく．彼の旗頭への思い入れの強さは，彼が旗頭の準備の際，右腕を骨折したときの語りに現れる．

226——IV　地　域

「（本人は）これ折れてるの？」．「（医者は）折れている」って．……〈（翌日開催される旗頭については）もうお休みだね〉……手を替えたんですよ．（旗頭を支えるのは）右だから，何もできないから，どうしようって思って．無理やり祭りは，出たんですけど．

　骨折をしても旗頭を務めあげる彼の責任感は，どこからくるのか．それはおそらくこの活動において彼が占める位置からきている．A町の旗頭に関わるのは10–50代の地域の男性たちである．そこでは彼は未だ中堅であるが，旗頭の大阪公演の際，その一員に選ばれたりしている[7]．これらからわかるのは，地域の旗頭の中で彼が一定の位置を占めていることである．その中で，彼は活動に対する責任感を育てている．彼は次のように言う．

　〈（従弟について）一緒に旗頭とかもやります？〉……自分入れて（男が）2人なんで．まず，やれって．ちょうど来年で高校卒業するから．ちょうどいい機会だし，先輩の，この関係，どんなやる（どのようにしなければならないか）っていうのを教えないといけない．

　その言葉は，男性であることを理由に「まず，やれ」と強引に誘うある種の強制性を含みつつも，自分を「教え」る立場に置き，従弟に旗頭ネットワークにおいて必要とされる振る舞いを伝授しようとしており，そのなかに先輩としての自覚が現れている．このような彼の言葉は，不安定就労をめぐる彼の語りとは対照的に力強さをともなっている．そこから，地域の民俗芸能活動が彼に中堅という位置と役割を与え彼に責任感をもたらしつつ，彼のアイデンティティ構築を支える社会的居場所（藤竹編 2000）[8] として機能していることが見えてくる．こうして旗頭は，不安定就労の継続の中でしんどさや親子葛藤を抱えつつも，彼がそこで疲弊することを一定程度回避させるのである．
　下村圭祐さんも地域で展開される共同的活動に参加し，それを足場の1つにしながら不安定な移行を乗り切り将来の見通しを築こうとする者の1人である．その移行の履歴を追うと，次のようになる．
　専門学校卒業後，3カ月のコンビニエンスストアでのアルバイトを経て正規

就職した携帯電話販売会社は責任者の大声での叱責もある「ぴりぴり」とした会社だった．そのなかで所属した部署の責任者，先輩の異動や辞職が相次ぎ，経験の浅いまま，彼は責任ある立場に立たされる．そのなかで「すごいプレッシャーがあって，ミスとかも続いて，仕事に自信がなくなって」，約1年8カ月で彼は辞職する．3カ月のハローワーク通いの後に見つけたのは自動車整備会社の受付および事務の仕事（正規）であった．この会社は経営が不安定で，賃金の分割払いや切り下げ，リストラが相次いだ．彼は，ここを1年9カ月で辞めるが，それは社長の了解を得つつ取得した有給休暇について社長自身が了解を翻し，社員の前で彼を非難したこと，その後社長との対立が深まっていったからであった．その後は，「キセツ」[9]を経て建機リース会社に正規事務職として就職．彼は長時間労働をこなしながら，ここでの定着を目指している．

　このような経緯をたどった下村さんは，地元について次のように語っている．

　　〈B町に住みたいっていう，何か理由があるんですか？〉……地元のC区が，なんていうんですかね，住みやすくて．〈住みやすいんですか？〉はい，行事もよくあって．……青年会も入っていますし．C区で運動会とかもあるんで．あと綱引きとかもけっこう，小さい区なんですけど，人付き合いが多いので．……〈（青年会について）上は何歳くらいまでですか〉……上はエイサーは28歳とかなんですけど，それより年上も普通に飲んだり，幅広く．

　このように彼は，将来も地元に住みたいと考える理由について地区の運動会，綱引きなどの「行事」，「青年会」への参加，それを介した「人付き合い」，多様な年齢層からなる人間関係ネットワークの存在をあげている．つまり青年会等の地域に基盤をもつネットワークは，彼の将来も地元で暮らすという見通しに強く影響を及ぼしており，それが彼にとって安定的かつ安全な場所となっていることを示している．このような地元に包摂されるなかで，彼は繰り返される就労上の困難を持ちこたえてきたと言えるだろう．

　地元での生活が将来展望に強く影響している例としては，他に名取光一さんのケースがある．彼は，幼少期から祖父，地元の漁業組合長を務めた父を継ぎ「海人」（漁師）になろうと考えていた．しかし，高卒時，父以外の家族・親族

に反対されこれを断念する．その後海人を支援するために海上保安官を志すようになり，海上保安官学生採用試験対策のため専門学校へ進学する．しかし，彼は続けて受験に失敗．年齢制限を過ぎたため，現在は有資格者として再び受験資格を得るために県内高校へ進学する予定となっている．

　このように彼は一貫して海，あるいは海人に関わる仕事を志し，それを手放さない．その背景には，彼が過ごしたD島での日々がある．彼は次のように語る．

　　　この時期ですね，（父がやっていた）モズクの手伝いもしているんですよ．……〈毎年やっているんですか？〉そうです．毎年……自分たちのモズク，（他でとれるものと）何か変わるみたいですね……なんかドロドロあんまりしなくて……歯ごたえがあるというか，けっこう評判ですね．
　　　〈やっぱり地元が好きなんだ，落ち着く？〉落ち着きますね．D島が一番．何がいいって言ったらわからないんですけど．

　ここでは，海での労働に彼が関わり続け，その仕事を誇りに思い，また最も落ち着く場所として地元があることが語られている．つまり彼にとってD島は，祖父や父が根づき，労働と生活を営んできた場所であり，彼自身もそこで働き，誇り，安心感を抱く場所である．彼はそうした営みを背景に，海人に関わる仕事に強くこだわっていくのである．
　彼らの共通点は，旗頭，青年会，行事，海の仕事など，活動と人との交流が一定の周期で継続的に行われる地域の共同活動に参加し続け，主体的にそのネットワークに位置づいていることである．こうしたネットワークは，嘉納が指摘するように血縁，および地縁を軸に構成されているが，それは彼らに役割や位置，責任感や安心，誇りなどを与え，そこに埋め込まれつつ彼らは将来を見通そうとしている．そのなかで，はからずも3名は共通する将来見通しを形成していく．11年の質問紙調査データから10年後の見通しの回答を見ると，彼らは10年先を「考えられない」とは思わず，その頃には「結婚をし」「今住んでいる地域に暮らしている」と答えているのである．同時に彼らは，「居心地よく，安心」な人間関係について「いる」と答えている．先に見たインタビュ

10　沖縄の若者の移行の特徴と課題——229

ーデータは，こうした彼らの共通の質問紙回答の背後に，彼らを支える地域に基盤をもつネットワークの存在があることを明らかにしてくれている．

(2) 親密な友人関係ネットワーク

　ここでは，彼らの将来見通しを支えるものとして，親密な友人関係ネットワークに注目したい．最初に見るのは，名取さんである．海上保安官になろうと決意した名取さんだが，続けて受験に失敗し，受験年齢の制限が迫るなかで心身ともに不安定になり，原因不明の吐き気に悩まされるようになっていた．当時彼を支えたのは，県外大学に進学した高校ラグビー部の友人であった．

　　……自分，勉強できなかったんですよ．できなくて，結果も出なくて．で，学校も毎日行きたくない状況で．〈そうだよね，なっちゃうよね〉はい．その時にたまたま，この友達に電話したら「じゃあ，待っとけよ」ということだけ言ったんですよ．……自分，……意味分からなくて，……電話きて「今，那覇空港にいるんだけど」って．……で，（本土に）帰るときに，また「頑張れよ」っていうことだけ言って．

　海人を支えるという強い思いを持ちながらも合格できなかった自分を，彼は「本当に嫌い」と今なお嫌悪している．そのような名取さんにとって自分を励ますために急遽帰沖する友人の存在は大きな支えとなり，この件の後，彼は気持ちを立て直し再受験の資格を得るために県内水産高校への進学を決めた．このように親密な友人関係ネットワークに支えられることで，彼は海上保安官になり地元D島に住みたいという希望を維持，強化している．

　下村さんもまた，親密な友人関係の支えによって将来の見通しを立て直している．彼は単身出かけた「キセツ」で「違った土地があまりも馴染めな」いと感じ，1人しんどさを抱えこむ．満期（6カ月）を勤めれば特別支給が出るが，それ以前に辞めると交通費を含め諸経費が自己負担になる条件もあり両親は「頑張れ，頑張れ」というが，彼は耐えられないという気持ちになっていた．そのとき，高校野球部の友人2人が，「普通に『きつかったら帰ってこればいいあんに？（帰ってこればいいんじゃないか）』ってこと言った」．その言葉が

230——IV　地　域

彼を後押しし，彼は契約期間未了のまま帰沖した．その後彼は，本土での仕事は「もういい」と考え，沖縄での正規就職への決意を固めていく．現在彼は一定程度安定した現職に就き，車を購入．就職後「3年たったら1人暮らし」，「30ぐらいで結婚」し，「住む場所はB町」という段階的かつ具体的な将来見通しを構築するに至っている．

　また高校の同級生や先輩ら「皆に言われ」て，地元で飲食店を開きたいと考えるようになった野崎さんも，親密な友人関係が起点となって地元で働き，生活する将来見通しを描くようになっている．

　以上からわかるのは，彼らが高校の同級生ネットワークから表出的な支援を得ているということ，その支援が，地元で働き，生活する見通しを維持，再構築，強化するよう機能していることである．先行研究では藤井（南出）吉祥が，高卒女性が作る「地元ネットワーク」が高校の同輩集団を基盤としていると指摘している．その意味で，ここで見た友人関係が沖縄の若年男性特有のものであるとは言いがたい．しかし不安定就労を続ける沖縄男性においては，友人関係ネットワークの親密性の深まりが地域に基盤をもつネットワークとセットとなり彼らを支えることによって，地元に暮らしそこで結婚するという将来見通しを彼らが維持，再構築，強化していくという特徴が見出されるのである．

　ところで，今回の沖縄男性インタビュー調査対象者の中には，先の3名と異なる将来見通しを示したケースもあった．高田春樹さんは，11年時点質問紙回答で「居心地よく，安心」な関係について「いない」と答え，また10年後については「考えられない」，「今住んでいる地域に暮らしている」とは「思わない」と答えている．インタビューから明らかになったのは，11年質問紙調査当時彼が，多額の貸与型奨学金を抱えつつ県内大学を中退し，フリーローンで借金をしながら面倒を見てくれた叔母の家を出，準社員として書籍関連デザイン会社へ就職するという変化の時期にあったということである．彼にとって，そこに至る経緯もまた平坦なものではなかった．彼は母の故郷F島で父母，弟，妹と暮らしていたが，彼が3歳のとき母親が突然死する．当時を彼は次のように振り返る．

　　……死因は溺死なんですけど，原因はわからない．……葬式の様子は覚えてい

るんですけど．……3歳半ってね．……よっぽどインパクトに残っていたのか，……人が担いでお墓まで行く……．その通った道，お墓までのルートと最後に墓石を閉めた人をよく覚えている．

　母の死後，生後まもない妹は那覇（沖縄本島）に住む叔母（母の妹）に引き取られ，高田さんは父，弟とともにＦ島に残った．その後，「ギャンブル好きでお酒が好き」な父は仕事に出なくなり，彼が中学2年の頃にアルコール中毒で倒れ本島へ移動，以後音信不通となる．その後，高田さんと弟はＦ島にいる母方の祖父母に育てられたが，中学卒業と同時に高校のない島を離れ妹と暮らす叔母の下へ移動，高田さんは商業高校，大学へと進んだ．このように高田さんは，母方の血縁ネットワーク（祖父母，叔母）に支えられＦ島，那覇での生活を営んできた．しかしそのなかで，彼は移動先の那覇で地域に基盤をもつ地縁ネットワークにつながることはなかった．それだけでなく，彼が依拠するＦ島の人々の「アットホーム」な暖かさや高校進学後参加したあしなが育英会の活動で得た「本音で語れる」関係は，本島で出会う人間関係とのギャップを際立たせた．高校の同級生は「本音」を語る関係には至らず，大学の人間関係は「損得関係」で動いているように見え，これに耐えられず中退．また準社員として働く現在の会社に対しては非正規社員にも「意見を言う場所」が欲しいと批判を強め，現在は辞めたいと考えている．つまり，固有の事情が伴う移動の連続の中で，自身の人生の歩みと移動先の居住地域における人間関係との間に接合点を見いだすことができなかった彼は，生活圏に存在しないかつて暮らした地域共同体イメージ，境遇を同じくする者たちの共感的関係に依拠せざるをえない状況にある．その結果，現在の居住地域では血縁，地縁ネットワークに依拠した将来ビジョンを構築しづらい状況にあるのである．

(3)　血縁ネットワークの二面性──相互扶助か，桎梏か

　これまで論じてきた地域に基盤をもつネットワークは，地域に存在する血縁，地縁を軸に構築されているものである．ここではそのうちの血縁ネットワークに注目し，家族，親族といった血縁ネットワークが不安定な移行のなかにある彼らにとって桎梏ともみなしうる側面があったケースに注目したい．

最初に見るのは，重度の障がいがあり施設に暮らす妹がいる野崎さんの語りである．「一応は，きょうだいのことは全部俺に任せられている」と語る彼は，週に一度程度施設へ行き，妹の身の回りの世話をしている．しかし，彼の語りからは，妹のケアをめぐって母親との間に対立があることが見えてくる．

　　（母親は妹の介護を）たぶん，させたいんでしょう．……自分なんかが母親がやるのを任されている，こういう面倒くさいものは．なるべく，面倒くさいのはさせるんです……．

　このように，妹の介護をめぐり，それを「させたい」母親とそれを「面倒くさいもの」と捉える野崎さんとの間にある葛藤が表現されるのである．
　名取さんもまた，家族の介護を担っていた．その様子を，彼は次のように語る．

　　（祖父が）酒をやめないから，おばぁが施設にいって，（祖父が）呆けて．おじぃが 1 人だから，自分とお父といとこ 3，4 名で毎日交代でおじぃの家参ってたんですよ．でも，そのときに初めて，（酒を飲む）この嫌いなおじぃが見えて．毎日っていうくらい喧嘩して，……おじぃが寝ているときにこぼして水に換えたりしてて．

　彼の祖父は，アルコールに依存し，祖母に愛想をつかされ認知症となり，酒が原因で体調を崩し，亡くなっている．先の言葉からは，酒に溺れ我を失い「嫌い」な側面を見せる祖父に翻弄され，激しく対立しつつも病状の悪化を防ごうとした名取さんの苦悩が見えてくる．
　彼らの介護負担から，血縁ネットワークの相互扶助機能を読み取ることもできる．しかし注目すべきは，誰がその担い手となっているかという問題であろう．正規職に就いた下村さん，養母から離れた高田さんとは異なり，実家に残りつつ，野崎さんは非正規就業を継続し，名取さんは非正規就業，家業の手伝いを続けながら受験へ向かっている．ここから見えるのは，就業上の不安定さが，当事者を一方で時間の融通がつく，他方で中途半端な状態にあるという位

10　沖縄の若者の移行の特徴と課題——233

置に追いやり，それが彼らを介護の担い手として家族・親族が見なす誘因となっていることであり，同時に彼らが自身の就業状態に負い目を持つことによって，自らを家族，親族に差し出していくということである．つまり，就業上の不安定さは，2人を血縁ネットワーク内の無償労働に埋め込んでいく誘因となり，結果不安定な状態は継続されている．彼らにとって血縁ネットワークは，桎梏ともなりかねないのである．

(4) 小　括

　インタビューデータを見ると，不安定就労を続ける者を含む沖縄男性の具体的な姿が見えてきた．まず，4名の対象者のうち，11年の質問紙に共通して「居心地よく，安心」な者が「いる」，10年後を「考えられない」とは思わない，その頃には「結婚」し，「今住んでいる地域に暮らしている」と回答し，沖縄の不安定就労を続ける多くの若年男性の中に位置づいていたのが野崎さん，下村さん，名取さんの3名であった．

　インタビューから見えてきたのは，彼らが，旗頭，青年会，海の仕事等の地域に基盤をもつ共同活動に主体的に参加し，そのなかで役割や位置，責任感や安心，誇りなどを得つつ，将来も地元で暮らし職業をえるという見通しを構築している姿であり，同時に親密な友人関係に支えられることで，不安定な就労の中にあっても彼らが就業，結婚，生活の見通しを維持，再構築，強化している姿であった．そこには，質問紙データから明らかになった特性を備える沖縄の不安定就労を続ける若年男性の典型像が表現されていると考えられる．またインタビュー対象者の中には，典型例とは言いがたいが固有の事情の中で居住地域に支えとなるネットワークがない高田さんのようなケースもあった．将来を見通す際，生活圏には存在しない記憶の中の共同体，人間関係イメージに依拠せざるを得ない彼は，質問紙調査回答においても少数派であり，10年後は「考えられ」ず，将来の生活の拠点については，とくにこだわらず，「居心地よく，安心」な関係も「いない」と答えていた．

　さらにインタビューからは，非正規雇用の継続（野崎さん），浪人しながらの家業の手伝い，非正規雇用の断続的継続（名取さん）と不安定な状態にある者が，血縁ネットワークの中で家族の介護を担っていることがわかってきた．

そこから一見，相互扶助と見られる行為の中に，不安定状態にある者を無償の家族，親族の仕事へと水路づける，当事者にとって桎梏ともいえる血縁ネットワークのもつ側面も見えてきた.

4 おわりに

　全体を振り返りつつ，不安定就労を続ける者を含む若年沖縄男性の移行の課題と特徴をまとめると以下のようになるだろう．まず，質問紙調査データより明らかになったのは，名嘉座，山﨑・長谷川らの先行研究が指摘するように相対的に沖縄の若者は低学歴者が多く，高い非正規雇用比率や失業率，低収入といった厳しい就労状況にあるということであった．このような経済的困難を抱える沖縄の若者の将来見通しを見ると，将来の収入不安を抱える者が多くなっていた．しかし他方で沖縄では全国よりも将来の生活全般の見通し，結婚などの見通しに不安を抱える若者が少なく，とくに男性は全国と比べ明確に高い結婚見通し意識を示していた．そのような将来見通しを支えているのが，おそらくその豊富な表出的関係であることも見えてきた.

　次に，先述の特徴を強くもつ不安定就労を続ける沖縄男性に注目し，その具体像を探るべくインタビューデータを見ていった．そこでは，インタビュー調査対象者の4名中3名が不安定な移行においても，一方で地域の共同的活動に主体的に参加しながら役割や位置，責任感や安心，誇りなどを得つつ，他方で主に高校の同級生が作る親密な友人関係に支えられながらアイデンティティの揺れを抑え，将来地元で生活していくという見通しを構築していた．そこから沖縄社会における血縁，地縁ネットワークの共同性が若者を支えているという嘉納，山城らの指摘，藤井（南出）による学校を介したネットワークの持つ表出性が若者たちを支えているという指摘と重なる沖縄若年男性の姿を確認することができた．また将来見通しに関わる質問紙回答を見ると，彼らは多くの沖縄男性と共通の回答をしており，そこから彼らが不安定就労にありながら将来を見通す沖縄若年男性の1つの典型を示していることがわかった．また本章では，地域に基盤をもつネットワークと学校を介した友人関係ネットワークがセットになることで，不安定就労を続ける沖縄の若年男性において将来も地元で

暮らしそこで結婚するという将来像が維持，再構築，強化されているという新たな知見を得ることができた．

インタビュー調査対象者の中には，居住地域に基盤をもつ人間関係ネットワークにつながらない者もいた．彼は固有の事情で移動を余儀なくされるなか，居住地域を拠点とした将来見通しを構築することはなかった．

さらに本章では，不安定就労にある若年男性が，血縁ネットワークのなかで介護の担い手として位置づけられつつ，親子間葛藤が深まる姿，若者が血縁ネットワークの抱える問題の調整役としての役割を引き受けていく姿に言及した．一見それは血縁ネットワークの相互扶助機能ともとれるが，彼らの不安定就労状況を継続させてしまうようにも働いており，血縁ネットワークが彼らにとって桎梏となっているとも言える側面があることを指摘した．

以上の分析から次のような課題が見えてくる．まず，沖縄の若年男性をめぐる人間関係の資源としての質を見極める必要があるということである．地域における共同活動には，そのネットワークに若者を位置づけ孤立させないという側面がある．しかし他方で，例えば野崎さんの従弟に対して旗頭を「まず，やれって」という発言にみられるように，そこにはある種の強制性もある．加えて，彼らがパートナーの移動を前提とする形で，地元で家族形成するという希望を持っている点にも注意が必要である．また，不安定状態を継続する者が血縁ネットワークによって家族内の無償労働へと位置づけられているケースもあり，それが若者の不安定な状況を維持させていないか，その吟味も必要である．これらは，血縁，地縁ネットワークの「共同性」の内容を腑分けし，その社会的意味を吟味する必要を要請する．次に，学校における親密な友人関係の育成が，学卒後，不安定な移行の中にあって彼らを相互に支えあうよう機能している点に注目する必要がある．この学校の持つ機能は，移行過程におけるその作用，結果を見極めつつも，今後さらに強化されるべきであろう．ところで，ここでは地域に基盤をもつネットワーク，そのなかにおける親密な友人ネットワークの重要性が見いだされたが，それが若者の移行を安定化させる資源としては十分ではないことにも注意が必要である．むしろ，沖縄においてはこれらのネットワークの豊饒化と社会的支援とを組み合わせていく形で，若者への支援が構築される必要があるだろう．

236——IV　地　域

【注】

1) 沖縄の若年労働市場の厳しさを指摘する研究は多い（芳澤 2009, 山﨑・長谷川 2010）．しかし，その原因については議論が分かれている．名嘉座元一（2005, 2006）や 07 年から沖縄県が推進してきた「みんなでグッジョブ運動」に連なる諸分析（グッジョブおきなわ推進事業局 2013 など）は，沖縄の若者の「就業意識」の低さを強調する．対して，正規・非正規を問わず沖縄の若者はやりがいをもって仕事をし（上間 2009），あるいは高い就業意識を持っており，注意すべき問題は構造的に不安定化する就業と高い「意識」とのギャップであるという議論がある（芳澤 2015）．また沖縄の若者が持つネットワークに注目した分析としては，沖縄の若者のそれが豊富であることを指摘した大城りえらの分析（大城ほか 2011），ノンエリート青年に注目し，彼らが地縁，血縁ネットワークを仕事の資源として活用していく過程を描いた上原健太郎の分析（上原 2014）がある．あるいはまた社会教育の分野では沖縄特有の地域の共同性とその若者への教育力に注目した分析が展開され〔小林・島袋編 2002, 山城 2007, 嘉納 2015 など〕，他にも沖縄において広く見られる「伝統」文化継承活動に注目し，それが若者に対してもつ機能と可能性を注意深く吟味した上間陽子の分析がある（上間 2007）．

2) 文部科学省「学校基本調査」における無業者数は，「左記以外の者」および「一時的な仕事に就いた者」を合計したものである．

3) 第 2 章において乾彰夫は，①後期離学・正規雇用優勢，②早期離学・正規雇用優勢，③後期離学・非正規雇用優勢，④早期離学・非正規雇用優勢，⑤早期離学・正規優勢→非正規等優勢，⑥早期離学・非正規優勢→正規等優勢，⑦長期在学，⑧無業の 8 類型を提示している．ここでは，これを①後期・正規，②早期・正規，③後期・非正規，④早期・正規→非正規，⑤早期・非正規→正規，⑦在学，⑧無業と記述している．

4) ここでは，①②の設問については「とてもあてはまる」〜「あてはまらない」の 4 点法を 2 点法に変換，③の設問については「とてもそう思う」〜「まったくそう思わない」の 4 点法を 2 点法に変換している．

5) 2011 年データを見ると，表出的関係について「いる」と回答する者では 10 年後の結婚見通しを持つ者が増加し，「いない」場合は逆の結果が表れる（付図 10-1）．なお表出的関係が「いる」，かつ 10 年後結婚見通しを持つ者のうち，表出的関係の対象を「恋人」と答えた者の比率は男性 41.4%，女性 43.1% であることから，過半を超える者が現在の「恋人」を想定しない形で 10 年後の結婚を見通していることがわかる．

6) 旗頭とは，綱引き行事の時に出る幟．集落や町ごとに作られ，行事の中心でもある．竿の長さは約 6.3m，灯籠などをつける．重量は，約 50-60kg，旗に風がまといつくため，持ち方の工夫が必要とされる（沖縄大百科事典刊行事務局編 1983）．

7) ただし，アルバイトで時間に融通のきく彼に大阪講演参加が打診されるという側面もあると思われる．近代的な経済活動から自律的に動く伝統の継承活動は，

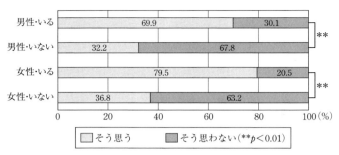

付図 10-1　居心地,安心 11(いる/いない)と 10 年後結婚している
(そう思う/そう思わない)

労働市場において不安定な立場にある者をこそ重宝するという側面もあるだろう.
8) 藤竹暁は,居場所を「こここそが自分のものであり,落ち着きや安定感,充実感や所属感覚,さらには保護されているという感覚などをもつ」場所としつつ,その例として社会的居場所,人間的居場所,匿名的居場所,仮想的居場所をあげている.
9) キセツとは,いわゆる期間工である.沖縄では,「キセツ」と呼ばれるこの就労形態は,不安定層が一定期間集中的に本州で働くことで沖縄では稼ぐことのできない収入を得るという,沖縄では一般的な就労の形である.

【文献】

藤井(南出)吉祥,2013,「ネットワーク形成・維持の基盤」乾彰夫編『高卒 5 年どう生き,これからどう生きるのか――若者たちが今〈大人になる〉とは』大月書店.

藤竹暁編,2000,『現代のエスプリ別冊　現代人の居場所』至文堂.

ギデンズ,アンソニー,2005,『モダニティと自己アイデンティティ――後期近代における自己と社会』ハーベスト社.

グッジョブおきなわ推進事業局,2013,『沖縄型産学官・地域連携グッジョブ事業　沖縄型ジョブシャドウイング事業　実施報告書』.

木戸口正弘,2013,「『大人になること』について」乾彰夫編『高卒 5 年どう生き,これからどう生きるのか――若者たちが今〈大人になる〉とは』大月書店.

嘉納英明,2015,『沖縄の子どもと地域の教育力』エイデル研究所.

小林文人・島袋正敏編,2002,『おきなわの社会教育――自治・文化・地域おこし』エイデル研究所.

名嘉座元一,2005,「若者の失業と転職行動」『沖縄国際大学経済論集』第 1 号.

名嘉座元一,2006,「フリーター,仕事の継続性をめぐる問題」『沖縄国際大学経済論集』第 2 巻第 2 号.

沖縄大百科事典刊行事務局編, 1983, 『沖縄大百科事典』（上下）沖縄タイムス社.

大城りえほか, 2011, 「青少年の援助資源とソーシャルネットワークの地域差──東京都と沖縄県の比較」『沖縄キリスト教短期大学紀要』第 39 号.

玉野和志, 2008, 「地域に生きる集団とネットワーク」森岡清志編『地域の社会学』有斐閣アルマ.

戸室健作, 2013, 「近年における都道府県別貧困率の推移について──ワーキングプアを中心に」『山形大学紀要（社会科学）』第 43 巻第 2 号.

上原健太郎, 2014, 「ネットワークの資源化と重層化──沖縄のノンエリート青年の居酒屋経営を事例に」『教育社会学研究』第 95 集.

上間陽子, 2007, 「『伝統』の再創造──エイサーへとりくむ若者たちへの聞き取りから」『教育』2007 年 11 月号, 国土社.

上間陽子, 2009, 「沖縄地域の若者の仕事実態・職業観の特徴」若者の教育とキャリア形成に関する研究会『「若者の教育とキャリア形成に関する調査」2007 年第 1 回調査結果報告書』.

山城千秋, 2007, 『沖縄の「シマ社会」と青年会活動』エイデル研究所.

山﨑瞳・長谷川誠, 2010, 「沖縄における若年就労者の傾向と実態」山内乾史・原清治編『学歴と就労の比較教育社会学──教育から職業へのトランジション II』学文社.

芳澤拓也, 2009, 「沖縄の 20 歳の生活状況・条件の概観──全国・沖縄・沖縄地域内の比較を通じて」若者の教育とキャリア形成に関する研究会『「若者の教育とキャリア形成に関する調査」2007 年第 1 回調査結果報告書』.

芳澤拓也, 2015, 「沖縄の若者の就業」上地完治・西本裕輝編『沖縄で教師をめざす人のために』協同出版.

Ⅴ——学　校

11 学校経験と社会的不平等

「意欲の貧困」を手がかりに

藤田　武志

1　はじめに

　社会の不安定化や格差化が進むなかで，若者たちは何をよりどころにして，自らの生活を切りひらいていこうとしているのだろうか．その若者たちを支える社会的装置であるはずの学校は，彼らのよりどころとなりうる何ものかを提供し得ているのだろうか．

　私たちが日常生活で未知の状況や困難な課題に立ち向かい，乗り越えられるのは，「何とかなるだろう」という「根拠のない自信」によって支えられているからであり，その「根拠のない自信」は，さまざまな「溜め」によって生みだされているという（湯浅・仁平 2007）．

　「溜め」は，外界からの衝撃を吸収するクッションの役割と同時に，エネルギーを汲み出す源泉の役割を果たす（湯浅 2008）．いざというときの貯金や，頼れる人間関係などとともに，上記の「根拠のない自信」といった精神的なものも「溜め」として機能している．しかし，精神的な「溜め」が欠如していると，せっかく見つけた仕事に取りかかる段になって，どうしてもできる気がしないと感じて辞めてしまったり，酷い状況にあっても「今のままでいい」と生活の改善を諦めてしまっていたりなど，頑張ろうとしても頑張れない「意欲の貧困」状態に陥ってしまう（湯浅・仁平 2007）．

　精神的な「溜め」は，生育の過程において，切り捨てられたり排除されたりせず，ときにはちょっとした成功体験などを積み重ねることなどによって蓄積されていく．誰もが通う学校は，若者たちにさまざまな経験や知識，他者と出

243

会う機会などを提供しているが，学校のなかで彼らが得たものは，彼ら自身を支える「溜め」となり得ているのだろうか.

　学校を通して獲得されたものがその後の生活に及ぼす効果については，卒業後の職業達成や所得などに学力や学歴が影響を及ぼしていることが明らかにされている [1]. とはいえ，そもそも学力や学歴自体が出身階層の影響を受けていることも指摘されており [2]，階層格差の是正に対して学校は無力であるという主張もなされてきた. しかしその一方で，学力に対する階層の影響を縮小する役割を学校が果たしていることを指摘する研究もある [3]. たとえば，格差是正に成果をあげている「力のある学校」のありようを検討し，学校改善の方向性を追究する諸研究（たとえば志水編 2009 など）や，恵まれない地域条件を克服している学校が存在する地域の特性を明らかにしたもの（舞田 2008），授業方法の型の違いや学び合いの導入など，学校における教育方法のありようが格差是正に及ぼす効果について検討したもの（須藤 2007，2013，藤田 2011 など）などである.

　これらの諸研究は，学校で得られる学力や学歴が，階層の影響を受けつつ職業達成や所得など将来の生活状況を規定している一方で，学校が階層の影響を緩和する役割も持つことを示している. そうだとすれば，学力や学歴と同様に，学校で獲得されるさまざまな経験や人間関係なども，将来の生活状況に影響を及ぼしているかもしれない.

　このような問題関心から，本章では，若者たちの意欲の貧困に対し，過去の学校経験がどう関わっているのかを検討し，そこにどのような社会的不平等が見られるのかを探究していくことにする. その作業を通して，現在の日本で学校がどのような役割を果たしているのかを確認し，これからの方向性を考察する手がかりを探りたい.

2　意欲の貧困の状況

　若者たちの意欲の貧困はどのような状況にあり，どのような要因が意欲の貧困と関連しているのか. その点について，2011 年に実施した第 5 回質問紙調査から見ていこう.

表 11-1　意欲の貧困に関わる意識

(%)

	とてもあてはまる	ややあてはまる	あまりあてはまらない	まったくあてはまらない	n
自分にふりかかる出来事を，自分でコントロールすることなどできない	5.6	32.6	55.0	6.8	762
抱えている問題を自分で解決できるとは，とうてい思えない	4.8	22.7	59.2	13.3	764
他の人に比べてすぐれているところがある	7.7	37.6	44.0	10.7	764
どんなことでも積極的にこなすほうである	7.5	36.8	45.2	10.5	763

(1) 意欲に関わる意識

調査票には意欲の貧困に関わる設問が入っている．たとえば，「自分にふりかかる出来事を，自分でコントロールすることなどできない」や「抱えている問題を自分で解決できるとは，とうてい思えない」などは，「意欲の貧困」そのものをとらえようとするネガティブなものである．一方，「他の人に比べてすぐれているところがある」や「どんなことでも積極的にこなすほうである」というポジティブな設問は，意欲の貧困に陥らない前提になるような，自分自身に対する肯定的なイメージを測ろうとするものである．

では，それらの設問に対して，若者たちはどう回答しているのだろうか．表11-1 に示したように，ネガティブな設問を肯定する比率はおよそ 3 割弱〜4 割弱にのぼるが，特に強く肯定する割合は 5% 前後である．また，ポジティブな設問については，否定する割合が 5 割強ほどおり，特に強く否定しているのは 1 割ほどである．

このような設問が調査票には 12 問含まれているが，それらを主成分分析にかけて合成し，「意欲の貧困」を示す新たな変数を作成した（以下，「意欲の貧困度」と呼ぶ）．この変数を用いて，以下，意欲の貧困と関わる要因を分析していこう．なお，この変数に用いた設問とそれぞれの主成分得点は，表11-2 に示した．ポジティブな方向の設問の得点がマイナス，ネガティブな方向の設問の得点がプラスであるため，この変数の数値が高いほど意欲の貧困度が高いことを示している．

表 11-2　意欲の貧困度

設　問	主成分得点
今のままの自分でよいと感じている	−.474
自分らしく生きていると思う	−.545
他の人に比べてすぐれているところがある	−.604
世の中に貢献できる力があると思う	−.580
どんなことでも積極的にこなすほうである	−.618
何かを決めるとき，迷わず決定するほうである	−.573
小さな失敗でも人よりずっと気にするほうである	.572
人と比べて心配性なほうである	.535
自分にふりかかる出来事を，自分でコントロールすることなどできない	.634
抱えている問題を自分で解決できるとは，とうてい思えない	.625
自分に何か問題がおきた時，誰も助けてくれないように感じることがよくある	.595
周りにふりまわされ，こき使われながら生きているように感じる	.499

(2)　意欲の貧困度に関わる要因

　前項で検討した意欲の貧困度は，どのような要因と関係しているのだろうか．暮らし向きなど，現在の生活の状況が影響を与えていることは想像に難くない．そこで，第1に，経済状況，健康状態，就業状況という3つの側面から検討してみたい．

　2011年第5回調査には，現在の暮らし向きについて4点尺度で回答を求める設問，健康状態について5点尺度で回答する設問，就業形態が正規雇用か非正規雇用かを判別する設問がある．これらを用いて分析しよう．

　まず，経済と健康の状況の分布を確かめよう．表11-3によれば，「ゆとりがある」と「苦しい」はともに約10%弱であり，「ややゆとりがある」が5割弱，「やや苦しい」が3割強という分布になっている．6：4でゆとりがあるという回答のほうが多い．

　一方，健康状況については，肯定的な回答が44.7%（「とても」＋「まあ」）であり，否定的な回答が18.3%となっている（「あまり」＋「わるい」）．「ふつう」という回答が4割弱であり，よいほうから順に，およそ4：4：2という割合で分布している．

246——V　学　校

就業形態については，正社員などの正規雇用で働いている者が70.9%，アルバイトや契約社員など非正規雇用で働いている者が29.1%である．

次に，これらの要因と意欲の貧困度との関係を調べよう．そこで，意欲の貧困度の平均点を，暮らし向きや健康状態，就業状態別に算出した．

暮らし向きとの関係は（図11-1），暮らし向きが悪くなるほど，意欲の貧困度の平均値が大きくなっており，分散分析の結果，その関係は0.1%水準で有意であった．また，健康状態との関係についても（図11-2），悪くなるにしたがって，意欲の貧困度の平均点が大きくなっており，分散分析の結果，

0.1%水準で有意であった．しかし，暮らし向きや健康状態とは異なり，正規か非正規かという就業形態の違いについては，正規雇用の場合は−0.089，非正規雇用の場合は0.048となり，非正規雇用の平均値のほうが少し大きかったものの，その差は有意ではなかった．

以上のように，経済や健康の状態が意欲の貧困度と関連していることは予想された結果であるが，就業形態については意外にも有意な差が見られなかった[4]．

では，意欲の貧困度は，属性や階層要因とどのような関係にあるのだろうか．そこで第2に，性別，また，親および本人の学歴と，意欲の貧困度との関係について調べてみよう．

まず，性別によって意欲の貧困度がどう異なるのか確かめてみた．その結果，男性が0.038，女性が−0.032と，わずかながら女性の平均値が低かったが，その差は有意ではなかった．

次に，父親の学歴別に意欲の貧困度の平均値を調べた．父親の学歴が大卒以上だと−0.069，専門・短大だと−0.014，高卒以下だと0.023と，父親の学歴が低くなるにつれて意欲の貧因度の平均値が大きくなっているものの，分散分析の結果，その差は有意ではない．

さらに，本人の学歴については（図11-3），学歴が低くなると意欲の貧困度

表11-3　現在の暮らし向き

	(%)
ゆとりがある	9.6
ややゆとりがある	48.5
やや苦しい	32.0
苦しい	9.9

表11-4　現在の健康状態

	(%)
とてもよい	12.3
まあよい	32.4
ふつう	37.1
あまりよくない	15.8
わるい	2.5

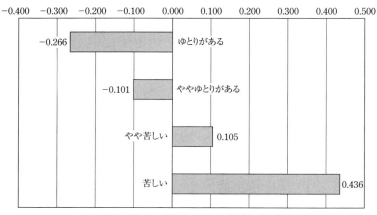

図 11-1　現在の暮らし向きと意欲の貧困度

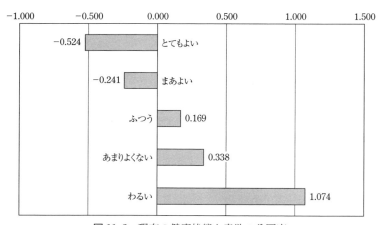

図 11-2　現在の健康状態と意欲の貧困度

の平均点が高くなる．分散分析の結果，両者の関係は 1% 水準で有意であったが，多重比較によって，大卒以上と高卒以下の間に有意な差があることが判明した．

また，高卒の者については，普通科と専門学科の出身者の間に違いがあるかどうかが気になるところである．そこで，学歴が高卒の者について，普通科出身者と専門学科出身者について，意欲の貧困度を比べてみた．すると，普通科

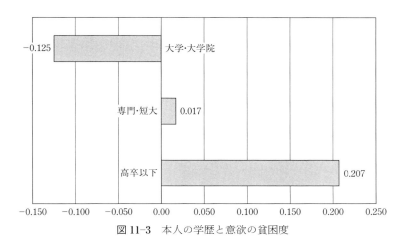

図 11-3 本人の学歴と意欲の貧困度

の者の平均値が 0.286,専門学科の者の平均値が 0.204 とほとんど違いはなく,t 検定の結果,その差は有意ではなかった ($p=.605$).

以上の分析結果から,意欲の貧困度は教育達成といった階層要因によっても規定されていることが明らかになった.しかし,これまで検討してきた,暮らし向きや健康状態,階層といった諸要因は,お互いに関係し合っている可能性が高い.そこで,これらの要因が,意欲の貧困度に対してそれぞれ独立して影響を与えているのかどうかを確かめてみたい.そのため,意欲の貧困度を従属変数にし,現在の暮らし向きと健康状態,性別,父の学歴と本人の学歴を独立変数にした重回帰分析を行った[5].

表 11-5 は,意欲の貧困度を従属変数にした分析の結果である.それによると,暮らし向きと健康状態,そして,本人学歴が有意な影響を及ぼしている.これらの諸要因は,それぞれ独立して意欲の貧困度に効果を与えているのである.

3 学校経験の状況

意欲の貧困度に影響を与えているのは,現在の生活状況や階層要因といった

表 11-5　意欲の貧困度の規定因(1)

	B	β	
(定数)	2.143		***
女性ダミー	−.092	−.046	
父教育年数	.014	.031	
本人教育年数	−.060	−.120	**
現在の健康状態	−.301	−.290	***
現在の暮らし向き	−.128	−.101	**
F 値	20.653		***
調整済み R 2乗	.124		

注：***$p < .001$，**$p < .01$.

要因だけではない．特に学校は，さまざまな知識や経験を与えることで，「何とかやっていける」という感覚（溜め）を身につけさせている可能性がある．では若者たちの学校体験は，意欲の貧困を低減する効果を持っているのだろうか．その点について確かめてみよう．

2007 年の第 1 回調査には，出身高校について感じていることを尋ねた設問が 11 個ある．それらから，高校で何かが学べた，得られたという内容の 8 項目を分析に用いる．

分析に用いる項目を表 11-6 に示した．それらの項目の内容を検討し，進路展望に関わる 2 つの項目（「自分の進路について深く考える機会が得られた」「自分自身がつきたい職業について学べた」），知識や自信に関わる 3 つの項目（「社会生活を送る上で必要な知識等を学べた」「社会生活に役立たないが興味深い内容を学べた」「自信が得られた」），人間関係に関わる 3 つの項目（「居心地がよく安心できる人間関係が得られた」「刺激を与えてくれる人間関係が得られた」「長く付き合っていけそうな人間関係が得られた」）という 3 つのカテゴリーに分類した．それぞれのカテゴリーについてクロンバックの α 係数を算出したところ，表 11-6 に示したように，いずれのカテゴリーも十分に数値が高く，一定の信頼性があると考えられる．そこで，それぞれのカテゴリーについて主成分分析によって合成変数（以下，学校経験変数）を作成し，分析に用いることにしよう．

分析に先立ち，上記に挙げた項目はどのように回答されているのかを概観す

250——Ⅴ　学　校

表 11-6　学校経験に関わる 3 つのカテゴリー

項　目	カテゴリー	α
自分の進路について深く考える機会が得られた 自分自身がつきたい職業について学べた	進路展望	0.712
社会生活を送る上で必要な知識等を学べた 社会生活に役立たないが興味深い内容を学べた 自信が得られた	知識・自信	0.751
居心地がよく安心できる人間関係が得られた 刺激を与えてくれる人間関係が得られた 長く付き合っていけそうな人間関係が得られた	人間関係	0.910

表 11-7　学校経験のなかで得られたもの　　　　　　　　　(%)

	とてもそ う感じる	少しそう 感じる	あまりそう 感じない	まったくそ う感じない	n
自分の進路について深く考える機会が得られた	21.7	38.6	31.4	8.3	752
自信が得られた	17.6	34.6	35.4	12.4	749
居心地がよく安心できる人間関係が得られた	45.7	36.6	11.9	5.8	753

るため，それぞれのカテゴリーから 1 つずつとりあげて見てみよう（表 11-7）．進路展望カテゴリーの「自分の進路について深く考える機会が得られた」という項目に肯定的に回答した割合は約 6 割，知識・自信カテゴリーの「自信が得られた」という項目は 5 割強の肯定率，人間関係カテゴリーの「居心地がよく安心できる人間関係が得られた」という項目の肯定率は 8 割強であった．進路展望や知識・自信，人間関係などは，自分自身の歩みを進める原動力となりうるものだと考えられるが，学校経験のなかで必ずしも多くの者が得られているとは限らないことが分かる．では，これらの要因は実際に「溜め」の蓄積に貢献しているのだろうか．節を改めて検討しよう．

4　意欲の貧困と学校経験

　前節で検討した学校経験に関する設問は，2007 年の第 1 回調査で尋ねたものであった．4 年の時を隔てた 2011 年第 5 回調査で質問した意欲の貧困度に，学校経験の影響を見ることができるかどうか確かめてみよう．

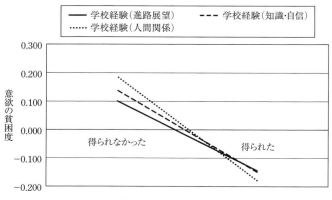

図 11-4　学校経験別にみた意欲の貧困度

(1) 意欲の貧困度と学校経験

　学校経験によって，意欲の貧困はどう違うだろうか．そこで，学校経験の3カテゴリー（「進路展望」「知識・自信」「人間関係」）の合成変数（学校経験変数）について，それぞれ全体を50％ずつに分け，「得られた」グループと「得られなかった」グループの2群を作成した．それぞれのグループごとに意欲の貧困度の平均値を算出し，図11-4に示した．

　学校経験変数のいずれのカテゴリーにおいても，得られなかったグループのほうが意欲の貧困度が高い．そしてt検定の結果，平均値の差はどのカテゴリーでも有意である（進路展望：1％水準，知識・自信：0.1％水準，人間関係：0.1％水準）．つまり，高校生活のなかで進路展望や知識・自信などが得られたと感じているかどうかは，4年が経過した後における意欲の貧困度と大きく関係しているのである．

(2) 意欲の貧困度と学校経験変数の重回帰分析

　学校経験変数と意欲の貧困度の関係がうかがわれたが，その関係は擬似相関であるかもしれない．というのは，階層要因や生活状況などが，学校経験変数と意欲の貧困度の双方を規定している可能性もあるからである．そこで，意欲の貧困度を従属変数にした重回帰分析を行い，その点について確かめてみよう．

表 11-8　意欲の貧困度の規定因(2)

	モデル 1			モデル 2			モデル 3			モデル 4		
	B	β		B	β		B	β		B	β	
(定数)	2.044		***	1.922		***	1.917		***	1.827		***
女性ダミー	−.094	−.047		−.065	−.032		−.059	−.029		−.039	−.019	
父教育年数	.014	.031		.014	.031		.016	.034		.016	.033	
本人教育年数	−.060	−.118	**	−.054	−.107	**	−.058	−.114	**	−.052	−.103	**
現在の健康状態	−.294	−.284	***	−.284	−.275	***	−.284	−.274	***	−.279	−.270	***
現在の暮らし向き	−.126	−.099	**	−.131	−.102	***	−.118	−.092	*	−.123	−.096	*
学校経験（進路展望）	−.096	−.097	**	—			—			−.007	−.007	
学校経験（知識・自信）	—			−.157	−.158	***	—			−.106	−.106	*
学校経験（人間関係）	—			—			−.147	−.148	***	−.091	−.092	*
F 値	18.881		***	20.648		***	20.525		***	16.107		***
調整済み R 2乗	.136			.149			.147			.153		

注：***$p < .001$，**$p < .01$，*$p < .05$．

　表 11-8 は，意欲の貧困度を従属変数とした重回帰分析（表 11-5）に，学校経験変数の 3 つのカテゴリーを独立変数に追加して分析したものである．学校経験変数の 3 つのカテゴリーを 1 つずつ順番に分析に投入し（モデル 1〜モデル 3），モデル 4 において 3 つのカテゴリーすべてを投入した．

　分析結果を見ると，新たに投入した独立変数は，単独で投入したときにはいずれも有意であり，学校経験変数は，階層要因や生活状況などとは独立して意欲の貧困度に影響を及ぼしていることが判明した．

　一方，独立変数をすべて同時に投入した場合，「進路展望」は有意ではなくなるが，それ以外の要因（「知識・自信」と「人間関係」）については，有意に効果を与えている．すなわち，高校で知識や自信，あるいは，人間関係を得られたと感じていることは，生活状況や階層要因とは独立して，4 年後の意欲の貧困度と関係しているのである．

　以上の結果から，高校で得られたものは，何らかの形で，先々の生活を支える力の 1 つになっていることがうかがわれる．充実した学校体験を得られることは，在学中に限らない長期的な意味を持っているのである．

11　学校経験と社会的不平等——253

5　学校経験の規定因

　前節の分析からは，学校で知識・自信や人間関係を得ることがその後の生活の力添えとなる可能性が見いだされた．では，そのような学校経験を得られるのはどういった者なのだろうか．そこにも何らかの不平等を見てとることができるのだろうか．

　その点について検討するため，性別や階層要因といった属性と，学校経験との関係を見てみよう．図 11-5 は，性別によって学校経験変数の平均値を比べたものである．進路展望，知識・自信，人間関係のいずれのカテゴリーにおいても，女性の平均値が男性のそれよりも高く，t 検定の結果，平均値の差はいずれも有意である（進路展望：5% 水準，知識・自信：1% 水準，人間関係：0.1% 水準）．つまり，男性よりも女性のほうが，学校経験を通してさまざまなものを得られたと回答する傾向が高いのである．

　次に，父親の学歴や本人の学歴などの要因と学校経験変数との関係を探っていこう．まず，父親の学歴別に学校経験変数の平均値を算出した（図 11-6）．学校経験変数の 3 カテゴリーのいずれにおいても，高卒以下と短大・専門は平均値にほとんど違いがない一方で，大卒以上の平均値はそれ以外のものに比べて非常に高い．分散分析の結果，父学歴と学校経験変数の関係は有意である（進路展望：5% 水準，知識・自信：5% 水準，人間関係：1% 水準）．より豊かな学校経験は，父親の学歴が大卒以上というバックグラウンドの者に偏在しているのである．

　次に，本人の学歴と学校経験との関係を確かめよう．図 11-7 は，本人の学歴別に学校経験変数の平均値をプロットしたものである．高卒以下から順に，学歴が高くなるにしたがって，学校経験変数の平均値が直線的に高くなっており，分散分析の結果，本人学歴と学校経験変数の関係は有意である（進路展望：1% 水準，知識・自信：1% 水準，人間関係：5% 水準）．

　豊かな学校経験が高い学歴の獲得へと結びついたのか，高い学歴を得たことが高校時代を豊かなものとして振り返らせているのかは判じがたい．おそらくその両方なのだろうが，人間関係に関わる意識さえも学歴によって左右されて

254——V　学校

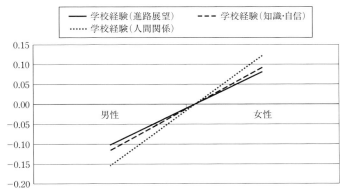

図 11-5　性別と学校経験

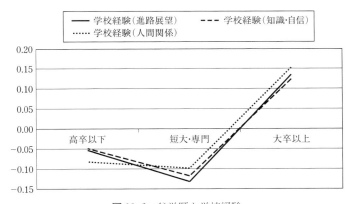

図 11-6　父学歴と学校経験

いることは，高校生活が進学を軸に組織化されており，そこからの逸脱が負の効果を持っているということなのかもしれない．高校生活が進学をメルクマールとして構築されているのならば，普通科と専門学科の高校では異なっている可能性がある．なぜなら，専門学科のほうが，上級学校への進学によって学校生活が編成される度合いが相対的に低いと考えられるからである．

　その点について確かめるため，高卒の者を普通科出身か専門学科出身かによって分け，本人の学歴と学校経験との関係を見てみた（図 11-8）．分散分析の結果，学歴と学校経験変数との関係は有意であった（進路展望：0.1% 水準，

11　学校経験と社会的不平等——255

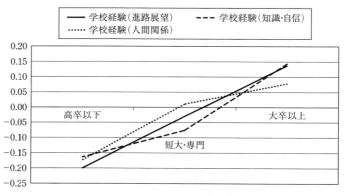

図11-7 本人学歴と学校経験(1)

知識・自信：0.1％水準，人間関係：5％水準）．図を見てみると，人間関係カテゴリーのケースには，先に学歴を3分類して分析したときと同様に直線的な関係が見られる．しかし，それ以外の進路展望カテゴリーと知識・自信カテゴリーについては，普通科の学校経験変数の平均値が特に低く，逆に，専門学科の平均値は短大・専門よりも高い．つまり，進路展望と知識・自信の2カテゴリーについては，高卒者の平均値を下げているのは普通科出身者なのであり，専門学科出身者は大卒者とほぼ同水準なのである．やはり，高卒以後に進学しない者にとって，普通科の高校は，豊かな学校経験が得られにくい場所となっていることがうかがわれる[6]．

これまで見てきたように，豊かな学校経験を得られるかどうかには，属性や階層といった要因が影響を与えている．そして特に，高卒で普通科出身の者は，相対的に豊かな学校経験から遠ざけられている．

6 考 察

本章では，若者たちの意欲の貧困に対し，過去の学校経験がどう関わっているのかを検討するとともに，そこにどのような社会的不平等が見られるのかを探究してきた．これまでに見いだされたことを整理するとともに，それらの知

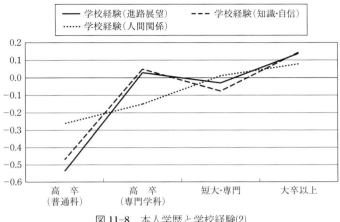

図 11-8 本人学歴と学校経験(2)

見の含意について考察しよう．

まず，本章の分析によって明らかになったことは次の5点に集約される．

第1に，頑張ることを困難にさせるような意欲の貧困度は，経済や健康に関わる生活の状況によって規定されている．やはり現在の生活が過酷なものであることは，意欲を萎えさせる大きな要因なのである．

第2に，意欲の貧困度は本人の学歴という階層要因とも関係している．意欲の貧困度と学歴は，相互規定的に働きながら，相乗的に社会的格差を拡大させていると考えられる．

第3に，進路展望や知識・自信，人間関係など，学校経験を通して得られたものが，生活の現状や本人の学歴とは独立して，意欲の貧困度に対し影響を与えている．学校における経験は，在学中の生活だけではなく，卒業後の生活にも関係しているのである．

ところが第4に，その学校経験が豊かなものかどうかは，父学歴や本人学歴などの階層要因によって影響されている．階層の影響が指摘されてきた学業成績だけでなく，学校で得られる進路展望や知識・自信，人間関係などもまた，不平等に配分されているのである．

そして第5に，高卒者は，大卒者よりも意欲の貧困度が高い．専門学科の高校では，学校経験は充実しているが意欲の貧困度が高いという矛盾した状況が

見られる一方，進学しない者が豊かな学校経験から疎外されがちな普通科高校については，完成教育の機能不全がうかがわれる．

では，これらの知見からどのような示唆が得られるだろうか．

第1に，進路展望や知識・自信，人間関係など，学校経験を通して得られるものが，意欲を引き出す「溜め」として機能していることは強調されてよい．学校が人生に与えるインパクトは，学業による地位達成というルートだけではなく，学校での経験が，生活のなかで直面する事態に立ち向かう意欲を支えるというルートによっても提供されているのである．

そこには次の2つの含意がある．1つは教育実践に関わる示唆として，学校では，いわゆる学力にとどまらず，人間関係などの社会関係資本，自尊心や将来展望についても，卒業後を見据えて，生徒たちにどう提供するかを再検討する必要があるだろう．もう1つ，研究に関わる示唆として，社会生活のための資源として学校が何を与え得ているのかを検証し，学校の役割について再検討する必要性が示唆される．学校や教師の機能について一面的で矮小化された言説が幅をきかせがちな現在，今回検討した要因をはじめ，日本の学校が何を提供し得ているのか，その豊かさをとらえ直すことの重要性が増しているのではないか．

第2に，卒業後の生活の支えとなる学校経験自体が，不平等に配分されていることである．学力や学歴に対する階層の影響はつとに指摘されているが，人間関係のように個人の問題として受け止められやすいものについてさえ，見えない社会的な水路づけが存在していることは，学校教育における不平等という問題の射程を広げる必要性を示していよう．

また，充実した学校経験を得られるかどうかに社会的不平等の刻印が押されている一方で，充実した学校経験が得られることが，社会的不平等とは独立して，意欲の貧困を乗り越えるリソースともなっていることは重要である．つまり，学校体験と社会的不平等は，入れ子状の複雑な関係のもとにあるのである．これらのことからは，学校経験の不平等のメカニズムをさらに深く探究していくことが求められるだろう．

第3に，完成教育としての高校教育の問題である．高卒者のうち専門学科出身者は，学校経験変数では大卒者と遜色ないものの，意欲の貧困度では大きく

水をあけられている．一方，普通科出身者は，学校経験と意欲の貧困度の双方ともかなり厳しい状況にある．高校教育が最後の学校となる者にとって，高校教育の質は非常に重要である．学校で得られたものが意欲の貧困度の改善に結びつくことはもちろん，大学等に進学しない者にとって意味のある，充実した高校教育となるよう，内容や方法を模索していく必要があるだろう．

そのためにはまず，高卒者という存在自体がマイノリティであり，しかも彼らの通う学校が高校階層構造上の劣位に位置づけられていることが多いという事実に留意する必要があるだろう．つまり，彼らは，高校に進学するプロセスにおいて繰り返し自尊心をくじかれつつ，将来のマイノリティとしてふさわしい学校へと隔離されていくのである．それゆえ，高校制度自体について，そのような「他者化」を原理とするものではなく，「多様性を相互に承認しあう」ような「包摂」（Young 2007=2008: 訳 377）を原理とするものへと変革していくことが求められる．

次に，学校経験との関連からは，普通科高校には上級学校への進学，専門学科高校には就職と，それぞれの学校における教育内容が意味を持ちうる文脈が与えられているのに対し[7]，上級学校へと進学しない普通科高校の生徒たちは，文脈を失って宙づりにされているという問題に着目する必要がある[8]．

その点について警鐘を鳴らしてきた本田由紀は，「教育の職業的意義」の必要性を主張し，職業に関わる分野の体系的教育を受けることで「柔軟な専門性」を涵養するとともに，職業に関わる諸条件をより妥当で適正なものとして要求していける力を育成することを提案している（本田 2009, 2014）．それに対し広田照幸は，職業に関わる教育の重要性や必要性を認めつつも，むしろ公教育の役割は「能動的な市民として振る舞えるように，教育を通して彼らを多元的な価値が存在する公共空間に連れ出す」ことだとして，学校における「政治的教養」の養成を主張する（広田 2015）．

両者の見解の力点は異なるが，具体的な場を通して高校生と社会とをつなげ，教育内容の文脈を担保しようとする点で共通していると考えられないだろうか．そうだとすれば，これからの高校教育に求められることの 1 つは，具体的に社会とつながる経験を積み重ねていくことで，卒業後に直面する困難な状況に立ち向かうための「溜め」を蓄積するものとして教育課程を編成することだろう．

そして，そのような教育を実質化するためには，教育課程の一部分についてのみ社会との関わりを確保するような「出島方式」ではなく，各教科も含め，学校における学習をすべて，「道具的効用を動機とした学習から学習内容の有意味性を動機づけにした学習」（広田 2015: 171），あるいは，「文化的実践への参加」（佐伯 1993）として再編することが必要なのではないだろうか．

　若者の直面する現実の複雑化が進行する現在，生活に対する若者たちの意欲を支える役割を担っている学校は，さらにその重要性が高まっている．そして，私たちもまた，さまざまな角度から学校を支えていかなければならない．

【注】

1)　この点について代表的なものとして，SSM 調査による研究の蓄積がある（佐藤・尾嶋編 2011，石田ほか編 2011，近藤編 2000 など）．また，教育とその後の生活の関係について，矢野（2009）は，所得に対する大学教育の効果を検討し，大学時の学習習慣が知識能力に影響を及ぼすことによって，所得を上昇させるという「学び習慣仮説」を提出している．

2)　たとえば，学習へと向かう意欲に階層による格差が生じており，それが学力の格差を生み出しているという「インセンティブ・ディバイド」（苅谷 2001）や，世帯所得，保護者の教育期待，学校外教育支出などが大都市圏の子どもたちの学力に影響しているという「ペアレントクラシー」（耳塚 2007）などが主張されている．

3)　学校効果研究の優れたレビューとして，川口（2010）がある．

4)　ただし，就業形態別の意欲の貧困度を最終学歴ごとに算出してみると，付図 11-1 に示したように，学歴が高卒以下の場合のみ非正規の者の意欲の貧困度が高く，t 検定の結果，5% 水準で有意であった．学歴が専門・短大の場合と大学・大学院の場合には，就業形態による意欲の貧困の違いは見られない．それゆえ，就業形態によって意欲の貧困度に違いが見られないのは，学歴間の違いによって相殺されているからだと考えられる．

5)　学歴によって就業形態の効果が相反していることから（（注 4）参照），就業形態を独立変数として重回帰分析に投入するとモデルの説明力が大幅に低下するため，ここでは就業形態を分析に含めないこととした．

6)　本田（2014: 176）も，普通科と専門学科における学校経験について，専門学科の卒業生のほうが高く評価していることを指摘している．

7)　その一方で，普通科高校の教育内容が，進学という文脈でしか意味を持ち得ておらず，オーセンティックな学習が成立しにくいという問題も存在する．

8)　上級学校への進学をめざす専門学科の生徒たちも同じような困難を抱える可能性がある．たとえば，酒井ら（酒井編 2007）は，商業科の生徒たちに進学に向

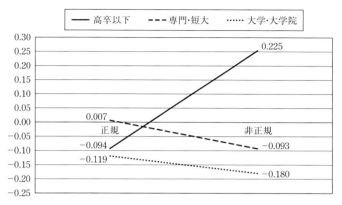

付図 11-1　学歴別にみた就業形態と意欲の貧困度

けた支援が少ないことなどを指摘している．

【文献】

藤田武志，2011，「教育改革と社会的排除――子どもたちの学びの変化に関する考察」苅谷剛彦・堀健志・内田良編著『教育改革の社会学――犬山市の挑戦を検証する』岩波書店，pp. 55-80.
広田照幸，2015，『教育は何をなすべきか――能力・職業・市民』岩波書店.
本田由紀，2009，『教育の職業的意義――若者，学校，社会をつなぐ』筑摩書房.
本田由紀，2014，『もじれる社会――戦後日本型循環モデルを超えて』筑摩書房.
石田浩・近藤博之・中尾啓子編，2011，『現代の階層社会 2　階層と移動の構造』東京大学出版会.
苅谷剛彦，2001，『階層化日本と教育危機――不平等再生産から意欲格差社会へ』有信堂.
川口俊明，2009，「マルチレベルを用いた『学校の効果』の分析――『効果的な学校』に社会的不平等の救済はできるのか」『教育社会学研究』第 84 集：165-184.
川口俊明，2010，「日本における『学校教育の効果』に関する研究の展開と課題」『大阪大学大学院人間科学研究科紀要』36: 157-177.
近藤博之編，2000，『日本の階層システム 3　戦後日本の教育社会』東京大学出版会.
舞田敏彦，2008，「地域の社会経済的特性による子どもの学力の推計――学力の社会的規定性を克服する教育条件の探求」『教育社会学研究』第 82 集：165-184.
耳塚寛明，2007，「小学校学力格差に挑む――誰が学力を獲得するのか」『教育社会学研究』第 80 集：23-39.
文部科学省，2015，『平成 26 年度 教育改革の総合的推進に関する調査研究――教育の総合的効果に関する定量的分析報告書』株式会社三菱総合研究所.

お茶の水女子大学, 2014,『平成 25 年度 全国学力・学習状況調査（きめ細かい調査）の結果を活用した学力に影響を与える要因分析に関する調査研究』.

佐伯胖, 1993,「文化的実践への参加としての学習」森田尚人ほか編『教育学年報 2 学校＝規範と文化』世織書房, pp. 145-169.

酒井朗編, 2007,『進学支援の教育臨床社会学——商業高校におけるアクションリサーチ』勁草書房.

佐藤嘉倫・尾嶋史章編, 2011,『現代の階層社会 1 格差と多様性』東京大学出版会.

志水宏吉編, 2009,『「力のある学校」の探究』大阪大学出版会.

須藤康介, 2007「授業方法が学力と学力の階層差に与える影響——新学力観と旧学力観の二項対立を超えて」『教育社会学研究』第 81 集 : 25-43.

須藤康介, 2009,「学力の階層差に関する実証研究の動向——日本とアメリカの比較を通して」『東京大学大学院教育学研究科紀要』第 49 巻 : 53-61.

須藤康介, 2013,『学校の教育効果と階層——中学生の理数系学力の計量分析』東洋館出版社.

矢野眞和, 2009,「教育と労働と社会——教育効果の視点から」『日本労働研究雑誌』No. 588: 5-15.

Young, Jock, 2007, *The Vertigo of Late Modernity*, Sage Publications（木下ちがやほか訳, 2008,『後期近代の眩暈——排除から過剰包摂へ』青土社）.

湯浅誠, 2008,『反貧困——「すべり台社会」からの脱出』岩波書店.

湯浅誠・仁平典宏, 2007,「若年ホームレス——『意欲の貧困』が提起する問い」本田由紀編『若者の労働と生活世界——彼らはどんな現実を生きているか』大月書店, pp. 329-362.

コラム 5

学校長期欠席者のその後

　小中学校や高校を休学したり，いわゆる不登校になったりした者は，その後どのような経験をしているのだろうか．

　調査回答者のうち，小中学校時代に休学や不登校を経験した者（小中学校長期欠席者）は 2.3%（男性 7 人・女性 11 人）であった．また，高校を 30 日以上欠席した者（高校長期欠席者）は 5.2%（男性 13 人・女性 26 人）であった．

　これら学校長期欠席者の学歴は，休学や不登校を経験していない者（非長期欠席者）と比べて高卒が多く，大卒・院卒が少ない（図 1）．最後に通った学校を卒業したか中退したか聞いたところ，小中学校長期欠席者の 23.5%，高校長期欠席者の 20.5% が中退と答えており，いずれも非長期欠席者の 4 倍に上っている．

　就業・在学状況（2011 年）を見ると，小中学校長期欠席者の 33.3%，高校長期欠席者の 23.1% が就業もしていなければ在学もしていない．これは，非長期欠席者（小中学校・高校とも）の場合の約 7% に比べて 3 倍から 4 倍以上になる．

　就業している者の就業形態について比較すると，小中学校長期欠席者の場合，正規雇用が非長期欠席者の半分以下であり，非正規雇用は逆に倍に上る．高校長期欠席者の場合は正規雇用の方が非正規雇用よりも多いものの，53.6% にとどまり，非正規雇用率は非長期欠席者よりも 10% ほど高い（図 2）．

　では，生活満足度や将来の不安意識はどうだろうか．

　生活全般への満足度について，小中学校長期欠席者のうち不満と回答した者は 16.7% にとどまっており，非長期欠席者の場合と大きな違いはない．また自分の将来不安については，小中学校長期欠席者の半数が不安と回答しているが，これも非長期欠席者の場合に比べて割合は変わらない（図 3）．

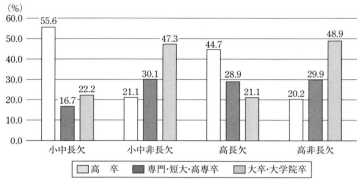

図1　学校長期欠席者の学歴

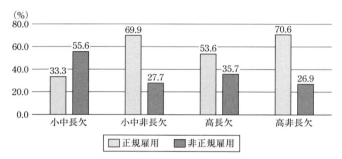

図2　学校長期欠席者の就業形態（2011年）

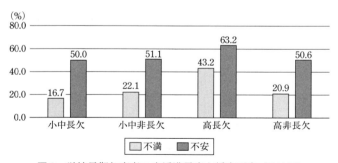

図3　学校長期欠席者の生活満足度と将来不安（2011年）

他方，高校長期欠席者の場合，生活全般への満足度は不満が 43.2% と非長期欠席者の倍以上となっており，不満を感じている者の割合が高い．また自分の将来について不安と回答した者は 63.2% に上り，非長期欠席者よりも不安を感じている割合が高い（図 3）．

　高校長期欠席者 39 人のうち，小中学校長期欠席を経験している者は 5 人だけであり，残りの 34 人（87.2%）は高校で長期欠席となった者である．つまり，両者の重なりはそれほど大きくない．小中学校長期欠席者と高校長期欠席者はいずれも非長期欠席者と比べて，学歴は低く，非就業・非在学者や非正規雇用の割合は高い．しかし，高校長期欠席者は非長期欠席者に比べて生活満足度が低く，将来不安が強い．高校は仕事や高等教育への移行の直前期であるため，そこでの長期欠席は小中学校での長期欠席よりも 20 歳代前半の若者たちが置かれた状況と意識に及ぼす影響が大きいと思われる．

（横井敏郎）

12　大学大衆化時代の学びと生活

児島　功和

1　はじめに──問題設定

　2000 年代半ば，四年制大学（以後，大学）進学率は過年度高卒者を含めると 50% 台に突入し，大学は大衆化の時代を迎えた．大学はいまや高校に代わって職業世界に入る前の最大の教育機関となったのである．本章で対象とする大学生の多くは，そうした時期，2005 年 4 月に大学進学した若者である．本章では，若者の大学生活を学業面とそれ以外の面に分け，大学大衆化時代の大学生活の実態を検討したい．

　多くの若者にとって大学生活は最後の学生生活であり，将来どの仕事につくのか，どのように生きていくのかを決める重要な模索期間^{モラトリアム}となっている [1]．若年非正規雇用割合の高さに象徴される雇用状況の悪化，高騰する学費と落ち込む家計状況──大学大衆化時代の大学生は不安定化状況を模索期間として生きている．本章で明らかにしたいのは，大学生活とこうした状況との関係である．学業に打ちこむ背景には何があるのか，課外活動に熱心に参加するには何が必要なのか，以上の問いを社会・経済状況という視点を重視しながら，明らかにしていきたい．

　大学に関する研究は，様々な形で蓄積されている．大学の「入口」＝入学状況に着目した研究は，誰が進学することができ，誰が進学しなかったのかを，主に若者の出身家庭の社会階層という視点から明らかにしている．小林雅之（2008）は，日本における高等教育に対する公的負担の低さ，ならびに教育費の私的負担の高さを指摘し，家計状況（所得階層）が大学進学に与える影響の

強さについて論じている．大学の「出口」に関する研究では，小杉礼子編（2007）の就職活動研究が代表的なものである．そこでは主として 2005 年に行なった大規模な大学生調査，そしてその調査対象者を追跡した 2006 年調査により，大学の設置形態や入学難易度，北海道や東北といった地域により就職活動のあり方に大きな違いがあることを明らかにしている．これらの先行研究は大学生活の実態を明らかにしていくうえで重要な視点を提供してくれるが，直接的に大学生活に迫ったものではない．

　大学生活を直接研究対象としたもので，かつ本章と分析視点の重なるものとして，溝上慎一の一連の研究（溝上 2009, 2010），武内清編（2003），武内（2014）があげられる．青年心理学者の溝上は大学生活を「青年期（adolescence）」にある若者が生き方を見定めるための時間，あるいは大学を自己形成の場として捉え，大学生を対象とした調査研究に基づき分析している．溝上では大学生の 1 週間の過ごし方を尋ねた調査結果から，大学生を 4 種類に分類し，成長を最も実感しているのは「授業によく出席しつつ授業外学習や読書もおこなう，さらには遊びや対人的な活動にも多くの時間を費やす」層であるとする（溝上 2009: 116）．武内編でも大学生や卒業生への調査から，大学が若者にとって単に勉強をするためだけの場として捉えられていないことを指摘し，「大学そして大学という期間は，青年が大人になるための通過儀礼（イニシエーション）の場である．大学は通過儀礼の行なわれるコミュニティである」（武内編 2003: 178）と述べている．そして，授業や課外活動，アルバイト等個別のトピックを幅広く分析している．

　溝上と武内の研究は示唆に富んでおり，本章もそこから多くを学んでいる．しかしながら，それら先行研究は，現代の大学生を取りまく社会・経済状況について十分に意識されているわけではなく，そうした状況が大学生活にどういった形で繋がっているのか明らかにされていない．本章の結論を先取りするのであれば，社会・経済状況の厳しさや不安定性は大学生活に看過しえない影響を与えているといえる．

　次節以降の構成は次の通りである．第 2 節では，本章で対象とする大学生の基本情報を概観する．第 3 節では，学業面，特に学習に対する取りくみ方に着目し，それが何の影響をどのような形で受けているのかを検討する．第 4 節で

268——V　学　校

は，学業以外の面，とりわけ課外活動や人間関係に焦点をあて，大学生活における学業以外のもつ意味について触れ，どのような背景をもつ大学生が充実し，誰がそうではないのかを明らかにする．最終節となる第5節では，本章のまとめと今後の課題を述べたい．

2 対象者の基本情報

本章では，2007年第1回調査から2011年第5回調査まで継続して追いかけることのできた若者891名のうち，第1回調査時に大学生だった者（353名）を主な分析対象とする．ただし，質問項目によって欠損値が生じるため，対象者総数には若干の変動がある．また，第1回調査時以外の状況を見る場合は，そのことを適宜記載したい．

第1回調査で大学生だった若者の基本情報は次のとおりである．在籍大学の設置形態は，国公立が24%，私立が76%となっている．学部学科構成では社会科学系が33.1%と最大割合を占めている等，いずれも文部科学省「学校基本調査」で示されている数値と大きくは変わらないものとなっている．第1回調査の大学生の特徴といえるのは，3年生が8割以上を占めているということである．1年生や2年生も少数ながらおり，そのほとんどが浪人や留年をした者だと思われる．本調査は各年10月から12月にかけて実施されており，3年生にとってこの時期は就職活動を意識する時期となっている．すなわち，進路に関する様々なことが対象者の大学生の意識や行動に色濃く反映していると考えられる．

3 学業状況

⑴ 出席状況と学業へのまじめさ

1990年代半ば以降の急激な大学進学率上昇による大学の大衆化は，大学生の学力の低下や学業に取りくむ態度の悪さを指摘する言説を産み出している．学術的言説ではないものの，例えば石渡嶺司（2007）や三浦展（2008）では「バカ学生」といった表現が登場し，大学教育の機能不全を糾弾しつつ，そう

した学生が増えた大きな要因として大学の大衆化があることを指摘している．大学進学が容易になった状況があり，そもそも「バカ」な若者が大量に大学進学するようになり，大学教育にも大きな問題があるため，結果として「大学がバカ学生を大量生産」（三浦 2008: 8）しているというわけである．

　他方，大学生を対象とした調査に基づき，大学生は大学生活において学業を優先するようになっており，まじめになっているとの指摘もなされている．先述した武内（2014）は，1997 年，2003 年，2007 年に実施した大学生調査の結果から，授業の出席率が高まっていること，授業への肯定的な評価が高まっていると結論づけている．

　「バカ学生」に明確な定義が与えられていない以上，厳密な検討を行なうことはできない．だが，それらの言説が前提としているのは，大学の大衆化が大学生の学業状況の悪化を招いているという認識である．それでは，次のように問うことができるだろう．大学生は学業に対してまじめに取りくんでいるのであろうか．

　第 1 回調査時データに基づいた表 12-1 の「あてはまる」は，「とてもあてはまる」「ややあてはまる」の合計，「あてはまらない」は「あまりあてはまらない」「まったくあてはまらない」を合計したものである．以降の「あてはまる」「あてはまらない」は同様の使用法となる．なお，以下の分析での統計的検定は主にピアソンのカイ二乗検定である．一部期待度数が 5 未満となっている場合は，フィッシャーの正確確率検定を行なっている．

　出席状況では，約 9 割の大学生が授業にきちんと出席していると答えている．性別では，男性女性ともにおよそ 9 割がきちんと出席している．専攻を理系（理工＋農業），文系（社会科学＋人文科学），専門職系（社会福祉＋教育＋保健）に分類すると，文系と専門職系には約 10 ポイントの差があるものの，文系もほぼ 9 割，専門職系ではほぼ全員といっていい状況にある（残差分析を行なった結果，専門職系で有意に多く，文系で有意に少ない）．国公立大学と入学難易度（偏差値）50 以上の私立上位，そして入学難易度 50 未満の私立下位の差も小さい [2]．出席状況だけを見ると，大学生の学業状況が悪い様子はまったくといっていいほど浮かびあがってこない．

　それでは，表 12-1 から次に学業への取りくみ方を見てみよう．「学業に対し

270——V　学　校

表 12-1　出席状況と学業への取りくみ

		授業にきちんと出席している（あてはまる）	授業にきちんと出席している（あてはまらない）	学業に対してまじめにとりくんでいる（あてはまる）	学業に対してまじめにとりくんでいる（あてはまらない）
全　体		322	29	295	56
		91.7%	8.3%	83.9%	16.1%
性別	男　性	172	12	155	2
		93.5%	6.5%	84.2%	15.8%
	女　性	150	17	140	27
		89.8%	10.2%	83.8%	16.2%
		カイ二乗値 1.545	有意差なし	カイ二乗値 0.011	有意差なし
専攻	理　系	66	4	64	6
		94.3%	5.7%	91.4%	8.6%
	文　系	154	23	139	38
		87.0%	13.0%	78.5%	21.5%
	専門職系	60	1	54	7
		98.4%	1.6%	88.5%	11.5%
		カイ二乗値 8.327	有意確率 0.016*	カイ二乗値 7.462	有意確率 0.024*
設置形態	国公立	61	3	58	6
		95.3%	4.7%	90.6%	9.4%
	私立上位	111	13	105	19
		89.5%	10.5%	84.7%	15.3%
	私立下位	99	7	92	14
		93.4%	6.6%	86.8%	13.2%
		カイ二乗値 2.309	有意差なし	カイ二乗値 1.298	有意差なし

注：$^*p < 0.05$.
　　残差分析によれば専門職系で授業出席の観測度数が有意に多く，文系で少ない．理系でまじめな学生が多く，文系で少ない．

てまじめにとりくんでいる」という質問に対する回答である．全体では大学生の 8 割以上がまじめに取りくんでいると回答している．性別による違いはほとんどない．専攻別では，文系が相対的に低くなっているものの，それでもおよそ 8 割がまじめに取りくんでいる（残差分析を行なった結果，理系は有意に多く，文系で有意に少ない）．設置形態と入学難易度別に見ても，8 割以上が学業に対してまじめに取りくんでいるとしている．大学生は出席状況が良好というだけではなく，学業にもまじめに取りくんでいるといえる．

　図表では示さないが，授業出席と学業に対するまじめさの関係を見ると，授業にきちんと出席している（あてはまる）学生（322 名）の 88.8% が学業に対

12　大学大衆化時代の学びと生活——271

してまじめに取りくんでいるとしているのに対し，授業にきちんと出席している（あてはまらない）と回答した大学生（29名）のわずか31.0％が学業に対してまじめに取りくんでいる（あてはまる）と回答している（$p < 0.001$　フィッシャーの正確確率検定）．すなわち，大学生の大半が授業にきちんと出席し，そんな大学生は総じて学業に対してもまじめな傾向があるのだ．

(2) 「まじめ」の構造

　大学生の多くが学業に対してまじめであることを前項では確認した．先にも言及した武内（2014）は「大学生の真面目化」について，大学進学の理由に資格取得をあげる学生の割合の高さを指摘し，それがまじめさに結びついているのではないかと解釈している．しかし，それ以上の踏み込んだ検討はなされていない．それでは，大学生はなぜ学業に対してまじめなのであろうか．大学生のまじめさと関係があると思われる学習への意味づけ，就業意識，大学生本人や家庭の経済状況等との関係性から明らかにしたい．

　図12-1の学習への意味づけとまじめさの関係を見てみよう．図内の「そう感じる」は「とてもそう感じる」「少しそう感じる」の合成，「そう感じない」は「あまりそう感じない」「まったくそう感じない」の合成となっている．今後使用する場合も同様である．「自分自身がつきたい職業について学べる」「社会生活を送る上で必要な知識やモラル・マナーが学べる」において回答傾向が大きく異なっていることがわかる．卒業後の職業や社会生活に関することを大学で学んでいると感じているか否かは，学業に対する打ち込み方と密接に関わっているということである．逆にいうと，それらを学ぶことができていないと感じている大学生は，学業に対してふまじめな傾向がうかがえる．

　図12-2は就業意識と学業へのまじめさの関係についてである．有意差が確認されるのは，「仕事を通じて人の役に立ちたい」「仕事を通じて高い専門性を身につけたい」「あまりがんばって働かず，のんびり暮らしたい」「働かずに生活できるなら，働きたくない」の4項目である．最初の2つは就業意識の高さ，残りの2つは就業意識の低さといえるだろう．前者の「あてはまる」割合が高い者が学業に対してまじめに取りくんでおり，後者はその割合が高い者がまじめではない結果となっている．また，「安定した職業生活を送りたい」に「あ

272——Ⅴ　学　校

図 12-1 学習の意味と学業まじめさ

項目	区分(n)	あてはまる(%)	あてはまらない(%)	有意
①自分の進路について深く考える機会が得られる	そう感じる(271)	85.6	14.4	
	そう感じない(78)	78.2	21.8	
②自分自身がつきたい職業について学べる	そう感じる(236)	87.7	12.3	
	そう感じない(111)	76.6	23.4	**
③進路に関する指導や支援が充実している	そう感じる(258)	84.5	15.5	
	そう感じない(91)	82.4	17.6	
④社会生活を送る上で必要な知識やモラル・マナーが学べる	そう感じる(197)	88.3	11.7	
	そう感じない(152)	78.3	21.7	*
⑤進路・職業・社会生活には役立たないが興味深い内容を学べる	そう感じる(216)	84.7	15.3	
	そう感じない(132)	82.6	17.4	
⑥将来高い収入や地位を得る上で役立ちそうだ	そう感じる(131)	84.7	15.3	
	そう感じない(214)	83.6	16.4	

■ 学業に対してまじめにとりくんでいる(あてはまる)
□ 学業に対してまじめにとりくんでいる(あてはまらない)

図 12-1　学習の意味と学業まじめさ
注：$**p<0.01$, $*p<0.05$.

図 12-2 就業意識と学業まじめさ

項目	区分(n)	あてはまる(%)	あてはまらない(%)	有意
①自分のやりたいことを仕事としてやっていきたい	あてはまる(325)	84.9	15.1	
	あてはまらない(21)	76.2	23.3	
②自分の性格や能力をいかせる仕事につきたい	あてはまる(334)	84.7	15.3	
	あてはまらない(13)	76.9	23.1	
③仕事を通じて高い収入や地位を得たい	あてはまる(237)	86.1	13.9	
	あてはまらない(110)	80.9	19.1	
④仕事を通じて人の役に立ちたい	あてはまる(298)	86.6	13.3	
	あてはまらない(49)	71.4	28.6	**
⑤仕事を通じて高い専門性を身につけたい	あてはまる(275)	86.9	13.1	
	あてはまらない(70)	74.3	25.7	**
⑥安定した職業生活をおくりたい	あてはまる(320)	85.6	14.4	
	あてはまらない(25)	72.0	28.0	
⑦仕事も仕事以外の生活も,どちらも充実させたい	あてはまる(337)	84.9	15.1	
	あてはまらない(10)	70.0	30.0	
⑧あまりがんばって働かず,のんびり暮らしたい	あてはまる(211)	79.6	20.4	
	あてはまらない(135)	91.9	8.1	**
⑨働かずに生活できるなら,働きたくない	あてはまる(131)	75.6	24.4	
	あてはまらない(213)	89.7	10.3	***
⑩年齢ではなく仕事の実績によって給料や地位を決めてほしい	あてはまる(241)	84.2	15.8	
	あてはまらない(104)	84.6	15.4	
⑪就職できなかったり失業したりするのではないかと,不安である	あてはまる(233)	82.8	17.2	
	あてはまらない(111)	87.4	12.6	
⑫生活するのに十分な収入が得られる仕事をやっていけるか,不安である	あてはまる(225)	82.2	17.8	
	あてはまらない(119)	88.2	11.8	

■ 学業に対してまじめにとりくんでいる(あてはまる)
□ 学業に対してまじめにとりくんでいる(あてはまらない)

図 12-2　就業意識と学業まじめさ
注　$***p<0.001$, $**p<0.01$.
　　①②⑥⑦はフィッシャーの正確確率検定.

てはまる」と回答している者はそうではない大学生よりもまじめとなっている.これらのことが明らかにしているのは,就業意識の高さが学業へのまじめさと明確に結びついているということである.

　続いて,奨学金を受給しているか否か,また学費を少しでも自分が負担をしているか否かがまじめさとどういった関係にあるのかを確認する.奨学金を受給している大学生（82 名）のうち 90.2％ が学業に対してまじめに取りくんでいると回答し,奨学金を受給していない大学生（133 名）の同割合は 79.7％ と 10.5 ポイントの差があった（$p<0.05$）.学費を自己負担する大学生（38 名）のうち 94.7％ が学業に対してまじめに取りくんでいるのに対し,自己負担していない大学生（268 名）では 84.7％ と 10 ポイントの差があった（フィッシャーの正確確率検定を行なったが,有意差なし）.日本における最大の奨学金提供元である日本学生支援機構のように,奨学金を受給するには一定以上の成績であることが要件とされている場合もあり,奨学金を受給している大学生は学業にまじめに取りくまざるをえない,と解釈できる.それ以外には,そもそも学業にまじめな若者が奨学金を受給してまで大学進学しているため,まじめな者の割合が高いという解釈もありえよう.学費の自己負担については,学費を自己負担しても学びたいという意欲をもった,もともとまじめな学生という解釈も成り立つが,自己負担をしている以上きちんと勉強しようというコスト意識がまじめさに結びついているとも考えられる.

　それでは,一体どのような大学生が奨学金を受給し,学費を自己負担しているのだろうか.18 歳の頃の家族の暮らし向きと父学歴を指標とする社会階層から見てみた.18 歳の頃の家族の暮らし向きが「ゆとりがある」（回答「ゆとりがある」「ややゆとりがある」の合計）と回答した大学生（144 名）のうち奨学金を受給していたのは 28.6％ であるのに対し,「苦しい」（回答「苦しい」「やや苦しい」の合計）と回答した学生（75 名）の 54.7％ が奨学金を受給しており,26.1 ポイントもの差があった（$p<0.001$）.また,「ゆとりがある」と回答した大学生（214 名）の学費自己負担率はわずか 6.5％ であるのに対して,「苦しい」と回答した学生（87 名）の 26.4％ が学費を自己負担していた（$p<0.001$）.父学歴と奨学金,学費自己負担の関係で統計的に有意な差であったのは,父学歴と奨学金受給の関係であった（$p<0.05$）.父学歴が「大卒・院卒」

の学生（113 名）のうち奨学金を受給していたのは 31.9％，対して父学歴高卒を含めて「それ以外」の大学生（95 名）では 46.3％ とおよそ半数に達した．奨学金を受給し，一部にせよ学費を自分で負担している大学生は，家庭の経済状況が苦しく，父学歴も相対的に低い．すなわち，社会階層の低さは奨学金や学費の負担のあり方を媒介にして，大学生が学業に対してまじめに取りくむことと密接な繋がりをもっている．

　続いて，こうした大学生のまじめさは，大学入学以前の学業状況とはどのような関係があるのだろうか．大学生である現在「学業に対してまじめにとりくんでいる」という質問への回答（あてはまる／あてはまらない）と高校在学時を振り返っての同じ質問への同じ回答の関係を確認した．すると，大学で学業に対してまじめに取りくんでいる大学生（294 名）の 87.4％ が高校在学時もまじめに取りくんでおり，大学でまじめに取りくんでいない者（56 名）の同数値は 66.1％ に留まった（$p < 0.001$）．大学での学業への取りくみは，大学に入学してから新たに形成されるだけではなく，それ以前にどれだけそうした意識や習慣を身につけているのかと関係していることが確認された．

(3)　小　括

　本節では，大学生活における学業面，そのなかでも出席状況と学業に対するまじめさについて明らかにしてきた．大学大衆化時代といえる現在，大学生の学業姿勢を揶揄する言説もあるが，大学生の多くは授業にきちんと出席しているだけでなく，学業に対してもまじめに取りくんでいる．専攻による違いは若干あるものの，専攻の中でまじめに取りくんでいると回答している割合が最も低い文系ですら約 8 割に達している．そしてまじめであるということは，卒業後の雇用・社会生活と学業の結びつき，就業意識，奨学金受給や学費自己負担といった経済状況に関すること，そして大学入学以前の学業状況と結びついていた．

　大学生のまじめさが現在の社会・経済状況と明確な関連性をもっていることは重要である．そして，注目したいのは，「あまりがんばって働かず，のんびり暮らしたい」「働かずに生活できるなら，働きたくない」の質問に対して「あてはまる」と回答した学生が相対的にまじめではない，ということである．

のんびり暮らしたいというある意味で"まっとう"な価値観を抑制し，現在の社会では一生懸命に働く必要があり，またそうでなければならないという勤労倫理が大学生活にも広範に影響を及ぼしていると解釈できる．

4　学業以外の大学生活

(1)　課外活動と人間関係

　本調査では一部対象者にインタビューも実施しており，大学進学した若者には在学時のことを振り返ってもらっている．ある若者は大学生活で最も楽しかったこととして部活動をあげ，そこで出来た友達とは卒業後も定期的に会っているという．そして，高校までは「自分の殻に閉じこもっていた感じだった」という彼女は，次のように大学生活における自分の変化を語っている．

　　［自分の人生を振り返ってどのように感じていますか？］大学時代からようやく楽しくなってきたかなって思って．（中略）ようやく他人とコミュニケーションを取るようになったのが，大学くらいからだったので．（中略）周りのことが見えるようになってきたのも，それくらいからって感じですね．

　そして，このような変化を見ていた彼女のきょうだいから「大学時代からようやく自我が目覚めた」と評されたことがあり，彼女自身もそのような実感を持っているという．

　大学生活をめぐるこうした語りは決して珍しいものではない（児島 2013）．大学は学業をする場であると同時に，若者にとっては課外活動に打ちこみ，そこでの出会いが視野を広げるような時間でもあるのだ．引用した調査対象者の語りで示されているように，大学生活において新しく人間関係を築くことは，大きな意味をもっている．それは進路満足度の規定要因にも表われている．

　表12-2 は，進路満足度について尋ねた質問の回答「満足している」「どちらかといえば満足している」「どちらともいえない」「どちらかといえば不満である」「不満である」を従属変数とし，独立変数は「とてもそう感じる」「少し感じる」を 1，「あまりそう感じない」「まったくそう感じない」を 0，また「と

表 12-2　進路満足度の規定要因（重回帰分析）

	回帰係数	標準化回帰係数	有意確率
自分の進路について深く考える機会が得られる	0.271	0.121	*
自分自身がつきたい職業について学べる	0.246	0.124	*
進路に関する指導や支援が充実している	0.130	0.062	
社会生活を送る上で必要な知識やモラル・マナーが学べる	0.115	0.061	
進路・職業・社会生活には役立たないが興味深い内容を学べる	0.134	0.070	
将来高い収入や地位を得る上で役立ちそうだ	0.231	0.121	*
いっしょにいると居心地がよく安心できる人間関係が得られる	0.093	0.039	
有益なアドバイス・刺激を与えてくれる人間関係が得られる	0.327	0.149	*
今後長く付き合っていけそうな人間関係が得られる	0.049	0.020	
部活動・サークル活動などに熱心に参加している	0.119	0.064	
男　子	−0.391	−0.210	***
成　績	0.066	0.060	
（定数）	2.724		***
N		342	
決定係数		0.231	
自由度調整済み決定係数		0.203	
回帰の F 検定	F 値 8.259	有意確率 0.000	

注：$***p<0.001$, $*p<0.05$.

てもあてはまる」「ややあてはまる」を 1，「あまりあてはまらない」「まったくあてはまらない」を 0 に合成したダミー変数，また男性を 1 とした男性ダミー，そして成績を使用したものである．

　男性であることが進路満足度にマイナスの効果を与えていることがわかる．プラスの効果を見ると，「自分の進路について深く考える機会が得られる」「自分自身がつきたい職業について学べる」「将来高い地位や収入を得る上で役立ちそうだ」があげられるものの，それよりも人間関係，それも「有益なアドバイス・刺激を与えてくれる人間関係」の影響の方が強いことがわかる．「大学に進学してよかった」という大学生の感覚は，学習の意味に関する充実度だけで構成されるものではなく，学業に関すること以外の面の影響も大きいことがわかる．

　それでは，大学生の課外活動や視野が広がるような豊かな人間関係の実態はどうなっているのであろうか．課外活動への参加状況と，進路満足度にも影響

表 12-3 課外活動と有益なアドバイス・刺激を与えてくれる人間関係

		部活動・サークル活動などに熱心に参加している（あてはまる）	部活動・サークル活動などに熱心に参加している（あてはまらない）	有益なアドバイス・刺激を与えてくれる人間関係が得られる（あてはまる）	有益なアドバイス・刺激を与えてくれる人間関係が得られる（あてはまらない）
全　体		160 45.6%	191 54.4%	265 76%	84 24%
性　別	男　性	83 45.4%	100 54.6%	139 75.5%	45 24.5%
	女　性	76 45.5%	91 54.5%	126 76.8%	38 23.2%
		カイ二乗値 0.001	有意差なし	カイ二乗値 0.079	有意差なし
専　攻	理　系	37 52.9%	33 47.1%	53 75.7%	17 24.3%
	文　系	72 40.9%	104 59.1%	125 71.4%	50 28.6%
	専門職系	33 54.1%	28 45.9%	53 86.9%	8 13.1%
		カイ二乗値 4.760	有意差なし	カイ二乗値 5.843	有意差なし
設置形態	国公立	37 57.8%	27 42.2%	57 87.7%	8 12.3%
	私立上位	65 52.4%	59 47.6%	97 78.9%	26 21.1%
	私立下位	33 31.1%	73 68.9%	77 72.6%	29 27.4%
		カイ二乗値 15.089	有意確率 0.001**	カイ二乗値 5.432	有意差なし

注：$**p<0.01$.
　　設置形態で国公立は残差分析をすると部活等や有益なアドバイスで有意に多い，設置形態で部活動等で 1% 水準で有意.

を与えていた「有益なアドバイス・刺激を与えてくれる人間関係が得られる」という質問項目に着目したい.

　表 12-3 から，まず課外活動に対して熱心に参加している大学生の割合を見てみたい．全体では，およそ半数が熱心に参加している．図表としては示さないが，これは同じ第 1 回調査における専門学校生の同割合 29.8% よりも約 16 ポイント高い数値となっており，課外活動への取りくみが大学生活の特徴であることがわかる．性別による違いはほとんどない．専攻別では，有意な差ではないものの，専門職系学生が課外活動に相対的に熱心であることが確認できる.

専門職系には教育や社会福祉，保健が含まれているが，これらではその専攻と
関連する自主的な勉強会やサークルなどが多くあると考えられ，その影響が表
われているのではないだろうか．設置形態と入学難易度に関しては，国公立が
最も高く，私立下位の課外活動への参加割合が突出して低くなっている．

　次に同じ**表12-3**から，学内で有益なアドバイスや刺激を与えてくれる人間
関係を得られると感じている大学生の割合を見てみよう．8割近くの学生が得
られていると回答している．性別による違いはほぼない．専攻別に見ると，こ
こでもまた専門職系がこうした関係を得ていると感じる割合が高くなっている．
専門職系は特定の仕事に就くために進学してきた学生がほとんどであると想定
できることから，大学進学することで同じ関心や志をもつ仲間と出会い，切磋
琢磨しあう状況になっていると思われ，このことがその数値に表れていると解
釈できる．また，設置形態と入学難易度では，国公立がやや目立った形でこの
ような関係を得ていると回答する学生の割合が高くなっている．

⑵　「豊かな出会い」の構造

　それでは，部活動やサークル活動のような課外活動や刺激を与えてくれる人
間関係は，他の状況とどのような関係性にあるのであろうか．関係があると想
定される，学業状況，アルバイト等の仕事状況，奨学金や学費の自己負担のよ
うな経済状況，そして1人暮らしか父親や母親等家族と一緒に暮らしているの
かといった居住形態から，検討してみよう．

　図12-3では課外活動との関係性を見た．なお，アルバイト（仕事）におけ
る「している」は「ふだんしている」と回答した大学生，「していない」は
「長期休業中のみしている」「していない」を合成したものである．有意な差が
確認できるのは，学費を自己負担しているか否か，1人暮らしか否か，である．
学費を自分で負担しているということはそれだけ働いて稼ぐ必要があるわけだ
が，そうすることが課外活動への熱心な参加を阻んでいることがわかる．ただ
労働をしていることそれ自体がそうした活動への参加の障壁になるわけではな
い．家計状況の余裕があり，仕事をして稼いでもそれを課外活動の活動費にあ
てたり，遊興費とすることも十分ありうる．仕事をしていることが，ではなく，
仕事による稼ぎを学費負担にあてる必要があるほど経済的ゆとりがなく，仕事

12　大学大衆化時代の学びと生活——279

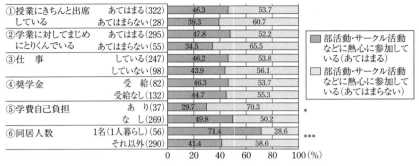

図 12-3　学業・仕事・経済状況・1人暮らしと課外活動
注：***$p<0.001$, *$p<0.05$.

に時間を費やさなければならないことが，課外活動への参加を阻んでいると解釈できよう．また，1人暮らしをしている大学生とそうではない大学生の違いもきわめて大きい．本調査の質問にないため大学進学のために1人暮らしをしているのかは確認できないが，ほとんどがそうであろう．なお，前出の**表12-3**にて国公立大学の学生は課外活動に熱心に参加していることを示した．図表は省略するが，この背景には1人暮らしが大きく関わっていると思われる．国公立大学生の1人暮らし割合は41.5％，私立上位は8.9％，私立下位は11.5％と国公立は突出しており，約4割の学生が1人暮らしとなっている（$p<0.001$）．また，有意な差は確認できなかったものの，学業に対してまじめである大学生は相対的に課外活動に熱心に参加している．出席状況からはそうした傾向は見えないことを考えると，ただ授業に出席していればいいのではなく，大学へのコミットメントが重要だと考えられる．

図12-4では大学で刺激的な人間関係を得ているかを検討した．有意な差が確認できるのは，学業に対してまじめに取りくんでいるか否か，そして1人暮らしをしているか否かである．ここでまた，1人暮らしをしている大学生とそうではない学生の違いは非常に大きくなっている．1人暮らしをしている大学生のうち刺激的な人間関係を得ていると回答している者は約9割に達しており，それ以外の学生とは16ポイントの差が生じている．

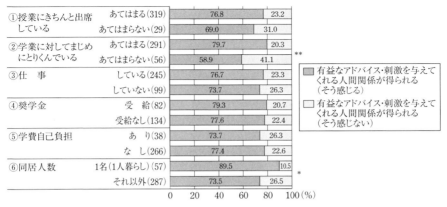

図 12-4　学業・仕事・経済状況・刺激的な人間関係
注：**$p<0.01$, *$p<0.05$.

(3) 小　括

　本節では，大学生活における学業面以外の面を明らかにしてきた．特に課外活動に対する熱心な参加，有益なアドバイスや刺激を与えてくれる人間関係に関する状況に焦点をあて，そしてそれがどのようなものに影響を受けているのかを検討した．

　大学生のおよそ半数が課外活動に熱心に参加していた．これは部活動やサークル活動の加入率ではないため，加入率だけであればそれよりもさらに高い割合となろう．これは専門学校生の学校生活とは異なる，大学生活の特徴といえた．他方，大学で刺激的な人間関係を得ていると感じている者は多く，こうした人間関係を得ていると感じるか否かは進路満足度に学業の意味以上に相対的に強い影響を与えていた．

　どのようなことが課外活動や刺激的な人間関係と関連性があったのかをまとめると，1人暮らしか否か，学業に対してまじめに取りくんでいるか否か，そして学費を自分で負担しているか否か，となる．とりわけ1人暮らしをしていることがそれらに肯定的な影響を与えていることがうかがえた．

12　大学大衆化時代の学びと生活——281

5 おわりに——大学生活の模索を可能にするもの

　本章では，大学大衆化時代における大学生活を，「若者の教育とキャリア形成に関する研究会」が実施した第 1 回調査データに基づき，学業面とそれ以外の面から検討してきた．繰り返しとなるが，その結果をまとめると次の通りである．

　大学大衆化時代になることで大学生の学業態度・状況の悪さを指摘する言説があった．しかしながら，大学生のほとんどが授業にきちんと出席し，学業に対してまじめに取りくんでいた．その背景には，将来の雇用・社会生活と学業を結びつけて考えていること，就業意識の高さ，奨学金の受給や学費の自己負担があった．学業面以外の大学生活に目を向けると，課外活動に熱心に参加し，大学進学によって有益なアドバイスや刺激を与えてくれる人間関係を得ていると感じているのは，1 人暮らしをしている者や学業に対してまじめであることなど学業を通じて大学にコミットできている者，そして学費を自分で働くなどして負担する必要のない大学生であった．

　大学生は総じてまじめである．大学が積極的に推進してきた教育改革の成果ともいえよう．授業にきちんと出席することが求められ，「何を教えるか」ではなく「何を学ぶか」という学生の理解を教育上の基準にした教授・学習法の導入・浸透，関連した FD（ファカルティ・ディベロップメント）の実施等——こうした大学側の教育に関する奮闘と学生の出席率の高さやまじめさとは無関係ではなかろう．しかし，まじめさの背景には進路不安とも呼べるような意識があり，奨学金受給や学費の自己負担，そしてそれを規定するものとしての家計状況の厳しさがあった．つまり，社会・経済状況の厳しさが，大学生のまじめさに結びつき，大学教育はその上に乗っかる形で，かれらをまじめへと追いたてる構図があるのではないかと思われる．

　興味深い数値がある．第 1 回調査の大学生の学習の意味に関する回答と 2008 年に実施された第 2 回調査の大学生の回答傾向（「とてもそう感じる」「少しそう感じる」の合計）の比較である．「自分の進路について深く考える機会が得られる」「自分自身がつきたい職業について学べる」「進路に関する指導

や支援が充実している」「社会生活を送る上で必要な知識やモラル・マナーが学べる」「将来高い収入や地位を得る上で役立ちそう」には数値上の大きな変化はないが，「進路・職業・社会生活には役立たないが興味深い内容を学べる」だけが第2回調査ではおよそ10ポイントあがっている．第2回調査時点は大学生の少なくない割合が就職を中心として既に進路が決まっている時期である．すなわち，進路に関する不安が一定解除されると，雇用・職業生活と直接的には結びつくことのない学びの意味を大学生がより感じるようになるとも解釈できる．

　課外活動への熱心な参加や刺激的な人間関係を得ると感じることの障壁となっていた要因には，1人暮らしではないことや学費の自己負担があった．言い換えるならば，実家から大学に通っている大学生，家計状況も決してよくないために学費をアルバイト等で自己負担している学生，そして出席はすれども学業に対して諸条件によりまじめに取りくむことができていない学生──このような学生は，朝早くから通学し，授業が終わればただちに大学を離れるという大学生活を余儀なくされていると思われる．かれらは大学生活の中で排除されているといえるだろう．

　今後の研究課題として大きいのは，家計状況を含む厳しい社会・経済状況が大学生活に与える影響をさらに検討することである．また，居住の移行（residential transition）の検討は欠かすことができない．1人暮らしをすることはなぜ課外活動への熱心な参加や刺激的な人間関係を得ていると感じることと結びつくのであろうか[3]．大学進学に伴って1人暮らしをすることは人間関係を新しく構築することの必要性を迫られる以上，その必要性に伴う能動性がそうした結果に結びついているのか．あるいは，1人暮らしをしている大学生の多くは大学付近に住んでいると思われるが，そうすると大学は必然的に自分の生活圏内となり，大学が自分の様々な活動の足場になるなどが想定しうる．

　大学生活は10代後半から20代前半の「青年期」にある若者にとってどのように生きていくのかを見定め，模索をするための貴重かつ大切な時期となっている．専門学校であれば，その模索はカリキュラムによって強く規定されている[4]．しかし，専攻による違いは小さくないものの，そのような規定力を大学は専門学校ほどもっていない．本章で明らかにしてきたのは，大学生活におい

てきちんと迷うためには，様々な基盤が必要であるということであった．

【注】

1) 厳密にいえば，「最後の学生生活」となるかはわからない．大学を卒業し，就職等した後に再び大学で学ぶ可能性も残されているからである．しかし，そうした可能性は，現在の日本の大学システムの構造を考えると直ちに高くなるとは考えにくい．この点については，矢野（2011）を参照．

2) 入学難易度は，代々木ゼミナール『2013年大学入試ランキング』に依拠して割りふったものである．同じ学部学科でも入試方式が異なると偏差値も異なる場合がある．その場合は中間となる値を採用した．

3) Holdsworth（2006）は，"'Don't you think you're missing out, living at home?': Student experience and residential transitions（実家暮らしでチャンスを見逃していると思わない？——学生の経験と居住の移行）"という論文において，居住の移行が大学への適応や意識に多大な影響を与えることを量的調査と質的調査により明らかにしている．Holdsworth は，居住の移行は社会階層と関連性を持ちながらも，それに還元されるものではないとの指摘も行なっており，今後の研究の指針になると考えている．

4) 専門学校に進学した若者の研究については，何よりも植上（2011）を参照されたい．

【文献】

Holdsworth, C., 2006, "'Don't you think you're missing out, living at home?': Student experience and residential transitions," *The Sociological Review*, 54: 3.

石渡嶺司，2007，『最高学府はバカだらけ——全入時代の大学「崖っぷち」事情』光文社．

小林雅之，2008，『進学格差——深刻化する教育費負担』筑摩書房．

児島功和，2013，「若者は大学生活で何を得たのか？——大学生活の構造とその意義」乾彰夫編『高卒5年　どう生き，これからどう生きるのか——若者たちが今〈大人になる〉とは』大月書店．

小杉礼子編，2007，『大学生の就職とキャリア——「普通」の就活・個別の支援』勁草書房．

三浦展，2008，『下流大学が日本を滅ぼす！——ひよわな"お客様"世代の増殖』KK ベストセラーズ．

溝上慎一，2009，「『大学生活の過ごし方』から見た学生の学びと成長の検討——正課・正課外のバランスのとれた活動が高い成長を示す」『京都大学高等教育研究』第15号．

溝上慎一，2010，『現代青年期の心理学——適応から自己形成の時代へ』有斐閣．

武内清，2014，『学生文化・生徒文化の社会学』ハーベスト社．

武内清編，2003,『キャンパスライフの今』玉川大学出版部.

植上一希，2011,『専門学校の教育とキャリア形成——進学・学び・卒業後』大月書店.

矢野眞和，2011,『「習慣病」になったニッポンの大学——18歳主義・卒業主義・親負担主義からの解放』日本図書センター.

```
┌─────────────────────────────────────────────┐
│  コラム 6                                      │
│                                               │
│  大学生の就職活動とその後のキャリア           │
└─────────────────────────────────────────────┘
```

　調査対象となった若者のうち，大学に通っていた者の多くは，2008 年に就職活動をし，大学を卒業していった．彼ら／彼女らの就職活動とその後のキャリアはどのような状況だったのだろうか．

内定取得の有無とその後の就業状況

　2008 年 10 月末から 11 月初旬の調査時点[1] において，内定を得ていたのは就職活動をしていた学生の約 62%，得ていなかった学生が約 38% であった．この時点における差異は，その後のキャリアとどう関係しているのだろうか．その点について，卒業 1 年後の就業状況を，正規雇用の職に就いているかどうかという点から見てみよう．表 1 の「1 年後の就業状況」の欄を見ると，内定を得ていた者の 94.5% が正規雇用であるのに対し，内定を得ていなかった者は 61.7% にとどまっている[2]．就職活動の成否が卒業から 1 年後の就業状況と大きく関係していることが分かる．

　では，就職活動の成否は，卒業 3 年後にも影響を与えているのだろうか．表 1 の「3 年後の就業状況」の欄を見ると，内定を取得していた者の 90.5% が正規雇用である一方，取得していなかった者については 75.6% が正規雇用となっている．やはり，内定取得者のほうが大幅に正規雇用の割合が高い．しかし，内定を得ていなかった者の正規雇用の割合は，1 年目に比べるとおよそ 14 ポイントも増加し，内定取得者の正規雇用割合との差が小さくなっている．

非正規雇用から正規雇用への移動

　次に，卒業後 1 年目と 3 年目の就業状況はどう変化しているのか見てみよう．表 2 は，2008 年に大学 4 年生だった者について，1 年目の就業状況と 3 年目

表1　内定取得の有無とその後の就業状況

		内定取得の有無		合　計
		あ　り	な　し	
1年後の就業状況	正　規	94.5%	61.7%	86.5%
	非正規	5.5%	38.3%	13.5%
	n	145	47	192
3年後の就業状況	正　規	90.5%	75.6%	85.4%
	非正規	9.5%	24.4%	14.6%
	n	148	78	226

表2　卒業後1年目と3年目の就業状況

			卒業後1年目の就業状況		合　計
			非正規	正　規	
卒業後3年目の就業状況	男性	正　規	53.8%	96.1%	90.0%
		非正規	46.2%	3.9%	10.0%
		n	13	77	90
	女性	正　規	40.9%	93.6%	83.6%
		非正規	59.1%	6.4%	16.4%
		n	22	94	116
	合計	正　規	45.7%	94.7%	86.4%
		非正規	54.3%	5.3%	13.6%
		n	35	171	206

の就業状況をクロス集計したものである．まず，合計の欄を見ると，卒業後1年目に正規雇用であった者は，94.7% が卒業後3年目にも正規雇用にとどまっている．それに対し，卒業後1年目に非正規雇用であった場合，卒業後3年目に正規雇用に移動している者は半数弱しかいない．非正規から正規への移動が困難であることがうかがわれる．

　しかし，性別に着目すると，少し異なった様相が見えてくる．すなわち，男性の場合は，卒業後1年目に非正規であった者が卒業後3年目に正規に移動している者が 53.8% であるのに対し，女性の場合は 40.9% にすぎないのである．オッズ比を計算すると，男性が非正規から正規へと移動する比率は女性の 1.7 倍となる．

　以上のように，大卒者の就職活動における不首尾は，その後のキャリアに影

響を残しつつも，時間とともに挽回されていく．しかしそこには，性別による偏りが見られるのである．

【注】

1) 調査は 2008 年 10 月末から 2009 年 1 月に実施したが，全体の約 97％ のサンプルは 2008 年 10 月末から 11 月初旬に行った第 1 次調査から得られているため，ここで示す就職活動の状況についても，おおむね第 1 次調査実施時点の状況を反映していると考えられる．

2) この違いは大きいが，調査時点で内定を得ていなかった者であっても，その 6 割が正規雇用として働いていることは，大卒という学歴が，大卒未満の学歴よりも相対的に強いことを示している．

（藤田武志）

13 学校経験とその後の移行過程

竹石　聖子

1　はじめに

　学校から仕事への移行をめぐる不安定状況が広がるなかで，学校での経験は
若者たちの移行にどのような意味や影響を持つのだろうか．学卒無業やフリー
ターなどが増加するなかで，学校の果たすべき役割や意味はこの間様ざまに問
われてきた．例えば教育政策面では，若者のなかでの「勤労観，職業観の未熟
さ」が問題とされ，小・中学校時代から「働くことや生きること」，将来なり
たい職業や進路選択への意識を系統的に育成することを目的に「キャリア教
育」が導入された（文部科学省 2006）．しかし導入初期の「キャリア教育」論
が前提としていた勤労観・職業観の低下ということについては疑わしい面が
多々あった．例えば低下の「根拠」としてしばしば言及される「卒業 3 年後離
職率」については，実は過去 40 年ほどの間ほぼ一定しており，近年に取り立
てた低下が見られるわけではない（乾 2012）．

　こうしたことから「キャリア教育」が意識の育成に傾斜することには様ざま
な批判も寄せられており（児美川 2013 など），むしろ職業的スキルや専門性
を育てる必要性が指摘されている（本田 2009）．すなわち，一定の専門性とい
う「殻」を身につけることが不安定・低賃金・低スキルでかつスキル獲得機会
のほとんどないフリーター等の非正規雇用状況に閉じ込められることを回避す
る上での重要な足がかりになるということである．

　一方，職業や労働に直ちに焦点づけない，もっと広い人間的成長という点か
ら学校での経験の意味を問い直す議論もこの間に提起されている．例えば児島

功和は大学における部活動やサークル等の自治的活動の意味について考察し，自治的な活動を通して若者が「成長する」イニシエーション的意味を見出している（児島 2013）．また本書 11 章（藤田）では，若者の生活全般に関わる意欲の豊かさ／貧困さというものが，進路展望や知識・自信，人間関係など，高校経験を通して得られたものと関係していることを明らかにしている．不安定な移行をたどる若者たちが直面することは，就労面の困難ばかりではない．健康・家族その他の様ざまな問題がそうした不安定性をもたらす複合的要因となっていることは第 16 章（南出）にも示されているとおりである．そういう点では，移行を支える学校体験は，職業的移行との直接的な関係においてばかりではなく，このような広い人間的力量形成や様ざまな社会関係資本形成などの視点からも捉えられる必要がある．

　本章ではこのような関心のもとに，インタビュー調査の分析を通して，若者がどのような学校経験を経ているか，その経験はのちの社会への移行にどのような意味をもたらしているのかを明らかにしたい．

　インタビューでは質問紙調査から読み取れたことを確認しながら，現在の生活，学校経験，これまでに転機となった出来事などを中心に尋ねた．そのため学校経験そのものが中心ではない．最終学歴も多様である．そこでここでは対象者の「最終学校」での経験に焦点をあてる．したがって，描かれる学校経験も高校・専門学校・短大・大学など，幅広いものになっている．

　以下，まず第 2 節では比較的スムーズな移行経験をしている若者を取り上げる．不安定化が広がったとはいえ，いまだ同世代の 3 人に 2 人ほどは最終学校卒業と同時に正規雇用就職している．そういう者たちの現状についてインタビュー対象者の経験を通して明らかにしたい．

　第 3 節ではスムーズな直線的な移行を果たしているわけではないが，一定の紆余曲折後に学校で身につけた専門性を生かす仕事にたどり着いているケースを取り上げる．職種によっては需給関係の変動のせいや，あるいはもともと一定の非正規雇用期間が事実上の試用期間として使われているなども少なくない．そういう点では，学校で身につけた専門性が意味を持つ場面は，必ずしも新規学卒就職時点に限られるわけではない．

　他方，第 4 節では，早い時期から「やりたいこと」が明確であったり，それ

に沿った専門性を身につけるということが，必ずしも安定した移行を可能にするわけではないというケースについて検討する．

第5節では課外活動で得られたスキルやネットワークを足がかりに，起業的な移行をたどるケースを紹介する．こうしたケースは決して多数とはいえないが，後期近代といわれる現在において一定の注目を集めているスタイルの1つ（du Bois-Reymond 2005）でもある．

第6節では，公共職業訓練の利用について検討する．不安定な移行をたどる者たちにとって，職業的なスキルの獲得機会は限られている．そうした中で公共職業訓練は狭義の学校とは異なるが，職業的専門性を獲得できる限られた公的教育訓練制度といえる．

第7節では，学校が職業的専門性とともに果たしているもう1つの側面，すなわち意欲やそれを支えるいわば表出的ネットワークについて検討する．

2　学校から社会への移行がスムーズな若者たち

学校から社会への移行過程はかつてに比べると複雑かつ不安定になっているとはいえ，いまだ学校から社会への移行が比較的スムーズな若者も一定程度存在する．今日の不安定化した移行状況と対比させるためにも，まずはこうしたスムーズな移行のケースを見ておこう．但し，それは必ずしも新規学卒就職後，ほとんど離転職を伴うことなく長期雇用に安定するものばかりではない．例えば高卒就職者の卒業3年以内離職率は1970年代初め以来一貫して4割前後であり，小零細企業就職者の離職率は一貫して5割を超える水準だった．ただ90年代以降との大きな違いに，離職しても多くの場合は比較的短期間のうちに再び正規雇用就職していることだった（厚生労働省 2006）．そういう離転職者は必ずしも様ざまな職種・業種を渡り歩く者たちばかりではなく，一定の職種の中で離転職をしながらスキルや経験を積み重ねていく者たちも少なからず存在していた（小関 1981 など）．

初めに取り上げるのは，高校時代から関心を持っていた分野に沿って大学に進み，新規学卒就職で比較的大規模の会社に就職し，定着しつつあるケースで

ある．遠藤武さんは，自動車関連の仕事につきたいという将来イメージをもち，地元の工業高校を卒業後，県外の大学の工学部に入学した．就職活動は希望の会社にチャレンジしたが落ちてしまう．その際，研究室の教授の紹介で現在の製造会社につとめるようになり，インタビュー時には働き始めて4年目だった．

学校経験に着目してみると，工業高校から工学部へ進学，そして製造に関わる仕事という軸でみたときに一貫したものがみてとれる．しかし学校で学んだ専門的な知識や技能が直接，仕事に役立っているかというと，そう単純ではないことがみてとれる．

設計部門にいる遠藤さんに仕事のはじめのイメージを尋ねると，「学生の頃に持っていたイメージとまた違ってた．これからやっていけるんかなとちょっと思いました」という．具体的にはパソコンの前で図面を描いているだけではなくて，他にもやることがたくさんある．「図面描く知識だけじゃだめっていうのが最初ありました．線を引いているだけじゃなくて，材料の性質を見て設計するであったり，材料によってそういう性質が違うのがありますんで，それも加味して設定しなきゃいけないとか」と．

このように，高校と大学での専門的な学びがすぐに仕事で使えるわけではなく，最初は戸惑っていたことが語られている．大学での専門的な学びは何かしらの土台にはなっているものの職場で初めて学ぶことも多かったことがうかがえる．

その一方で大学での経験について次のように話してくれた．「仕事の面ではそんなに役に立ってなくて．身に付いたのがそういう人との関わり合いであったり自分で何でもするとか，そういうところですかね」．人とのかかわりも含んだ大学生活の経験そのものが，今の自分にとって何らかの支えになっていることを意識していることが分かる．

彼の移行は，高校—大学—就職という新規学卒雇用システムのもとでの標準的な移行であったこと，及び「製造関連」という将来イメージが，時には戸惑いながらもおよそは一貫しながら現在に至っているという意味で安定したものであるといえるだろう．

次は高卒後，同じ介護職としていくつかの施設を経験しているケースである．

斉藤結さんは，3歳になる子どもを育てながらグループホームに正規社員でつとめている．現在は月に5回の夜勤もこなしながら，安定した生活を送っているが，それまでに同じ仕事でいくつか転職している．

斉藤さんは高校の介護福祉科を卒業し，高校でヘルパーの資格を取得するとともに，介護福祉士の資格も在学中に取得した．最初の職場は，高校の実習の際に施設から誘われて，契約社員をへて正社員として働いた．

最初の施設は「実習」先でもあり，スムーズであった．しかし，職場の人間関係があまり良くなかったために辞めてしまう．次に友人の紹介で病院の系列の施設に就職した．給与面の条件は以前と比べて改善したが，その一方で異動が多く，仕事の場所が安定しないという点で定着することが難しく，7カ月で辞めることになった．

その後，斉藤さんはハローワークや新聞広告などをたよりに就職活動を行い，現在の施設にははじめは契約社員として入社した．その後，最初の職場で知り合った男性と21歳の時に結婚し，出産を経て，出産後復帰したのち，正社員になっている．

斉藤さんは遠藤さんと異なり，学校を卒業後，何度かの転職をしている．その意味では，必ずしも十分に安定した移行とはいえないかもしれない．しかし，介護福祉士という資格をずっと生かしながら現在にいたっていることや，仕事を辞めてから次の仕事につくまでも比較的スムーズである点では，次節以降で取り上げる若者と比べると安定した移行をたどっているといえる．特に実務体験や経験を求められる専門性の高い仕事ゆえに，「実習」を介してついた最初の仕事は重要な意味をもつ．人間関係や給与等の条件の悪さから辞めることになったとしても，最初に経験を積み，その経験を生かし，その職種の中で転職しながら次のステージを切り開いている典型的なケースといえるのではないだろうか．

以上2人のケースからは，従来型の移行の性格がうかがえる．遠藤さんの場合は，高校や大学でその後就く仕事の専門性の基礎を学んでいる．しかし実際の仕事はそれだけでこなせるわけではなく，就職後1-2年の間はOJT（On-the-Job Training）を含む企業内研修などを通して仕事に必要な知識やスキ

ルを身につけていっている．一方の斉藤さんの場合は，いくつかの職場を経験する中で，スキルや経験を積むとともに，自分に合った職場を見つけていっている．介護施設等のほとんどは小規模事業所であり，そういう点でも一定の職種の中で小零細企業を渡り歩きながらキャリアを形成する前述のようなスタイルと重なるケースといえる．

3　学校で身につけた専門性が移行を支える

前節では，学校から仕事への移行が比較的スムーズなケースを見た．しかし多くの転職経験はこのように同じ職種とは限らない．異なる職種への転職を経験した対象者も少なくない．また不安定状態の広がる今日の若年労働市場の現状のもとでは，そのような一貫性が不明確な転職は，その間に非正規雇用等の不安定状態を経験することも少なくない．ではそういうケースで，学校での経験はどのように生かされているのだろうか．本節では学校で学んだ専門性が移行を支えていると思われる若者のケースをとりあげてみることにしよう．

源田涼子さんは，大学卒業時に就職した会社を1年ほどで辞め，その後アルバイトで入った会社で正社員になった．仕事はイラストの額絵を販売しているネットショップで，アンケートでは専門職と答えていた．小さな会社のためメールの対応など事務的な仕事をすることもあるが，基本的にはイラストを描いており，「前の仕事よりも今の方が楽しい」し，できれば続けていきたいと考えている．

源田さんは国立大学教育学部の出身で，造形表現コースで学んでいたことから絵の経験がある．高校は英語コースだったが，進路選択の際に「一番やりたいんだったら絵を描くのかなあ」と高校時代から画塾にも通っていた．大学では大型のイラストを卒業制作で作成している．

源田さんの大学生活は「充実していた」という．インタビューでは授業よりは器楽の合奏サークルの活動が生活の中心にあったことが語られている．大学での就職活動は絵にこだわらず行い，卒業後は食品製造会社に就職した．

源田さんは「やりたいこと」で大学の進路を選択したものの，大学卒業後の

294——V　学　校

就職の選択では「やりたいことにこだわらずに」就職先を決めている．しかし仕事に手応えややりがいを感じることができずに転職後，現在の仕事にたどり着いた．現在は「やりたいこと」「すきなこと」ができているという感覚をもつにいたっている．

横山帆花さんはペットショップを経て現在は動物園の飼育員で働いている．幼い頃から「動物に関われる仕事がしたい」と思っていた横山さんは，高校卒業後は動物飼育専攻の専門学校に進学している．専門学校からペットショップ，動物園と転職した経緯を次のように話している．

　　専門学校の時に動物園のほうに実習っていう形で行ったので，顔を覚えてもらったりとか．私も最初は動物園で働きたかったので．働きたいですっていう話はしていたんですけど，男の子が欲しいってことで．とりあえずペットショップで働いてみようかなという感じで働いていたら，「おいでよ」みたいなことがあったので．そのペットショップで働いている間に動物園でボランティアをしてて．

このように横山さんの場合も，卒業後直ちに希望職種に就けたわけではないものの，類似職種を経験した後，希望した仕事にたどり着いている．「やりたいこと」やそれにもとづいた専門学校での学びが生かされているケースだ．

源田さんと横山さんの2人は，大学や専門学校を選択するときに「やりたいこと」がイメージできていたということもあるが，それ以上に重要なことは，それに沿った専門性の基礎を学校での学びを通して身につけていたということであろう．

4 「やりたいこと」と専門性は移行を支えているのか

このように「やりたいこと」やそれに伴う専門性があることは1つの鍵ともいえる．しかしその一方で「やりたいこと」のイメージが明確でそうした専門性を養成する学校を卒業しても，希望をかなえられることなく不安定な状態を続ける者たちもいる．「やりたいこと」へのこだわりがフリーターなどの不安定雇用に一定の若者たちを閉じ込めているということは，すでにいくつかの指

摘がある（久木元 2003，小杉 2003）．「キャリア教育」などにおいては，小さい頃から「将来やりたいこと」をしっかりと持つことの重要性が強調されることが多い．しかし「やりたいこと」を明確に持つことは今日，万能薬となりうるのだろうか．

　服飾系の大学を卒業した小野博美さんは，アルバイト生活の後に就職し，正社員として働いていた衣料輸入卸売の会社を最近辞めたばかりだった．小野さんの属していた事業部が本社の意向で廃止になり担当常務が退職したことなどから自分もこれ以上この会社で前向きになれなかったという．

　大学では洋服のパターンを CAD でひく技術を学んでいた．小学校の頃に学校で体験して興味を持った CAD と，それに服が好きだったこともあって，母親の反対を押し切ってこの大学の学科に決めた．

　就職は「パターンナーにしかなりたくなかった」．しかしパターンナーの仕事は多くは募集しておらず狭き門であった．何社か落ち続け，もうこれ以上募集がないと分かってからは就職活動もほとんどしなかった．「どこでもいいから受かれば良いとは思わなかった」という．その後は，学生時代から続けている飲食関係など複数のアルバイトを掛け持ちする不安定な生活に入った．たまたま卒業から 2 年して声がかかったのが，最近まで勤めていた会社だった．

　会社を辞めた後に服飾業界の人材募集関係の仕事をしている友人からは，「ここ 2, 3 年はもう駄目だ」と「正社員は考えないほうがいい」といわれた．「でもじっくり探したいなと思ってます」と小野さんはいう．

　片山沙織さんは高校卒業後に短期大学の衛生技師科を卒業して取得した臨床検査技師の資格を生かし，産休代替の臨時職員として県で水質検査の仕事をしている．

　短大に進学した理由を次のように話している．「高校 1 年生のときに，学校から職業調べの宿題があって，どういうお仕事があるか，いろいろ探したりしていて，それで臨床検査技師という職業を知って，それで興味があって，検査技師になりたいと思って」．

　臨床検査技師に興味をもった片山さんは資格が取れる学校を自分で調べ進学

をしている．臨床検査技師になるためには短大を卒業し国家試験受験資格を得た上で国家試験にチャレンジしなければならない．1年目は不合格だったが2年目に合格している．

　合格後は別の仕事のアルバイトをしながら就職先を探し，翌年からは検査センターに正社員として就職した．病院から外注される検体の処理をする仕事だった．しかし職場の人間関係が悪く，1年働いた後に退職している．辞めたあとはハローワークを利用し，事務職などを経て4月から資格の生かせる水質検査の仕事に至っている．水質検査の仕事は「すごく楽しい」が，そういう検査業務は限られていて民間ではなかなかないという．

　そこで今の仕事（契約）が終わった後の展望を次のように語っている．「県でも臨床監査の募集があるんですけど，それが30歳まで受けられるので，それを目指してやっています．今年も受けたんですが，駄目だったので．30歳まで挑戦したいなと思ってますけど」．

　片山さんの移行過程は，「やりたいこと」とそれに関連する学びや取得した資格が支えになっている．そのなかでやりたい仕事にもめぐりあった．しかしその一方で，水質検査という職種は特殊で専門的なために狭き門でもある．そこでその見通しは，とりあえずは「30歳まで挑戦」という限定的なものに留まっている．そういう意味では「やりたいこと」は，支えになるとともに展望を狭めているともいえる．

　2人はともに「やりたいこと」を比較的はっきりともっていた．しかし「やりたいこと」が狭き門であること，募集のチャンスが少ないこともあり，夢の実現には至っていない．「やりたいことをみつけなさい」と早くからいわれ，忠実に「やりたいこと」を探し，実現できるために学校にもいった，にもかかわらず，「やりたいこと」から一旦おりない限り，不安定な移行過程を歩み続けなければならないかもしれない危うさがここではみてとれる．

5　課外活動が作り出すネットワークと移行

　部活やサークル活動などの課外活動がその後の移行過程に強い影響を与えて

いるケースもある．こうした課外活動は，人によってはそこでの活動を通して，ある種の専門的スキルやネットワークなどを獲得していくことがある．例えばこれまでもプロスポーツ選手などの多くがそういうルートをたどってきた．しかし，そうした経験はスポーツなどの世界に限られるものではない．デュ・ボワ－レイモンは，小さい頃からの趣味やアマチュア活動などをもとに，様ざまな機会を利用してノンフォーマルに専門的なスキルを身につけたり人的ネットワークを広げながら，やがてそれをもとに起業していく若者たちの存在を，新たな可能性として指摘している（du Bois-Reymond 2005）．以下に紹介するのは，こうした指摘に重なるケースであろう．

　結城啓さんは，現在自分で小さなスタジオを持ち，企業や駆け出しの歌手などの注文に応じて作曲や録音などの仕事をしている．地方都市に育ち，国立高専を3年修了後，地域の中心都市の私立大学夜間部に進んでいる．高専でも大学でも，軽音サークルに所属し，もっぱらその活動に打ち込んでいた．大学卒業後は，正社員の仕事にごく短期間ついたものの，ほとんどの期間は生活費をおもにアルバイトで稼ぎながら，音楽プロデュースを含めた音楽活動を続けてきた．

　そもそも結城さんが高専を選んだ理由も，そこの軽音楽部の評判やスタジオ設備ということからだった．中学時代から「ロック音楽でバンド」をしており，「自分でギター弾いて，ずっとプロギタリストになりたい」と思っていたという．工業については「ロボコンとかも好きだし，自分でギターを改造したり，そういう部分で興味はあった」のだが，「思ったより数字が多くて」大変だったという．勉強が大変だったことと途中から入った寮生活にもなじむことができず，高専を3年で終了し大学の夜間部に進学した．

　大学の専門は経営学だったが，大学でも軽音サークルに所属し「スタジオがすごい使えたんで，毎日のようにスタジオに入って練習したりとか．自分の個人的な技術を磨くために」がんばっていたという．また大学時代にはアルバイトで稼いだお金で録音機材なども次第に揃えるようになっていた．

　大学での就職活動については，次のように話している．中学時代から音楽に興味があって何かそれでやっていきたいと思う一方で，「でも就職はしないといけないっていう焦りがあって……それで（就職活動は）いまいち本腰が入ら

なかったのでパートとかバイトをやりながら自分のやりたいことをやればいいかな」と思っていた．卒業直前に放送局の番組制作部に，将来正社員転換ありの契約社員に決まったものの2カ月でやめている．仕事は刺激的だったが給料が安いのと時間が「超不定期」で音楽活動もままならなかったことから「ちょっと心が折れた」こともあるという．

その後はおもにアルバイト生活となる．結城さんが比較的よかったと話す仕事はインターネット回線販売の電話営業である．「けっこうシフトも自由で，やりたいことをやりながら効率よく稼げる仕事」だったし，「インターネットの電話の仕事って，基本的に音楽やってる人がすごい多いんですよ」という．「そこで音楽をやっている人たちの録音をしてあげたりとか，曲を作ってあげたりとか」，ここでできた音楽仲間とは今もつながっている．

しかし東日本大震災の影響で回線販売の営業活動は一時中断させられることになった．これをきっかけに，基金訓練を利用してウェブデザインなどを学ぶ専門学校に通うことになる（基金訓練については詳しくは次節参照）．期間中は学費のほかに月10万円の給付金が支給された．ホームページの製作技術も学べるので，「自分のスタジオのホームページも作れるようになりたいとか考えて」入学した．基金訓練期間中の1年間については，「（学んだ技術は）身になりましたね．よかったですね．自分の時間もつくれたんで．ストレスがたまるような場所ではなかったので」という．その後，アルバイトとの掛け持ちなども一時はしたが，これまでに培ったつながりのおかげで最近は仕事も増えてきて，何とかアルバイトなしでもやれるようになってきたという．今では企業に曲をつくったり，音楽関連は何でもやっている．最近ではレコーディングに関しては毎日仕事が入ってくるようになっている．いまの生活について次のように述べていた．

　　そうですね．いや，すごい満足っていう気持ちもあるし，でも，将来的には誰も保証はしてくれない生活だから，やや満足な気持ちもある．でも，やっと自分自身が少し変われて，ちょっと昔よりは自分自身に厳しくなれて，光が見えたかなっていう気持ちなんで．

結城さんの現在及びこれまでをつくってきたのは「音楽」であった．高専時代，大学時代，アルバイト時代と一貫して音楽を通して生活を作り，そこで出会った仲間とつながりながら自らある種の仕事に関するコミュニティを生み出しながら生活している．結城さんの場合，高専で学んだ工業技術や大学で学んだ経営学は，いまの仕事に直接役立っているわけでもないし，彼自身そうは感じていない．しかしそのたどってきた道を振り返ってみると，高専や大学でのサークル活動やそこでスタジオ設備を自由に使え，そのスキルの基礎を身につけられたことなど，学校時代の経験はかなり大きな要素になっている．課外活動はある意味まったくボランタリーなアマチュア活動であるが，そうであるからこそ，自由に思いっきりその活動に打ち込めるという側面もある．結城さんの経験は，学校には，そういうことが正課の授業等以外の部分で，将来の生き方や仕事に結びつく体験を可能にさせるという側面もあることを教えてくれている．

6 公共職業訓練が果たしている役割

移行の不安定化が広がるなかでは，不安定状態から抜け出すためには職業的スキルの獲得が重要な鍵となる．職業的スキルの獲得はこれまでの日本社会ではその多くを企業内教育訓練におってきた（乾 1990，濱口 2013）．そのためヨーロッパなどで広く行き渡っている公的な職業訓練制度は広がりを欠いていた．そうしたなかで1980年代以降急速に広がった専修学校などが中小零細企業など，企業内教育訓練の十分に発達していない領域に入っていく者たちの職業スキル形成等を担っていた（乾 1997，中西 1993）ものの，その多くはかなりの学費を必要とする私立機関で，一旦学校を離れ，家族からの自立を果たしつつある若者たちにとっては，その期間の生活費確保を含め，容易な選択肢とはなり得ない．そうしたなかで，一定の生活費相当分の給付を受けながら訓練受講が可能な公共職業訓練（離職者訓練）は一旦働き出した若者たちが，スキルアップや新たな分野のスキル獲得をする上で，重要な役割を果たしうるものである．この制度のもとでは，受講費が無料となるほか必要に応じて交通費等も支給され，失業給付金の受給期間も訓練プログラム終了まで延長される．

300——Ⅴ 学 校

但しこの制度の利用はこれまで，雇用保険に加入しており，かつ加入期間が失業給付受給資格を満たしている者に限られていたため，フリーターなどの非正規雇用にあった者たちの多くには利用不可能なものであった．しかしリーマンショック後の状況等を踏まえ，本調査期間中の2009年より「緊急人材育成・就職支援基金事業」（基金訓練）が開始された．これは雇用保険失業給付受給資格のない者に3カ月～1年の訓練を提供し，その期間，訓練・生活支援給付金（単身者で月10万円）を給付するというものである．そのプログラムの多くが募集・選抜等の手続きまで含めて民間委託として行われたため不正受給などの問題も生じたものの，雇用保険（第1のセーフティネット）からもれた者にとっての「第2のセーフティネット」（木村 2011）とも評価されている（なお当初3年間の時限制度であった「基金訓練」は，2011年度以降，「職業訓練受講給付金」制度として恒常制度化されている）．

　前節で紹介した結城さんは発足したばかりのこの基金訓練を利用していた．こうした給付金を伴う公共職業訓練の利用者は，私たちの対象者のなかにもう1人いる．次に紹介する近藤恵さんは，雇用保険受給資格を持ち，失業給付金を受けながら公共職業訓練を利用したケースである．

　近藤さんは現在，印刷会社でパンフレット製作などのDTPの仕事をしている．美術大学を出た彼女がDTPの技術を身につけたのは，はじめの会社を退職後に入学した公共職業訓練校だった．現在の仕事も職業訓練校で紹介されたものだ．

　近藤さんは小さい頃から絵が好きで，美術大学では油絵を専攻した．そのまま大学院に進もうかとも考えたが，自分は結局表現することよりも描くことの方が好きなんだと気づき，CGデザインの仕事で就職活動をする．希望した職種でゲーム会社に正社員内定したものの，新入研修の終了後，会社から契約社員でなければ採用できないと告げられた．研修中，まわりの睡眠3，4時間でも「がんばるぞ」「認めてもらうぞ」といった，その雰囲気について行けなかった近藤さんを含め何人かが契約社員への変更を告げられたようだ．おかしい，違法ではないかと思い，家族や恋人にも相談した．「他の会社に移れば」ともいわれたが，すでに会社の近くへの引っ越しを終えてしまった後でもあり，とりあえずそこで働きはじめた．ただ働きはじめてさらに，見かけの月給は高そ

うだが残業が極めて多く，その残業代が出ないということも分かった．

　そんなことから近藤さんは，「もういいわ」「もう嫌や」と次の契約更新を期待することもなかった．そんな頃，職業訓練校に通う友人の話を聞いた．生活費も出るし，授業も4時頃には終わるし「めちゃいいやん」と，ちょうど1年でその会社を辞めて，翌4月から職業訓練校のDTPコースに入学した．1年間のコースで，在籍期間中は失業保険の給付が受けられる．土日祝日がきちんと休みで夏休みもある訓練校の生活は，毎夜10時半過ぎまでのサービス残業に追われた1年だった近藤さんには，自分の好きなことをする時間ももてる，ゆとりと自己回復の期間でもあったようだ．そこで7カ月DTP技術を学んだあと，現在の会社に就職した．職業訓練校はみんなが卒業を目指すというよりは，近藤さんのように，仕事が見つかると途中で辞めていく人たちも多いようだった．

　職業訓練校での学びについて，近藤さんは，はっきり「役に立った」と答えており，実際そのおかげでいまの仕事の「滑り出しもすごく良かった」という．ただ最近は，仕事の内容が「ちょっと退屈」と感じるようになってきて，転職を考えている．次の展望は，まずは職業訓練校のウェブ系の半年間コースに行って新たな技術を身に付けたいと思っている．

　近藤さん結城さんの2人の経験を見ると，一旦働き出しながらも不安定な状態にある者たちにとって，こうした給付金付きの職業訓練という機会は，次のステップに進む上で，有力な「溜め」（湯浅 2008）になっていることが分かる．近藤さんは違法まがいの採用条件変更と長時間サービス残業という就職前には予想もしていなかったブラックな仕事から抜け出すために，他方で結城さんは，音楽活動で自立していく途上で，と2人の不安定状態はやや性格が異なる．しかし，いずれもこうした制度により当面の生活への経済的不安を抱えることなく次につながる職業スキルを身につけることができている．

　さらに印象的なことは，2人ともこの期間のよかったこととして「自分の時間がもてた」ことをあげていた．職業キャリアのリセットや次への飛躍を考えるにあたっては，こうしたゆとりの有無は重要な要素の1つだろう．狭い意味での技術習得ということだけで見れば，「講座の内容を直接生かした就職をし

た人はそれほどいない」という近藤さんの話のように必ずしも皆がすぐにその技術を生かして就職できるとは限らない．しかし，不安定な生活に追われて次が見通せないような状態から一時的にでも抜け出すことで，次の見通しを立て直すという点だけをとっても，この制度の持つ意味は大きい．

7 自己回復の場としての学校

ここまで学校での学びや体験が，その後の職業的移行にどのように関係しているのかを中心に見てきた．しかし学校は，はじめにも触れたように，そうした移行に直接的に役立つ「道具的」機能ばかりではなく，それまでの人生経験の中で傷つけられた自己を回復したり，生きる意欲を再び取り戻す，重要な「表出的」機能を果たすこともある（例えば平野編 2008 など）．最後にそのようなケースについて紹介したい．

坂田杏佳さんはインタビュー調査時点では，子育てをしながら看護学校に通って忙しい生活を送っていた．充実している様子だがそこに至るまでに大変な経験を経ている．

出産したのは 16 歳だった．両親に大反対され，「自分も家に帰れなかった，ずっと」と話す．また妊娠が分かって，相手の男性の家でその親と一緒に暮らすようになったものの，男性は仕事も不安定でひどい DV を繰り返しふるわれた．早産だった子どもは生まれつき身体が弱くて入退院を繰り返し，1歳すぎに脳性麻痺の診断をうけた．男性の家を出て今は，実家で母親にも助けてもらい，子どもを特別支援学校に通わせながら自分は看護学校に通っている．

半年で中退した高校に坂田さんが再び行こうと思ったのは，周囲が高校を卒業する時期に自分も学校に行っていたら卒業なんだなあと感じたことや子どものリハビリでいろんな人に出会うなかで看護師になりたいという夢をもったためだった．

坂田さんにとっては，出産，そして障害のある我が子，パートナーの DV からの逃避――一時期はシェルターにもいた――など大変なできごとが続くなかで，一緒に警察に行ってくれた中学時代の友人，子どもの通院の際，坂田さんの受けている DV に気付いて親身の相談にのってくれた看護師さん，子ど

ものリハビリで出会った理学療法士さんの励ましなど，子どもを中心としたいくつかの経験が高校への進学を後押ししてくれた．

　高校（商業科定時制）には18歳で再入学していて，3年間「人にめぐまれ」楽しい時間を過ごしたという．「先輩に友だちがいて，その人が生徒会で，勝手に生徒会に入れられていて，『おまえ生徒会に入れたからこいよ』みたいな感じで，生徒会に入って，そしたら皆，たまり場的なかんじになっていて」．生徒会担当も「おもしろい先生」で，よく面倒を見てくれた．そんななかで彼女は次第に生徒会で中心的な役割を担うようになっていく．校内での喫煙が問題になったときには，「おまえなんかが言ってほしい．そしたら皆言うことを聞くから」といわれて，生徒会として校内の吸い殻拾いに取り組むことに一役買った．そのことを坂田さんは「うまく先生たちにだまされていた．ははは」という．

　坂田さんはこの高校を卒業後，昼は障害のある子どもの面倒を——医療的ケアが必要なため障害児保育にも受け入れられなかった——，夜は子どもを母親に任せてアルバイトをという生活の合間をくぐって看護学校入試のための塾に通い，3年目でようやく合格した．

　そんなことから坂田さんにとって18歳で再入学した高校は，様ざまな困難を抱えながらも，これからの人生に再び目標をもって歩み出し直すための大きな力になったように見える．高校では簿記の授業もがんばったしいろんな検定資格も取ったとはいうものの，それらが専門的スキルとしていま生きているわけではない．しかし生徒会を中心とした仲間との関係の中で自分の存在が認められ，自己を発揮できた経験や，そういう経験を支えに授業でも「自慢できるぐらい」いい成績を収められたという自信回復の体験が，その後の歩みを後押しする大きな力になっているようだ．

8　若者たちにとっての学校経験とは

　以上みてきたことから，若者たちにとっての学校経験の意味を考えてみたい．
　第1に，学校紹介による就職というルートを通しての新規学卒就職というスタイルは，かつてと比べて大きく狭まったとはいうものの，まだまったく失わ

304——Ⅴ　学　校

れているわけではない．そのような従来型の移行の意味についてあらためて確認をしておきたい．第2節で見た2つのケースは，こうした従来型の移行スタイルであった．四大卒で大手製造業に就職しそこに定着しつつある遠藤さんと，介護職の資格を高校で取得した後その資格と専門性を生かして小規模の介護職職場をいくつか渡っている斉藤さん．2人の移行スタイルはある意味対照的ではあるが，ともに従来型の移行スタイルといえる．遠藤さんの場合，大学は工学部であったとはいえ，仕事に必要なスキルや知識の少なくない部分は入職後の企業内教育を通して得ていた．一方の斉藤さんは介護職場のほとんどがもともと小規模でそれほどの研修機会等がないとはいえ，同じ職種で複数の職場を経験すること自体が，彼女の専門性形成には少なからず役立っているように見える．こうして見ると，これらのケースは，第3節以下に触れた他の多くのケースに比べ，途中に失業や正規雇用等の経済的不安定さを（ほとんど）経験していないという点での安定とともに，仕事をしていく上で必要なスキルや知識・経験のほとんどが，そこに埋め込まれる形で存在している状態ともいえる．この2人に見られる移行のスムーズさとは，そういう点で，ただ単に雇用面で安定しているということだけではなく，それぞれの仕事のなかに初めて参入した者たちを次第にその仕事で一人前に成長させていく道筋を伴うものである．

　これに比べ，第3節から第6節で見たそれぞれのケースは，そのどこかに断絶や不安定さを内包させていた．例えば第3節の源田さんはいまの仕事につながるスキルの基礎は大学で身につけていたとはいえ，大学卒業時に別の仕事に就いたことで一旦断絶し，その仕事を離職後，アルバイトからの再出発となった．第4節の小野さんはパターンナーの基礎を大学で身につけたもののいまだにその仕事につけないまま数年間を服飾関係その他の正規非正規の仕事でつないでいた．雇用・スキル形成の両面で断絶を経験している．一方片山さんは一時期の中断を含んで臨床検査技師としての仕事を続けてはいるものの現状の雇用は安定的ではない．第6節で触れた近藤さんの場合は，専門性を生かせる仕事と思って就職した会社がほとんど「ブラック企業」同然であることを知って退職したことで，仕事を通してスキル形成をする最初の機会を中断せざるを得なくなったものの，雇用保険給付と公共職業訓練によって何とか生活とスキル形成の両面が支えられていた．

こうして見ると，学校を卒業して初めて本格的に働きはじめる若者にとって，生活面での安定と仕事面でのスキルや経験の両面がきちんとした形で存在することの重要性があらためて浮かび上がる．

　第2に，少なくともここで取り上げた若者たちの多くは，「やりたいこと」と関連させて将来をイメージし，そのイメージした将来を実現させるためにはどのような学校へ進学し，どのような専門性を身に付ける必要があるのかという観点から学校を選択している傾向がみてとれる．第3節の横山さんは動物園の飼育員をやりたいという思いをもち，専門学校では動物飼育専攻に進学し，必要とされる専門性を身に付けるための学習経験を経ている．同じ第3節で取り上げた源田さんや第4節の小野さんなども同様である．早い時期から「やりたいこと」を意識するこうした傾向は，もしかすると90年代末から導入され急速に広まった「キャリア教育」の影響もあるかもしれない．第2章にも見たように「キャリア教育」が初めて教育政策文書に登場したのは対象者が小学校5年生のとき（1999年）であり，全国の中学校図書室に備えられ「やりたいこと探し」ブームのきっかけの1つとなったといわれる村上龍『13歳のハローワーク』が出たのは中学校2年生のとき（2003年）だった．

　ただ「やりたいこと」を持つだけでなく，それに沿って進路選択し，大学や専門学校などでそれに必要なスキルや知識などの基礎を着実に身につけることは，多くの場合，その実現にとって大きな支えになっている．第3節の横山さんや源田さんのように，卒業時に直ちにその仕事に就くことができなくても，次のチャンスがめぐってきた時にそれが生かせるかどうかは，そうした専門性の基礎の有無に大きくかかっているといっていい．

　但し，第4節に見た小野さんや片山さんの例にあったように，場合によっては専門性が高いが故に仕事が限定されることから，安定した仕事につける可能性が狭まり，不安定な移行経験に結びつきやすい要素となっていることもある．「やりたいこと」と雇用の安定と，どちらを優先させるかはある意味では1人ひとりの価値判断の問題かもしれない．しかし「やりたいこと」への執着は時には，不安定で見通しのつかない移行経験を長引かせ，その過程でますます不安定で困難な生活に追い込んでしまう可能性もある．移行の失敗はチャンスの少なさが要因の1つでもあるにもかかわらず，さも本人のがんばりが足りない

から，といった自己責任論に転嫁しやすい危険性もはらんでいる．

　第3に，仕事に必要なスキルや知識形成における「学校」の位置の問題である．ここでとりあげた若者の多くはなんらかの専門的な学びを経験していた．そしてそれが仕事につける可能性を高め，続けていく上で大きな支えになっていた．そしてとくに第2節に見た従来型の移行ケース以外の場合，そうしたスキルや知識の獲得は，ほとんど「学校」に限られていた．今日，とりわけ非正規雇用の多くでは企業内研修の機会もほとんどなく（労働政策研究・研修機構 2005 など），多くの場合，外にそういう機会を求めるしかない．そういう点でも「学校」は重要な位置を占めている．

　第5節，第6節では公共職業訓練の利用について見た．公共職業訓練は制度としては学校とは別のものである．しかし一定期間，フルタイムで特定の専門的スキルや知識について学ぶという点では，学校と共通した性格を持つ．そしてここで取り上げた2人のケースに共通したもう1つの重要な点は，受講費が無償であり，その間の生活を最低限維持できる一定の給付があるということが，そうしたスキル・知識の再獲得を容易にするだけでなく，困難に直面したり不安定状態を続ける若者たちにとって，次へのステップを用意するための「溜め」にもなっているということである．仕事（就業）の外でスキルの再獲得を必要とする状況は，広がり続けている．そういうなかでこのような支援の仕組みが，より広く求められる．

　第4に学校経験における表出的機能について注目してみたい．第7節では早期の妊娠・出産と子どもの障害，内縁の夫からの DV 被害と離別など困難な経験を経て定時制高校に再入学したケースを見た．坂田さんにとって学校はたまり場のような場所であり，彼女の心に抱えた傷をいやし，前に進もうとするときに，重要な情緒的安定をはかる役割を果たしていた．ここからは学校経験は知識やスキルの獲得という道具的な側面だけではなく，こうした表出的側面としての学校に焦点を当て学校経験を捉え直すことの重要性が浮かび上がる．学校という場が，過去に様ざまな傷を負った生徒たちの自己回復や希望を取り戻すという点で大きな役割を果たしていることはこれまでにも数多く描かれてきた（例えば無着編 1951，桐山 1977，久保田 1985，平野編 2008 など）．そこでは学校の中でつくられる仲間関係や教師との関係が自己の回復や生きる希

望を取り戻す支えになるなどばかりではなく，実習や資格試験などに向けた互いの励まし合い（西村 2006），あるいは学校の友人関係がその後の移行過程で困難に陥った時に，相談相手になっていたり，互いに励まし合う関係が継続していること（竹石 2006，藤井（南出）2013）などが明らかにされている．同じようなライフステージにいる仲間が集まり学校での日常を送る中で形成された仲間関係はその後の移行経験を支える重要な要素となる可能性が高い．このように考えた時に，学校のもつ表出的機能を意識的に豊かにしていくためにはどのような教育実践が求められるのかは，現代の困難な移行過程を生きる若者にとって重要な課題であるだろう．

　第5に，学校での授業での経験だけではなく，部活動やサークル活動が若者の趣味や活動を軸としたネットワークを生み継続させることや，起業していく際の重要な経験になっているケースを第5節で見た．学校は狭い意味での正規のカリキュラムだけではなく，課外活動など周辺的な領域を含む多様な活動が，若者たちの移行にとっての潜在的な資源となっていることを我々にあらためて認識させてくれるものである．こうした幅広い可能性が学校にはあることも忘れてはなるまい．

【文献】

du Bois-Reymond, M., 2005, "Youth-Learner-Europe: Menage a Trois?" *Young*, 12(3).

藤井（南出）吉祥，2013，「ネットワーク形成・維持の基盤」乾彰夫編『高卒5年どう生き，これからどう生きるのか──若者たちが今〈大人になる〉とは』大月書店.

濱口桂一郎，2013，『若者と労働』中公新書ラクレ.

平野和弘編，2008，『オレたちの学校　浦商定時制』草土文化.

本田由紀，2009，『教育の職業的意義──若者，学校，社会をつなぐ』ちくま新書.

乾彰夫，1990，『日本の教育と企業社会──一元的能力主義と現代の教育＝社会構造』大月書店.

乾彰夫，1997，「企業社会の再編と教育の競争構造」渡辺治・後藤道夫編『講座現代日本3　日本社会の再編成と矛盾』大月書店.

乾彰夫，2012，『若者が働きはじめるとき』日本図書センター.

乾彰夫編，2006，『18歳の今を生きぬく──高卒1年目の選択』青木書店.

乾彰夫編，2013，『高卒5年どう生き，これからどう生きるのか──若者たちが今

〈大人になる〉とは』大月書店.

木村保茂，2011，「わが国の公共職業訓練の新たな展開──基金訓練，ジョブ・カ
　ード制度，『義務付け・枠付け』の見直し」『開発論集』88，北海学園大学.

桐山京子，1977，『学校はぼくの生きがい』労働旬報社.

児島功和，2013，「若者は大学生活で何を得たのか？──大学生活の構造とその意
　義」乾彰夫編『高卒5年どう生き，これからどう生きるのか──若者たちが今
　〈大人になる〉とは』大月書店.

児美川孝一郎，2013，『キャリア教育のウソ』ちくまプリマー新書.

厚生労働省，2006，『労働経済白書 平成18年版』.

小関智弘，1981，『大森界隈職人往来』朝日新聞社.

小杉礼子，2003，『フリーターという生き方』勁草書房.

久保田武嗣，1985，『逆転──教室のドラマ』高文研.

久木元真吾，2003，「『やりたいこと』という論理──フリーターの語りとその意図
　せざる帰結」『ソシオロジ』48(2).

文部科学省，2006，『キャリア教育推進の手引』.

無着成恭編，1951，『山びこ学校』青銅社.

中西新太郎，1993，「現代日本における学歴・教育競争と労働者」『大原社会問題研
　究所雑誌』411号.

西村貴之，2006，「専門学校に進学する若者たち」乾彰夫編『18歳の今を生きぬく
　──高卒1年目の選択』青木書店.

労働政策研究・研修機構，2005，「多様化する就業形態の下での人事戦略と労働者
　の意識に関する調査」.

竹石聖子，2006，「『地元』で生きる若者たち」乾彰夫編『18歳の今を生きぬく
　──高卒1年目の選択』青木書店.

湯浅誠，2008，『反貧困』岩波新書.

VI──意識と人間関係

14 若者の社会観・意識と変容

有海　拓巳

1 はじめに

(1) 現代の若者をとりまく社会の特徴

本章では，若者をとりまく社会がどのようなものであるかについて，若者が抱いている社会観・意識の面から把握を行うことを試みる．

若者をとりまく社会の特徴に関しては，先行研究で既に多くの指摘がなされている．例えば，「個人化／リスク化した社会」「不平等・不公平な社会」などである．

「個人化／リスク化した社会」では，その特性として，「自分の生活と人生を能動的に設計・管理することが強いられるとともに，予測不能な，あるいは個人がコントロールしようもない失敗すらも，個人の責任に帰せられる」（乾 2010: 69–70）ようになるとされ，個々人が人生における各種のリスクに向き合うことを求められるとともに，「自己責任」がより強く問われるようになると考えられている．

「不平等・不公平な社会」に関しては，「格差社会」が叫ばれて久しいが，特に若者に関係する話題として，「高い保険料を払っても自分たちに返ってこない」（大竹 2008）公的年金制度の問題など，世代間の格差に関する問題が大きいと考えられる．また，各企業において主に新卒採用の枠において採用・雇用の調整がなされ，学校卒業後，「フリーター」として働かざるを得ない若者も多くなっている（太田 2010）．このような点からも，若者にとって現代は「不平等・不公平な社会」なのではないかと考えられる．

このほか，上記に関連して，将来に「希望」が持てない，「絶望の国」（古市 2011）で生活しているのが現代日本の若者であるとの見方もある．「将来日本社会は今以上に豊かにならない」という感覚が若者には広く共有されており（山田 2004），この点からは，若者をとりまく生活世界は閉塞感に包まれているとも言える．さらに，現代の若者はより「多元化」した能力を身に付けていることを要求される，「ハイパー・メリトクラシー」の社会に生きているという指摘もある（本田 2005）．求められる「努力」の質も変容してきており，努力と成果との結びつきはより曖昧でわかりづらいものとなっている．このことから，「頑張ればうまくいく」という感覚を持ちにくい社会であるとも考えられる．

⑵　本章における問題関心・目的

　本章における問題関心のひとつは，我々が扱う調査データにおいても，これら先行研究で指摘されてきたような社会の様相が見出せるかということであり，この点を調査対象者の社会観・意識の面から把握しようとしている．

　また，若者の社会観・意識に着目するなかで，本章では，若者の中でより「厳しい」ライフコースをたどっているのはどのような者なのかということも問題としていきたい．若者をとりまく社会における困難性は，数々の質的調査の中でも指摘されている（本田編 2007）が，質問紙調査によるデータを用いて，また，経年的な変化に着目し，若者をとりまく社会，ならびに，そのなかで生きる若者の特徴を記述することが，本章の目的である．

2　若者の社会観・意識の経年変化

⑴　若者の社会観・意識の特徴

　上記のような問題関心・目的意識に基づき，若者の社会観・意識について，**表 14-1** に示した 14 の調査項目に着目して分析を行った．これらの調査項目については，いずれも 2008 年調査と 2011 年調査にそれぞれ盛り込まれており，2 時点間での回答結果の違い・変化を把握することができる．また，一部の項目については，2009 年調査と 2010 年調査でもたずねており，各年の状況変化

表 14-1　社会観・意識に関する調査項目への回答結果　　　　　　　　　(%)

調査項目・分類		2008	2009	2010	2011
自己責任／再配分	若者が安定した仕事につけないのは，本人のがんばりが足りないからだ	55.5	50.1	49.5	48.9
	貧しいのは本人の責任だ	42.4	—	—	46.5
	貧しい人と裕福な人の格差を縮めるべきだ	84.9	—	78.0	77.3
不満・不公平感	政府に不満を感じる	82.4	76.6	83.2	86.4
	企業の雇用のあり方に不満を感じる	68.7	69.8	73.6	71.4
	いまの社会保障制度は信頼できない	85.0	—	—	82.7
希望／虚無感	日本は若者にチャンスが開かれている社会だ	34.6	26.5	22.9	29.9
	社会の問題は人々の力で変えてゆくことができる	64.5	—	—	67.4
	生きていることにむなしさを感じる	26.5	—	—	29.9
	日本人であることに誇りを感じる	72.4	—	—	74.7
能力・業績主義	自分の能力を発揮して高い実績を上げた人が高い収入や地位を得るのは，良いことだ	90.4	94.8	95.5	89.6
	自分の能力を発揮して上げた実績によってその人の価値が判断されるのは，良いことだ	78.9	85.9	90.4	84.3
	仕事には，その仕事にふさわしい能力をもった人がつくべきだ	79.8	83.0	87.2	81.5
	競争は個人の成長や社会の発展にとって必要だ	77.4	—	—	81.7

注：掲載しているのは，「とてもそう思う」と「ややそう思う」の回答割合の合計．サンプルは2011調査に回答があった891について，抽出率に基づき重みづけを行った結果の757であり，各設問への無回答者は除いて集計している．

についても把握することが可能となっている．

　なお，本章では，これら14の項目について，大きく「自己責任／再配分」「不満・不公平感」「希望／虚無感」「能力・業績主義」と分類し，その特色について解釈することとした[1]．「自己責任／再配分」に関する調査項目からは，不安定な雇用や貧困等の問題を個人の責任に帰するような意識について，あるいはその反面として，格差縮小のために是正措置等を図るべきと考えているかどうかを把握することができる．また，「不満・不公平感」に関する調査項目からは，政府や企業に対する不満の度合いがどの程度であるかを把握することができる．「希望／虚無感」については，現在から将来に向けて前向きな認識を持てているかを把握することができ，「能力・業績主義」に関する調査項目からは，いわゆる「メリトクラシー」の考え方を支持するかどうかの意識をとらえることができる．

14　若者の社会観・意識と変容——315

表 14-1 に掲載した数値は，各調査項目の回答結果の「とてもそう思う」「やや思う」の合計の割合であるが，その多寡に着目すると，全体的な状況としては，能力・業績主義について肯定的な意識を持つ者が多く，また，政府や社会保障制度，企業の雇用のあり方に不満・不公平感を持っている者の割合が高いことがわかる．そのようななか，「格差を縮めるべきだ」という再配分の意識を持つ者の割合も高いが，約半数は自己責任論に肯定的な意識を有していることも見て取れる．このほか，希望を持てない若者も多く，虚無感を強く覚えている者も一定程度見られる．

これらの回答結果からは，先行研究で指摘されている，「個人化／リスク化した社会」「不平等・不公平な社会」，あるいは「将来に希望が持てない社会」の中で生活する若者の様子を見て取ることができると思われる．政府や企業に対する不満は多くの者が抱いており，また，多くの者にとって若者にチャンスが開かれているとは認識されていない．

他方，若者の間で能力・業績主義に対する肯定的な意識が広く共有されている点も特徴的である．求められる能力や努力の質が変容しているとされているなかで，個々人の能力が職業や収入・地位等に結びつくこと，または個人や社会の成長・発展のために「競争」が必要であるという考え方については，多くの若者に支持されていることが把握された．

(2) 各年の変化の特徴

次に，これらの回答結果の各年の変化に着目すると，例えば，「政府に不満を感じる」という意識は 2009 年に一度低下した後，2010 年以降再び上昇している．これは，2008 年から 2010 年にかけて継続的に高まりを見せている「企業の雇用のあり方に不満を感じる」の意識の変化とは異なり，特徴的な変化となっていることがわかる．

また，「希望」に関する意識として，「若者にチャンスが開かれている」については 2008 年から 2010 年の期間で意識の低下が見られる．「能力・業績主義」に関しても，毎回の調査で把握することができている「自分の能力を発揮して高い実績を上げた人が高い収入や地位を得るのは，良いことだ」などの 3 項目について，いずれも 2008 年から 2010 年にかけては意識が高まっている．ただ

316——VI　意識と人間関係

し，これらの調査項目で見られた 2008 年から 2010 年の変化について，2010年から 2011 年にかけてはそのトレンドが逆転しているという特徴があることも見て取れる．

　上記のような意識の変化の様相から把握されることのひとつに，若者の社会観・意識は，一定程度その時々の社会情勢等と関連性があるのではないか，ということが挙げられる．例えば，「政府に不満を感じる」について見られた2008 年から 2009 年にかけての意識の低下について，その時期は自由民主党から民主党への政権交代が起きた時期と重なる．また，2008 年から 2010 年にかけて，「企業の雇用のあり方に不満を感じる」の意識は徐々に高まり，「日本は若者にチャンスが開かれている社会だ」の意識は徐々に低下しているが，この背景にはリーマン・ショック以後の景気低迷の影響があるように思われる．

　さらに，2010 年から 2011 年にかけては，「希望」や「能力主義」などに関する項目について 2008 年から 2010 年までの変化とはトレンドが異なる変化が見られたが，この背景には，東日本大震災の影響があったのではないかと推察する．東日本大震災後の意識等の変化に関し，例えば，他の研究では，「次代を担う若年層においては利己的な行動はあまり見受けられず，（中略），家族などとの結びつきを重視する中で被災地に思いをはせ，自らを省みたり，社会を一緒によくしていけなければという意識を強めたりしている」（内田・高橋・川原 2011）ことが指摘されている．また，別の調査からは，「利他的な価値観を強めた人や，仕事と生活の調和（ワークライフバランス：WLB）への意識を強くした人が多く，その傾向は関東・東北地方で顕著であった」（慶應義塾大学 2012）との結果も得られている．本章における分析では，2010 年から2011 年にかけての意識変化の要因を直接的に東日本大震災に求めることができるわけではないが，先行研究による知見等から，背景として，この期間において，「社会を一緒によくする」という意識や，利他的な意識等が強まった可能性があるということを仮説的に示しておく．

⑶　合成変数による 2008 年から 2011 年の変化の特徴

　つづいて，2008 年から 2011 年にかけてどのような変化が起きているのかを把握しやすくするため，各調査項目による合成変数を作成し，その変数の特性

表 14-2　社会観・意識についての合成変数による指標の変化

合成変数名	項目数	信頼性係数 α	2008	2011	変化量	集計度数	有意確率
自己責任	3	0.628	6.831	6.965	+0.134	743	0.030
不満・不公平感	3	0.641	9.268	9.381	+0.113	739	0.086
希　望	4	0.608	10.926	10.876	−0.050	742	0.506
能力・業績主義	4	0.750	12.290	12.481	+0.191	742	0.008

注：「信頼性係数 α」の値は，2011 年データによるもの．また，「有意確率」の値は，「対応のあるサンプルの t 検定」によるものである．

ごとに変化の状況を見た[2]．なお，合成変数の作成にあたり，2009 年・2010 年では調査を行っていない項目もあることから，全ての年について同一の方法で変数を作成することは困難であった．ここでは，着目した 14 項目の全てについて調査を実施している 2008 年と 2011 年の 2 時点で，変数を作成して比較した．

　合成変数は，各調査項目について，「とてもそう思う」を 4 点，「ややそう思う」を 3 点，「あまりそう思わない」を 2 点，「まったくそう思わない」を 1 点とし，4 つの分類ごとに単純加算した．なお，「貧しい人と裕福な人の格差を縮めるべきだ」については，「とてもそう思う」を 1 点，「まったくそう思わない」を 4 点として加算をし，合成変数名としては，「自己責任」と表記するようにした．同様に，「生きていることにむなしさを感じる」の項目も点数を逆転して足し合わせ，変数名としては「希望」と表記することとしている．

　表 14-2 に示したように，合成変数の各指標の，2008 年から 2011 年の変化をみると，「能力・業績主義」「自己責任」については，それぞれ 5% 水準で有意に意識が高まっていることが把握される．なお，「不満・不公平感」についても，10% 水準ではあるが意識が高まっている．「希望」については，意識の低下が見られるが，その変化は有意なものではなかった．

　このような変化の状況からは，年を経るにつれて，「個人化／リスク化した社会」「不平等・不公平な社会」等に，より身をさらすようになった若者が増えたのではないかということがうかがえる．なお，表 14-1 に掲載した結果では「若者が安定した仕事につけないのは，本人のがんばりが足りないからだ」という項目への肯定的な回答割合は年々減少していたが，回答結果を得点化し，

合成変数による指標で見た場合には，自己責任意識が高まっていることが把握された．また，「能力・業績主義」に関しては，調査項目ごとに見た際に，各年の変化としては2010年から2011年にかけて回答の割合が若干低下していたが，2008年の水準と比べると，2011年の水準は有意に高くなっていることが確認されたことになる．

3　ライフコースと社会観・意識の関係性

⑴　分析の視点

　ここまでは，若者の社会観・意識について，全体的な傾向を把握してきたが，ここからは視点を変え，個人のライフコースに関する要因別に，社会観・意識の抱き方の違いや，経年的な変化の特徴について把握する．

　個人のライフコースの違いとして，着目したのは「学歴」「移行類型」の2点である[3]．「学歴」については，調査対象者本人の学歴について，「中学・高校」「専門・短大・高専」「大学・大学院」の3分類で把握した．「移行類型」については，本書の第2章で紹介した「後期離学・正規雇用優勢」などの8分類により把握した．

　分析は，社会観・意識に関する4つの合成変数を用い，それぞれの変数について，（ア）2011年の時点で，どのような者で意識が高い／低いのか，（イ）2008年から2011年の間に，どのような者で意識の変化がより大きく見られたのか，の2点に着目した．なお，（ア）の点については，「一元配置分散分析」により検定を行い，（イ）の点については，「対応のあるサンプルのt検定」にて検定した[4]．

　分析・検定の結果はグラフにより示し[5]，（ア）の点については凡例の表記の横に，（イ）の点については，「学歴」「移行類型」のそれぞれについて変化が有意に見られた分類の度数表記の下に，それぞれ，1％水準で有意な差が見られた場合には**，5％水準で有意の場合には*，10％水準で有意の場合には+の記号を付した．

14　若者の社会観・意識と変容——319

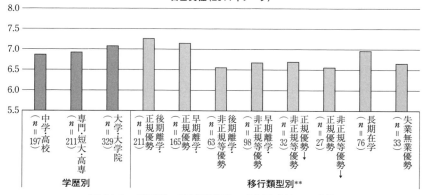

図14-1 学歴別・移行類型別の「自己責任」の水準

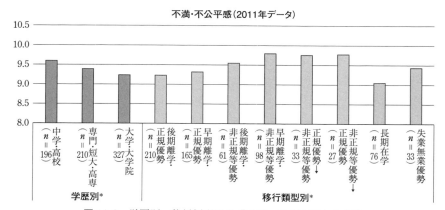

図14-2 学歴別・移行類型別の「不満・不公平感」の水準

(2) 意識が高い／低いのはどのような者か

まず,「自己責任」「不満・不公平感」「希望」「能力・業績主義」の4つの合成変数について,どのような者で意識が高い／低いのかに着目した.

この点に関して,「自己責任」(図14-1) については移行類型別に有意な差が見られ,「後期離学・正規優勢」で値が最も高く,「後期離学・非正規等優勢」で最も低くなっている. ただし,学歴別の水準の差は有意なものではなかった.

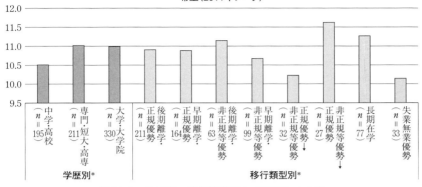

図14-3 学歴別・移行類型別の「希望」の水準

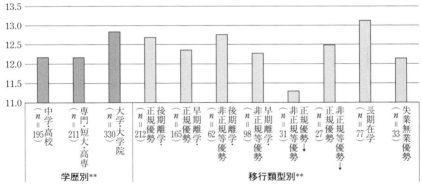

図14-4 学歴別・移行類型別の「能力・業績主義」の水準

「不満・不公平感」(図14-2)については,学歴・移行類型別ともに有意な差があることが把握され,学歴については「中学・高校」で意識が高く,「大学・大学院」では低いという傾向が見られる.移行類型別には,「早期離学・非正規等優勢」をはじめ,「正規優勢→非正規等優勢」「非正規等優勢→正規優勢」の者で高くなっている.

「希望」(図14-3)については,学歴が「中学・高校」の者で低く,「専門・短大・高専」や「大学・大学院」の者との差が大きいことがうかがえる.移行

14 若者の社会観・意識と変容——321

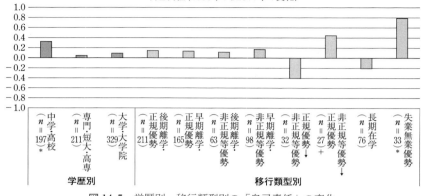

図 14-5　学歴別・移行類型別の「自己責任」の変化

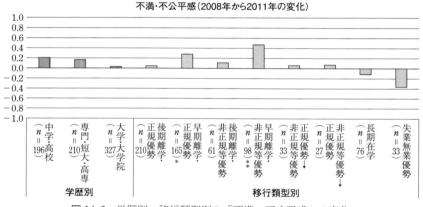

図 14-6　学歴別・移行類型別の「不満・不公平感」の変化

類型別には，「非正規等優勢→正規優勢」で最も高く，「失業無業優勢」で最も低い．また，「正規優勢→非正規等優勢」の者でも，比較的低くなっている．

「能力・業績主義」（図 14-4）については，学歴が「大学・大学院」で高く，「中学・高校」「専門・短大・高専」の者との差が大きいことがうかがえる．移行類型別には，「長期在学」で最も高く，「正規優勢→非正規等優勢」で最も低くなっている．

322——Ⅵ　意識と人間関係

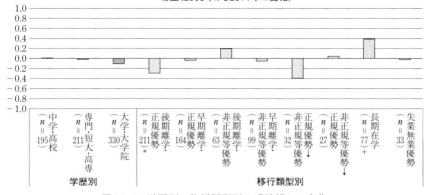

図 14-7 学歴別・移行類型別の「希望」の変化

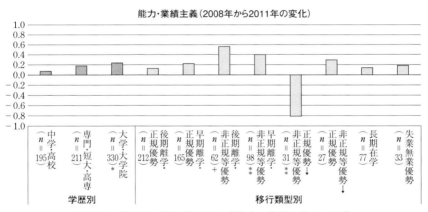

図 14-8 学歴別・移行類型別の「能力・業績主義」の変化

(3) 意識の変化がより大きく見られたのはどのような者か

次に，2008年から2011年にかけての意識の変化の状況に関して，その度合いが有意であった点に着目した[6]．

分析の結果，「自己責任」（図 14-5）に関しては，学歴が「中学・高校」の者について，移行類型別には，「失業無業優勢」または「非正規等優勢→正規優勢」の者で，意識が有意に高まっていることが把握された．また，「不満・不公平感」（図 14-6）については，移行類型について，「早期離学・正規優勢」

と「早期離学・非正規等優勢」の者で意識が有意に高まっており，「早期離学」
という点が共通している点が特徴的である．「希望」（**図 14-7**）に関しては，
「後期離学・正規優勢」について意識が低くなっているが，他方で，「長期在
学」の者では意識が高まっている．「能力・業績主義」（**図 14-8**）に関しては，
学歴別には「大学・大学院」の者に関して，移行類型別には，「後期離学・非
正規等優勢」と「早期離学・非正規等優勢」の者で意識が有意に高まっており，
「正規優勢→非正規等優勢」の者では，意識が低下しているという関係にある．

4　ライフコースと社会観・意識の関係性に関する考察

(1)　ライフコースと社会観・意識の関係性の特徴

　以上のような集計・分析の結果からは，それぞれの意識と，学歴・移行類型
との間の関係性について，いくつかの特徴を把握することができる．

　まず，2011 年時点での意識として，「自己責任」や「能力・業績主義」は，
正規雇用の者や学歴が相対的に高い者など，基本的には今後比較的安定したラ
イフコースを進む可能性が高い者，あるいは，相対的に高い収入・地位等が期
待できる者において支持されている意識であることが明らかになった．他方，
「不満・不公平感」については，学歴が相対的に低く，また，非正規雇用の者
で意識が相対的に高いことが把握された．「希望」についても，学歴が相対的
に低い者，または失業・無業の状態にある者等では意識が低くなっており，こ
れらの者がより現状を憂う状況にあることがうかがえた．

　また，2011 年のデータにおいてこのような意識の水準の違いが見られるな
かで，2008 年からの変化に着目した場合，「正規優勢→非正規等優勢」の者に
関する変化が特徴のひとつとして挙げられる．この者に関しては，「能力・業
績主義」の意識が有意に低下しており，他の者の様相とは異なる変化が見られ
た．また，有意な変化ではなかったが，「自己責任」の意識や「希望」の意識
も低下していることがうかがえた．これらは，正規雇用から非正規雇用への状
況の変化に伴う意識の変化なのではないかと推察される．

　さらに，2008 年からの変化として，「自己責任」については学歴が「中学・
高校」の者，移行類型については「無業」の者において，また，「能力・業績

324——Ⅵ　意識と人間関係

表 14-3　社会観・意識の合成変数間の相関関係

2008 年データ	自己責任	不満・不公平感	希　望	能力・業績主義
自己責任	—	—	—	—
不満・不公平感	−0.212	—	—	—
希　望	0.197	−0.271	—	—
能力・業績主義	0.270	0.220	0.116	—
2011 年データ	自己責任	不満・不公平感	希　望	能力・業績主義
自己責任	—	—	—	—
不満・不公平感	−0.148	—	—	—
希　望	0.166	−0.218	—	—
能力・業績主義	0.279	0.183	0.216	—

主義」に関しては，移行類型について「早期離学・非正規等優勢」あるいは「後期離学・非正規等優勢」の者に関して，意識が有意に高まっていたという点は，非常に特徴的であると考えられる．これらの者については，相対的には高い収入や地位が得られておらず，比較的不安定なライフコースを進んでいる者が多いのではないかと推察される．今回行った分析の中でも，学歴が「中学・高校」の者や移行類型が「失業無業優勢」の者では，「希望」の意識が相対的に低い状況にあることも明らかになっている．そうであるにもかかわらず，これらの者の間で，「本人の頑張り」に責任をより強く求めることを肯定的にとらえる意識や，個人の能力が仕事や地位を規定することを肯定的にとらえる意識が高まったということは，どのようなことを意味するのであろうか．

　以下では，この点について解釈を深めるため，「自己責任」や「能力・業績主義」の意識の高まりについて，分析・考察を加えた．

(2)　「自己責任」「能力・業績主義」の変数の特性の把握（相関関係の把握）

　まず，「自己責任」「能力・業績主義」としてとらえている変数の特性についてより理解を深めるため，作成した 4 つの合成変数間の相関関係に着目した．

　表 14-3 に示した相関係数からは，2008 年時点，2011 年時点ともに，「自己責任」「能力・業績主義」に関して，「希望」との相関が正の関係であることが共通していることが確認される．つまり，若者の間で，「チャンスが開かれている」「社会問題は変えていける」などの意識を持っているということは，そ

14　若者の社会観・意識と変容——325

れだけ個々人の頑張りには意味があり，また，そのことによってよい仕事に就けるかどうか，高い収入をえられるかどうかが決まるという仕組みに対する肯定的な意識を持っているということと関連性があることが示されている．また，「能力・業績主義」との関係性について，「希望」との相関係数が 2008 年時点と比較して 2011 年の時点では高くなっているという点も特徴的である．「希望」の意識を持っていることと，「能力・業績主義」の考えを持っていることとの関連性が強まったことが示されている．

　他方で，「不満・不公平感」との相関関係については，2008 年時点，2011 年時点ともに，「自己責任」については負の関係性であり，「能力・業績主義」については正の関係性となっている．また，「不満・不公平感」は「希望」とも負の関係である．これらの関係性をあらためてみると，特に「不満・不公平感」と「能力・業績主義」の関係性は特異であるように思われる．政府や企業に対する不満や不公平感が高く，他方で，「希望」として，将来に向けての肯定的な意識を有している者が，個人の能力が仕事や収入・地位等に結びつくことを最も肯定的にとらえる傾向にあると考えられる．

⑶ 「自己責任」「能力・業績主義」の高まりに関する分析

　上記のような変数間の関係性が見られることをふまえた上で，**表 14-2** で 2008 年から 2011 年への増加が確認されていた「自己責任」「能力・業績主義」のそれぞれについて，2008 年から 2011 年の変化の度合い（変化量）を被説明変数とする回帰分析を行い，どのような者で意識の変化がより大きく見られたのかについて，あらためて把握することを試みた（**表 14-4**）．

　説明変数としては，「性別」「学歴」「移行類型」「地域移動類型」「不満・不公平感」「希望」を用いた．「性別」は，男性を 1，女性を 0 とした「男性ダミー」として投入した．「学歴」は，「中学高校ダミー」を作成し，学歴が「大学・大学院」の者や「専門・短大・高専」の者との比較を行った．「移行類型」に関しては，「非正規等優勢ダミー」「失業無業優勢ダミー」をそれぞれ作成し，それ以外の者を比較対象とする形で，移行類型別の特徴の把握を試みた．「非正規等優勢ダミー」には，移行類型分類の「早期離学・非正規等優勢」と「後期離学・非正規等優勢」の者が該当するようにし，「失業無業優勢ダミー」の

326——Ⅵ　意識と人間関係

表14-4 自己責任と能力・業績主義の変化量に関する回帰分析

自己責任変化量

		モデル①		モデル②		モデル③		モデル④	
		標準化係数	有意確率	標準化係数	有意確率	標準化係数	有意確率	標準化係数	有意確率
性別	男性ダミー	-0.022	0.565	-0.020	0.607	-0.023	0.559	-0.020	0.602
学歴	中学高校ダミー	0.024	0.568	0.027	0.506	0.024	0.558	0.031	0.457
移行類型	非正規等優勢ダミー	0.009	0.818	0.009	0.830	0.003	0.939	0.005	0.901
	失業無業優勢ダミー	0.086	0.034	0.076	0.059	0.085	0.037	0.074	0.066
地域移動類型	地方定住ダミー	-0.022	0.589	-0.030	0.467	-0.022	0.599	-0.026	0.525
	移動等ダミー	0.031	0.454	0.023	0.576	0.027	0.515	0.021	0.611
意識	不満・不公平感変化量	—	—	-0.158	0.000	—	—	-0.155	0.000
	希望変化量	—	—	—	—	0.050	0.200	0.030	0.445
	N	676		670		673		668	
	調整済みR2乗	0.002		0.025		0.002		0.024	
	有意確率	0.311		0.001		0.287		0.002	

能力・業績主義変化量

		モデル①		モデル②		モデル③		モデル④	
		標準化係数	有意確率	標準化係数	有意確率	標準化係数	有意確率	標準化係数	有意確率
性別	男性ダミー	-0.047	0.231	-0.042	0.272	-0.050	0.196	-0.048	0.217
学歴	中学高校ダミー	-0.063	0.126	-0.077	0.061	-0.062	0.136	-0.076	0.064
移行類型	非正規等優勢ダミー	0.087	0.031	0.079	0.048	0.084	0.038	0.074	0.062
	失業無業優勢ダミー	0.025	0.532	0.039	0.336	0.024	0.552	0.038	0.342
地域移動類型	地方定住ダミー	0.055	0.185	0.063	0.127	0.054	0.189	0.062	0.127
	移動等ダミー	0.056	0.170	0.065	0.109	0.052	0.202	0.061	0.132
意識	不満・不公平感変化量	—	—	0.166	0.000	—	—	0.179	0.000
	希望変化量	—	—	—	—	0.068	0.080	0.091	0.018
	N	676		671		675		670	
	調整済みR2乗	0.006		0.031		0.009		0.038	
	有意確率	0.118		0.000		0.067		0.000	

変数と共に，継続的に非正規雇用や失業・無業等の状況にある者の条件の厳しさや不安定さ等が意識の変化に及ぼしている影響に着目した．

「地域移動類型」については，本書の第9章での分類に基づき，「地方定住ダミー」と「移動等ダミー」を作成し，大都市・中都市に定住している者との対比の中で，「地方」に住み続けていること，ならびに，地域移動を経験することによる影響を把握することとした．なお，「地域移動類型」は，「学歴」と「移行類型」の変数にも関連性を持つ変数である．「学歴」と「移行類型」と共に分析に用いることで，意識の変化に対してどの要因が独自に影響を及ぼしうるかについて検討を行った．

「不満・不公平感」と「希望」については，2008年から2011年にかけての変化量の値について，ひとつずつ投入したモデルと，両方を同時に投入したモデルをそれぞれ検討した．これらの変数については，「自己責任」「能力・業績主義」の変化量と連動している可能性が高いことから，その点について着目した．

まず，「自己責任変化量」に関する分析結果について，「性別」「学歴」「移行類型」「地域移動類型」の変数からなるモデル①では，「失業無業優勢ダミー」が5%水準で有意となっていることが見て取れる．説明変数が全てダミー変数による回帰モデルであるためモデルの当てはまりは良くないが，「失業無業優勢」の者で意識が高まったことが示されており，図14–5に示した内容と整合的な結果が得られている．

これに対し，「不満・不公平感変化量」の変数を投入したモデル②では，「不満・不公平感変化量」が自己責任変化量に対して有意にマイナスの関係となっており，また，「失業無業優勢ダミー」に関しては，10%水準で有意となった．モデルの当てはまりの度合いも高くなったことが見て取れ，このモデル②の結果から，自己責任の意識が高まる背景には，不満・不公平感の減少があること，別の言い方をすれば，不満・不公平感が高まると，再配分等の意識が高まるという関連性にあることがうかがえる．また，「失業無業優勢ダミー」の標準化係数が，モデル①と比べて低くなっている点も特徴的である．図14–6から，その度合いは有意なものではなかったものの，2008年から2011年にかけて，「失業無業優勢」の者では不満・不公平感が減少している結果となっているこ

328——VI　意識と人間関係

とが見て取れ，このような意識の変化が，自己責任意識の変化と関連している可能性があると想定される．

　さらに，モデル③は「希望変化量」を投入したモデルであるが，「希望変化量」は有意ではなく，「失業無業優勢ダミー」について，モデル①と同様，5%水準で有意となっている．モデルの当てはまりの度合いは高くなく，このような結果から，「希望変化量」による説明力は低いと考えられる．

　モデル④は，「不満・不公平感変化量」と「希望変化量」を同時に投入したモデルである．モデルの当てはまりはモデル②と同程度であり，「不満・不公平感変化量」が有意にマイナスの関係であり，「失業無業優勢ダミー」も10%水準でプラスの関係となっている．

　続いて，「能力・業績主義」に関する結果について，モデル①に関しては，「非正規等優勢ダミー」が5%水準で有意となっている．この結果に関しても，説明変数がいずれもダミー変数であるため回帰モデルとしての当てはまりは良くないが，**図14-8**に示した結果と対応する結果が得られているのではないかと考える．

　モデル②では，投入した「不満・不公平感変化量」が有意にプラスの関係性となっている．また，「非正規等優勢ダミー」については，モデル①と同様に5%水準で有意となっているが，標準化係数が若干低くなっている．さらに，「学歴」に関して，「中学高校ダミー」の影響が10%水準で有意で，マイナスの関係となっている．モデル①では見られなかった学歴の影響がモデル②では有意になっていたことに関しては，モデル①では不満・不公平感の高まりの影響と学歴の影響とが重なり合って見えにくくなってしまっていたものが，モデル②ではそれぞれの影響が明確になったものと解釈できる．この点については，**図14-6**から，学歴が「大学・大学院」の者では不満・不公平感の上昇度合いが小さかったことも見て取れることから，学歴が相対的に低い者において，不満・不公平感が高まったことに伴って能力・業績主義の意識も高まったという者がより多かったのではないかと推察される．なお，「非正規等優勢ダミー」の標準化係数が若干低くなった点についても，同様の考え方により，非正規雇用が継続する状況にあった者では，不満・不公平感と能力・業績主義の意識を共に高めた者がより多かったのではないかと想定される．

14　若者の社会観・意識と変容——329

モデル③に関しては，「希望変化量」が10%水準で有意となっているが，回帰モデルの説明力はそれほど高くない．なお，「中学高校ダミー」の標準化係数や有意確率はモデル①とさほど変化しておらず，「不満・不公平感変化量」の変数を投入したモデル②とは結果が異なるということを確認することができる．

モデル④では，「不満・不公平感変化量」「希望変化量」ともに，「能力・業績主義変化量」に対して，5%水準で有意にプラスの関係となっている．なお，「中学高校ダミー」「非正規等優勢ダミー」についても，それぞれ10%水準で有意な関係性が見られている．

(4) 「自己責任」「能力・業績主義」の高まりに関する考察

若者の間で，「自己責任」または「能力・業績主義」への肯定的な意識が高いのはどのような者かといえば，それは正規雇用の者や学歴が相対的に高い者なのではないかと考えられる．ただし，それぞれの意識について，2008年から2011年にかけて意識の高まりがより大きかったのは，必ずしもそれらの者たちではなかったことが把握された．

「自己責任」に関しては，変数間の相関関係から，「不満・不公平感」が低く，「希望」が高い者でより高い意識が持たれていると考えられる．そのなかで，変化の状況としても，「不満・不公平感」が低くなることが，「自己責任」の高まりと関連していることが示された．また，「失業無業優勢」の者で見られた「自己責任」の高まりについても，その一部は，これらの者で「不満・不公平感」が弱まったことと関連している可能性があることが明らかになった．

失業無業の状況が長く続いている者において，不満・不公平感が弱まり，かつ，自己責任の意識が高まることの解釈として，ひとつの可能性は，置かれている状況への「慣れ」もしくは，「諦め」というものがあるのではないかと推察される．失業無業状態になった当初は，不満等の意識も高く，再配分等を求める意識が高かったものが，状況が大きく変わらないまま時を経るにつれて，次第にそれらの意識が弱まっているのではないかという考え方である．他方，「希望」の意識は大きく変化しておらず相対的に低い状態にあることから，「抗う気力を無くしている」とも解釈できるかもしれない．

330——VI　意識と人間関係

また,「能力・業績主義」に関しては，変数間の相関関係から,「不満・不公平感」が高く，また,「希望」が高い者でより高い意識が持たれていると考えられる．そのなかで，変化の状況としても,「不満・不公平感」が高まること,「希望」が高まることのそれぞれが,「能力・業績主義」の高まりと関連していることが示された．さらに,「非正規等優勢」の者で見られた「能力・業績主義」の高まりについても，その背景のひとつとして，これらの者で「不満・不公平感」が高まったことが関連している可能性があることが示された．

　学歴が「中学・高校」の者や,「非正規等優勢」の者等で,「不満・不公平感」が高まることと「能力・業績主義」の意識が高まることがより強く関連しているということの解釈として，背景には,「より適性に能力等を評価してほしい」という意識があるのではないかと推察する．既に冒頭でも言及したように，各企業では主に新卒採用の枠において採用・雇用の調整がなされ，若者の間では学校卒業後,「フリーター」として働かざるを得ないといったことが一般化している．また，就職活動等の場では「コミュニケーション能力」などより曖昧な能力基準が重視され，当人には理由がよくわからないままにその合否が決まることが多くあるのではないかと想定される．真の意味での「メリトクラシー」においては,「あいまいさ」や「恣意性」は，徹底的に排除されているものである（広田 2011）が，しかし現実における選抜・処遇等はあいまいで恣意的であり，また，理不尽である場合も多い．このような現状に不満・不公平感をより強く抱いている者ほど,「適切かつ正確に測られた能力による選抜・配分」が実現する社会を望んでいるのではないか，また，このことが,「能力・業績主義」の肯定意識に関連しているのではないか，と考える．

5　おわりに

　最後に，若者をとりまく社会がどのようなものであるか，また，その社会の中でより「厳しい」ライフコースをたどっているのはどのような者なのか，という点について，得られた知見について再度整理したい．

　若者をとりまく社会の状況に関しては，本章での分析結果からも先行研究で指摘されているような特徴が見られ，全体像として，政府や社会保障制度，企

業の雇用のあり方等に不満・不公平感を持ち，希望を持てず，自己責任の意識を有する若者の姿を把握することができる．この点から考えれば，「厳しさ」を実感しながら生活をしている若者が比較的広範囲に存在していると言えるかもしれない．

　ただ，彼ら・彼女らが置かれている状況は，学歴や就業形態等によって違いがあり，希望の意識をより高く持てる層，自己責任意識をより高く有している層など，ライフコースの違いによる差異を確認することができる．例えば，「不満・不公平感」の意識や「希望」の意識に見られる差異から，より「厳しい」ライフコースをたどっているのはどのような者なのかということを考えると，それは学歴が相対的に低い者，非正規雇用者や失業無業者等であると判断することができる．また，早期離学者で「不満・不公平感」が高まっているなど，境遇間の差異が拡大している様子もうかがえる．

　さらに，本章における分析から得られた知見として特徴的であったのは，これら，「厳しい」状況に置かれていると想定される層の一部において，「自己責任」や「能力・業績主義」の意識の高まりがより強く見られたことである．

　「自己責任」の高まりについては，「不満・不公平感」が低くなる変化と関連性が見られ，移行類型別には，特に「失業無業優勢」の者で顕著に見られた．この背景には，失業無業の状況が長く続くなかで，世の中に対する不満の意識や，再配分等の対応策を求める意識が，次第に弱まっていっているということがあるのではないかと考察した．仮にこのことが，「諦め」等を意味しているのであるならば，失業無業等の状況にある若者が抱いている閉塞感は，より強いものなのではないかと想定される．

　他方で，「能力・業績主義」の高まりについては，「不満・不公平感」が高まる変化との関連性がより強く見られ，移行類型との関係からは，「非正規等優勢」の者で顕著に見られた．この点については，労働条件・環境や不安定さなど，現状に不満・不公平感をより強く抱く者では，「より適性に能力等を評価してほしい」という意識も高まっているのではないかと考察した．その真偽は明確にすることができないが，少なくとも，「非正規等優勢」の者において能力・業績主義の高まりがより強く見られたということは，特異な結果なのではないかと考える．

332——VI　意識と人間関係

現代において，若者がどのような状況に置かれており，どのような意識を抱いているかについては，一部，これまでも描き出されてきた（例えば，赤木 2011）が，今回，若者をとりまく社会，ならびに，そのなかで生きる若者の特徴の一端を，質問紙調査のデータを用いた分析により明らかにできたことの意義は大きいのではないかと考える．

【注】

1)　項目の分類に関しては，2011 年調査データに基づき，**表 14–1** に掲載した 14 の項目のほか，「理由はなんであれ，今生活に困っている人には援助をすべきだ」「社会保障に対する国民の負担をもっと増やすべきだ」「若者は他の世代の人たちと比べて不利益をこうむることが多いと思う」「個々人の能力は正当に評価されていないと思う」の 4 項目を加えた 18 項目に基づく因子分析の結果を参考にして行った．ただし，上記 4 項目は 2008 年の調査時点では把握をしていなかったことから，本章ではこれらを除いた 14 項目に着目して集計・分析を行っている．

2)　これら合成変数を作成するにあたり，その妥当性に関して，α 係数が 0.6 以上であることを 1 つの判断基準とした．

3)　「移行類型」の分類には，「学歴」の違いの要素も含まれることになるが，「移行類型」別の集計では，ライフコース別の状況の違いについて細かく把握できる一方で，類型の 1 つ 1 つの集計度数が少なくなることも想定されたことから，「学歴」「移行類型」のそれぞれについて集計・分析を行うこととした．

4)　それぞれ，2008 年時点，2011 年時点の両方の調査のデータが把握できたものを集計・分析の対象とした．

5)　グラフの作成にあたり，水準の違いについては，いずれも 2.5 ポイントの幅でその差について視覚化した．同様に，変化量については，$-1.0 \sim +1.0$ ポイントの幅で視覚化した．

6)　有意差が見られるか否かについては，分析の対象としている度数の大小によっても影響を受けると考えるが，ここでは，検定の結果有意な差が見られたものについてのみ言及するにとどめる．

【文献】

赤木智弘，2011，『若者を見殺しにする国』朝日新聞出版．

古市憲寿，2011，『絶望の国の幸福な若者たち』講談社．

広田照幸，2011，「能力にもとづく選抜のあいまいさと恣意性——メリトクラシーは到来していない」宮寺晃夫編『再検討　教育機会の平等』岩波書店．

本田由紀，2005，『多元化する「能力」と日本社会——ハイパー・メリトクラシー化のなかで』NTT 出版．

本田由紀編，2007，『若者の労働と生活世界——彼らはどんな現実を生きているか』

大月書店.

乾彰夫，2010，『〈学校から仕事へ〉の変容と若者たち——個人化・アイデンティティ・コミュニティ』青木書店．

慶應義塾大学，2012，『「東日本大震災に関する特別調査」の概況（第1回）——震災で日本人の心理や行動はどう変わったか』慶應義塾大学パネルデータ設計・解析センター．

太田聰一，2010，『若年者就業の経済学』日本経済新聞出版社．

大竹文雄，2008，『格差と希望——誰が損をしているか？』筑摩書房．

内田由紀子・高橋義明・川原健太郎，2011，「東日本大震災直後の若年層の生活行動及び幸福度に対する影響」『内閣府経済社会総合研究所ワーキングペーパー』No. 24．

山田昌弘，2004，『希望格差社会——「負け組」の絶望感が日本を引き裂く』筑摩書房．

15 若者の移行の背景・過程と
ソーシャル・キャピタル

平塚　眞樹

1　はじめに

　1995年の阪神・淡路大震災は，のちに「ボランティア元年」と呼ばれる契機となり，2011年の東日本大震災後の日本社会には，「絆」という言葉が広がった．これらの巨大災害時に限らず，「つながり」や「ネットワーク」は，時代のキーワードともいえる．

　その背景には，現代社会の固有な性格があると考えられる．「リスク社会」（U. Beck）と呼ばれる現代，地球温暖化や中東情勢に代表されるように社会問題は複雑化，連関化し，他方で，若者の移行期を含めて私たちの人生来歴も複雑化，多様化している．巨大災害という共通経験のもとでも，その被害や困難を乗り越えていくための条件や資源は共通でなく，先の見えにくい社会のなかで，必ずしも他者と共有できない「リスク」に，1人ひとり立ち向かわされているような感覚をもたされがちである．

　不確実な社会状況のもとで不透明な人生軌道を生きる私たちに求められるのは，「問題解決能力」や「人間力」であり，そうした「力」をもって「リスク」を乗り越えていくことを期待される．「問題解決能力」や「人間力」は，特定の知識やスキルではなく，多様な知識，スキル，リテラシー，情動などで構成される関係的でジェネリック（包括的）な能力であり[1]，それをうまく働かせるには，的確な状況認識のもとで，多様な人や世界に働きかけ，有益なネットワークを柔軟に築くことが必要とされる．ここに，就職を控えた若者たちが「コミュニケーション能力」なるものを要請される背景もある（本田 2005）．

「つながり」や「ネットワーク」への関心は，社会科学の世界では「Social Capital（以下ソーシャル・キャピタル）」概念への関心を世界的に台頭させた．この概念には多様な文脈があるが，「協調的な活動を活発にすることによって，社会の効率性を高めることができる『信頼』『規範』『ネットワーク』などの社会的組織の特徴」（Putnam 1993=2001）との定義にあるように，社会的資源としては社会統制に寄与する信頼，人間関係，中間集団を指し，個々人の資源としては人生・経歴にとって有益な資源への接近を可能にする知己やグループを含意する（Bourdieu 1986）．従前からの経済資本，文化資本といった概念に加えて，今日の社会においては，ソーシャル・キャピタルが個々人の人生やコミュニティに与える影響に関心が寄せられている．「無縁社会」という語が2010年に大きな注目を集めた背景には，「縁」「つながり」の有無が人々の人生を大きく左右する現実が一方にありながら，それが顕著な偏りをもって存在するという，もう1つの現実がリアルに示されたからでもあるだろう．

近年ではソーシャル・キャピタル概念について，その社会的偏在の現実や社会的格差への作用の可能性についても関心が向けられつつある[2]．現代社会における人や社会にとって，それが特別な意味をもつ資源であるのなら，その社会的配分の公正さについて，十分な関心が払われる必要があるだろう．ここまで，社会的資源としてのソーシャル・キャピタルと地域間格差との関連や（辻・佐藤編 2014），疫学的視野からの個々人の資源としてのソーシャル・キャピタルと健康格差の関連（近藤 2005, 近藤編 2007）が，経験研究によって示されてきているが，本章もそれらに続くものといえる．

本章は，限られた側面からの検討に留まるが，本調査の5年間を通じて若年移行期における社会関係が若者の人生来歴の影響をどのように受け，またどのような作用を及ぼしているかについて明らかにすることを通じて，若年移行期における格差や不平等とソーシャル・キャピタルとの関連についても，一定の考察を試みることを目的としている．

そのために前半では，移行過程における社会関係がどのような特徴をもって推移してきたかをたどり，後半では，社会関係のあり方が移行過程をとりまく条件や状況とどのように関連しているか，ソーシャル・キャピタルと経済資本

336——VI　意識と人間関係

や文化資本との関連性を含めて，検討する．

　本調査で社会関係を知るための設問は，学校，家庭，職場に関する設問中にも設けられたが，包括的な人間関係については 5 年間変わらず，「あなたの人間関係についてお聞かせ下さい．あなたにとって次の(1)─(5)のような人はいますか（回答選択肢：1 いる，2 そういう人がいればいいと思うが，いない，3 そういう人が必要だと思わず，いない）」，および『『1 いる』を選んだ方は，それはどんな人でしょうか．（複数回答可）」という設問である．
　上で記した(1)─(5)では，以下の 5 つの人間関係について尋ねた．

(1)　遊びなどでいっしょに過ごすことが多い人　→以下，「遊び」と省略
(2)　一緒にいると居心地がよく安心できる人　→以下，「居心地」と省略
(3)　今の仕事や学校生活，将来のことについてよく語り合う人　→以下，「仕事・学校・将来」と省略
(4)　困ったときに必要なアドバイスや情報を提供してくれる人　→以下，「助言・情報」と省略
(5)　経済的な面でふだん支えてくれている，あるいはいざという時に支えてくれる人　→以下，「経済的支援」と省略

　また，「どんな人か」を問う設問に対する回答としては，以下の選択肢が設けられた．

1　親・保護者　　　2　配偶者　　　3　きょうだい
4　1–3 以外の家族・親戚　　　5　恋人　　　6　今通っている学校の友だち
7　小中学校で知り合った友だち　　　8　6・7 以外の学校で知り合った友だち
9　学校の先生・職員・相談員　　　10　ネット上の友だち
11　趣味・同好の仲間　　　12　職場・アルバイト先の友だち・同僚・先輩
13　職場・アルバイト先の上司　　　14　地域の知り合い・友だち
15　カウンセラー等の専門家や公的な支援機関　　　16　その他

表 15-1 「あなたにとって次の(1)—(5)のような人はいますか」
の設問に対する「いる」の回答比率

(%)

設　問	2007	2008	2009	2010	2011
1　遊びなどでいっしょに過ごすことが多い人	93.5	94.7	92.5	93.0	90.5
2　一緒にいると居心地がよく安心できる人	90.2	91.6	89.7	89.9	90.0
3　今の仕事や学校生活，将来のことについてよく語り合う人	87.3	90.5	88.2	87.7	87.4
4　困ったときに，必要なアドバイスや情報を提供してくれる人	87.2	90.0	88.2	88.9	87.7
5　経済的な面でふだん支えてくれている，あるいはいざという時に支えてくれる人	89.7	91.1	85.1	86.2	85.6

　本章では上記の設問をおもな従属変数とし，性別，学歴，移行類型，地域類型，家族類型，高校生活，学校時代の成績，親学歴，暮らし向きなどとの関連を中心に分析を進める．

2　総じて豊かな関係の持続

　はじめに，5年間の関係性の推移を確認したい．

　「あなたにとって次の(1)—(5)のような人はいますか」に関する回答結果の推移は，**表 15-1** の通りである．いずれの設問も，ほぼ9割近くが，そのような人が「いる」と回答しており，その傾向は多少の上下はあるものの5年間変わっていない．この限りでは，大半の若者が何らかの形で他者との関わり合いのなかで生き続けていると受けとめられる．

　2007年と2011年の回答の間に，統計的に有意な差があるのは，「経済的支援」の設問だけである（1% 水準）．20歳からの5年間に経済的支援の「あて」が若干減少しているのは，この時期に多くが学校から仕事への移行を遂げていることと関連があると考えられよう．

3　関係世界の変容と親子関係の持続

(1)　「関わりある人」5年間の推移

　では，「どんな人」と関係をもって生きているのだろうか．

338——VI　意識と人間関係

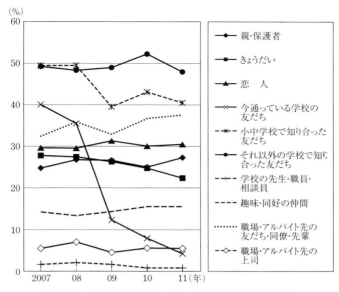

図15-1　(1)遊びなどでいっしょに過ごすことが多い人

　図15-1～図15-5に示すように，関係性の相手として全設問で共通して，また一貫して上位にあるのは，「親・保護者」「きょうだい」「恋人」「今通っている学校の友だち」「小中学校で知り合った友だち」「それ以外の学校で知り合った友だち」「職場・アルバイト先の友だち・同僚・先輩」である．その他，特定の設問で相対的に上位にあがる相手としては，「遊び」の相手として「趣味・同好の仲間」，「助言・情報」の相手として「職場・アルバイト先の上司」が徐々に増加している．

　容易に想像されることであるが，「友だち」は「親・保護者」とともに，一貫して多く挙げられている．5年間で「遊び」「居心地」の相手としては「小中学校の友だち」の比率が若干減少しているが，「仕事・学校・将来」「助言・情報」の相手としては減少せず部分的に微増しており，5年間の間に，過去の学校時代の友人はいつも一緒にいる存在から，必要な時に頼りになるコミュニケーションの相手として，意味を若干変化させながら持続していると考えられる．

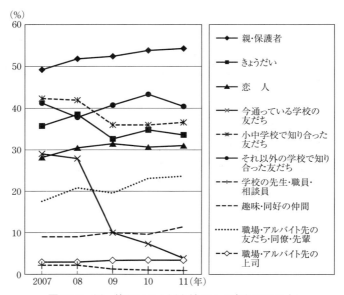

図 15-2 (2)一緒にいると居心地がよく安心できる人

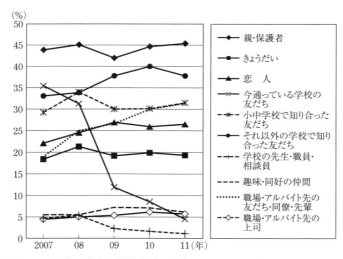

図 15-3 (3)今の仕事や学校生活,将来のことについてよく語り合う人

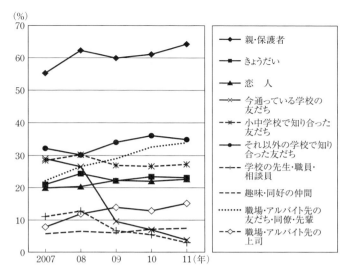

図15-4 (4)困ったときに，必要なアドバイスや情報を提供してくれる人

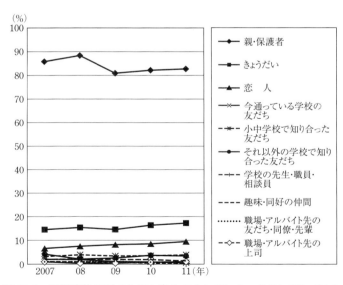

図15-5 (5)経済的な面でふだん支えてくれている，あるいはいざという時に支えてくれる人

15　若者の移行の背景・過程とソーシャル・キャピタル──341

表 15-2 「親・保護者」選択者の推移×性別

(%)

			2007	2008	2009	2010	2011
1	遊びなどでいっしょに過ごすことが多い人	男	10.2	10.5	9.2	8.5	9.7
		女	36.5	40.0	40.6	37.8	41.6
2	一緒にいると居心地がよく安心できる人	男	37.7	38.4	37.4	37.9	40.1
		女	58.6	62.9	64.7	66.7	65.7
3	今の仕事や学校生活，将来のことについてよく語り合う人	男	33.9	35.4	32.4	35.4	37.4
		女	51.8	53.1	49.8	52.4	51.8
4	困ったときに，必要なアドバイスや情報を提供してくれる人	男	42.4	52.9	48.9	51.4	55.8
		女	65.3	70.2	69.2	69.4	71.8
5	経済的な面でふだん支えてくれている，あるいはいざという時に支えてくれる人	男	82.0*	64.8*	76.3	78.1*	79.8
		女	88.8	91.2	84.7	85.7	85.3

注：*＝5% 水準で有意，無印＝1% 水準で有意.

　「職場・アルバイト先の友だち・同僚・先輩」については，「遊び」「居心地」「仕事・学校・将来」「助言・情報」の相手として徐々にその比率が高まっている．先の「職場の上司」選択肢と同様に，5年間の間に職場の人間関係の存在感が強まりつつある様子がうかがえる．

　家族・親族関係では，「親・保護者」と「きょうだい」の存在感が大きい．とりわけ「親・保護者」の存在感は特徴的であり，5年間一貫して「遊び」以外の「居心地」「仕事・学校・将来」「助言・情報」「経済的支援」の4項目全てで，最も多くの回答者が「親・保護者」を選択し続けており，また，「経済的支援」以外の4項目全てで，その選択比率は5年間で低下せず，微増傾向にある（**表 15-2**）．20歳から25歳にかけてのいわば家族や親からの「自立」に向かう移行期に，「親・保護者」が，最も多くの若者が多様な側面で頼りにする関係であること，そしてその存在感がむしろ増している可能性もあるということになる．「親・保護者」との関係については次項で少し掘り下げたい．「きょうだい」についても，5項目とも5年間で回答比率にほとんど変化がない．出身家族の人間関係が，20代前半の若者にとって変わらず意味ある存在であり続けていることがうかがえる．

(2)　親を選択し続ける若者たち

　20代前半の若者が，親・保護者を関係性の相手に選択する場合が多く，場

表 15-3　20 歳時点（07）と 25 歳時点（11）における親・保護者の選択傾向（男女別）

(%)

| | | | 第 5 回調査時の親選択（25 歳時点） | | | 合　計 |
			4 項目	1–3 項目	非選択	
第 1 回調査時の親選択（20 歳時点）	男　性	4 項目	10.8	7.8	2.6	21.2
		1–3 項目	6.7	20.1	11.9	38.7
		非選択	4.9	11.9	23.3	40.1
		合　計	22.4	39.8	37.8	100.0
	女　性	4 項目	26.4	7.8	4.8	39.0
		1–3 項目	11.2	24.2	7.6	43.0
		非選択	3.8	5.2	9.0	18.1
		合　計	41.3	37.3	21.4	100.0
	合　計	4 項目	19.3	7.8	3.8	31.0
		1–3 項目	9.2	22.4	9.5	41.0
		非選択	4.3	8.2	15.4	28.0
		合　計	32.8	38.4	28.8	100.0

合によっては増加もしていることについて，もう少し分析を続けてみたい．

　なおここでは「遊び」以外の「居心地」「仕事・学校・将来」「助言・情報」「経済的支援」の 4 設問について検討する．

　初回（20 歳時点）と第 5 回（25 歳時点）における上記 4 項目について，親・保護者の選択傾向を男女別に示したものが，表 15-3 である．

　初回，第 5 回とも，4 項目全てについて「親・保護者」を選択した男性は 10.8%，女性は 26.4% で，女性の場合は 4 人に 1 人以上が該当する．逆に，2 回とも「親・保護者」を 1 項目も選択していない男性は 23.3%，女性は 9.0% で，こちらは男性の 4 人に 1 人程度が該当する．私たちの日常感覚とも一致するが，親・保護者と近い距離感を持続しているのは，女性に多い．

　また，初回から第 5 回の間に，親・保護者の選択数が減少している回答者は，男性は，22.3% であり，女性は，20.2% である．他方で，選択数が増加している回答者は，男性で，23.5%，女性で 20.2% であり，男性でも 4 人に 1 人程度で，親を選択する項目が増えている．

　どのような層の若者が「親・保護者」を選択しているかを探るため，1 つの試みとして，第 5 回（25 歳時点）調査で上記の 4 設問に関する親・保護者の選択数を足しあわせ，この合計値（0–4）を従属変数として重回帰分析を行っ

15　若者の移行の背景・過程とソーシャル・キャピタル——343

た，その結果が**表15-4**である．

　既に述べたように「性別」の影響が強く出ているため男女別に分析したところ，女性の場合は最終学歴が「短期高等教育」であることや「18歳の頃，家にいると気が休まった」ことが，強い関連を示している．また中程度の関連として「18歳の頃，進路に関して十分な協力・援助をしてくれた」，弱い関連で「一貫して離家なし」がマイナスに，影響を及ぼしている可能性がある．他方で男性の場合には，顕著な背景は認められないが，弱い関連で「高校時代に長く付き合っていけそうな人間関係が得られていない」ことが，保護者を選ぶ背景にある可能性がうかがえる．

4　関係性をめぐる差異

(1)　関係性の類型化

　ここまで全体的傾向をみてきたが，以下では関係性をめぐる若者たちの差異に目を向けたい．関係性の差異は，何によって生み出され，何に影響を与えているのか．ここでは，関係性に関する回答の推移を，いくつかのパターン（以下「関係性類型」と呼ぶ）に分類し，分析を試みる．使用するのは，以下の作業を経て得られた4類型である．

① 第1回〜第5回の関係性の有無（A回答）について，「いる」を1，「いればいいと思うがいない」あるいは「必要と思わずいない」をともに0と再コード化．
② 上記①の新変数をもとに5回の調査について5つの関係性の合計を算出し，あらたに変数化（各回，0，1，2，3，4，5の値の新変数が作成される）．
③ 各回の新変数について，値が5である場合には「1」，4以下の場合は「0」と再コード化（各回，「5つの関係すべている」場合には1，最低1項目以上「いない」場合は0となる）．
④ 上記③の5回分の変数の合計を算出し，5の場合を1，4の場合を2，2もしくは3の場合を3，0もしくは1の場合を4とする新たな変数を作成．以下これを，関係性類型とする．

344——VI　意識と人間関係

表 15-4　親・保護者の選択に関する重回帰分析（男女別）

	男　性		女　性		全　体	
	B	標準誤差	B	標準誤差	B	標準誤差
（定数）	2.829	0.437	3.864	0.291	3.221	0.258
高卒以下ダミー	.064	0.271	.129	0.210	.074	0.166
短期高等教育ダミー	−.141	0.265	.417***	0.145	.263**	0.128
父大卒以上ダミー	−.327	0.204	−.015	0.137	−.157	0.113
母大卒以上ダミー	.009	0.264	−.041	0.179	−.007	0.148
その他ダミー（25歳時点）	.296	0.604	.271	0.201	.307	0.194
非正規ダミー（25歳時点）	−.264	0.233	.074	0.145	.002	0.123
家族一貫離家無しダミー	.273	0.226	−.272*	0.148	−.087	0.125
家族結婚ダミー	−.505	0.357	−.032	0.220	−.143	0.190
地域中規模定住ダミー	−.033	0.264	−.116	0.168	−.077	0.142
地域地方定住ダミー	.221	0.274	.290	0.197	.261*	0.158
地域移動ありダミー	.106	0.282	−.060	0.179	−.047	0.151
中3時成績	.106	0.084	−.071	0.067	.001	0.052
18歳の頃の家族の暮らし向き◆	−.100	0.101	.011	0.073	−.038	0.059
18歳の頃，家族が進路に関して十分な協力・援助をしてくれた◆	−.040	0.114	−.151**	0.067	−.098*	0.059
18歳の頃，家にいると気が休まった◆	−.182	0.114	−.326***	0.074	−.243***	0.061
高校で，長く付き合っていけそうな人間関係が得られた◆	.116*	0.057	.108	0.068	.120***	0.042
女性ダミー					.345***	0.109

注：◆を付した設問の回答は数値が高いほどネガティブな選択肢.
　　***p＜0.01，**p＜0.05，*p＜0.1.

モデル要約

	モデル	R	$R2$乗	調整済み$R2$乗	推定値の標準誤差
男　性	1	0.348[a]	0.121	0.041	1.16630
女　性	1	0.440[a]	0.194	0.148	1.01133
全　体	1	0.387[a]	0.150	0.119	1.08084

分散分析

	モデル	平方和	自由度	平均平方	F値	有意確率
男　性	1回帰	33.039	16	2.065	1.518	0.098[c]
	残　差	239.733	176	1.360		
	合　計	272.772	192			
女　性	1回帰	69.911	16	4.369	4.272	0.000[c]
	残　差	290.880	284	1.023		
	合　計	360.791	300			
全　体	1回帰	97.997	17	5.765	4.934	0.000[b]
	残　差	556.817	477	1.168		
	合　計	654.814	494			

表 15-5　関係性類型

		度　数	合計 %	男性 %	女性 %
1	豊富・安定	350	47.8	31.1	61.4
2	ほぼ豊富・安定	127	17.4	21.1	14.2
3	やや限定・不安定	142	19.4	23.9	15.9
4	限定・不安定	113	15.4	23.9	8.5
合　計		732	100.0	100.0	100.0

　各類型の該当者数，比率，男女別比率は，**表 15-5** の通りである．

　類型 1 は，5 年間一貫して，5 つの関係性すべてについて「いる」と回答した者であり，「豊富・安定」層とする．類型 2 は，5 回の調査のうち 4 回は，5 つの関係性すべて「いる」と回答した者であり，「ほぼ豊富・安定」層とする．類型 3 は，5 年間のうち 2 回もしくは 3 回は，5 つの関係性すべて「いる」と回答した者であり，「やや限定・不安定」層とする．最後に，類型 4 は，5 つの関係性すべて「いる」との回答は，5 年間のうち 0 回もしくは 1 回のみの回答者であり，「限定・不安定」層とする．

(2)　関係性と性別——男女差の大きさ

　表 15-5 でもわかるように，男女間には有意な差異がある（1% 水準）．女性の場合は 6 割以上が「1 豊富・安定」型にあたり，他方で「3 やや限定・不安定」「4 限定・不安定」型については，合算しても 25% 以下であるのに対して，男性の場合は，「1」の該当者は女性の半数の 3 割に留まり，「3」と「4」の合算は 5 割近い．女性が男性より豊富で安定した関係性を有する傾向にあることについては従来から論じられており（稲葉 2011 など），これも関係性をめぐる男女差を裏づける結果であるといえるだろう．

(3)　休日の過ごし方と関係性

　関係性の違いは，生活のあり方とどう関連しているだろうか．**表 15-6** は，「休日の過ごし方」について尋ねた設問（第 5 回 2011 年）の回答と，関係性類型の関連についてクロス集計でみたものである．

関連性類型による違いが顕著な活動（1% 水準）のうち，関係が安定・豊富な層ほど活発な活動には，「家族，友人，恋人などとの長話，長電話」（女性のみ），「人と，買い物・飲食・映画などに出かける」「人と，習い事や趣味，スポーツなどの活動を楽しむ」（女性は 5% 水準）など，外出や他者とともにする活動がある．逆に，関係が限定・不安定な層ほど顕著に活発な活動には，「ゲームやインターネットを楽しむ」（男性のみ）などがある．

(4)　関係性と移行類型

　次に，関係性類型と 8 つの移行類型との関連をみる．

　はじめに，男女別に，最終年度の正規―非正規雇用の別と関係性類型との関連をみると，興味深いことに，男女ともほとんど差異はみられない（図15-6）．

　同じく，移行類型と関係性類型の間にも，有意な関連性は認められないが，いくつかの特徴はみることができる（図15-7，図15-8）．

　第 1 に，男女による傾向の違いとしてあげられるのは，在学層と就業層の違いである．男性の場合には，在学層の関係性が就業層と比して顕著に安定的で豊富であるが，女性の場合には必ずしもその限りでない．第 2 に，学歴による正規・非正規の関係性の違いである．「後期」すなわち高学歴層では男女とも，非正規よりも正規の関係性が安定・豊富な傾向にあるのに対して，「早期」すなわち非高学歴層では男女とも逆に，正規より非正規の方がより豊富・安定した関係性をもつ傾向にある．結果として「後期・正規」層と「早期・非正規」層が似通った関係性類型の傾向を示している．

　第 3 に，男女とも「非正規→正規」層と「正規→非正規」層が対照的な傾向を示している．いずれも該当者数が少ないが，「1 豊富・安定」の比率で比較すると，「非正規→正規」層は男女とも，その比率が最も多い層の 1 つにあたり，他方で「正規→非正規」層の場合はやはり男女とも，「1 豊富・安定」比率が最も少ない層の 1 つとなっている．現時点の正規・非正規による違いはみられなかったが，正規から非正規，非正規から正規の移動には，5 年間の関係性が何かしら関連を及ぼした可能性がある．第 4 に，これも該当者数が限られているが，男女ともに無業層の場合，「1 豊富・安定」比率が低く，「4 限定・不安定」比率が顕著に高い．その傾向は，やはり女性よりも男性に顕著である．

表 15-6 休日の過ごし方と関係性類型の関連の強さ

		男女計	男性	女性
1	ゴロゴロしたり寝たりして，身体を休める			
2	テレビ，雑誌，DVD 鑑賞などでくつろぐ			**
3	家族，友人，恋人らと長話，長電話をする	***		***
4	Eメールや SNS，チャットで人と交流する			
5	ゲームやインターネットを楽しむ	***	***	
6	1人で，買い物・飲食・映画などに出かける		*	
7	人と，買い物・飲食・映画などに出かける	***	***	***
8	1人で，習い事や趣味，スポーツなどの活動を楽しむ			
9	人と，習い事や趣味，スポーツなどの活動を楽しむ	***	***	**
10	ボランティアや地域活動に関わる			
11	家事をしている			
12	学校の勉強をしている			
13	今後のキャリアアップをめざした自主的学習			**
14	持ち帰り残業や仕事関連のつきあい			

注：***$p<0.01$，**$p<0.05$，*$p<0.1$．

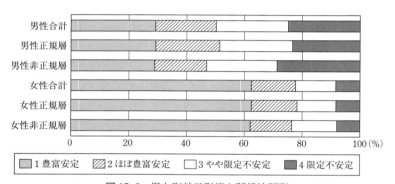

図 15-6 男女別就労形態と関係性類型

　上記を通して浮かび上がるのは，正規・非正規という就業形態だけで社会関係との関連が認められるわけではなく，正規・非正規それぞれの内部に関係性をめぐる差異がある可能性である．例えば非正規の場合には，当初から一貫した早期非正規には一定の関係性の存在が考えられ，それが雇用の不安定を補い，支える環境になっている可能性もある．また，男女とも無業層には関係性からの疎外がみられ，正規から非正規，非正規から正規への移動に関係性との関連がうかがえることから，関係性の如何は，就業形態の（不）安定化への変化に

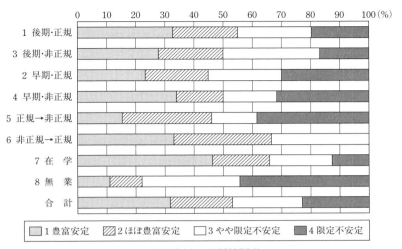

図 15-7　移行類型と関係性類型（男性）

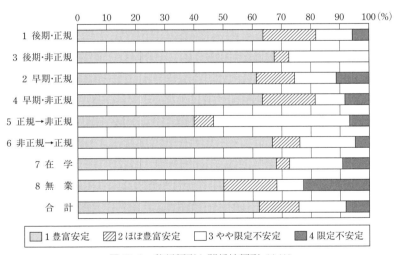

図 15-8　移行類型と関係性類型（女性）

15　若者の移行の背景・過程とソーシャル・キャピタル——349

何らか関連している可能性がある.

5 関係性の背景──ソーシャル・キャピタルは何に決定づけられているか

⑴ 関係性類型を規定する変数

関係性の差異は,何によってつくり出されているのか.何が20歳から5年間の関係性の推移に関与しているのか.以下では関係性類型を従属変数として,育ちの背景やプロセスとの関連をみたい.

クロス集計などの作業を通じて関係性類型との関与の可能性が予想される項目を含めて,下記を独立変数として投入して,順序ロジスティック回帰分析をおこなった結果が,**表15-7**である.

- ・性別(女性ダミー)
- ・本人学歴(高卒以下ダミー,短期高等教育ダミー)
- ・親学歴(父大卒以上ダミー,母大卒以上ダミー)
- ・出自家族の経済的状況(18歳の頃の家族の暮らし向き)
- ・子どもの頃の成績(中3時成績)
- ・雇用の安定性(第5回非正規ダミー)
- ・現在の経済的状況(第5回現在の暮らし向き)
- ・現在の健康状態(第5回現在の健康状態)
- ・家族形成(家族一貫離家無しダミー,家族結婚ダミー)
- ・地域移動(地域中規模定住ダミー,地域地方定住ダミー,地域移動ありダミー)
- ・高校時代の人間関係(高校生活で,長くつきあっていけそうな人間関係を得た)
- ・高校時代の家族関係(18歳の頃,家族が進路に関して十分な協力・援助)
- ・現在の職場関係(第5回現在の職場の人間関係が良好)

ここで,関係性類型に有意な関与が認められるのは,以下の項目である.

350──Ⅵ 意識と人間関係

表 15-7　関係性類型をめぐる順序ロジスティック回帰分析結果

	B	標準誤差	有意確率
高校時代長くつきあっていける友人得た◆	.229***	0.067	0.001
18 歳の時の暮らし向きよい◆	.316***	0.107	0.003
18 歳時の家族　進路に関して協力的◆	.317***	0.089	0.000
現在の職場の人間関係よい◆	.153**	0.073	0.035
現在の健康状態よい◆	.254***	0.093	0.006
現在の暮らし向きよい◆	.121	0.116	0.294
中学 3 年時の成績よい◆	.139*	0.084	0.098
女性ダミー	−1.141***	0.180	0.000
本人学歴　高卒ダミー	− .193	0.276	0.485
本人学歴　短期高等教育卒ダミー	− .156	0.218	0.473
父学歴大卒ダミー	− .050	0.195	0.797
母学歴大卒ダミー	− .225	0.284	0.429
非正規ダミー	− .020	0.199	0.918
家族　一貫離家なしダミー	.059	0.220	0.787
家族　結婚ダミー	− .325	0.363	0.370
地域移動　中規模定住ダミー	.188	0.246	0.444
地域移動　地方定住ダミー	− .267	0.265	0.314
地域移動　地域移動ありダミー	.005	0.263	0.986

注：末尾に◆を付した変数の回答は，数値が高いほどネガティブな選択肢.
　　***$p < 0.01$, **$p < 0.05$, *$p < 0.1$.

モデル適合情報

モデル	− 2 対数尤度	カイ 2 乗	df	有意確率
切片のみ	1388.842			
最終	1248.282	140.560	18	0.000

疑似 R 2乗	
McFadden	0.101

1% 水準で有意

- 性別（女性ダミー）
- 高校時代の家族関係（18 歳の頃，家族が進路に関して十分な協力・援助）
- 高校時代の人間関係（高校生活で，長くつきあっていけそうな人間関係を得た）
- 出自家族の経済的状況（18 歳の頃の家族の暮らし向き）

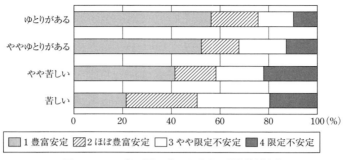

図15-9 18歳の頃の暮らし向き×関係性類型
注：$p < 0.01$.

・現在の健康状態（第5回現在の健康状態）

5%水準で有意

・現在の職場関係（第5回現在の職場の人間関係が良好）

10%水準で有意

・子どもの頃の成績（中3時成績）

　20代前半の若者の関係性は，性別による顕著な違いを1つの特徴として，現在の職場の人間関係や健康状態とともに，高校時代の家族関係や友人関係，そして当時の家族の経済状況や本人の中学時代の成績とも関連していることがわかる．言い換えれば，20代の移行過程におけるソーシャル・キャピタルは，10代の時期の出身家庭や学校生活の環境や経験によって，ある程度決定づけられている可能性がある．

　以下では，有意な関与が認められた項目のうち，特に過去の経験・環境との関連について，具体的にみてみたい．

(2) 出身家庭の経済状況と関係性

　出身家族の経済状況（18歳の頃の家族の暮らし向き）と関係性類型の関連を示すのが，図15-9 である．18歳時の暮らし向きに余裕があった層ほど，「1 豊富・安定」の比率が高まり，苦しかった層ほど「豊富・安定」層が減る．「1 豊富・安定」層の占める比率は，「苦しい」との回答層が21.3%であるところ，

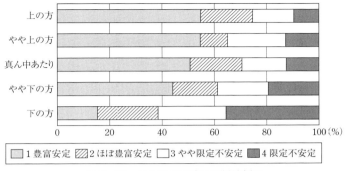

図 15-10 中 3 時の成績×関係性類型
注：$p < 0.01$.

「ゆとりがある」層では 56.3% にのぼる．

(3) 過去の学業成績と関係性

過去の学業成績（中学 3 年時の成績）と関係性類型の関連は，図 15-10 の通りである．

中学 3 年時の成績を上位とした回答者ほど，20 代前半 5 年間の関係性が豊富で安定的な傾向にある．逆に成績が「下の方」であったとの回答者は，「4 限定・不安定」層が 35%（全体平均 15%）あり，過去の成績不振層が関係性から疎外されやすい傾向がうかがえる．「1 豊富・安定」と「2 ほぼ豊富・安定」の合算値で比較すると，成績が「上の方」であった回答者は約 75% がこのいずれかに含まれるのに対して，「下の方」との回答者では 40% に満たない．

(4) 過去の家族・学校における関係性

過去の学校・家庭生活で得られた関係性として，関係性類型との有意な関連が認められたのは，「高校時代に長くつきあっていけそうな人間関係を得られた」と「18 歳の頃，家族が進路に関して十分な協力・援助をしてくれた」であったが，その具体的な関連を示すのは図 15-11，図 15-12 である．

高校時代の学校生活や当時の家庭生活でよき関係を得ていた回答者は，その後 20 歳以降も豊富で安定的な関係性を有する傾向が強い．進路に関する家庭

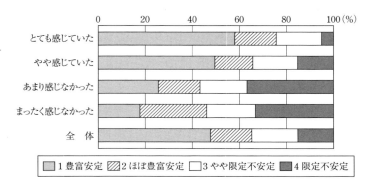

図 15-11　18歳の頃 家族が進路に十分な協力・援助
注：$p<0.01$.

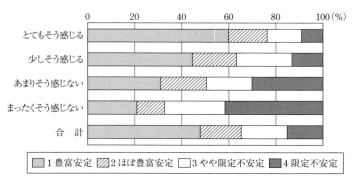

図 15-12　高校で，長くつきあえる人間関係を得た
注：$p<0.01$.

からの支援，助言は，ここに詳細は示さないが，当時の暮らし向き，母学歴，父職種，母仕事などの影響を，強弱織り交ぜて受けていることが確認されており，文化資本，経済資本の一種ともいえる．他方で高校生活の経験は，教育達成や出身階層との強い関連もあるが，出自から相対的に自律的な面もある．

　ここまで記してきたとおり，出身家族の経済資本・文化資本，過去の学業成績・友人関係と関係性類型との関連においては，いずれの場合も，過去の経験・環境でこれらを「有していた」層ほど，20代前半期の関係性が安定的で豊富であることがわかる．移行期を生きる若者にとって，人生の分岐点やリス

クを乗り切る際に，頼りになる関係性は時にきわめて重要な資源，まさにソーシャル「キャピタル」として機能するが，それは，出自の環境や過去の経験の違いに応じて，すでに一定程度配分されている可能性もある．

6　関係性が及ぼす作用——自己意識，生活意識との関連

　ここまで，関係性の差異が何によってつくり出されているかに着目してきたが，最後に視点を反転させて，関係性の差異が，現在の生活や意識のありようにどのような作用を及ぼしているか，みてみたい．

　自己意識，社会意識に関する第5回（11年）の回答を独立変数として，関係性類型との関連を確認すると，強い関連（1% 水準）を示すのは，以下の項目である．

・生活全般への満足度
・将来の見通しが立っている
・自分の将来（不安の有無）
・今のままの自分でよいと感じている
・自分らしく生きていると思う
・世の中に貢献できる力があると思う
・自分に何か問題がおきた時，誰も助けてくれないように感じることがよくある
・生きていることにむなしさを感じる
・社会の問題は人々の力で変えてゆくことができる
・いまの社会保障制度は信頼できない

　いずれも，関係性の安定性・豊富さが，自己意識や社会意識の肯定的積極的傾向の強さと関連している．他方で，能力主義への支持や，自己責任論などの社会意識については，必ずしも関係性類型との関連はみえず，むしろいずれの項目でも，関係性が最も限定的・不安定な層（とくに男性）が，こうした設問について総体的に支持的であり，能力主義や自己責任論が，関係を「もてる」

層によってよりも「もたざる」層によって支持されている傾向もかいまみえる.

さらに，自己意識に対する関係性類型の関わりの位置づけを探るために，包括的な自己意識である「生活満足度」（1「満足している」～5「不満である」の5点スコアで回答）と「将来への不安」（1「不安はない」～5「不安である」の5点スコアで回答）を取りあげて従属変数とし，関係性類型も独立変数の1つに投入して，重回帰分析をおこなった．その結果が，**表15-8**である．いずれの設問についても，「現在の健康状態」や「現在の暮らし向き」「いま主にしていること」とともに「関係性類型」も強い関連を示している．両者の因果関係は共振である可能性もあるが，生活満足度や将来への希望のあり方には，現在の仕事，健康，経済状態とともに，関係性も関与している.

7　おわりに

冒頭で，本章の目的を，若者の移行過程における人間関係，ソーシャル・キャピタルの位置や意味を明らかにすることとしたが，ここまでの検討を通して何が浮かび上がっただろうか.

第1には，男女間の違いである．総じて女性の方が，人間関係が豊かで安定的であり，男性の関係性は，学歴や就業形態といった状況による影響を受けやすく，また関係性から疎外されやすい．属性や境遇の不利と関係性の弱さが連動する可能性が高いと考えられる．もう1つの男女による顕著な違いは，親との関係である．女性の場合，頼りにする人間関係に一貫して「親・保護者」を挙げる場合が多く，20代前半でも親との関係が重要な意味を有していると考えられる.

第2に，男女とも共通して5年間継続して，各設問とも9割の回答者が頼りにできる人が「いる」と回答し，一見すると若者は総じて人間関係に恵まれていると結論づけられるが，実は内部に差異もあることである．そして，その違いは必ずしもランダムに出現しているのではなく，出自の環境における文化資本，経済資本，情緒資本などと強い関連を有していることである．若者を取り巻く人間関係，ソーシャル・キャピタルは，「コミュニケーション能力」や「人間力」獲得のための個々人の努力・学習以前に，不平等に配分されている

356——Ⅵ　意識と人間関係

表 15-8　生活満足度をめぐる重回帰分析

	生活全般の満足度		自分の将来への不安	
	B	標準誤差	B	標準誤差
(定数)	1.179	0.270	2.059	0.264
女性ダミー	−.149	0.105	.141	0.103
その他ダミー（25歳時点）	.274	0.181	.468***	0.177
非正規ダミー（25歳時点）	.266**	0.120	.297**	0.118
現在の暮らし向き（25歳時点）	.286***	0.067	.168**	0.066
現在の健康状態（25歳時点）	.228***	0.052	.226***	0.051
高卒以下ダミー	−.080	0.160	−.013	0.157
短期高等教育ダミー	−.200	0.125	−.128	0.122
家族一貫離家無しダミー	−.129	0.128	−.080	0.125
家族結婚ダミー	−.231	0.192	−.097	0.188
地域中規模定住ダミー	−.026	0.140	−.090	0.137
地域地方定住ダミー	.099	0.150	−.006	0.147
地域移動ありダミー	.081	0.151	−.160	0.148
中3時成績	.053	0.048	.020	0.047
18歳の頃の家族の暮らし向き	−.010	0.062	−.074	0.061
父大卒以上ダミー	.166	0.112	.203*	0.109
母大卒以上ダミー	−.120	0.150	−.128	0.147
関係性4類型	.131***	0.046	.208***	0.045

注： ***$p<0.01$, **$p<0.05$, *$p<0.1$.

モデル要約

	モデル	R	R2乗	調整済み R2乗	推定値の標準誤差
生活全般の満足度	1	0.372[a]	0.138	0.115	1.210
将来に対する不安	1	0.361[a]	0.130	0.107	1.185

分散分析

	モデル		平方和	自由度	平均平方	F値	有意確率
生活全般の満足度	1	回帰	149.615	17	8.801	6.009	0.000[b]
		残差	930.969	636	1.465		
		合計	1080.584	653			
将来に対する不安	1	回帰	133.301	17	7.841	5.587	0.000[b]
		残差	892.102	636	1.403		
		合計	1025.403	653			

可能性がある.

　第3に，人間関係，ソーシャル・キャピタルは，若者の移行過程全般と強く結びついていることである．現在の生活や，自己や将来に対する肯定的積極的な意識の背景には，概して関係性の豊かさがある，裏返せば，関係性の弱さは，否定的消極的な生活・自己・将来意識と強く結びついている傾向がある．また正規・非正規・無業など就業状態の移動にも，関係性が関連している可能性もあり，この時期の若者たちの移行過程において，関係性は侮れないファクターとして作用していると考えられる.

　上記の第2，第3をあわせると，移行過程全体に強く作用していると考えられる関係性が，実は，バックグラウンドによってある程度決定づけられている可能性がある，ということになる．これは，関係性をめぐる不正義とも言いうる状況ではなかろうか．この点で最後に指摘しておきたいのは，学校や職場といった，出自と関連あるものの自律的な側面もある場の関係性が有する作用である．本章では職場の人間関係について十分言及できなかったが，高校における人間関係は，20代の若者にとって，出身家庭におけるそれに劣らぬ意味をもっていた．若者の移行過程を見通した時に，高校（あるいは高等）教育や，新規学卒を迎える職場が，何をなすべきであるか，ここからくみとることも必要・可能ではなかろうか.

【注】
1)　コンピテンシーと呼ばれる.
2)　辻・佐藤編（2014），稲葉（2011），近藤（2005），近藤編（2007）．筆者も，平塚（2007）で一定の言及を行なった.

【文献】
Bourdieu, P., 1986, "Forms of Capital," in J. C. Richards, ed., *Handbook of Theory and Research for the Sociology of Education*, New York: Greenwood Press.

平塚眞樹，2007，「移行システム分解過程における能力観の転換と社会関係資本──『質の高い教育』の平等な保障をどう構想するか？」『教育学研究』第73巻第4号.

本田由紀，2005，『多元化する「能力」と日本社会』NTT出版.

稲葉陽二，2011，『ソーシャル・キャピタル入門』中公新書.

近藤克則，2005，『健康格差社会——何が心と健康を蝕むのか』医学書院．

近藤克則編，2007，『検証「健康格差社会」——介護予防に向けた社会疫学的大規模調査』医学書院．

Putnam, R. D., 1993, *Making Democracy Work: Civic traditions in modern Italy*, Princeton NJ: Princeton University Press（河田潤一訳，2001，『哲学する民主主義』NTT 出版）．

辻竜平・佐藤嘉倫編，2014，『ソーシャル・キャピタルと格差社会』東京大学出版会．

コラム7

「無業」の若者たち

　調査対象者の中には，5 年間の調査期間の間に「無業」（就労・就学以外の状態）であった時期をもつ者が含まれている．第 I 部第 2 章では，統計的手法を用いて調査対象者の中から「無業類型」を抽出しており，その比率は男性 2.8%，女性 5.9% である．本コラムでは，5 回の調査時点において無業状態を経験していた若者に焦点化し，その実情を検討する．

　調査年ごとの無業率を示した図 1 によれば，男性は大卒 1 年目にあたる 2009 年で 9.6% に増加している以外は 5–6%，女性は後半 4 年間は約 10% で推移している．5 回の調査のうち，無業であった回数を図 2 で見ると，男性の 17.4%，女性の 24.4% は 1 回以上無業であった経験をもっており，無業という状態が若者の間で決して稀ではないことがわかる．ただし図 2 からは，5 回の調査時点のうち 4 回以上無業であった比率は男性 2.3%，女性 2.8% にとどまり，無業状態への参入・離脱（出入り）の頻度はかなり高いことがうかがえる．

　5 回の調査時点で 1 回以上無業を経験していた比率を，18 歳時点の家計のゆとり別にみると，男性では有意差が見られないのに対し，女性では図 3 のように家計が苦しいほど無業経験率が高くなっている．女性では出身家庭の経済的困窮が無業になることと関連しているといえる．なお，男女とも地域差は見られない．

　第 5 回調査（24 歳もしくは 25 歳時点）に焦点化して，無業状態にある者（男性 19 名，女性 45 名）の現状を検討した．男性の 94.7%，女性の 54.5% は未婚，男女それぞれ 5.3% と 38.6% は既婚で，女性の 4.5% は離別している．また女性の 38.6%（離別者 4.5% を含む）は子どもがいる．男性の 94.7%，女性の 56.8% は自分の親と同居，それぞれ 5.3%，9.1% は配偶者の親と同居しており，女性の 34.1% は親と同居していない．ここから，男性無業者の大半

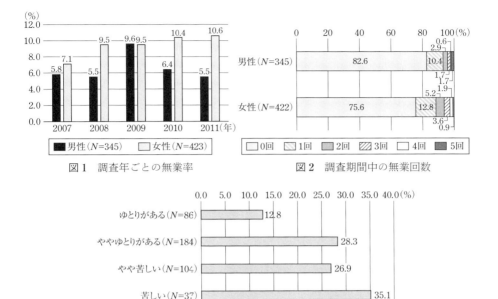

図1 調査年ごとの無業率　　図2 調査期間中の無業回数

図3　18歳時の家計のゆとり別 1回以上無業であった比率（女性）

は未婚で親元で生活しているが，女性の無業者の4割強は既婚もしくは子どもを抱えて離婚した状態にあることが確認される．

　未婚の無業者（男性18名，女性24名）に限定した上で，まず日頃の活動を多肢選択でたずねた結果を見ると（図4），男性は家業手伝い（無給）と趣味・娯楽，女性は療養・休養，結婚準備，「特に何もしていない」が相対的に多い．

　就労に関する行動や意識については，非婚・無業の男性の66.7%，女性の87.5%が過去に就労経験をもち，その中で男女とも3人に1人が正社員を経験している．現在の求職活動は，男女とも約4人に3人が，求職活動を実際に行うか，あるいは就労の希望を持っている．具体的な活動内容（多肢選択）は，就職情報誌やハローワークの利用が主であり，男性の約1割が職業訓練や通信教育を利用してはいるが，合同会社説明会やジョブカフェ，職場体験などの利用は5%程度にとどまる．

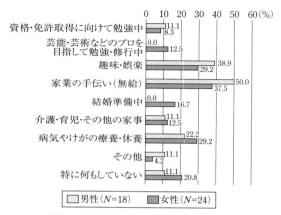

図4 性別 日頃の活動（未婚の無業者）

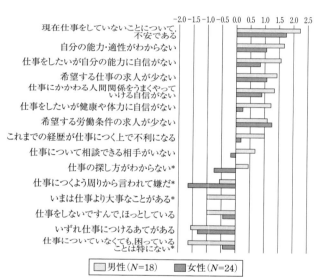

図5 性別 仕事に関する意識（未婚の無業者）
注：*$p<0.05$.

彼らが現状に安閑としているのではないことは，意識のあり方を示した**図5**から読み取れる．この図は，各項目に対する「とてもそう感じる／少しそう感じる／あまりそう感じない／まったくそう感じない」という選択肢に順に3点／1点／−1点／−3点を与え，性別に平均値を算出した結果である．肯定する度合いが高いのは不安や自信のなさを示す項目，否定の度合いが高いのは「気楽さ」を表す内容の項目であり，特に男性でそれが著しい．

　以上より，無業の若者たちの多くは，一度は就労した経験をもち，そこを離れた現在も仕事の世界に戻りたいと焦燥しつつ，傷ついた自己像がその障害となっていると言える．

（本田由紀）

16 困難な暮らしに直面する若者たち

南出　吉祥

1　はじめに

　本章の課題は，「暮らし」すなわち日常生活総体における困難に焦点を当て，統計データだけでは摑み切れないその多様なあり方を描写することである．

　近年，「困難を有する若者たち」への支援の必要性がさまざま指摘されるようになり，徐々に政策対応もとられるようになってきてはいるものの，いまだ模索の渦中にある．その模索の一因として，教育─就労─福祉の狭間で社会から排除されてきたかれらの生活課題は一様ではなく，支援の方向性も個々のケースごとに異なってくるため，事業としての見立てが定めづらいという難しさがある．さらには，支援機関にアクセスできている若者はごく一部に限られており，実態把握そのものがまだまだ追いついていないという実情もある．

　「困難を有する若者たち」に対する調査は，対象設定および対象者へのアクセスの点で非常に大きな困難が伴う．それゆえ，これまで中規模調査の多くは支援者的立場の者からの紹介という形式がとられてきた（労働政策研究・研修機構 2004, 小杉編 2005, 部落解放・人権研究所編 2005, 社会的排除リスク調査チーム 2010）．しかし困難層のうち，支援現場（支援者）にたどり着いている者はごく一部であり，上記調査は実態をそのまま反映しているとは言い難い．

　また，これまでの調査研究では，困難な状況に至った背景要因の抽出に主眼が置かれ，個別要因ごとの結びつきや生活総体の様子については必ずしも着目されてこなかった．詳しくは本論で展開するが，個々の要因自体は些細なこと

であっても，それらが積み重なり絡み合うことにより，全体として困難な状況に追い込まれている若者もいるし，その「わかりづらさ」こそが支援機関や制度へのアクセスを閉ざしてしまっている側面もある.

これら先行調査に対し，本調査は，無作為抽出で行なった量的アンケート調査を母体にしており，支援機関とは接点のなかった若者たちの実情にもアプローチできている[1].本調査は必ずしも「困難さ」に焦点化したものではないが，インタビュー調査対象者の選定においては不安定層・困難層を優先的にピックアップしており，「困難を有する若者たち」の実態把握として十分なデータを備えている.

こうした観点から，以下ではまず第2節で「困難を有する若者」とはどういった層なのか，「困難さ」とはどういったことを指すのかを，量的調査データの分析から見定めていく.そして第3節では，その困難をもたらしている諸要因と実態をケースに即して明らかにしていく.さらに第4節では，複数の要因が重なり合い，暮らしの閉塞状況をもたらしているケースについて詳述していく.

2 「困難を有する若者」とは誰か

まず本節では，統計データの分析を重ね合わせながら，「困難を有する若者」がどういった層なのかを見定めておく.

(1) 「無業類型」の内実

先述のように，インタビュー調査対象候補者のセレクトは，一定の困難さを浮かび上がらせるために角度をつけたものになっている.そのための目安として用いたのが，第2章で示されている移行の8類型である.8類型のうち，とりわけ「安定的な移行」からは遠い状態にあり，インタビュー調査の筆頭候補となったのが，早期に離学し失業・無業の期間が多くを占める「無業類型」である.「無業類型」は調査全体で47名であるが，そのうち9名がインタビュー対象者となっており，他の類型に比べても捕捉率は高い.

しかしその内実としては，必ずしも皆が困難を抱えた状態にあるわけではな

366——VI　意識と人間関係

表 16-1　「無業類型」における「失業／その他」の期間の生活意識についての回答平均

5回分	ケース数	a. 健康	b. 暮らし	c. 満足	d. 将来	e. 本人収入	f. 世帯収入
長期失業	10	3(13)	2.19(27)	2.59(27)	2(8)	1.64(25)	4.68(22)
勉強・準備	7	3.57(7)	2.71(17)	3.41(17)	2.75(4)	1.5(16)	5.71(14)
家事・育児	15	3.74(34)	2.35(57)	3.56(57)	3.15(20)	1.88(57)	4.87(53)
療養・休養	15	2.26(38)	2(63)	2.3(63)	1.7(25)	1.3(50)	4.6(44)
全　体	891	3.47 (2,670)	2.54 (4,432)	3.32 (4,396)	2.59 (1,759)	3.96 (4,329)	6.1 (3,874)

注：（　）は回答数の合計．「a. 健康状態」「c. 生活満足度」「d. 将来不安」は 5 点法で，点数が高いほど良好な状態を指す（「d. 将来不安」は「ない」；5 点～「不安だ」；1 点）．「b. 暮らし向き」は 4 点法で点数が高いほど良い状態を指す．「e. 本人収入」は 0-800 万円以上を 11 等分，「f. 世帯収入」は 0-2000 万円以上を 12 等分し，高い方が収入も高い値となる．なお，「健康」は 3 年目以降，「将来不安」は 4 年目以降のデータである．

く，一定の偏りが生じている．そこには，職業的移行という軸だけではくくれない課題が介在しており，青年期における生活実態の多様性をうかがうことができる．そこでまずは，「無業類型」内における差異を統計データから抽出してみたい．

「無業類型」は，調査期間中に「失業」「その他」を選択している期間が中心を占めているケースであるが，「その他」の内訳まで含めて整理してみると，失業期間が多くを占めるグループ［長期失業］10 名，進学準備や資格取得のための勉強に従事しているグループ［勉強・準備］7 名，結婚準備・育児に従事しているグループ［家事・育児］15 名（すべて女性），病気療養や何もしていないグループ［療養・休養］15 名の 4 つに大別することができる．

このグループごとの 5 年間分の生活意識について，調査時点で「失業／その他」を選択していた時期の「a. 健康状態」「b. 暮らし向き」「c. 生活満足度」「d. 将来不安のなさ」「e. 本人収入」「f. 世帯収入」の平均を全体と比べてみたものが，表 16-1 である．

これを見ると，［療養・休養］層においていずれの項目も数値が低くなっていることが分かる．「健康」が低いのは選択肢の条件と結びついているため当然だが，それ以外の項目でも突出して低く，苦しい状況に置かれていることが分かる．［長期失業］層もまた，それに次いで低い数字となっている．逆に［家事・育児］層においては，生活満足度と将来展望が全体に比べても高いことが分かる．

16　困難な暮らしに直面する若者たち——367

表 16-2 「早期・無業」類型の

	仮名	性別	2005	2006	2007.1-9	10-12	2008				
準備・勉強	牟田弓香	女	専門学校芸術系								
	名取幸一	男	専門学校公務員試験系								
家事・育児	濱口美優	女	浪人		四大法学系		休学&出産・育児		開業手伝い		
	陸田美咲	女	専門学校動物系 動物病院				出産・育児				
	真鍋莉子	女	パチンコ								
療養・休養	肥田浩二	男	工場派遣	警備・準社員	居酒屋	失業	療養	失業	蒿	怪我療養	プール監視員	葬儀屋
	藤井朱里	女	ケータイショップ	求職	スーパー・酒屋など多数		失業	アルバイト		失業	アル
	本田俊之	男	免許取得	ホームセンター	ひきこもり						
	牧野恭子	女	飲食・コンパニオンなど多数				同人誌サークル				

　なお項目ごとの回答数の差（括弧内の数）に表れているように，［長期失業］
［勉強・準備］に比して［家事・育児］［療養・休養］層は長期間にわたり失
業・無業状態を続けていることが分かる．表には示していないが，［勉強・準
備］層7名のうち5名は4年目以降就業しており，年を追うごとに失業・無業
状態にあるケースが減っている．また［長期失業］層においては，全般として
就業状況にある時期も多い．他方で無業の期間中は，［勉強・準備］［家事・育
児］層では多くのケースが「就職を希望していない」が，［療養・休養］層で
は「就職活動はしなかったが，就職を希望している」というケースが多い．

　この4グループをインタビュー対象者で見ると，**表16-2**にあるように9名
が該当するが，［長期失業］層に該当するケースは捕捉できていなかった．た
だ「無業類型」以外にも，長期失業を経験しているケースはいくつかあり，そ
の様子については次節で確認したい．

　［準備・勉強］層に属するのは，アルバイトを続けながら劇団の養成所に通
い，役者を目指している牟田弓香さんと，海上保安官を目指し，勉強にいそし
む名取幸一さん（第10章で詳述）である．この両者において，注意を要する
のが就業の有無についてである．牟田さんの場合，アンケートデータでは「6.
その他」→「4. 芸能・芸術」と答えている期間が多くを占めるが，インタビ
ューで確認したところ，その間もずっとアルバイトは続けていた．現在の状況
を問う設問においては，「主なもの1つ」という注意書きが付されているが，

インタビュー対象者移行過程一覧

2009		2010		～2011.10		～2012
劇団養成所+アルバイト						結婚準備中
アルバイトと家業手伝い						進学予定
育児・出産		飲食	ファストフード	育児	お菓子屋	飲食
	ファミレス?	育児	医療事務勉強	育児	求職	清掃
出産(2008.6, 2010.5)・育児・家事・短期バイト				失業	派遣～バイト	育児・家事
療養・失業・家事など						
バイト	療養		非正規	療養		工場(パート)
	徐々に求職		飲食業	ひきこもり	スーパー	ひきこもり
療養・恋人の仕事手伝い・創作活動・一時就労など						

時間的にも意識の面でも養成所での修業こそが大きな位置を占めていたと言える．ただ名取さんの場合，なかなか思うように勉強の成果が出ない時期もあり，相当に追い詰められた状況に陥ったりもしていた．

　そして［家事・育児］層に該当するケースは3名で，いずれも子育てに邁進している女性たちである．この層は一概にまとめることはできず，わりと安定した状態で過ごせている者（濱口さん，陸田さん）もいれば，次節に見るようにかなり厳しい「困難」に直面してきた者（真鍋さん）もいる．ただ，いずれのケースも子どもを軸にしながら将来を考えることができており，それが**表16-1** に見る将来展望の高さとなって表れていることがうかがえる．

　最後の［療養・休養］層は4名いるが，障害を抱えていたり（藤井さん，牧野さん），ひきこもり状態に陥っていたり（肥田さん，本田さん）と，まさに「困難を有する若者」の中核に位置付けうる若者たちであり，複数の困難が重なり合って生活を追い込んでいる．このグループについては，第4節で個別ケースに即して詳しく追っていきたい．

(2) 「困難さ」をもたらす個別要因

　そして，上記［療養・休養］グループ以外にも，「困難な暮らし」に直面している若者は多数いる．そこで次に，「困難さ」をもたらす個別要因について，先行調査の知見を踏まえつつ見ていきたい．

表 16-3　「生活意識」についての 5 年目の回答平均

	母数(N)	a. 健康	b. 暮らし	c. 満足	d. 将来	e. 本人収入	f. 世帯収入
長期失業	10	3.4	2.2	3.2	2	2.6	4.9
勉強・準備	7	3.29	2.57	3.29	2.29	2.57	5.50
家事・育児	15	3.27	2.36	3.40	2.87	1.73	4.71
療養・休養	15	2.47	1.93	2.47	1.80	1.60	4.23
困難層	19	3.05	1.95	2.63	1.89	2.63	4.61
全　体	891	3.40	2.47	3.16	2.53	5.02	5.73

　「困難を有する若者」の要因分析において，現時点で最もまとまっているのが内閣府の社会的排除リスク調査チームがまとめた「社会的排除にいたるプロセス」（社会的排除リスク調査チーム 2010）である．この調査は，社会的排除状態にあると考えられる典型的な社会問題（高校中退者，ホームレス，非正規就労者，生活保護受給者，シングル・マザー，自殺者，薬物・アルコール依存症）を抱えている人びとを対象として，子ども期・青年期のライフコースを聴き取り，社会的排除につながる背景要因（「潜在リスク」）を探り出している．

　そのうち，成人期において生じた潜在リスクは，「職場・生活環境」「疾病・障害」「家庭環境」の 3 つに大別されている．この知見を踏まえつつ，インタビュー対象者 49 名における困難ケースを拾い上げてみたい．

　まず「職場・生活環境」については，指標の取り方が難しいものの，ここでは就学・育児に従事している場合を除き，調査期間中で就業していない時期が 6 カ月以上続いていた経験がある者（長期失業・無業の経験者）をピックアップした．そこには，前項で見た［療養・休養］層はそのまま該当するが，それ以外にも 5 人ほど挙げられる（計 9 名）．

　そして「疾病・障害」については，程度の差にかなりの幅があるため，就業になんらかの支障が出ている者に限定してみると，8 名のケースが挙げられる．なお本調査では，生まれながらの本人特性としての障害を抱えたケースは捕捉できておらず，いずれも中途の障害である．

　「家庭環境」については，出身家庭の困難と自らが築いた家庭における困難との両面があり，それぞれ 5 名ずつが該当している（1 名は両方にわたっているため，ケースとしては計 9 名）．なお調査期間における親の離死別やシング

ル世帯など，「潜在リスク」の細目で言えばもっと対象者が増えてくるが，ここでは当人の生活に家庭環境が直接的な影響を及ぼしているケースに限定して取り上げる（出身家庭の困難については，第8章も参照）．

　以上の「困難」は重複して抱えている者も多数いるため，ケースごとの総数は19名となる（以下，「困難層」と表記）．かれらの5年目の生活意識にかんするアンケート回答について，「無業類型」および全体の回答結果と並べてみても（**表16-3**），やはり困難層の困難度は高いことが分かる．

3　個別要因の実態

　次に本節では，前節2項で確認した「困難さ」の個別要因について，具体的なケースに即してその実態を見ていきたい．

⑴　長期失業・無業（9名）

　まず長期失業・無業にかんしては，大きく2つのグループに分けられる．1つは常に仕事を探し続けているものの，なかなか仕事が決まらないままに長期間失業状態に置かれていた時期のある4名の者たちである（**表16-4**参照）．そしてもう1つは，主に病気療養や気力の喪失に伴う長期未就労，実質的には無業状態であった5名の者たち（うち4名は［療養・休養］グループ）である．

　長期失業状態にあった4名は，いずれも求人状況が芳しくなく，失業率も比較的高い地域に在住している（青森，大阪，沖縄）．さらに長期失業の時期は，3名が2008年半ばから2009年にかけてであり，リーマンショックの影響を大きく受けているものと思われる（第17章参照）．

　総じて，失業時のことはあまり詳細に語られておらず，長期失業それのみでは「困難」と同定するのは難しい面もあるが，やはりこの時期が最も大変だったこととして位置づけられてもいる．それは「金銭的にすごく厳しかった」（寺澤優斗さん）という現実であるとともに，「就職できてないのが，他の人と（比べて）やっぱ空きがある，社会人として」（野崎康之さん：第10章で詳述）という負い目としてものしかかっている．また，覚えていないほどたくさんの仕事を遍歴してきた寺澤優斗さんは，当時を「まったく仕事が見つからなくな

表 16-4　長期失業者

仮　名	性別	2005	2006	2007.1–9	10–12	2008				
瀬田翼	男	販売職				求職&家事など				
寺澤優斗	男	介護	新聞配達		失業	バイトなどを複数				
根本綺音	女	短大英語系		パチンコ	失業	包装	失業	工場（期間工）	職業訓練	失業
野崎康之	男	四大社会系								

った時期」だとしつつ，同時に「自分のやりたいこと」が見つからず迷っていたとも語っている．そこには，「やりたいこと」や自己分析に傾斜しがちな就職支援の実情などが絡んでいる可能性もあるが，なかなか仕事が決まらない状況下でその要因を自らに求めざるをえない苦しさの一端がうかがえる．

　そしてもう一方の長期無業状態が続いてきたグループは，次項で見る病気・障害と深く結びついているが，ここでは明確な形で病気も障害も被っていなかった本田俊之さんのケースに即して様子をうかがってみたい．

　本田さんは高校時代，生徒のほとんどが大学進学する学校に通っていたが，ちょうど家族の病気や入院で出費がかさんだ時期とも重なったため，「気が付いたら高校生活がだいぶ過ぎてる」という感じで未就職のまま卒業となった．その後，ホームセンターで週5日のパートで1年半ほど働くが，入れ替わりの激しい職場だったこともあり，徐々に話せる人も減っていき，孤独を感じたり人間関係について悩むことが増え，そのストレスで眠れない日々を過ごすなかで離職することとなった．そしてそのまま2年半ほどの間，完全に家からも出ないというひきこもり状態になっていった．その後，「（このままじゃ）いけないな」と思うようになり，徐々に就職活動を始め，3つほどのアルバイトに就くものの，いずれも即戦力が求められる現場で，わからないことを聞くこともできないままに放置され，働き続けることはできなかった．その経験がまた尾を引いて，夢にうなされ眠れない時期があったりしながらも，一進一退でアルバイト探しなどを続ける日々を過ごしている．

　ひきこもっていた時期は，かなり精神的にも厳しい状況に追い込まれており，当時は「電話とかかかってきても出づらかった」し，「外に出るのが恥ずかしいというか，変な強迫観念」のようなものに囚われていたという．親は気を遣

の移行過程一覧

2009	2010	~2011.10	~2012
製造（派遣）	失業	製造（同：契約）	
求職（ヤンジョブなど）	バイトなど複数	配送	配送（個人請負）
中古車販売（契約）	失業	薬局 ／ 職業訓練	薬局
失業	カラオケ店（友人の経営）		

ってくれているのか，「完全に閉じこもっている時は逆に何も言ってこなかった」というが，他方で家にお金も入れていない状況であることから，「極力電気とかも使わないように」して過ごしていた．そしてひきこもり後の就業経験により，さらに傷を負いながら，無業と失業・就業を行き来している日々であるが，就職活動においても“だんだん（職場が）替わるたびにひどくなっていく」「もうそういう所（怒鳴り声が飛び交う職場）しか採らないんじゃないか」と疑心暗鬼になってしまい，なかなか気持ちが前に向かない状態が続きがちだという．

　なんらかの疾患・障害名がついているケース（藤井さん，近澤さん，牧野さん）においては，多少なりとも「困難」の外在化が可能となっており，彼ほどの追い詰められ感には至っていないものの，周囲との関係や社会とのかかわりなどにおいて，同種の苦悩は地続きのものとして存在しているといえる．

　以上，長期失業・無業のケースについて見てきたが，両者に共通するのは周囲との比較による自己の状況に対する負い目と焦りである．そこには，求人数の減少や職場環境などの問題が大きくかかわっているものの，社会における就労圧力の強さなどもあり，要因を自己に向けざるをえない構図が浮かび上がっている．

　なお，ここではあえて対比的に「長期失業」と「無業」とを分けて論じたが，同時に失業と無業との間は地続きであり，明確な線は引きがたいという点には留意が必要である．形式上，「就職活動」の有無が両者を分ける指標となるが，その実態はきわめて曖昧である．求人数・内容の地域差も大きく，応募できる求人が限られている場合もあるし，そもそもハローワークまでの移動距離が障

壁になっている場合もある．また，登録型派遣の連絡待ち状態であったり，求人広告や無料の求人誌を眺めている状態などは，「就業／失業／無業」のいずれとも言い難い．

(2) 病気・障害 (8名)

　次に，病気・障害について見ていきたい．少なくともインタビューでは，生まれつきの障害については確認できていないものの，中途での障害認定や身体的・精神的疾患の発症はそれなりの人数となり，生活状況に大きな影響を与えている．

　まず身体的な疾患については，糖尿病を患う肥田浩二さん（次節参照）と，大学在学中に難病指定の病気を発症し，その後の就業生活にも配慮を要することとなった早川美緒さんがいる．彼女の疾患は免疫疾患の一種で，生涯にわたる服薬と，体調管理やストレス軽減を常に意識しておかねばならない．発症以前は大学の授業や実習，趣味の活動などに精を出していたが，そろそろ就職活動も始まるくらいの3年生後期に発症し，大幅な進路変更を余儀なくされた．しかしそんな生活状況に置かれながらも，彼女は趣味の仲間や大学友人，家族などに囲まれながら，無理をしない範囲で日常を楽しむ姿勢を保っている．彼女にとってこの病気は，想定外の出来事ながらも，不可抗力な事態として割り切ることができており，身体の状態に即した生活へとうまく移行できていると言える．それに対し次節で詳述する肥田さんの場合，慢性的な疾患であり症状も分かりづらく，生活状況や将来展望に対し，広く薄く影を落としている．

　そして精神疾患の方は，皆に共通するのはその誘因となる職場環境の厳しさ・劣悪さである．その様子について，都築志保さんのケースに即して詳述してみたい．

　都築さんは大学生時代，不本意入学による大学生活へのなじめなさから不登校になり，父親の浮気騒動も重なりうつ状態に陥り退学している．その後いくつかの職を経て就いた塗装会社は，毎月5，6人が辞めて入れ替わっていくような会社（社員は50人ほど）で，まさに「ブラック企業」と呼ばれる会社の典型だった．1日12時間以上働かされて週6日，サービス残業だけでなく本来は休日である日にサービス出勤までして月給13万円．さらに昼休憩も取れ

ないほどの忙しさで仕事をしているにもかかわらず，いやがらせで電気を消してしまう上司とか，消しゴムのカスを床に落としただけで怒鳴りつけられるような職場環境で，女性の2人に1人は膀胱炎になっていたほどだという．結局，母子家庭の母親など，他の仕事には移りづらい事情を抱えた人が辞められずに耐え忍んでいるという状況だった．そんな状況下で彼女も膀胱炎になり，病院で診てもらったところ，ウイルスによる症状だけでなく，神経的な要因による症状もあることが分かり，辞めることとなった．

　また，鈴木優奈さん（第4章にて詳述）が勤めていたのは保険会社の営業職で，自主的に残業していかないと追いつかないようなノルマを課されるとともに，同僚と成績を競わされ顧客の取り合いのような状態になっていたという．近澤良太さんの場合，店長という役職でシフトの都合から，深夜遅くまでの勤務に続けて早朝からの勤務というときもあり，睡眠時間も2，3時間で働きどおしという日もあった．パート職員との関係の悪化がうつ発症の大きな引き金になっているものの，身体的な疲労の蓄積もまた大きく，「心と体調と両方，ダブルで」「一気にガタがきたみたい」とのことである．

　また，次項で見る家族関係と重なるが，親との関係が大きな誘因になっているケースもある（藤井さん，都築さん，逸見さん）．上述の都築さんが大学時代にうつを患ったのは，直接的には大学生活における苦悩と不登校であるが，その背景・土台には父親との関係が大きく関与していることがうかがえる．都築さんは父親との関係について，「小さいころからずっと友達みたいな父親だった」「すごい好きだった」と振り返っているが，彼女が中3の頃に父親が不倫をしていたことが発覚した．それに対して当初は「とりあえず憎い」「気持ち悪い」ということで嫌悪感しか抱いていなかったものの，その後は彼女自身，「自分の存在意義みたいなのがわから」なくなり，「ずっと自分の存在を否定して」いたという．そして大学を退学し，うつの受診をするころと前後して，父親の浮気相手が突然家に押しかけ，母親に「別れてください」と言いにくるという修羅場も経験している．こうした愛着形成とその棄損が，ちょうど大学での困難と重なった結果，うつ病というかたちで症状化したということであろう．

　以上，「病気・障害」を抱えていたケースの場合，「長期失業・無業」に比べ

ると，その渦中におけるしんどさはより大きいと言える．しかし「病気・障害」を負うということは，診断により就業が止められる場合もあるように，自らの困難状況を一定程度外在化させることを可能にする面がある．その意味で，「長期失業・無業」において見受けられた自己責任の回路は免れているといえる．

(3) 家庭環境（9名）

　家庭環境に起因する困難としては，さまざまな方向性からの検討が必要になるが，ここでは家族間の関係に焦点を絞り，対象者の生活状況への影響の様子を見ていきたい．

① **出身家庭における困難（5名）**　まず，親との関係がその主軸となる出身家庭における困難については，暴力・親の病気・離死別とさまざまなパターンがあるが，ここでは両親の病気との格闘を続けてきた逸見武さんのケースから追ってみたい．

　逸見さんは，5歳の頃に父親の癌が発覚し，翌年には母親が躁うつ病と診断されるという家庭のなかで育った．父親は中学2年の頃に亡くなっているが，父親の衰弱とともに逸見さんの精神状況も不安定になり，荒れた学校生活を送っていた．その後，なんとか高校に進学するも，人間関係で疲れて「爆発」し，母親が通っていた心療内科を受診している．高校中退後は「人が怖くて，人が信用できなくて，まともに会話もできなかった」状態で，1年ほどひきこもり生活を続けていた．その後，宗教団体での活動を拠りどころにしながら，そこで知り合った人からの紹介で働いたり，失業・療養したりということを繰り返している．

　そんな彼の生活において，最も重荷になっているのが躁うつ病を抱える母親の存在である．彼は小学生のころから今に至るまで，母親の症状に振り回されて過ごしてきた．突然部屋に入ってきて家の外に追い出されたり，「あんたなんか産むんじゃなかった」と言われたりすることがあるほか，衝動買いで散財してしまうようなこともあるという．また，母親の病気を知らされてからは，「母の分も養わなきゃいけないっていう，すごいプレッシャーがあった」とい

う．そんな状態で，日々の仕事を終えて帰ってきても休まるような状況ではなく，それが職場でストレスをため込むこととなり，就業継続を難しくもさせている．

そして彼自身，うつ病を抱える身でもあり，「本当やったら別居すべき」状態でありながらも，経済的にそれがかなわない状況で，母親を支えつつ振り回されながら日々を過ごしている．このことからは，単に個別家庭の問題や家族主義圧力の強さという問題だけでなく，日本の住宅事情の貧困さ（公共住宅・政策の弱さ）という問題も絡んでいることがわかるだろう．

② **創設家族における困難（5 名）**　次に，対象者自身が形成している家族において生じた困難について見ていきたい．まず指摘しておかねばならないのは，インタビュー調査 49 名中，子育てをしている対象者は 7 名（いずれも女性）であり，そのうち 5 名がシングルマザーであるという点である．男性の対象者で子育て経験のあるケースが捕捉できていないため，男女で対比することはできないものの，この 5 名はいずれも相手方の職業が不安定であり，そのしわ寄せが女性の側により重くのしかかるという現実が表れている．

ここではそういった困難の端的なケースとして，相手方家族との同居を強要され，結局子どもを手放すことになってしまった真鍋莉子さんの状況を見ていきたい．真鍋さんは，高校中退の後に出会ったパートナーと結婚・出産した．夫は出産に際し，「子どもとの時間が無くなるから」と，それまで勤めていた正規の職を辞職し，その後は知人の紹介で現場仕事に従事することになり，収入は激減した．そしてお金がないこともあり，相手方の実家（夫の母親との同居）でしばらく暮らすこととなった．

「お母さんが帰ってくるまでに掃除もしなきゃ」「（子どもに）それ触ったらいかん．お母さんに怒られるから」という感じで，日々神経を使いながらの子育てとなっていた．また，相手方の姉夫婦も同じアパートの一角に住んでおり，何かあるたびに相手方家族総出で話し合い，そのなかで 1 人囲まれる，というような生活を続けていた．その後，夫が 1 人で多額の借金を抱えていることが分かり，結局離婚することになった．話し合いのなかで，子どもをどちらが引き取るかということで大もめにもめ，「今から片親で，女 1 人で育てていける

のか？」など，延々と脅しをかけられた末，「あっち（夫家族）にいたら食べたりすることも困らないな」と思い，結局相手方が子どもを引き取ることになったという．

　そしてようやく相手方家族の元を離れて実家で暮らせるようになったものの，話はそれで終わらず，「2人分の養育費を払え」という要求までされるようになり，元夫の父や姉からは「払えないんだったら闇金紹介してやる」「お店紹介してやるでそこで働いて払え」ということまで言われていた．法テラスに相談して調停になったが，元夫が体面を気にするタイプだったからということで，なんとか1回で終わりにできた．

　ようやく元夫の家族から離れることができた安堵感とともに，子どもを置いてきてしまったという後悔も強く，しばらくは意気消沈した状態だった．その後，新たにできたパートナーと再婚することとなり，その間にできた子どもとようやく3人で暮らせるようになった．以前の夫婦生活とは異なり，経済的な問題もなく，子育てのサポートもきちんとしてくれる相手だという．仕事の都合で見知らぬ土地に移り住み，いろいろ大変な状況でもあるが，昔からの友人に愚痴を言ったり悩みを相談したりしながら，今は平和な日々を送っている．

　この両ケースから分かるのは，「家族関係」という切り口で見てみても，そこには就業状況や経済的な問題，社会的資源・制度の不備などさまざまな問題が絡んでいるということである．しかし私的領域とされる「家族」内部において生じるさまざまな軋轢は，他者との共有も難しく，なかなか社会化されづらい側面もうかがえる．危機に陥った状況における対処として外部機関が支えになることもあるが，それ以前の日常においては外部との接点は見出しづらく，当事者同士でのやりとりによって問題がさらにこじれてしまう場合も少なくない．

(4) 小 括

　以上，「長期失業・無業」「病気療養・障害」「家庭環境」という切り口からいくつかのケースを追ってきたが，あらためてケースごとの困難の因果を追っていくと，おおむね以下のように整理できる．

・労働市場の悪化による長期失業・無業継続（肥田，瀬田，寺澤，本田，根本，野崎）

・病気・障害による無業（肥田，藤井，近澤，牧野）

・職場環境の劣悪さによる病気（鈴木，藤井，近澤，都築）

・家族関係の軋轢による障害（藤井，都築，逸見）

・家族関係による就業継続困難（逸見）

・不安定就業・経済的困窮による家族関係不和（真鍋）

　これを見る限り，「長期失業・無業」「病気療養・障害」「家庭環境」という項目は現象の一側面でしかなく，各項目が直接的に要因となり結果となり重なり合っていることが分かる．

　さらに「長期失業・無業」の要因となっている「労働市場の悪化」は，失業者の再就職の困難をもたらし長期化させるだけでなく，就業者の労働の過密化をもたらし職場環境の劣悪さを招くことにもつながっている．その結果，精神疾患を抱える離職者を増やし，それが長期失業・無業状態をもたらす，という悪循環を生み出している．そして，長期失業および不安定就業の常態化が収入の減・不安定化をもたらし，それが生活基盤の弱さや住居確保の困難などを介して家族関係を悪化させる，という連関もある．またそこには，生活のほとんどを賃金収入のみでカバーせねばならないという社会保障の乏しさ（および運用の不備）が絡んでもいる．

　こうした問題への対処として必要なのは，やはり労働市場の整備・規制や各種社会保障の充実（所得保障，障害者年金，住宅保障など）およびそこへのアクセスの保障である．過酷な労働環境の下で精神的にも追い詰められていた都築さんは，その後期間限定の派遣労働ながらも比較的落ち着いた環境で働くことができており，通院も必要なくなっている．また社会保障に関しては，障害者年金や基金訓練，法テラスや各種支援機関などを活用して窮地を逃れたりもしている．

　それぞれが直面する具体的な問題はさまざまで，事後的な対処としては多様な支援が整備されていくことが必要である．と同時に，問題が重複・連鎖して

いることを踏まえるならば，問題の発生源としての社会環境自体（とりわけ労働市場）を整備していくこと，そして問題の連鎖を断っていくための制度保障（とりわけ社会保障）を敷いていくことが求められると言えるだろう．

4　「困難な暮らし」の実像

　前節では，困難さをもたらす諸要因について見てきたが，そこで取り上げたケースは比較的要因が見えやすく，問題の所在を特定しやすいタイプの困難である．しかし小括でも確認したように，困難には複数の要因が重なっており，それぞれが相互に連関してもいるため，問題を特定しづらいケースも少なくない．そしてそのことが，当人が置かれている状況と周囲の認識，さらには自己認識との間にギャップをもたらし，問題を見えづらくさせてしまうこともある．
　そこで本節では，特定の困難に焦点化するのではなく，成育歴や本人の主観を含め，ケース全体を追うことにより，「困難な暮らし」の総体を捉えてみたい．

(1)　被虐待経験と障害，長期無業を経験しつつ，経済的困難に直面する藤井朱里さん

　インタビュー対象者の中でも，とりわけ過酷な状況のなかで子ども時代を過ごしてきたのが，幼少期に父親からの虐待を受けて育ち，現在は解離性障害を患っている藤井朱里さんである．
　藤井さんは，継父から長年にわたり虐待を受けて育ってきていた．また彼女への暴力だけでなく，夫婦喧嘩での暴力も激しく，母親が「顔面血だらけ」になったり，「傷害の程度だったらしょっちゅう」起こるような家庭であった．それを見ていた藤井さんも，「私，刺される，殴られる，殺されるって思って，（警察）呼べなかった」という．ときおり学校の先生には「お父さん怖いからやだよ」とは言っていたが，中学3年生の頃に保健室の先生に「帰りたくない」「こういうことがあって」と泣きながら愚痴をこぼしていたら，その場で先生が児童相談所に通報し，保護されることになった．その後児童養護施設で生活を送ることになったものの，彼女にとっては母親から切り離されてしまったことがつらく，施設先の学校から制服のまま脱走して家に戻ろうとした．そして「よく考えて」と選択肢を与えられた結果，家に残ることを選んだ．

そして高校進学後，ようやく両親が離婚することとなり，落ち着いた生活が訪れた．しかし離婚直後，母親が病気で手術することになり，生活費を稼がないといけない状況に立たされ，アルバイトに励むようになった．そのバイト先でお客として来ていた男性と付き合うようになり，その後19歳の時に結婚してふたり暮らしをするようになった．夫に対して自分は「妻でもいれるし，恋人でもいれるし，娘でもいられるみたいな感覚」であり，「やっと（自分を出せる）居場所が見つかった」と語っている．

　ここまでであれば，生育家庭の困難状況から抜け出し，相応の幸せを手にしたケースとして位置付けうるが，彼女の経歴にはさらなる困難が折り重なっている．結婚後，彼女は酒屋でアルバイトしていたが，家族経営だったそのお店の店長が父親を彷彿とさせるような性格で，たびたび夫婦げんかで怒鳴り声が響くような職場環境だった．その下で働いているうちに，だんだん彼女の体調もおかしくなっていき，「解離性障害」の診断を受けることとなった．症状の出方は不特定だというが，たとえば他者から怒られると解離の症状が出て，自覚もないままただひたすら「すいません！」と繰り返してしまうという具合である．

　そしてまた，夫も強度のうつ病を抱えている状態で，両者ともに体調が悪くなり働けない状態に陥ってしまう時期もあった．生活費に困り，生活保護を受けようと考えたこともあるが，過去に手続きの障壁で断念したこともあり，クレジットカードで借金をすることでなんとか生活を回してきた．複数の会社から借金をしており，「ちょっとやっぱり多い」と感じてもいるが，「私も働き出したし，なんとかなるよ」と言ってやり過ごしている状況である．

　そして現在彼女は，「今までの会社のなかでも一番いい気がします」と満足感の高い職場で，週5日1日4時間の仕事を続けている．今の暮らしについては，「たぶん，ほぼ満足してる」と評しながら，2人だけの生活を楽しんでいる．

　以上の彼女の経歴・生活状況は，客観的には過去も現在もきわめて厳しい状況に立たされてきたと言える．現在，彼女自身は多少なりとも安定的に働けてはいるものの，夫婦ともに障害を抱えるなか，借金の返済に追われる生活が続いている．しかしながら，少なくとも彼女の主観レベルでは，現在の状況に対

し非常に満足度が高い．彼女にとって，これまでの成育歴を思えば，パートナーとの生活および現在の職場環境は良好だというのはまさにその通りであろう．ただ，彼女の生活においては「家族」しか存在しておらず，社会との回路が非常に狭く限定されている．唯一，主治医との接点が社会的な回路となってはいたものの，薬に頼っていてはいけないという思いや経済的な事情もあり，現在は通院していない．今後，現在勤めている職場での関係が作られていくことも想定されるが，抱えている借金の問題も含め，ギリギリのところで保たれている生活状況だと言えるだろう．

(2)　さまざまなつまずきの重なりから停滞する肥田浩二さん

　親からの虐待経験という，きわめて大きな困難に見舞われた藤井さんに対し，肥田さんのケースはより複雑で，見えづらい困難が集積した結果としての停滞を被っている．

　4年ほどの無業状態が続いている彼の経緯において，大きな重荷になっているのが糖尿病である．幼少期から「怪我したら治りが遅くて，それで体もだるいし，いつも眠い感じがする」という状態であり，20歳の頃に診断を受けることとなった．さらに身体的な問題だけでなく，「将来」に対する悲観的な展望も強い．彼の糖尿病は遺伝的なもので，昔は子どもがほしいと思っていたものの，自分の子どもも糖尿病を抱えることになると思うと「生まれながらに苦しみを味わせたくない」と思い，ためらってしまうという．また，糖尿病にまつわる深刻な情報を聞き，「いずれこうなるのかな」という恐怖感を覚えることもたびたびある．健康維持のために，身体を動かすことを心がけてはいるものの，彼にとって仕事選びや新しい行動に対する消極的な姿勢の一因となっていることが推測される．

　そしてまた，学校経験および進路に対する紆余曲折も大きい．幼稚園・小学校のころは教師からのいじめもあり，荒れた学校生活だったが，中高は理解ある教師たちに恵まれ，毎日を楽しく過ごしていた．この時点で肥田さんは，中高の先生たちのやさしさに触れて，学校の教師になりたいと思っていた．しかしそれを親に話したところ，「無理だ」「今の時代はそんな先生を求めてる時代じゃない」「お金かかるし，普通に働け」と一蹴されてしまった．彼曰く，「そ

こからいろんな迷走が始まったっていうか，何がやりたいのかもなく，仕事やっても続かないというか」とのことである．そして就職活動をすることになるものの，なかなか採用されないまま，「自分で探します」と言って卒業した．

卒業後は友人の紹介でいくつかの仕事に従事するが，倒産や派遣切り，上司からのいじめ，怪我による解雇など，トラブル続きの不安定な就労生活を余儀なくされていた．一例を挙げれば，とび職の仕事中に受けた怪我では，「労災は勘弁してくれ」「病院の通院費だけは俺が面倒見る」と言われたものの，全治3ヵ月で予想以上に治療費が高かったこともあり，結局払ってもらえないまま解雇されてしまった．

そして怪我の療養期間を経た後は，中学の友人らと遊んだりしながら，近場に住む祖母の通院・買い物の手伝いや実家の家事を手伝いながら過ごしている．仕事探しでは，ハローワークを利用したこともあるが，家から遠くて混んでいること，あまりいい仕事がないこと，折り込みチラシなどでも募集していることなどから，ほとんど行かなくなっている．

そして無業状態が4年ほど続いている状態であるが，「働きたい」という気持ちは今でも保持している．親に申し訳ないという気持ちとともに，自分で自由にできるお金がなく（必要な分はそのつど親からもらう），買い物や遊びに行くにも制限がかかってしまうため，なんとか働きたいという．しかし無業期間の長さからくるためらいも大きい．「また続かないんだろうな」と憂鬱になったり，「また変なトラブルに見舞われるんじゃないか」と心配になってしまったりと，「これだけ無職が続いちゃうと，次に進む一歩がなかなか踏み出せない」状態に追い込まれてしまっている．

以上のように，肥田さんのこれまでの経緯を追う限り，現在の彼の停滞状況の原因を特定することは難しい．親の進路への反対，劣悪な労働環境，就職状況の悪化，糖尿病など，たしかに個別的にはいろいろ負の要因が重なっているのは間違いないが，1つ1つだけで見ればそこまで大きなことではない．むしろ，度重なる負の要因が少しずつ堆積し，彼の腰を重くしていっているのではないかと思われる．

実は彼のようなケースは，若者支援の現場でも珍しくない．さまざまな経緯

からホームレス状態に陥ってしまった冨樫匡孝（2009）が，自分の半生を語るなかで端的に言い表しているように，「若干問題のある家庭」「この『若干』というのが問題」という難しさがそこにはある．露骨な問題がそこにあるのであれば，それに対してなんらかの対処や構え（さらには社会的措置）が取りうるものの，自分ですらなかなか意識化しづらい「些細な問題」の積み重なりが，後々大きな障壁となり立ち現れてしまう．そして原因を特定できないということは，結局その原因を自分に求めざるをえなくなり，自分を責める構図となってしまう．そしていったん自分を責めだすと，さらに新しいことには踏み出しづらくなり，より状況は悪化していくという悪循環が生じてしまうのである．

(3) 小 括

　以上2人のケースは，インタビュー対象者のなかでもとりわけ厳しい状況に置かれてきたといえるが，具体的な問題そのものによる困難もさることながら，問題に対する周囲の理解が得られづらいという難しさがある．藤井さんの場合は，障害の症状が「話を聞こうとしない」という性格の問題としてのみ受け止められ，肥田さんの場合は「我慢が足りない」「意欲がない」として切り捨てられたりもしがちである．さらにそういった否定的まなざしは，他者から注がれるのみならず，自分自身からも向けられることもあり，それが再出発を困難にさせる要因となる場合も少なくない．藤井さんの場合は，診断により「障害」と認定され，医師からの助言を仰ぐことが可能になった分，その後のダメージは多少なりとも緩和されているが，そうした外在化の回路を得られずにいる肥田さんの閉塞感は強い．

　また，「一体何が問題なのか」ということが自分自身でも同定しづらく，他者とも共有できず理解されづらいという状況は，各種社会保障や支援機関の活用など，公的なサポートへのアクセスも困難にさせる．そもそも，困難の要因を自分自身に向けてしまっている状況では，なかなか社会的な対応を求める発想には至りづらいという面があるが，たとえ支援を受けようとしたとしても，どこの相談窓口に行けばいいのか定めづらい．さらに難しいのは，相談機関にたどり着いたとしても，既存の支援機関は「就労」「病気」「心理」など特定の問題への対処に特化している場合がほとんどで，複合的な問題が積み重なった

かれらの状況を丸ごと受け止めきれないことが多い．藤井さんも肥田さんも，ともに病院に通っていた時期もあるが，そこでは病気に対する処方と生活上の心構えを指導されているだけで，生活問題や就労状況に対する悩みなどは話せていない．

　無作為抽出による量的調査から，ひきこもり状態にある若者の実像を明らかにした内閣府の調査（内閣府 2010）では，ひきこもり群のうち，病院や就労支援機関などに相談したことがある者は半数いるが，現状について「相談したいと思わない」という回答はそれを上回る 66% に上っている．その理由としては，「その他」「当てはまるものはない」という回答とともに，「行っても解決できないと思う」という回答が多く，支援機関への信頼度は低いことがうかがえる．そこには，自身が抱える複合的な問題に対しての諦めや周囲からの無理解などが大きく関与しているのではないだろうか[2]．

5　おわりに——困難の複合化によりもたらされる社会的排除

　本章で見てきた事例とその分析の知見をまとめれば，おおよそ以下 2 点に集約されるだろう．まず第 3 節で見たように，失業・病気・家族関係など，「若者の暮らし」において直面するさまざまな問題は，それぞれが原因となり結果となり，重複するかたちで困難をもたらしているということ．そして第 4 節で見たように，各種問題の積み重なりは，「何が問題なのか」を見えづらくさせ，それが暮らしの閉塞状況をもたらしうること，の 2 点である．

　前者については，「社会問題に起因する社会的排除」として，これまでの先行研究でも一定明らかにされてきた部分であるが，後者の「問題の認識」（見えづらさ）により生じる困難については，ひきこもり支援などの支援現場で注目されることはあっても，それを社会問題との結びつきの下に捉える視点は弱かったと言える．しかし本章で見てきたように，両者は地続きの問題として連なっており，切り離してしまうと実情を捉え損ねてしまうこととなる．

　そしてこれら問題への対処としては，やはり根本における背景要因となっている労働市場や社会保障整備の課題が第 1 に挙げられるが，同時に個別問題の重複や見えづらさという問題に対しては，各種制度・支援への「つなぎ」とい

う部分へのアプローチと，領域横断的な支援を展開しうる体制を整備していくことが欠かせないと言えるだろう[3]．

　加えて，本章ではあまり指摘してこなかった点であるが，本人の生活満足度に多少なりとも影響を与える要因として，趣味の活動や友人との交流が挙げられる．たとえ生活状況そのものは厳しい環境にありつつも，趣味や友人とのかかわりによって情緒的安定が担保されるとともに，ときには仕事を紹介してくれるようなこともある．そういった社会的ネットワークを構築しうるような社会活動の整備充実もまた，重要な課題となるのではないだろうか．

【注】
1)　もちろん，5年間のアンケート調査を続け，さらにインタビュー調査にも協力してくれた対象者という意味で，少なからぬセレクションがかかってしまっているという点には留意が必要である．
2)　この調査もまた，当事者の成育歴や心理的傾向，現在の生活状況など個人属性に主眼が置かれ，そこへと至る社会要因への着目は弱い．たとえばひきこもりに至るきっかけとして据えられている選択肢において，職場関連は「職場になじめなかった」という項目のみであり，その職場がどのような状態であったのかは問われていない．実際の支援現場においても，往々にして個々が抱える困難は社会的次元を奪われ，個別支援の対象としてのみ扱われてしまうことも多く，当事者が直面してきた困難と齟齬が生じて支援がうまくいかないことも生じてくる．
3)　2010年半ばから始められた「パーソナル・サポート・サービス」事業では，まさにこの「問題の重複」と「制度の谷間」，そして「制度・支援へのつなぎ」という部分へのアプローチが最重要課題として据えられ，領域横断的かつ継続的な支援が進められていた．しかしその後の法制化の過程において，最終的には「生活困窮者」という「新たな受け皿」を増やすという位置づけに収まり，「谷間」「つなぎ」に特化した当初の機能とはだいぶ様相が異なったものとなった．2015年4月からの本格実施でどのような実践が展開されることになるのか，今後も注視していく必要があろう．

【文献】
部落解放・人権研究所編，2005，『排除される若者たち』解放出版社．
小杉礼子編，2005，『フリーターとニート』勁草書房．
内閣府，2010，「若者の意識に関する調査（ひきこもりに関する実態調査）」2010年7月，内閣府．
労働政策研究・研修機構，2004，『移行の危機にある若者の実像』労働政策研究報告書，No. 6.

社会的排除リスク調査チーム，2010,『社会的排除にいたるプロセス』内閣官房社
　会的包摂推進室／内閣府政策統括官.
富樫匡孝，2009,「ライフストーリー──絶望と希望」湯浅誠ほか『若者と貧困』
　明石書店.

```
コラム8

若者の生活満足度
```

若者の生活満足度に着目する背景

　本書第14章では，政府や企業に対して不満・不公平感を有しており，また，希望の意識が持てていない若者の様子を明らかにした．他方で，現代の若者については，希望は持てない一方で日常生活には満足しているのではないか，という指摘がある（古市 2011）．また，「フリーター」の置かれている立場について，「自由を享受している」という見方があることも事実であろう（小杉編 2002）．ここでは，「若者は日常生活に満足しているのか」という点をあらためて検討するため，「生活満足度」に着目した分析を行った．

性別・移行類型別の生活満足度の特徴

　図1に示した性別・移行類型別の生活満足度の推移について，まず着目されるのは，性別により，グラフの形状が大きく異なるということであろう．女性は男性に比べ移行類型別の差が小さく，全体として生活満足度の水準が高い．他方で，男性では，移行類型別，つまり，学歴や職業の違いにより，満足度の度合いがより強く規定されうることがわかる．

　また，図1からはわかりづらいかもしれないが，生活満足度の変化に着目すると，2007年以降満足度の低下が最も大きく見られたのは男性・女性ともに「後期離学・非正規雇用優勢」の者であった．これらは学生の立場からの落差が大きかったと考えられる．なお，「早期離学・正規優勢→非正規等優勢」の者でも満足度の低下の度合いが比較的大きい．

　他方，性別で異なる傾向が見られたのが「早期離学・非正規雇用優勢」の者である．男性では満足度が低下傾向にあり，特に2010年，2011年では8つの分類の中で最もその水準が低くなっている．女性でも8つの分類の中では比較

388——VI　意識と人間関係

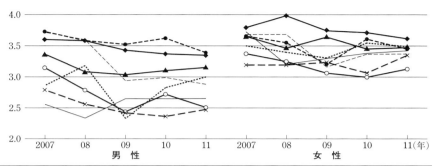

図1　性別・移行類型別の生活満足度の推移

注：生活満足度は、「あなたは、今の生活全般に対してどのくらい満足していますか」という設問により調査しており、「満足している」を5点、「どちらかといえば満足している」を4点、「どちらともいえない」を3点、「どちらかといえば不満である」を2点、「不満である」を1点として点数化した．なお、2007年から2011年の各界の調査にいずれも回答があった者を集計の対象としている．

的水準が低いが，2007年に比べて2011年の満足度のほうが高く，また，正規雇用者との違いが比較的小さくなっている．

属性等の違いによる生活満足度から把握する境遇の違い

このようにみると，属性等の別の分析や，経年変化に着目した分析の意義が大きいことがわかる．ここでは他の世代の者との比較はできないが，少なくとも，若者の間で，男性と女性とでは生活満足度の規定要因が大きく異なること，「非正規」での就労は男性・女性ともに満足度を引き下げる要因になること，ただし「早期離学・非正規雇用優勢」の場合には性別で異なる傾向が見られ，仮に同じ「フリーター」であったとしても，彼ら・彼女らが認識する生活の「厳しさ」は大きく異なるのではないかということが把握される．

【文献】

古市憲寿，2011，『絶望の国の幸福な若者たち』講談社．

小杉礼子編，2002，『自由の代償／フリーター――現代若者の就業意識と行動』日本
　労働研究機構.

（有海拓巳）

17　危機のなかの移行

本田　由紀

1　二重の「危機」

　本書の締めくくりにあたる本章では，調査対象である若者が遭遇した二重の「危機」，すなわち「構造的危機」と「出来事としての危機」に照準することで，現代における若者の大人への移行がはらむ危うさを包括的にとらえ直すことを試みる．ここで言う「構造的危機」とは，社会経済体制の変容が，若者の生活基盤や意識のあり方に対して様々な形でネガティブな影響を及ぼしているということであり，また「出来事としての危機」とは，より突発的に起こり，やはり生活や意識に傷を残す，重大な事件や災害などを意味している[1]．

(1)　構造的危機

　本書の各部・各章では，20代前半期の若者の現実を，仕事・家族・教育・社会保障など多様な側面から描き出してきた．そこには数々の「構造的危機」の痕跡が見出される．

　第2章で見たように，追跡調査の最終時点で安定した就労状態を一定期間維持している者は，対象者の6割弱にすぎない．全体の約7割の若者が20代半ばになっても実親と同居することによって就労の不安定さや賃金の低さをしのいではいるが，それは若者の経済的・家族的な「自立」が不全化している状態の表れと言える．

　若年労働市場の実態を検討した第3章では，特に早期に離学して非正規の仕事についている若者が，職業能力向上の機会がないまま単調労働を繰り返す働

き方から抜け出せていないこと，逆に正規の仕事はハードさや責任の重さが年を追うごとに高まっていること，それにもかかわらず若者は仕事に対して「やりがい」を感じ「手抜きをしない」という高いコミットメントを示していることが描かれた．職場の仲間や上司，あるいは顧客との関係の良好さがこうした仕事へのコミットメントを生み出しているが，それは同時に劣悪な労働条件を受け入れさせるようにも働いている．また，厳しい労働市場環境に置かれることが，「自己責任」意識や「能力・業績主義」意識をむしろ高めている可能性があることを，第 14 章の分析は示唆している．

　第 4 章のインタビュー分析では，職場外に広がる友人関係やパートナー，家族などが，厳しい労働市場状況を乗り切るための様々な「資源」（経済的援助，仕事の紹介，感情的支援など）を提供していることが見いだされている（第 15 章も参照）．しかしそれらは非常に個人差や偶発性を含む「資源」であり，制度的な確実さを欠いている．

　若者に対する社会保障の手薄さは，第 5 章の分析からも確認される．特に非正規雇用や，失業と無業を往復しているような若者，あるいは母子世帯に属する若者にとって，貧困や健康問題のリスクは高いにもかかわらず，彼らに公的な支援は届いていない（第 16 章も参照）．それゆえ彼らは実家を離れることができず，自らの家族を形成する機会から疎外されている（第 7 章および第 8 章も参照）．

　そして，第 6 章・第 9 章・第 10 章で明らかにされているように，実家すなわち出身家庭（親）の職業・学歴・収入・居住地域などの状況には明確な格差があり，それが子世代である若者の現状にも強く影響している．若者が出身家庭に依存せざるをえない社会では，格差の世代間連鎖や再生産が必然的に強固になる．どのような地域のどのような家庭に生まれたかが，若者自身のこれまで・今・これからを，かなりの程度，規定してしまっているのである．

　第 12 章・第 13 章における，学校経験についての検討からは，様々な学校や大学において若者が人間関係や職業スキルなどを含む一定の「資源」を得ることができている面も浮かび上がる．しかし第 11 章では，若者の学校歴が，世代間の格差の連鎖を打ち破るというよりも，むしろ逆に強化するように作用している面があることが指摘されている．

このように，現代の若者を取り巻いている「構造的危機」は，仕事の不安定さと厳しさ，公的支援の欠落，家族への依存と格差の再生産などから成る．それらは若者の状況に広く深い刻印を残している．

(2) 出来事としての危機

他方で，本書の調査期間である 2007 年から 2011 年までの間には，まさに「出来事としての危機」に該当するような，歴史的と呼べるほどの重大性をもつ事象が，二度にわたって発生している．言うまでもなく，その 1 つは 2008 年に発生した世界金融危機，いわゆるリーマンショックであり，もう 1 つは 2011 年に発生した東日本大震災である．以下，この 2 つの「出来事」の経緯について，改めて概観しておこう．

① リーマンショック　前者のリーマンショックとは，周知の通り，2008 年 9 月にアメリカの投資銀行リーマン・ブラザーズが破綻したことをきっかけとして，通貨や株価の暴落などが多くの国に波及したことを指す．それは日本経済にも悪影響を及ぼし，それ以前の 2003-2007 年には 2% 前後であった経済成長率は，2008 年にはマイナス 3.7% という戦後日本にとって未曾有の落ち込みを見せ，翌年の 2009 年もマイナス 2.0% と打撃は続いた（2010 年にはプラス 3.4% に回復）．このような景況悪化の波は当然に労働市場にも及び，2009 年 7-9 月の有効求人倍率は 0.43 倍と過去最低を記録した．完全失業率は 2003 年に過去最高の 5.5% を記録して以降減少し，2007 年には 3.6% にまで低下していたが，2009 年 9 月には再び 5.4% へと跳ね上がった．

日本の産業の中で，リーマンショックによって特に動揺したのは製造業である．世界経済が冷え込む中で輸出が大幅に減少したため，製造業では生産抑制と雇用調整に踏み切った．そのしわ寄せを直接に受けたのが，製造業の生産現場で増加しつつあった派遣労働者を中心とする非正規労働者である．厚生労働省が 2009 年 10 月に発表した「非正規労働者の雇止め等の状況について（9 月報告：速報）」によれば，2008 年 10 月から 2009 年 12 月までに実施済みもしくは実施予定の非正規労働者の雇用調整は，4127 事業所，23 万 8752 人となっており，うち派遣労働者が 14 万 1619 人で約 6 割を占めている．派遣労働者の

17　危機のなかの移行——393

中では期間満了が7万212人，途中解約が6万1796人，不明が9611人と，期間満了と途中解約がかなり拮抗しており，いずれも大半が製造業に従事していた者である．都道府県別にみると，愛知県が4万117人で突出して多く，これはトヨタ自動車関連企業で大量の雇用調整が行われていたことを物語っている．

なお，同資料で判明しているだけでも3387人が雇用調整とともに住居をも喪失している．こうした緊急の事態に対応するため，2008年末から2009年初にかけて行政機関が閉庁する時期に，派遣切りにあった労働者の年越しを支援する「年越し派遣村」が東京都千代田区の日比谷公園に設置された．そこでは路上生活者を含む約500人が支援を受け，200人以上が生活保護の申請を行った．

また，非正規労働者だけでなく，教育機関の最終学年に在学している学生・生徒の中にも，「内定取り消し」に見舞われたケースが存在する．厚生労働省が2009年7月に公表した「平成21年3月新規学校卒業者の採用内定取消し状況について」では，大学生等1761人，高校生381人，中学生1人が内定取り消しにあっている．地域については南関東，業種についてはサービス業が最多となっていることから，「派遣切り」とはやや異なる企業層で主に発生しているが，理由として「経営の悪化」が最多であるため，リーマンショックの間接的影響が表れていたといえる．これ以外に，入職時期の繰り下げも，大学生・高校生合わせて1100人が対象となっている．「派遣切り」と比べるといずれも規模的には少ないが，リーマンショックが新規学卒労働市場にも一定の影を落としていたことが確認される．

このように，リーマンショックは日本社会，特に経済と労働市場を脅かす「危機」として立ち現れたが，2010年にはそこからの回復基調が明確化していた．しかし，そこにかぶさったのが，もう1つの「出来事としての危機」である，東日本大震災であった．

② **東日本大震災**　2011年3月11日14時46分に三陸沖で発生したマグニチュード9の大地震と，それがもたらした大津波および火災等により，宮城・岩手・福島を中心とした東日本は甚大な被害を受け，死者は1万9074名，行方不明者は2633名，住家のうち全壊12万7361棟，半壊27万3268棟に及んだ

（2014 年 9 月時点の数値，消防庁災害対策本部 2014）．

　そして周知のように，東日本大震災の被害をさらに深刻にしたのは，地震により福島第一原子力発電所で爆発が発生し，放射能漏れにより避難指示が出されたことである．2012 年 10 月に公表された国会事故調『東京電力福島原子力発電所事故調査委員会 報告書』には，「本事故による避難区域指定は，福島県内の 12 市町村に及んだ．避難した人数は，平成 23（2011）年 8 月 29 日時点において，警戒区域（福島第一原発から半径 20 km 圏）で約 7 万 8000 人，計画的避難区域（20 km 以遠で年間積算線量が 20 mSv に達するおそれがある地域）で約 1 万 10 人，緊急時避難準備区域（半径 20-30 km 圏で計画的避難区域及び屋内避難指示が解除された地域を除く地域）で約 5 万 8510 人，合計では約 14 万 6520 人に達する」と記載されている．

　こうした一連の被害により，警察庁発表によれば，避難所で暮らす避難者数は震災 1 週間後には 38 万人以上に達し，1 カ月後 14 万人以上，3 カ月後でも 8 万 8000 人と，避難生活が長期にわたる者が多数に上った．その後，5 万戸以上の仮設住宅が建設され，2012 年 12 月時点で 11 万人以上が仮設住宅に居住し，民間のいわゆる「みなし仮設」に住む 15 万人以上，公営住宅に住む 3 万人と合わせて約 30 万人が，震災前の居宅を離れざるをえなくなっていた．それは当然ながら，震災前に従事していた仕事や，地域の生活そのものを丸ごと失うことに他ならなかった．

　しかも，東日本大震災は，被災地からの電力や生産物の供給が途絶もしくは不足するという事態をも伴っていた．事故を起こした福島第一原子力発電所だけでなく，他の複数の原子力発電所や火力発電所も震災後に稼働を停止したため，政府は 2011 年 3 月には主に関東地域で計画停電を実施し，また 2011 年 7 月から 8 月にかけては電力使用制限令を発動して東北電力・東京電力管内で前年比マイナス 15% の電力使用量削減を要請した．

　また被災地企業の操業が停止・停滞したことによる原材料や部品の供給不足は，自動車製造企業などをはじめとして被災地以外の企業の生産にも打撃を与えた．2011 年 5 月 28 日付日本経済新聞の記事によれば，2011 年 4 月の国内自動車メーカー 8 社の国内生産台数は，前年同月比の 6 割減となっている．齊藤有希子（2012）の分析によれば，被災地の企業の割合は日本の企業全体の中で

17％であるが，被災地の取引先まで含めると 34％，取引先の取引先まで含めると 82％ に達し，その影響関係は非常に広範である．

以上のような甚大な被害を生んだ東日本大震災は，当然ながら被災地における多くの人々にとって仕事の喪失をもたらした．瀬古美喜ら（2012）の検証によれば，災害救助法適用地域の男性ほど震災後の離職率が高く，それは震災前の就業形態とは関連がない．また，2011 年 6 月時点の就業回復の確率は，災害救助法適用地域だけでなく電力不足地域においても有意に低くなっている．ただし，女性の場合，災害救助法適用地域において震災前に無業であった者が新規就業する確率が上昇しており，男性とは逆に震災後に働き始める人が増加している．

また，別の分析では，労働市場に対する震災の影響は被災市町村に限られず，東日本の広域に及んでおり，若年層に加えて高学歴ではない人々の仕事ほど不安定化していたことに加え，正社員であっても賃金や労働時間に影響を及ぼしていたこと等が指摘されている（玄田 2014）．

(3) 本章の問い

以上のように，本研究の調査期間の間に，調査対象の若者たちはこれらリーマンショックと東日本大震災という 2 つの「出来事としての危機」に見舞われた．この 2 つの危機が日本社会に及ぼした様々な影響について，すでに研究は多数あるが，若者に照準し，かつ時系列で追跡した分析は管見の限りいまだない．以下の本章では，まず，これらの「出来事としての危機」が，調査対象者にとって具体的にどのような経験をもたらしたのか，それをより強く被ったのは調査対象の中のどのような層なのかを検討する．続いて，これら 2 つの「出来事としての危機」が，調査対象者のその後の移行に対してどのような影響を及ぼしたのか，そしてやはりその影響はどのような層で強く観察されるのかについて検討を加える．こうした分析は，「出来事としての危機」と，それ以前から若者を広く巻き込んでいた「構造的危機」との関係を問うことに他ならない．(1)で見たように，「構造的危機」は，分配と承認，言い換えれば生活の物質的基盤と内面のあり方の両面に表れていた（Fraser and Honneth 2003＝2012）．突発的ともいえる「出来事としての危機」が，この両面をどのように

表 17-1　2008 年 10 月の就労状況別　リーマンショック後の自身と周りの人の経験

	あなた自身					あなたの周りの人					
	全体 (767)	在学中 (368)	正規 (203)	非正規 (118)	その他 (78)	全体 (767)	在学中 (368)	正規 (203)	非正規 (118)	その他 (73)	
雇用契約期間が終わる前に仕事を打ち切られた	1.3	0.5	1.5	2.5	2.6	10.9	7.1	14.8	14.4	12.8	周り*
雇用契約期間が終わった後に更新されなかった	0.9	0.3	1.0	2.5	1.3	8.6	4.6	10.3	12.6	16.7	周り**
勤務時間を減らされた	7.2	3.0	6.9	18.6	10.3	16.5	10.0	24.6	21.2	19.2	自身***周り***
職場から自宅待機を命じられた	2.0	0.5	4.9	0.8	2.6	8.5	7.3	9.4	7.6	12.8	自身**
自分から仕事を辞めるよう促された	1.8	1.1	3.4	0.8	2.6	8.9	7.9	10.3	7.6	11.5	
いずれかを経験	10.6	4.3	12.3	24.6	14.1	30.2	21.8	37.9	38.1	37.2	自身***周り**

注：*$p<0.05$, **$p<0.01$, ***$p<0.001$.

揺さぶったのかを探ることが，本章の目的である．

2　誰がどのように「出来事としての危機」を経験したか

(1)　リーマンショック後の経験

　まず，調査対象者がリーマンショックをどのように経験したのかを検討する．
表 17-1 は，2009 年の調査票に含まれている，調査対象者自身と「周りの人」
が 2008 年秋以降に経験した事柄の有無に関する 5 つの質問項目への回答結果
を，2008 年 10 月時点の本人の就労状況別に示している．

　調査対象者全体でみると，自身が 5 項目のいずれかの経験をした割合は約 1
割に留まる．5 項目の中では，「勤務時間を減らされた」が最も多く 7.2% であ
り，他の 4 項目は 1-2% のみが経験している．しかしこれを就労状況別に見る
と大きな差があり，非正規労働者は 4 人に 1 人が 5 項目のいずれか（多くは勤
務時間の減少）を経験しており，在学中の者は当然ながら経験が少ない．リー
マンショックによる就業短縮は，もとより「構造的危機」の中で不安定な立場
に置かれている非正規労働者に集中的に発生していたことが，われわれの調査
対象に関しても確認される．

　また，自分自身ではなく「周りの人」についてみると，5 項目のいずれかを

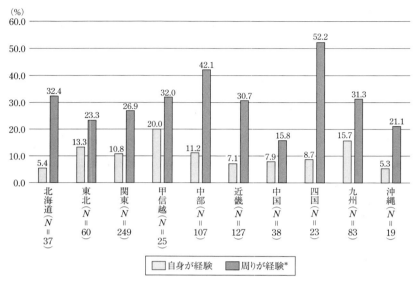

図 17-1　居住地域（2007 年時点）別　リーマンショック後の経験
（表 17-1 のいずれかの項目を経験した比率）
注：*$p<0.05$.

経験した比率は 3 割にまで上昇し，勤務時間の減少だけでなく「雇用契約期間が終わる前に仕事を打ち切られた」も 1 割に達している．就労状況別では，在学中の場合に経験率が低いことは「自分自身」の場合と同様だが，在学者でも「周りの人」がいずれかを経験した者が 2 割を超えており，在学中以外では正規・非正規・その他を問わず「周りの人」がいずれかを経験したケースが 4 割弱に達している．その点では，雇用に関するリーマンショックの影響は若者の間でも広範かつ切実であったことが推測される．

図 17-1 には，2007 年時点（リーマンショック以前の直近の時点）の居住地域別に，自身と「周りの人」が 5 項目のいずれかを経験した比率を示した．前節で触れた厚生労働省の資料では，非正規労働者の雇い止めは愛知県で非常に多く発生していたが，雇い止めに限定していない今回の調査では，自身の経験が多いのは中部よりもむしろ甲信越，「周りの人」の経験が多いのは四国であり，リーマンショックの余波は特定の地域に集中するのでなく全国に広く及ん

表 17-2　性別・地域移動類型別・2008 年 10 月時点の就労状況別 リーマンショック後の経験（表 17-1 のいずれかの項目を経験した比率）

		あなた自身					あなたの周りの人				
		全体	在学中	正規	非正規	その他	全体	在学中	正規	非正規	その他
性　別	男　性	12.5	4.2	17.7	28.6	25.8	29.9	20.3	39.2	40.5	48.4
	女　性	9.2	4.5	8.9	22.4	6.4	30.7	23.4	37.1	37.7	29.8
地域移動	大都市定住	5.6	3.6	3.6	18.8	7.7	25.6	25.5	17.9	31.3	30.8
	中都市定住	12.1	2.7	15.5	26.9	20.0	33.3	20.3	46.6	46.2	26.7
	地方定住	14.4	6.7	11.5	23.8	14.3	33.1	18.2	42.3	28.6	47.6
	移動あり	11.0	5.0	13.8	27.3	18.8	29.9	20.9	35.4	48.5	43.8
		性別[+]	地域[+]	性別[+]		性別[*]	性別[*]		地域[+]		性別[+]

注：[+]p<0.1，*p<0.05.

でいたといえる.

　さらに，性別および地域移動類型別に分けた上で，就労状況別に経験率をみたものが**表 17-2** である. 自身の経験に関して，在学中以外の男女間で経験率にかなりの相違があり，総じて男性の経験率が高い. 非正規男性では 3 割近くに達している. これは先述のように，リーマンショックの打撃は製造業で大きく，男性が女性よりも製造業に従事している比率が大きいことを反映していると考えられる. 地域移動類型別でもやや差があり，大都市定住者では経験率が少ないのに対し，地方や中都市の定住者では経験率が高めである.「周りの人」については自分自身よりも差が明確でないが，ほぼ同様の傾向である.

　以上をふまえ，自身と「周りの人」が何らかの経験をしたことを従属変数とし，性別・学歴・就労状況・地域移動類型・18 歳時の暮らし向きを独立変数として投入した二項ロジスティック回帰分析を行った結果が**表 17-3** である. 自分自身の経験と「周りの人」の関連をみるために，一方を従属変数とした場合には他方を独立変数に含めている.

　自分自身の経験に有意な影響を与えているのは，男性であること（＋），非正規労働者であること（＋），18 歳時の暮らし向きにゆとりがあること（－），そして周りの人が経験していること（＋）である. すなわち，就労形態や出身階層の点で不利であるほど，そして周りにも「出来事」のリスクにさらされがちな人が多いほど，自身が「出来事の危機」に直撃される確率が高くなるとい

17　危機のなかの移行——399

表 17-3　リーマンショック後の経験の規定要因（二項ロジスティック回帰分析）

		自身が経験		周りが経験	
		Exp (B)	有意確率	Exp (B)	有意確率
性　別	男性ダミー	1.852	0.019	0.937	0.707
最終学歴 （rg: 大卒）	高卒ダミー	1.853	0.291	1.395	0.373
	短期高等教育ダミー	1.874	0.271	0.858	0.666
	中退ダミー	1.194	0.795	1.076	0.869
2008 年 10 月の状況 （rg: 在学中）	正規ダミー	1.480	0.510	1.871	0.085
	非正規ダミー	3.785	0.024	1.590	0.224
	その他ダミー	1.996	0.279	1.681	0.193
地域移動 （rg: 大都市定住）	中都市定住ダミー	1.754	0.188	1.171	0.528
	地方定住ダミー	1.503	0.342	0.978	0.931
	移動経験ありダミー	1.764	0.160	1.086	0.720
18 歳時の暮らし向き		0.781	0.077	0.900	0.270
周りが経験あり		2.525	0.000		
自身が経験あり				2.581	0.000
定　数		0.032	0.000	0.355	0.003
	N	867		867	
	Nagelkerke$R$ 2乗	0.169		.082	
	有意確率	0.000		.000	

える.

　他方,「周りの人」の経験については, 自身の経験が強くプラスになっているが, それ以外には統計的に有意な変数が少なく, かろうじて正規労働者であることが 10% 水準ではあるがプラスの影響をもっている. 自身の経験については非正規労働者であることが正の関連をもっていたのに対し, 周りの経験については正規労働者であることが正の関連をもつという逆の結果が出たのはなぜか. 推測ではあるが, 正規労働者がいる職場には非正規労働者もいる場合が多く, 正規労働者の間では非正規労働者の労働時間や雇用期間が削減されているという情報が伝わりやすいのではないかということが背景要因として考えられる. 非正規労働者の場合, そうした職場内の情報から遮断されがちであるため, 自身が労働時間短縮等を経験することはあっても, 他の非正規労働者の中でどれほどそうした事態が生じているかを必ずしも知りえないのではないだろうか. ただしこの解釈は, あくまで想像の域を出ない.

表 17-4　東日本大震災後の変化

	とてもあてはまる	ややあてはまる	(とても＋ややあてはまる)	あまりあてはまらない	まったくあてはまらない	無回答	合計
(1) 3・11 をきっかけに，人間関係や生活のあり方を，今までより考えるようになった	19.0	50.5	69.6	22.2	6.7	1.5	100.0
(2) 3・11 以降，ボランティアなどを通じて，今までより社会に参加しようと思うようになった	6.0	33.5	39.4	45.0	13.9	1.6	100.0
(3) 3・11 をきっかけに，政治や経済のあり方を，今までより考えるようになった	15.0	46.6	61.5	29.6	7.2	1.6	100.0
(4) 3・11 をきっかけに，政府に対する不信感が高まった	26.9	37.7	64.6	29.0	4.6	1.7	100.0
(5) 3・11 をきっかけに，将来への不安感が強まった	18.4	42.7	61.1	30.2	7.1	1.6	100.0
(6) 3・11 により生じた一連の出来事から，直接的または間接的な影響を受けた	16.9	37.2	54.1	30.0	14.3	1.6	100.0

(2)　東日本大震災後の変化

　では，もう 1 つの「出来事としての危機」である東日本大震災は，調査対象者の間にどのような経験をもたらしたのだろうか．

　表 17-4 は，2011 年の調査票に設けられている，東日本大震災後の変化を 6 項目に関して 4 件法でたずねた結果を示している．6 項目のうち(2)を除く 5 項目において，「とてもあてはまる」が 2 割前後，「ややあてはまる」が 4 割前後となっており，合わせて 6 割前後が肯定的な回答をしている．それらに比べると(2)の肯定率は低いが，それでも合計 4 割が肯定している．このような単純な回答分布からも，東日本大震災が若者に与えたインパクトの大きさがうかがえる．

　この 6 項目の中で，(1)と(2)はそれぞれ人間関係や生活のあり方，ボランティアや社会参加について，以前よりも考えるようになったという，心理的でかつニュートラルな変化である．それに対し，(3)・(4)・(5)は，政治や経済，政府に対する，不満や不信の高まりという形の変化であり，社会的でかつどちらかと言えばネガティブな方向での変化である．そして(6)は上記のいずれとも異なる，具体的で実質的な変化である．それゆえ以下では，これら 6 項目への回答を「とてもあてはまる」＝4 点〜「まったくあてはまらない」＝1 点とスコア化し

17　危機のなかの移行——401

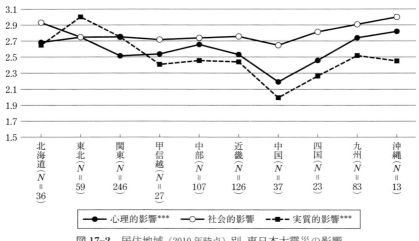

図 17-2 居住地域（2010年時点）別 東日本大震災の影響

た上で，(1)と(2)，(3)と(4)と(5)は平均値を算出し，それぞれ「心理的影響」，「社会的影響」という連続変数として用い，(6)は単独で「実質的影響」という変数として使用する[2]．

東日本大震災は地域性の強い出来事であったため，まず図 17-2 では，東日本大震災が発生する以前の直近の時点である 2010 年の居住地域別に，上記 3 つの変数のスコアを示している．地域差が顕著なのは当然ながら「実質的影響」であり，東北でもっとも高く中国地方でもっとも低い．また「心理的影響」にも地域差が見られ，被災地である東北でも高いが九州や沖縄でも高くなっており，その理由は不明である．「社会的影響」には地域差が見られず，日本全体で広範に生じていた変化であることがうかがえる．なお，地域移動類型と 3 変数の間には関連がみられなかった．

性別及び 2011 年 3 月時点の就労状況と 3 変数の関連についても検討したところ（図表は割愛），男性よりも女性において「心理的影響」が強く（$p=0.000$），「実質的影響」も女性でやや強くみられた（$p=0.056$）．就労状況との関連はそれほど明確ではなく，10% 水準の有意確率ではあるが，「社会的影響」が「その他」や非正規労働者で相対的に大きくなっている．

表 17-5 は，これら 3 つの変数を従属変数とし，先の表 17-3 と同様の独立変

表 17-5　東日本大震災の影響の規定要因（重回帰分析）

		心理的影響		社会的影響		実質的影響	
		標準化係数	有意確率	標準化係数	有意確率	標準化係数	有意確率
性　別	男性ダミー	−0.102	0.002	0.072	0.027	−0.068	0.059
最終学歴 （rg: 大卒）	高卒ダミー	−0.020	0.590	0.063	0.093	−0.057	0.169
	短期高等教育ダミー	0.062	0.083	0.028	0.441	−0.036	0.030
	中退ダミー	0.009	0.780	0.019	0.566	−0.018	0.637
2008 年 10 月の状況 （rg: 在学中）	正規ダミー	−0.039	0.472	−0.016	0.768	0.037	0.537
	非正規ダミー	−0.039	0.463	0.024	0.654	−0.017	0.775
	その他ダミー	−0.046	0.314	0.084	0.066	−0.088	0.084
地域移動 （rg: 大都市定住）	中都市定住ダミー	0.036	0.357	−0.029	0.461	−0.052	0.225
	地方定住ダミー	0.040	0.306	−0.063	0.110	−0.042	0.338
	移動経験ありダミー	0.033	0.399	−0.071	0.071	−0.018	0.689
居住地域	東北ダミー	0.044	0.178	−0.057	0.082	0.143	0.000
18 歳時の暮らし向き		0.019	0.551	0.022	0.490	−0.030	0.381
リーマンショック	自身が経験あり	−0.014	0.674	−0.004	0.902	0.083	0.021
	周りが経験あり	−0.003	0.926	0.051	0.109	0.027	0.446
東日本大震災の影響	心理的影響			0.477	0.000	0.199	0.000
	社会的影響	0.477	0.000			0.211	0.000
	実質的影響	0.163	0.000	0.173	0.000		
	N	730		730		730	
	調整済 R 2乗	0.310		0.309		0.157	
	有意確率	0.000		0.000		0.000	

数に居住地域が東北であることとリーマンショックの経験を加え，さらに 3 変数相互の関連を見るために従属変数以外の 2 変数も加えたモデルで重回帰分析を行った結果である．

　まず，従属変数とした 3 つの変数間の相互関連が明確に見られる．それ以外に各変数と関連している要因をみていくと，「心理的影響」に関しては男性が負の，短期高等教育を最終学歴としていることが弱い正の関連をもっている．「社会的影響」については，男性（＋），高卒（＋），就労状況「その他」（＋），移動経験あり（−），東北居住（−）となっており，相対的に低い学歴である高卒や就労状況「その他」の男性で強いことは，震災後の政治や社会への不満が，「構造的危機」の中で比較的不利な層で高まっていることを示唆している．「実質的影響」は，東北居住が明確に正の関連をもっていることに当然と言え

るが，それ以外に，男性（－），短期高等教育学歴（－），就労状況「その他」
（－），そしてリーマンショック以後の就労への何らかの影響が正の，関連をも
っている．注目すべきは，リーマンショック後の経験が，東日本大震災からの
「実質的影響」と関連しているということである．前項で見たように，リーマ
ンショック後の仕事への制約は，就労形態や出身階層などの点で比較的不利な
状態の者において，より強く観察される傾向があった．そうした層が，東日本
大震災からも，折り重なるように何らかの被害を受けている可能性があると言
える．「構造的危機」の中で，もっとも脆弱な状態におかれている者が，「出来
事としての危機」によってさらに揺さぶられがちであるという事態が生じてい
ることがうかがわれるのである．

3 「出来事としての危機」がその後に及ぼす影響

(1) リーマンショック後の状況

前節ではリーマンショックと東日本大震災の際の経験を従属変数とした検討
を行ったが，続く本節ではそれらを独立変数とし，「出来事としての危機」が
それ以後の若者の状況にどのように影響しているかを検討する．若者の状況と
して注目する変数は，分配と承認（の欠如）という二側面を操作化した，収入
および無力感である．収入としては，各調査時点の月収を用いる．また無力感
とは，「自分にふりかかる出来事を，自分でコントロールすることなどできな
い」「抱えている問題を自分で解決できるとは，とうてい思えない」「自分に何
か問題がおきた時，誰も助けてくれないように感じる」「周りにふりまわされ，
こき使われながら生きているように感じる」という4つの項目について，あて
はまる度合いを4件法でたずねた結果をスコア化し，平均値を算出した連続変
数である[3]．リーマンショックよりも後の 2009 年，2010 年，2011 年の3時点
の調査に関して，これら収入と無力感の2変数を従属変数として使用する．

独立変数としては，**表 17-5** で投入した変数に加えて，職場特性としての
「過重性」と「周辺性」，そして社会関係資本を投入する[4]．2009 年以降は調
査対象者の多くが教育機関を卒業していること，月収および職場特性の変数は
調査票内で就労者に対して設定されていることという2つの理由から，分析対

表17-6　リーマンショック後の収入および無力感の規定要因（重回帰分析）

	2009年時点 収入 標準化係数	収入 有意確率	無力感 標準化係数	無力感 有意確率	2010年時点 収入 標準化係数	収入 有意確率	無力感 標準化係数	無力感 有意確率	2011年時点 収入 標準化係数	収入 有意確率	無力感 標準化係数	無力感 有意確率
性別　男性ダミー	0.081	0.036	-0.008	0.858	0.097	0.010	-0.054	0.184	0.142	0.000	0.052	0.192
最終学歴（rg:大卒）　高卒ダミー	-0.061	0.163	-0.017	0.722	-0.079	0.056	-0.041	0.358	-0.077	0.055	0.000	0.999
短期高等教育ダミー	-0.128	0.002	-0.002	0.965	-0.079	0.047	0.014	0.741	-0.115	0.002	-0.019	0.654
中退ダミー	-0.064	0.102	0.063	0.144	-0.098	0.009	0.050	0.217	-0.073	0.045	-0.031	0.446
当該年10月の状況（rg:正規）　非正規ダミー	-0.340	0.000	0.007	0.876	-0.374	0.000	-0.015	0.740	-0.329	0.000	0.003	0.947
その他ダミー	-0.258	0.000	0.030	0.473	-0.240	0.000	-0.029	0.456	-0.200	0.000	0.051	0.187
地域移動（rg:大都市定住）　中都市定住ダミー	-0.046	0.332	-0.017	0.749	-0.026	0.557	0.119	0.014	-0.083	0.054	0.048	0.310
地方定住ダミー	-0.055	0.240	0.017	0.742	-0.052	0.245	0.098	0.042	-0.072	0.097	0.057	0.231
移動経験ありダミー	0.037	0.446	-0.031	0.558	0.038	0.403	0.039	0.428	-0.002	0.969	0.005	0.918
18歳時の暮らし向き	-0.002	0.949	-0.095	0.020	0.023	0.525	-0.048	0.213	0.052	0.134	0.001	0.973
当該年職場特性　過重性	0.202	0.000	0.264	0.000	0.127	0.001	0.232	0.000	0.167	0.000	0.192	0.000
周辺性	-0.121	0.003	0.193	0.000	-0.090	0.022	0.248	0.000	-0.117	0.002	0.234	0.000
当該年社会関係資本	0.026	0.508	-0.180	0.000	0.016	0.665	-0.188	0.000	-0.016	0.655	-0.175	0.000
リーマンショック　自身が経験あり	-0.006	0.881	0.007	0.879	-0.012	0.743	0.021	0.593	-0.022	0.535	0.002	0.957
周りか経験あり	0.007	0.847	0.022	0.602	0.047	0.198	0.009	0.807	0.024	0.498	0.051	0.189
N	535		536		584		583		613		617	
調整済 R 2乗	0.310		0.161		0.289		0.183		0.301		0.147	
有意確率	0.000		0.000		0.000		0.000		0.000		0.000	

17　危機のなかの移行──405

表 17-7　東日本大震災後の収入および無力感の規定要因①（重回帰分析）

		収　入		無力感	
		標準化係数	有意確率	標準化係数	有意確率
性　別	男性ダミー	0.010	0.797	0.054	0.180
最終学歴	高卒ダミー	0.021	0.645	0.001	0.986
（rg: 大卒）	短期高等教育ダミー	−0.009	0.830	−0.012	0.767
	中退ダミー	−0.036	0.372	−0.024	0.548
当該年 10 月の状況	非正規ダミー	−0.325	0.000	0.001	0.977
（rg: 正規）	その他ダミー	−0.192	0.000	0.044	0.263
地域移動	中都市定住ダミー	−0.088	0.044	0.060	0.215
（rg: 大都市定住）	地方定住ダミー	−0.058	0.185	0.061	0.200
	移動経験ありダミー	0.006	0.889	0.015	0.753
18 歳時の暮らし向き		0.055	0.115	0.011	0.785
当該年職場特性	過重性	0.176	0.000	0.185	0.000
	周辺性	−0.105	0.005	0.212	0.000
当該年社会関係資本		−0.009	0.809	−0.188	0.000
リーマンショック	自身が経験あり	−0.022	0.554	−0.006	0.889
	周りが経験あり	0.021	0.554	0.050	0.201
居住地域	東北ダミー	−0.095	0.009	0.024	0.540
東日本大震災の影響	心理的影響	−0.048	0.252	−0.064	0.168
	社会的影響	−0.068	0.102	0.092	0.044
	実質的影響	0.057	0.128	0.059	0.151
	N	603		607	
	調整済 R 2乗	0.309		0.154	
	有意確率	0.000		0.000	

象者は就労者に限定する．

　表 17-6 は，上記のモデルによる 3 時点の 2 変数についての重回帰分析の結果を示している．結論から言えば，リーマンショックの際の経験は，その後の収入や無力感に対して統計的に有意な影響を及ぼしていない．収入は最終学歴・就労状況・職場特性によって，無力感は職場特性と社会関係資本によって，それぞれ強く規定されており，リーマンショックの痕跡は見いだされなかった．

(2)　東日本大震災後の状況

　それでは，東日本大震災後の変化は，収入と無力感に影響を及ぼしているだ

表 17-8　東日本大震災後の収入および無力感の規定要因②（重回帰分析）

		収　入		無力感	
		標準化係数	有意確率	標準化係数	有意確率
性　　別	男性ダミー	0.130	0.001	0.047	0.240
移行類型 （rg: 後期正規）	後期非正規ダミー	−0.132	0.000	−0.031	0.440
	早期正規ダミー	−0.063	0.123	−0.003	0.954
	早期非正規ダミー	−0.221	0.000	−0.004	0.939
	非正規→正規ダミー	−0.140	0.000	0.004	0.909
	正規→非正規ダミー	−0.152	0.000	0.075	0.058
	無業メインダミー	−0.218	0.000	0.057	0.149
	長期就学ダミー	−0.003	0.932	0.036	0.365
地域移動 （rg: 大都市定住）	中都市定住ダミー	−0.067	0.137	0.062	0.198
	地方定住ダミー	−0.049	0.278	0.060	0.208
	移動経験ありダミー	0.017	0.706	0.015	0.754
18 歳時の暮らし向き		0.037	0.304	0.010	0.791
当該年職場特性	過重性	0.212	0.000	0.199	0.000
	周辺性	−0.133	0.001	0.212	0.000
当該年社会関係資本		0.004	0.909	−0.193	0.000
リーマンショック	自身が経験あり	−0.033	0.375	−0.013	0.752
	周りが経験あり	−0.001	0.982	0.053	0.178
居住地域	東北ダミー	−0.092	0.014	0.014	0.729
東日本大震災の影響	心理的影響	−0.034	0.435	−0.062	0.179
	社会的影響	−0.073	0.086	0.093	0.041
	実質的影響	0.042	0.271	0.064	0.121
	N	603		607	
	調整済 R 2乗	0.272		0.160	
	有意確率	0.000		0.000	

　ろうか．これについて分析が可能であるのは，調査最終年の 2011 年調査のみである．まず，**表 17-6** のモデルに，東日本大震災の影響を表す 3 変数を追加して重回帰分析を行った結果が**表 17-7** である．

　東日本大震災の影響を表す 3 変数のうち，「心理的影響」と「実質的影響」は収入および無力感と関連していないが，「社会的影響」と無力感との間に，統計的に有意な正の関連が見出された．なお収入についても，「社会的影響」はぎりぎり 10% 水準の有意性には達していないが，符号的には負の関連をもっている．無力感との関連に注目するならば，東日本大震災後に政府や経済へ

17　危機のなかの移行──407

の不満，将来への不安を感じたことは，自分自身への無力感と連動していたことがうかがわれる．

　また，この分析で用いているのが調査最終年のデータであることから，それまでの移行プロセスを総合した移行類型を独立変数として使用することが可能になる．その結果が**表17-8**である．この分析においては，「社会的影響」変数が収入に関しても10%水準で有意な負の関連をもっており，無力感に対しても**表17-7**と同様の正の関連がみられる．すなわち，東日本大震災に際して，ネガティブな意味での「社会的影響」を被ったことと，収入の低さおよび無力感の強さとが結びついている．東日本大震災という「出来事としての危機」は，分配と承認の両面に関して，若者の間に傷を残していたことが確認される．

4　絡み合う2つの危機

　本書の各章では，仕事の不安定さと厳しさ，公的支援の欠落，家族への依存と格差の再生産などから成る「構造的危機」の諸相を多角的に描いてきた．それに対して，調査期間中に生じた「出来事としての危機」であるリーマンショックと東日本大震災の影響を検討した本章の分析からは，次のことが明らかになった．

　第1に，就労形態や出身階層の点で不利であるほど，そして周りにも「出来事」のリスクにさらされがちな人が多いほど，リーマンショックから自身の就労に何らかのネガティブな影響を被っていた．第2に，リーマンショックによって就労に負の影響を受けていた者ほど，東日本大震災後からの実質的な影響をも受ける度合いが高かった．第3に，リーマンショックから何らかの影響を受けていたことは，その後の数年間の収入や無力感には影響していなかったが，東日本大震災による「社会的影響」（社会への不安や不信の高まり）の強さは，収入の低下や無力感の上昇と関連していた．

　このように，「構造的危機」の中で最も困難な状況に置かれている若者ほど，「出来事としての危機」が生じた場合にその負の影響を被りやすいということを，本章の分析結果は示唆している．脆い土台の上に建つ建物が地震において倒壊しやすいのと同様に，公的な支援の不備により自身や家族の諸資源が欠乏

した状態で苦境にある若者ほど，グローバル化した経済の突発的な不調や自然災害などが生じた場合に，いっそう強く揺さぶられる．性質の異なる危機が，折り重なり絡み合うようにして，特定の層を直撃するのである．

　こうした事態を，単なる「不幸」や「自己責任」の名のもとに放置しておくことは，当事者個人はもとより，社会全体にとっても，分断や不安，相互不信の増大という，回復の難しい諸問題をもたらし悪化させることになる．いつどのような形で発生するかわからない「出来事としての危機」に備えるためには，それ以外の時期における「構造的危機」を可能な限り危機でなくしておくことがどうしても必要である．

　この社会のこれからを担う若者たちの現状を，時間幅を含んだ形でつぶさに明らかにし，彼らのどこにどのような困難が集積しているかを把握し，それを社会全体の責任によって緩和してゆくこと．本章を含む本書全体が，そのような取り組みの1個のピースである．しかし，データのとり方や分析など，まだ不十分な点は多々残されている．さらなる研究と政策形成の展開が求められている．

【注】

1) Honda (forthcoming) は，「構造的危機」と「出来事としての危機」が若者を襲ったことについて，「二重の災害（double disaster）」という表現で論じている．
2) Cronbach の α は，(1)(2)については 0.725，(3)(4)(5)については 0.730 である．
3) これら4項目の Cronbach の α は，2009年 0.702，2010年 0.739，2011年 0.751 である．この無力感変数についての分析結果は，Honda（2014）を参照．
4) 「過重性」と「周辺性」は，第3章で検討した職場特性に関する諸項目から算出した合成変数である．「社会関係資本」とは，第15章で分析した5項目の人間関係が当該年にすべて「いる」か否かによって作成したダミー変数である．

【文献】

Fraser, Nancy and Axel Honneth, 2003, *Umverteilung oder Anerkennung?* Frankfurt am Main: Suhrkamp Verlag（加藤泰史監訳，2012，『再配分か承認か？』法政大学出版局）．

玄田有史，2014，「東日本大震災が仕事に与えた影響について」『日本労働研究雑誌』No.653.

Honda, Yuki, 2014, "Who Feels Powerless?: An Examination of Self-Attitudes

Among Japanese Youth," Presentation at XVIII ISA World Congress of Sociology, Session: Youth Unemployment/Underemployment and Precarity, Part I July 17, 2014, Yokohama, Japan.

Honda, Yuki, Forthcoming, "Transition from School to Work in Japan: Under the Impact of the 'Double Disaster'," Y. Kitamura and T. Omomo, eds., *Education in Japan*, Springer.

国会事故調, 2012, 『東京電力福島原子力発電所事故調査委員会 報告書』(http://warp.da.ndl.go.jp/info:ndljp/pid/3856371/naiic.go.jp/).

齊藤有希子, 2012, 「被災地以外の企業における東日本大震災の影響――サプライチェーンにみる企業間ネットワーク構造とその含意」RIETI Discussion Paper Series 12-J-020.

瀬古美喜・照山博司・山本勲・樋口美雄著, 慶應－京大連携グローバル COE 編, 2012, 『日本の家計行動のダイナミズム VIII 東日本大震災が家計に与えた影響』慶應義塾大学出版会.

消防庁災害対策本部, 2014, 『平成 23 年 (2011 年) 東北地方太平洋沖地震 (東日本大震災) について (第 150 報)』(http://www.fdma.go.jp/bn/higaihou/pdf/jishin/150.pdf).

執筆者一覧 （執筆順） *印編者

*中村　高康　（なかむら・たかやす）　東京大学大学院教育学研究科教授

*乾　彰夫　（いぬい・あきお）　首都大学東京名誉教授

　佐野　正彦　（さの・まさひこ）　大阪電気通信大学工学部教授

　樋口　明彦　（ひぐち・あきひこ）　法政大学社会学部教授

　木戸口　正宏　（きどぐち・まさひろ）　北海道教育大学釧路校専任講師

　片山　悠樹　（かたやま・ゆうき）　愛知教育大学教育学部准教授

　横井　敏郎　（よこい・としろう）　北海道大学大学院教育学研究院教授

　上間　陽子　（うえま・ようこ）　琉球大学大学院教育学研究科教授

　安宅　仁人　（あたく・きみひと）　酪農学園大学食農環境学群専任講師

　芳澤　拓也　（よしざわ・たくや）　沖縄県立芸術大学全学教育センター准教授

　藤田　武志　（ふじた・たけし）　日本女子大学人間社会学部教授

　児島　功和　（こじま・よしかず）　山梨学院大学経営情報学部，学習・教育開発セ
　　　　　　　　　　　　　　　　　ンター特任准教授

　竹石　聖子　（たけいし・しょうこ）　常葉大学短期大学部准教授

　有海　拓巳　（ありかい・たくみ）　浜銀総合研究所地域戦略研究部主任研究員

　平塚　眞樹　（ひらつか・まき）　法政大学社会学部教授

*本田　由紀　（ほんだ・ゆき）　東京大学大学院教育学研究科教授

　南出　吉祥　（みなみで・きっしょう）　岐阜大学地域科学部准教授

編者紹介

乾　彰夫（いぬい・あきお）
首都大学東京名誉教授
【主要著作】
『〈学校から仕事へ〉の変容と若者たち』（青木書店，2010 年）
『若者が働きはじめるとき』（日本図書センター，2012 年）

本田由紀（ほんだ・ゆき）
東京大学大学院教育学研究科教授
【主要著作】
『若者と仕事』（東京大学出版会，2005 年）
『社会を結びなおす』（岩波書店，2014 年）

中村高康（なかむら・たかやす）
東京大学大学院教育学研究科教授
【主要著作】
『進路選択の過程と構造』（編，ミネルヴァ書房，2010 年）
『大衆化とメリトクラシー』（東京大学出版会，2011 年）

危機のなかの若者たち
教育とキャリアに関する 5 年間の追跡調査

2017 年 11 月 20 日　初　版

［検印廃止］

編　者　乾彰夫・本田由紀・中村高康

発行所　一般財団法人　東京大学出版会

代表者　吉見　俊哉

153-0041 東京都目黒区駒場 4-5-29
http://www.utp.or.jp/
電話　03-6407-1069　Fax 03-6407-1991
振替　00160-6-59964

印刷所　株式会社理想社
製本所　牧製本印刷株式会社

© 2017 Akio Inui et al.
ISBN 978-4-13-051337-1　Printed in Japan

JCOPY 〈㈳出版者著作権管理機構　委託出版物〉
本書の無断複写は著作権法上での例外を除き禁じられています．複写される場合は，そのつど事前に，㈳出版者著作権管理機構（電話 03-3513-6969，FAX 03-3513-6979，e-mail: info@jcopy.or.jp）の許諾を得てください．

若者と仕事　本田由紀	A5・3800 円
大卒就職の社会学　苅谷剛彦・本田由紀 編	A5・3200 円
大衆化とメリトクラシー　中村高康	A5・4400 円
就業機会と報酬格差の社会学　有田　伸	A5・3400 円
大学の条件　矢野眞和	A5・3800 円
学校・職業・選抜の社会学　苅谷剛彦	A5・5000 円
日本のメリトクラシー［増補版］　竹内　洋	A5・4500 円
カリキュラム・イノベーション　東京大学教育学部カリキュラム・イノベーション研究会 編	A5・3400 円
学校・職安と労働市場　苅谷剛彦・菅山真次・石田　浩 編	A5・6200 円
日本の家族　1999-2009　稲葉昭英・保田時男　田渕六郎・田中重人 編	A5・5400 円

グローバル化・社会変動と教育（全2巻）　ローダーほか 編　A5 各4800 円

[1]　市場と労働の教育社会学　広田照幸・吉田　文・本田由紀 編訳

[2]　文化と不平等の教育社会学　苅谷剛彦・志水宏吉・小玉重夫 編訳

現代の階層社会（全3巻）　A5 各4800 円

[1]　格差と多様性　佐藤嘉倫・尾嶋史章 編

[2]　階層と移動の構造　石田　浩・近藤博之・中尾啓子 編

[3]　流動化のなかの社会意識　斎藤友里子・三隅一人 編

ここに表示された価格は本体価格です．ご購入の
際には消費税が加算されますのでご了承下さい．